AF821180

स्वामी ज्ञानभेद की नवीन रचना 'ओशो मयखाने के ये दीवाने रिंद' लेखक और सजीव पात्रों के बीच उभरता भावनात्मक गठबंधन है। लेखक ने यहां रिंदों की तमाम संगत-असंगत हरकतों को कलमबद्ध करने का जो एक सफल प्रयास किया है उसे देखकर लगता है कि वह भी कम पियक्कड़ नहीं हैं। लेखक ने यथा संभव इन रिंदों के साथ गुजारे गए क्षणों को अपने शब्दों में पिरो कर पाठकों के समक्ष प्रस्तुत किया है। ये जीवन्त पात्र कहीं भावुकता से सराबोर कर देते हैं, तो कहीं-कहीं उक्ताहट भी पैदा करते हैं। लेखक ने यथा संभव इन दीवानों के अनुभवों का रस निचोड़ कर प्रस्तुत करने का प्रयास किया है।

ओशो मयख़ाने के ये दीवाने रिंद

स्वामी ज्ञानभेद

डायमंड बुक्स

इस पुस्तक अथवा इस पुस्तक के किसी अंश को इलैक्ट्रोनिक, मैकेनिकल, फोटोकॉपी, रिकार्डिंग या अन्य सूचना-संग्रह साधनों एवं माध्यमों द्वारा मुद्रित अथवा प्रकाशित करने के पूर्व लेखक तथा डायमंड पॉकेट बुक्स की लिखित अनुमति अनिवार्य है।

I.S.B.N. : 81-288-1758-2

© **लेखकाधीन**

प्रकाशक : **डायमंड पॉकेट बुक्स (प्रा.) लि.**
X-30, ओखला इंडस्ट्रियल एरिया,
फेज-II, नई दिल्ली-110 020

फोन : 011-41611861

फैक्स : 011-41611866

ई-मेल : sales@dpb.in

वेबसाइट : www.dpb.in

संस्करण : 2008

प्रिंटर : आदर्श प्रिंटर्स, शाहदरा दिल्ली 110032

OSHO MAIKHANE KE YE DEEWANE RIND

By : *Swami Gyanbhed*

मेरी दृष्टि में
ओशो मयख़ाने के ये दीवाने रिंद

स्वामी ज्ञानभेद की नवीनतम कृति "ओशो मयख़ाने के ये दीवाने रिंद" की पांडुलिपि ज्ञानभेद जी ने मुझे दी है ताकि मैं इसकी भूमिका लिखूं। ज्ञानभेद जी की पिछली कुछ पुस्तकों की भूमिका लिखने का सौभाग्य मुझे मिला है। अब यह पुस्तक और साथ ही लेखक का आदेश यानी यह इज्ज़त आफ़जाई।

'ओशो मयख़ाने के ये दीवाने रिंद' को पढ़ने के बाद लगा कि पुस्तक अपने नाम को सार्थक करती है। सवाल यह है कि पाठकों के लिये इस पुस्तक की क्या भूमिका लिखी जाए? वास्तविकता की ज़मीन पर, लेखक है, और अनेका-अनेक सजीव पात्र हैं, और एक मौन-मुखर संवाद (Communication) भी है और सहभागिता (Participation) भी है, सहज घटनाये हैं, प्रतिक्रियायें हैं, और लेखक और इन सजीव पात्रों के बीच उभरता एक भावनात्मक गठबन्धन हैं।

मयख़ाना जैसा मयख़ाना है, और रिंद जैसे रिंद हैं, इससे अन्यथा कुछ होने का उपाय भी कहां है? मयख़ाने में आने वाले अलग-अलग ढंग से आते हैं, नाम, जाति, धर्म अपने साथ-साथ ढो कर लाते हैं पर मयख़ाने पहुँचने के बाद दो घूंट हलक में उतरते ही भेदभाव के सारे बोझ सिर से गिर जाते हैं, क्योंकि पीनेवालों का एक ही नाम है 'रिंद', और एक ही धर्म है 'दीवानगी', फिर जिसको ओशो ने नज़र भर के देख लिया वह तो....

"फिर वो किसी काम के काबिल नहीं रहा
जिस दिल को तुमने देख लिया वो दिल नहीं रहा।"

मयख़ाने का आलम तो जिसने देखा है, उसने देखा है.

"यहां न कोई भक्त है
न देवता कोई यहां
यहां हैं दौरे-मयक़शी
रिंद हैं सभी यहां।"

यह पुस्तक बस ऐसे ही रिंदों के अफ़साने हैं।

अगर रिंदों की तमाम संगत-असंगत हरक़तों को कलमबद्ध करने की जुर्रत ज्ञानभेद जी ने की है, तो कहना पड़ेगा की यह लेखक भी कोई कम पियक्कड़ नहीं हैं।

ओशो जैसे बुद्ध पुरुषों की शराब से तो खुदा ही बचाए। उसका तो ये हाल है कि-

पी रहे थे ख्वाब में
रात भर शराब ही,
सुबह हुई तो जूस्तजू
शुरू हूई शराब की।

और ऐसा क्यों न हो. . .

तप रही थी धूप में
रेत सी ये ज़िन्दगी,
चखी शराब तो लगा
है प्यास को नदी मिली।

जिन पाठकों ने लेखक की पुस्तकों में 'एक फक्कड़ मसीहा–ओशो' और 'ओशो ही ओशो' पढ़ी हैं वो इस बात से भलीभांति वाकिफ़ होगें कि ज्ञानभेद की जिज्ञासु प्रवृत्ति और ये भावना कि ओशो की शराब से सभी के पात्रों को लबालब भर दें, उनकी सभी कृतियों का कारक तत्व हैं।

इस पुस्तक में भी लेखक फक्कड़ी मूड में मुंबई, पुणे और उत्तरांचल आदि की ख़ाक छानते हुये उन अनेका-अनेक लोगों से मिलता है, जो अपने-अपने ढंग से ओशो के मयख़ाने के दीवाने रिंद हैं, लेखक ने यथा सम्भव इन रिंदों के साथ गुज़ारे गये क्षणों को अपने शब्दों में पिरो कर पाठकों के समक्ष प्रस्तुत किया है। ये जीवन्त पात्र कहीं भावुकता से सरोबार कर देते हैं, तो कहीं-कहीं उकताहट भी पैदा करते हैं। ये सभी रिंद हैं मगर इनकी मयक़शी के ढंग जुदा है और इनके सुरूर में भी विविधता है, ये विविधता ही इन अफ़सानों का सौन्दर्य है। लेखक ने यथा सम्भव इन दीवानों के अनुभवों का रस निचोड़ कर प्रस्तुत करने का प्रयास किया है।

और इन दीवाने रिंदों ने भी कोई कंजूसी नहीं की है अपने अनुभवों को बांटने में। इनकी दीवानगी शराब की तरह छलकी है।

लेकिन इसे समझने के लिये और इसकी मस्ती में डूबने के लिये दीवानगी का थोड़ा स्वाद चखा होना भी जरूरी है.–

''साकिया को है पता
यह मुझे हुआ है क्या,
या उन्हें खबर, जिन्हें
नशा हुआ शराब का।''

ओशो के इस मयख़ाने में पहुंचकर लेखक कितने ही मयक़शों से हमारी मुलाकात करवाता है।

यद्यपि मैं लेखक के इस श्रम-साध्य प्रयास की सार्थकता को लेकर कोई प्रश्न नहीं उठाना चाहता लेकिन पुस्तक को पढ़ते हुये बारम्बार जो प्रश्न मुझे कुरेदता रहा है, उसको ईमानदारी के साथ यहां उठाना मुझे उचित लगता है।

जो व्यक्ति ओशो के साथ जुड़े अपने अनुभवों अथवा उनके प्रति उठे अपने भावों को पहुंचाने के लिये आमादा हो, ऐसे में किसी का कहना सुनना और व्यवहार कितना सहज स्वभाविक रह पाता होगा? व्यक्ति का सत्य क्या है? क्या वह, जिसका प्रदर्शन वह निःसंकोच कर पाता है या वह जिसे वो छुपाकर रखना चाहता है। यहां मेरा किसी भी चरित्र की ईमानदारी को कटघरे में खड़ा करने का कोई मकसद नहीं है। मेरा यह आशय भी नहीं है कि समुद्र मंथन करके जो अमृत के घट ज्ञानभेद जी ने बटोरे हैं, वे निरर्थक हैं। क्योंकि पुस्तक का कौन अंश या कौन चरित्र किसी के हृदय में उतर कर क्रान्ति बीज बन जाये, ये कौन जानता है?

ख़लील ज़िब्रान की उक्ति है–

''जो मैं कहता हूं उसका पचास प्रतिशत अर्थहीन है लेकिन मैं इसलिये कहता हूँ ताकि दूसरा पचास प्रतिशत तुम तक पहुँच सके।''

पुस्तक पढ़ते हुये कुछ बातें अखरती हैं। पहली बात है अत्यधिक विस्तार, जो कहीं-कहीं पुस्तक के सहज प्रवाह को बाधित करने लगता है। ये पुस्तक जिस वर्ग के पाठक के लिये है वो समय काटने के लिये नहीं पढ़ता है। ऐसी किताबों में वो सार-तत्व को खोजने का प्रयास करता है, कुछ ऐसा जो उसकी समझ को विकसित करे या स्वयं न भोगे हुये अनुभवों की भी प्रतीत कर सके। लेखक ने पुस्तक में अनेक पत्रों को भी संकलित किया है, जो ओशो प्रेमी मित्रों ने लेखक को लिखे हैं। यद्यपि पत्रों की अपनी अर्थवत्ता है, लेकिन अधिकांश पत्र इस संदर्भ में महत्त्वपूर्ण नहीं लगते हैं। उनके सम्मलित न किये जाने से भी पुस्तक की उपादेयता में कोई कमी नहीं होनी थी, बल्कि शायद पुस्तक के विस्तार में कुछ कटौती हो जाती। वैसे भी उन पत्रों की संख्या अधिक हैं जो प्रेमी पाठकों ने लेखक को लिखे हैं और अपने उद्‌गार प्रगट किये हैं। लेखक के लिये ये सभी पत्र निश्चित ही अनमोल धरोहर हैं लेकिन अगर इन पत्रों के सार-गर्भित अंश, विशेष कर जिनमें आध्यत्मिक अनुभवों को बांटने और ओशो से उनके जुड़ने के सन्दर्भ हैं, उनको ही संजोने का प्रयास होता तो शायद पाठकों के लिये अधिक उपयोगी होता।

पुस्तक ''ओशो मयख़ाने के दीवाने रिंद'' को पढ़ते हुये एक बात और ख्याल में आती है; अपने जीवन्त पात्रों से मेल मुलाकात करते हुये और उनके साथ संवाद स्थापित करते हुये, लेखक उनके व्यवहार, आचारण और मनःस्थिति आदि को लेकर कहीं-कहीं अपनी व्याख्या को जोड़ता है या उन पत्रों के आचारण या उनके कहे को जस्टीफाई करने की कोशिश करता है। मुझे नहीं लगता कि इसकी कोई जरूरत है, अगर मात्र साक्षी

रहकर, लेखक एक आइने की भांति जो सामने आया है उसे केवल प्रतिबिम्बित करता चलता, तो बेहतर होता. समझने और निष्कर्ष लेने की जिम्मेदारी पाठक पर छोड़ दिया जाना उचित होता। मैं नहीं समझता कि इस तरह की पुस्तकों में रुचि लेने वाले के लिये किसी 'स्पून-फीडिंग' की आवश्यकता है। इस तरह की 'स्पून फीडिंग' पाठक की बुद्धिमत्ता पर संदेह करने जैसा लगता है।

हलांकि लेखक से व्यक्तिगत रूप से जुड़ा होने के नाते मैं यह भली भांति जानता हूं कि कलम हाथ में आते ही ज्ञानभेद जी ओशो के प्रति, भावावेश में, बाढ़ पर आई नदी की तरह बह उठते हैं:

और तब उनका हाल कुछ ऐसा होता है.

''घूंट भर पिया मगर
नज़र हुई खराब है,
नदी को देख कर लगा
कि बह रही शराब है।''

और जब.....

''बैठे हैं मयक़दे में अब
जहां की याद क्यों करें,
मिली है जब शराब तो
किसी की फिक्र क्यों करें?''

ऐसे में जहिर है लेखन के साथ जुड़े तकनीकी पक्ष को कौन याद रखता है।

बहरहाल, प्रबुद्ध पाठक इस पुस्तक का भरपूर मजा लेंगे और लेखक के ओशो प्रेमियों से मेल-मुलाकात के सजीव वर्णन से गुजरते हुये देश और काल की सीमाओं को लांघ कर, बहुत कुछ को स्वयं भोगे हुये यथार्थ की तरह अनुभव कर सकेंगे:

मैंने जो कुछ ऊपर लिखा है वो एक पाठक की हैसियत से मेरी अपनी दृष्टि है और इसे सार्वभौमिक दृष्टि नही माना जा सकता है। लेखक के साथ अपने निकट सम्बन्धों के चलते ही मैं कुछ आलोचनात्मक होने की धृष्टता कर सका हूं।

अन्त में मैं स्वामी ज्ञानभेद जी के प्रति उनके अथक श्रम और एक विलक्षण कृति की रचना के लिये, आभार व्यक्त करता हूँ।

– प्रेम निशीथ

258 जे. आदर्शनगर
जाजमऊ, कानपुर-10
फोन. 2460028

अपनी बात

हम तेरी चाह में ए यार! वहां तक पहुंचे।
होश ये भी न जहाँ है, कि कहाँ तक पहुँचे?
वो न ज्ञानी न वो ध्यानी, न बिरहमन, न वो शेख
वो कोई और थे. जो तेरे मकां तक पहुंचे।
सदियों-सदियों न वहां पहुंचेगी दुनिया सारी
एक ही घूंट में मस्ताने जहां तक पहुंचे।

सद्‌गुरु ओशो हैं साकी, जो ध्यान प्रेम की शराब स्वयं अपने हाथों अपने प्रेमी भक्तों को पिला रहे हैं।

सूफी परमात्मा को साकी कहते हैं, जिसके प्रेम की शराब पीकर साधक मदमस्त हो जाता है। च्वांग्त्सू भी साधक की तुलना शराबी से करता हुआ कहता है– 'शराब के नशे में कोई कामना, अहंकार और भय नहीं होता।' शराबी बच्चे जैसा निर्दोष अपने केन्द्र पर होता है और इसीलिए कहीं भी गिर जाने पर उसे चोट नहीं लगती। प्रकृति उसकी सुरक्षा करती है। और जिसने ध्यान और प्रेम को समझा, आग उसे जला नहीं सकती...।

ये ओशो मैखाने के दीवाने रिंदो की ही दास्तानें हैं, जिन्होनें ओशो के निकट सान्निध्य में रहते हुए ध्यान और प्रेम की शराब छककर पी है। ये उन दीवाने प्रेमी मित्रों की भी दास्तानें है, जिन्होने 'एक फक्कड़ मसीहा के दो चार नहीं, पूरे नौ जाम पीकर अपनी मस्ती की खबर मुझे अपने पत्रों द्वारा दी।

'ओशो ही ओशो' प्रकाशित होने पर कई मित्रों ने पत्रों द्वारा यह अनुरोध किया था–कि मैंने माँ उर्मिला, सोहन बाफना, जयंती भाई और ईश्वर भाई के साक्षात्कार क्यों नहीं लिए?'पूना कम्यून में बने नए बुद्धाहाल देखने का भी भाव था और संयोग ऐसा बना कि सितम्बर 2004 में सभी आकांक्षाएं एक साथ पूरी हो गई।

यह पुस्तक दिसम्बर 2004 में ही पूरी हो चुकी थी, पर किसी न किसी कारण इसकी पांडुलिपि प्रकाशक के पास भेजने के लिए मैं इसे न जाने क्यों टाले जा रहा

था। यह भी कह सकता हूं कि ओशो के अंग्रेजी प्रवचनों के हिन्दी अनुवाद की खुमारी से मैं इसका विस्मरण ही कर बैठा था। दो पुस्तकों का अनुवाद कार्य पूरा होने पर ही इसका ख्याल आया।

इस पुस्तक के दो खण्ड हैं। पहिले खण्ड में ओशो मैखाने के उन दीवानों रिंदों से लिए साक्षात्कार हैं, जिन्हें ओशो के अति निकट में रहने और जीते हुए विकसित और आनन्दित होने का सौभाग्य मिला। वे आज भी क्षण-क्षण जीते हुए ओशो की ही सुरभि फैला रहे हैं। यह मेरा सौभाग्य है कि मुझे इन दीवाने रिंदो ने प्रेम से निकट बैठाकर अपनी दीवानगी की दस्तान में मुझे सहभागी बनाकर कृतार्थ किया। यह सब कुछ ओशो की अदृश्य और रहस्यमय अनुकम्पा का ही प्रसाद है। जिन मित्रों ने 'ओशो ही ओशो' पढ़कर मुझे पत्र लिखते हुए माँ सोहन बाफना और माँ उर्मिला के भी साक्षात्कार लेकर उनके ओशो से जुड़ने और उनके निकट सान्निध्य सें घटने वाली बोधमय घटनाओं की कहानी लिखने का अनुरोध किया था, उनकी वह शुभकामना भी अस्तित्व की अनुकम्पा से पूरी हो रही है। वह न केवल पूरी हो रही है वरन् उसके साथ उन्हें अन्य ऐसे ओशो प्रेमियों के बाबत भी जानने का अवसर मिला रहा है जो ओशो के प्रति पूर्ण समर्पित रहते-हुए नींव के अदृश्य अनाम पत्थर बने रहने में ही आनन्दित हैं, और जिन्होने मेरे बहुतेरे अनुरोध और आग्रह पर थोड़ा बहुत, अत्यंत संकोच से बतलाया अथवा वे मौन ही बने रहे। इन सभी प्रेमी मित्रों के प्रति अपना आभार और कृतज्ञता व्यक्त करने के लिए मेरे पास शब्द नहीं हैं। उन्हें मैं सादर नमन करता हूँ।

पुस्तक के दूसरे खण्ड में उन ओशो प्रेमी पाठकों और मित्रों की अजीबोगरीब दास्तान का जिक्र है जिन्होंने मेरे माध्यम से उद्भूत एक फक्कड़ मसीहा ओशो के सभी नौ खण्ड पढ़कर मुझे अनेक पत्र लिखे। उन पत्रों में उन्होंने ओशो से अपने जुड़ने और अपने विकसित होने की कहानी कई टुकड़ों में वर्णित की। ओशो से जुड़ने के पूर्व की अपनी मूढ़ता और मूर्च्छा का भी स्पष्ट उल्लेख करते हुए उन्होंने ओशो की जीवन कथा पढ़ते हुए, उनसे बोध लेते हुए अपने जीवन में होने वाले बदलाव और विकसित होने की कहानी लिखी। एक फक्कड़ मसीहा ओशो पढ़कर उन्होंने अपनी भावाभिव्यक्तियां प्रकट कीं। ओशो की जीवन कथा पढ़कर अपनी मूर्च्छा टूटने और विकसित होने की दास्तान लिखी।

भिन्न-भिन्न स्वभाव रुचियों और प्रवृत्तियों के व्यक्तियों के जीवन में ओशो की करुणा और अनुकम्पा से जो खिलावट हुई, वह एक जैसी होते हुए भी भिन्न-भिन्न है। सभी फूलों का रूप, रस, गंध पृथक-पृथक होती है और इस भांति एक ही खिलावट होते हुए भी सभी के स्वाद और सुवास में अपनी विशिष्टता और निजता होती है। दूसरे खण्ड की कहानी आप सभी प्रेमी पाठकों की एक अलग और अद्भुत अंदाज में उमगी कथा है, जिसमें एक ताजगी भरा नशा और अपनी अनोखी मादकता है।

कुछ सीमाओं के कारण सभी मित्रों के पत्रों और उनके नामों का उल्लेख न कर पाना मेरी विवशता भी है और यह अनावश्यक भी लगता है। विवशता इसलिए क्योंकि व्यस्तता और बेखुदी में प्राप्त कुछ पत्र तो इधर-उधर मिसप्लेस है जिन्हें मैं प्रयास करने

पर भी ढूंढ न सका। अब प्राय: अपना चश्मा ही रखकर इधर-उधर खोजता रहता हूं, और सहायता मांगने पर पुत्रवधू या पोता मुस्काते हुए मेरे पास रखा हुआ चश्मा ही मेरे हाथों में थमा देते है। मजबूरी इसलिए भी है क्योंकि एक जैसे कई पत्र होने के कारण अथवा उनमें मात्र औपचारिकता होने के नाते उनमें सभी को रस मिल सकेगा, इसमें मुझे सन्देह था। उनकी भावनाओं का सादर सम्मान करते हुए मैं उन प्रेमी मित्रों से क्षमा मांगता हूं।

'एक फक्कड़ मसीहा ओशो' जो सद्गुरु ओशो की प्रामाणिक जीवन कथा है, उसे पढ़कर लोगों के अनेक संदेह और भ्रम दूर होते हैं, उनकी समझ और बोध विकसित होती है। उनके जीवन में एक बदलाव आता है। ध्यान करते हुए उनका तनाव और अशांति दूर होती है। निर्विचार में छलांग लगाते हुए वे सजग, सृजनात्मक, संतुलित, सहज और सत्य होते हैं। उनका प्रेम विकसित होकर प्रार्थना बनता है। वे उत्सवपूर्ण होते हैं। उनकी जीवन कथा से उन्हें आनन्द के साथ-साथ इतना जो कुछ मिलता है उसे वे दूसरों को बांटना चाहते हैं। लेखक के प्रति कृतज्ञता और अहोभाव व्यक्त करना चाहते हैं।

आज के युग में सामान्य रूप से लोग इतने कृपण हैं कि दूसरों की सच्ची प्रशंसा करने में भी वे हिचकते हैं। प्रत्येक की कमियां निकाल कर निंदा करना उनका स्वभाव बन गया है। किसी बुद्ध की जीवनी पढ़कर, उससे प्राप्त सच्चे आनन्द को अभिव्यक्त करना भी सभी के वश की बात नहीं। विरले ही उसे अभिव्यक्त कर पाते हैं और जो अपनी अभिव्यक्ति को कागज़ पर लिख कर लेखक तक पहुंचाते हैं उनके शब्दों को प्रकाश में लाना इसलिए बहुत जरूरी है, जिससे दूसरे लोग उन्हें पढ़कर उस कथा को पढ़ने के लिए उत्सुक हों, और इस विधि से बहुतों के जीवन में ध्यान और प्रेम के फूल खिलें।

कुछ लोग यह भी सोच सकते हैं कि यह मेरा अपने को महिमा मंडित करने का एक उपाय है। मैं ऐसे लोगों को अपनी कोई सफाई भी नहीं देना चाहता। पर ऐसा वही लोग सोचेंगे जिन्होंने इस कथा के रस का आनन्द नहीं लिया है। जो भी रसिक पाठक इस कथा का रस लेते हुए अपने भावों को प्रकट कर रहे हैं, वह इस उद्देश्य से नहीं कर रहे कि उनका नाम समाचार पत्रों में प्रकाशित होगा। वे वास्तव में मेरी कृति की प्रशंसा न कर ओशो के दिव्य जीवन के प्रति ही अहोभाव प्रकट रहे हैं। मैं उसे प्राप्त करने वाला माध्यम भर हूं।

जिन पाठकों से लम्बा पत्र व्यवहार चला है, पूछने पर उन्होंने अपने ओशो से जुड़ने की कहानी भी सुनाई है और अपने संदेहों के समाधान के लिए प्रश्न भी पूछे हैं। पर पत्रों में पाठक सदा अपना श्रेष्ठतम अधिक और निम्नतम कम से कम उद्घाटित करता है। कोई दूसरा जाने या न जाने पर वह तो स्वयं को अपनी अच्छाइयों और साथ ही साथ अपनी क्षुद्रताओं को भली भांति जानता है।

ओशो के साथ चलना तलवार की धार पर चलने जैसा है। अपना आत्मनिरीक्षण करते हुए स्वयं को सजग सचेत, संतुलित, सृजनात्मक और संवेदनशील होकर स्वयं की

कसौटी पर कसते जाना है। अपने को निरन्तर मांजने, निखारते, शुद्ध करते हुए सहज रूप से जीना है।

नकारात्मक भावों से भरे लोग, विधायक भावों में भी जब नकारात्मकता खोज लेते हैं तो साक्षात्कार देते हुए या अपने पत्रों में जिन लोगों ने अपनी त्रुटियों का जिक्र न करते हुए अपनी अच्छाइयों का ही उल्लेख किया है, जो सहज स्वाभाविक है, उससे कोई फर्क नहीं पड़ता क्योंकि पाठक, उनके माध्यम से या तो स्वयं अपने को उनके स्थान पर रखकर अपने को पढ़ रहा होता है अथवा उनके द्वारा ओशो के प्रसंग भक्तिभाव से सुन रहा होता है। अपनी सहज कमियों का सभी को आत्मबोध होता ही है क्योंकि चर्चा आम व्यक्ति की नहीं, ओशो प्रेमियों की है।

यह बात मैं स्वामी प्रेम निशीथ जी की विधायक आलोचना के बारे में ही लिख रहा हूं। फिर शराब की मस्ती में क्या छिपायें, क्या उघारें, जैसी स्थिति रहती ही कहां है?

फिर एक स्वामी जीवन नवीन है जिन्होंने अपने पत्रों में अपने को उघार कर नग्न रूप में प्रस्तुत किया हैं। फोन पर निशीथ जी ने मुझसे कहा था कि अच्छा है मैं उनके पत्रों के अंश को कम कर दूं। पर मैंने ऐसा नहीं किया। निशीथ जी अपने जैसे प्रबुद्ध पाठक की बात कह रहे हैं, पर मैं जानता हूँ कि सामान्य पाठक इतने प्रज्ञावान नहीं। वह कहीं बहुत अनजान भी हैं। वे स्पून फीडिंग अर्थात मेरे द्वारा दी टिप्पणी पढ़ना चाहते हैं, कुछ संकेत चाहते हैं।

च्वांग्त्सू कहता है—जो कुछ उपयोगी और सार्थक है, उसका अस्तित्व अनुपयोगी और निरर्थक होने के कारण ही हैं। जिस एक वर्ग फीट भूमि पर तुम खड़े हो, तुम्हारे लिए वही भूमि सार्थक और उपयोगी है, पर यदि तुम्हारे चारों ओर की भूमि अचानक धसक कर चारों ओर अनन्त अतल खाई बन जाये तो तुम्हारे लिए कितनी देर तक उस उपयोगी का अस्तित्व है उपयोगी और अनुपयोगी, सार्थक और निरर्थक की मैं फिक्र ही नहीं करता। मैं तो ओशो और ओशो प्रेमियों के हर रंग और हर ढंग की बात का मस्ती से जिक्र ही करना चाहता हूं।

कुछ यकीन अक्ल पर नहीं है मुझे।
ऐतेमादे नजर नहीं है मुझे।
यह खबर है कि तुम हो मेरे करीब
मैं कहां हूं, खबर नहीं है मुझे।

साकी का, सद्‌गुरू का पास होना, बेहिसाब पीने का साहस दिलाता है। उस खुमारी में, हुशियारी, बुद्धि और अंहकार नहीं रहा जाता। एक सहज सरल निर्दोषता रह जाती है।

नशा पिला के गिराना तो सबको आता है
मजा तो जब है, कि गिरतों को थाम ले साकी

नेपाल, भोपाल, रूड़की, अम्बाला, जयपुर, अहमदाबाद बम्बई और वाराणसी आदि विभिन्न नगरों और विदेशों से भी प्रायः प्रेमी मित्र फक्क्ड़ मसीहा ओशो के बारे में पन्द्रह-पन्द्रह मिनट तक फोन पर बतियाते रहते हैं। यह उनका प्रेम और अहोभाव है। मैं उन सभी मित्रों को हृदय से नमन करता हूँ।

जो आनन्द, गुमनाम नींव के पत्थर बनकर 'कोई नहीं' और 'कुछ नहीं' बनने में है, वह वर्णनातीत है। पर इसे पढ़कर कुछ मित्र शायद सोचें-पर उपदेश कुशल बहुतेरे। वाह स्वामी जी इस पुस्तक द्वारा अपने नाम का विज्ञापन तो जी भर कर लिया और हमें 'कोई नहीं' और 'कुछ नहीं' का पाठ दे रहे हैं। पर ओशो के इन शब्दों को स्मरण दिलाने वाला। आप मुझे एलार्म क्लाक ही समझ लें। समझें कि सूक्ष्म अहंकार को छोड़ना कितना होता है, पर सूक्ष्म होता अहंकार ही सद्‌गुरु प्रसाद से ही विसर्जित हो सकता है।

अभिव्यक्ति के साथ 'मैं' का खतरा हमेशा जुड़ा रहता है। उससे हटकर क्या अभिव्यक्ति करनी ही नहीं चाहिए। मैं जैसा हूं, जो हूं-आपके सामने हूं। आप मुझे जो भी समझें उसकी मुझे फिक्र नहीं। मान के साथ अपमान और प्रशंसा के साथ गालियां भी जुड़ी है, द्वंद का यह आचरण मैं भली भांति जानता हूं। मुझे फूलों के साथ पत्थर भी सादर स्वीकार हैं।

इतनी सुंदर भूमिका के लिए मैं स्वामी प्रेम निशीथ जी का आभारी हूं। उन सभी ओशो संन्यासियों और प्रेमी मित्रों के प्रति हदय से कृतज्ञता व्यक्त करता हूं जिन्होंने अपना अमूल्य समय देकर साक्षात्कार के लिए मुझे समय दिया और अपने स्मृति मंजूषा में संभाल कर सहेजे हुए अनमोल मोती मुझे सौंपे। उनकी माला बनाने में यदि मुझसे कहीं चूक हुई हो और छोटे बड़े मोतियों को उचित रंग के धागे में सुघड़ता से न पिरो सका होऊं, तो उसके लिए मैं क्षमा प्रार्थी हूं।

अपने परिवार और अपने मित्रों के प्रति आभार व्यक्त करना एक व्यर्थ की औपचारिकता है जिसे हृदय में महसूस किया जाता है। उनके नामों का उल्लेख न किया जाए, तब भी वे समझ जायेंगे।

पूना के स्वामी जगदीश भारती के प्रति भी अनुगृहीत हूं जिन्होंने ओशो के निकट से जुड़े संन्यासियों से फोन पर सम्पर्क करते हुए, उनसे समय लेकर मुझे उनके घर स्वयं ले जाकर उनसे भेंट करवाई।

अपने पत्नी श्रीमती चंद्रकांता तथा अपनी पुत्रवधु अनीता के प्रति भी कृतज्ञ हूं जो मेरी दैनिक आवश्यकताओं को मौन रूप से पूरा करते हुए मुझे सृजन में अपरोक्ष रूप से सहायता देती रही हैं। विशेष रूप से अपनी पत्नी के प्रति आभारी हूं जो स्वयं अपनी

भक्ति रस में डूबे हुए मुझे एकांत में रहकर अकेलेपन का आनन्द लेने में अप्रत्यक्ष रूप से मेरी सहायता करती रही हैं।

अपने ध्यानी मित्रों स्वामी ध्यान वैराग्य, माँ आनन्द दीप्ति, श्री सतीश सेठ व श्री शंकर का भी अनुगृहीत हूं जिनके साथ बैठकर ध्यान करते हुये उनके साथ-साथ मैं भी निरन्तर विकसित हो रहा हूं।

अपने प्रकाशक श्री नरेन्द्रकुमार के प्रति आभारी तो हूं ही जो शीघ्रताशीघ्र सुन्दर रूप में पुस्तक प्रकाशित कर हम दोनों के मध्य एक सेतु की भूमिका का निर्वाह करते हैं।

दीपावली प्रकाश पर्व 2005 निवेदक

ज्ञानभेद

18 एम. आई. जी.
बर्रा-6, कानपुर
उत्तर प्रदेश-208027
फोन न. 0512-2285030

अनुक्रमणिका

खण्ड एक

खण्ड दो

खण्ड एक

आप ही छाये रहे बस ध्यान में
सुरभि जैसे रम रही उद्यान में।

इस तरह हर रोम को झंकृत किया–
बज उठीं शहनाइयाँ सुनसान में।

काश! मिलते कुछ बरस पहले कभी
पोथियाँ पढ़ते नहीं अज्ञान में।

पहुंचना ही है क्षीर सागर तक हमें
आग का दरिया भले दरम्यान में।

1

ओशो की धर्म-बहिन माँ सोहन बाफना से एक साक्षात्कार, जिनके आँसुओं की कीमत ओशो ने सौ पत्र भेज कर चुकाई

ओशो, 1964 में माथेरान ध्यान शिविर से जबलपुर लौट रहे थे। उन्हीं के साथ डिब्बे में माणिक और सोहन बाफना के साथ पुंगलिया जी भी थे। इन तीनों को नेरल स्टेशन पर उतर कर पूना के लिए गाड़ी बदलनी थी। सोहन जब से डिब्बे में चढ़ी थी तब से उसकी आँखों से निरन्तर आंसू बह रहे थे। कुछ ही समय पूर्व ओशो ने पूना में उसके निवास स्थान पर रुक कर और उसे अपनी बहिन बनाकर ढेर सारा प्रेम दिया था। वह दु:खी इसीलिए थी क्योंकि नेरल स्टेशन पर वह ऐसे प्यारे और महान भाई से बिछुड़ने वाली थी।

ओशो ने उसे रोते हुए देख कर कहा–"तेरे यह आंसू बहुत अनमोल हैं। यह तेरी आंखों से नहीं तेरे हृदय से निकल रहे हैं। इनका मोल किसी भी वस्तु से नहीं चुकाया जा सकता। पर मैंने तुझे बहिन माना है इसलिए तुझे कुछ न कुछ तो देना ही होगा। मैं इनके एवज में तुझे सौ पत्र लिखूंगा। अब खुश तो है न?"

और सोहन के आंसू थम गए थे। जब भी ओशो पूना जाते थे वह बाफना जी के ही घर रुकते थे। उनसे मिलने चाहे सौ लोग आएँ या डेढ़ सौ, सोहन बड़े प्रेम से सभी का स्वागत सत्कार करती थी। किसी को भी बिना चाय या नाश्ते के हरगिज नही जाने देती थी।

जहाँ 'संभोग से समाधि' प्रवचनमाला तथा ओशो द्वारा 1970 में भगवान का सम्बोधन स्वीकार कर नवसंन्यास दिए जाने के कारण, बहुत से रूढ़िवादी जैन परिवार, ओशो के प्रति श्रद्धा खोकर उनसे दूर हट गए थे, उसी के विरुद्ध जो जैन परिवार दिन दूनी रात चौगुनी श्रद्धा के साथ अब भी ओशो के प्रति श्रद्धावान और समर्पित हैं, उन्हीं में से संभवत: बाफना परिवार को शीर्ष पर रखा जा सकता है।

मैंने ओशो टाइम्स में प्रकाशित एक भेंट वार्ता के आधार पर एक फक्कड़ मसीहा ओशो खण्ड तीन में बाफना दम्पत्ति और पुंगलिया जी के सम्बंध में संक्षेप में एक चैप्टर के अंतर्गत ही कुछ प्रसंगों का उल्लेख किया है। तभी से हृदय में यह भाव था कि जब भी पूना जाऊंगा सोहन जी से मिलकर उनके ओशो के सान्निध्य में घटने वाले पूरी की

पूरी कहानी सुनूंगा। पिछली बार मेरे पूना में अचानक गम्भीर रूप से अस्वस्थ होने के कारण ही उनसे भेंट करने का अवसर नहीं मिल सका था।

सितम्बर 2004 में जब पूना गया तो स्वामी जगदीश भारती और माँ उर्मिला ने प्रेम पूर्वक सोहन जी से फोन पर बात करते हुए मेरी भेंट वार्ता का समय और तारीख निश्चित कर दी। जगदीश जी और बम्बई के राधेश्याम जी पोद्दार के साथ मैं सुबह 9 बजे उनके सादल बाबा के सामने पखड़ा स्थित लक्जरी स्पार्टन रिर्जोट्स जा पहुँचा।

कुछ ही क्षणों में हम तीनों बाफना दम्पत्ति के सामने बैठे थे। उर्मिला जी ने फोन पर मेरे और मेरे उद्देश्य के बारे में उन्हें पहिले से ही बतला दिया था अत: कोई भूमिका बांधने की आवश्यकता ही नहीं हुई।

कुछ ही क्षणों में हम सभी लोग ऐसे बतियाने लगे जैसे एक दूसरे से एक लम्बी अवधि से न केवल परिचित हों वरन् प्रेम के बन्धनों में भी आबद्ध हों।

सोहन जी के पति मणिक बाफना जी ने बात शुरू करते हुए कहा–''मैंने आचार्य श्री को सबसे पहिले अहमदाबाद में सुना था और मैं तभी से न केवल उनके प्रवचन से वरन् उनके व्यक्तित्व से भी अत्यंत प्रभावित था तथा सांघवी जी ने जब आचार्य श्री को अक्टूबर 1984 में पर्युषण प्रवचनमाला के अंतर्गत आमंत्रित किया तो मैं सोहन के साथ उनका प्रवचन सुनने गया। प्रवचन के बाद जब सांघवी जी की कार को किसी कारण वश आने में देर हुई तो मैं अपनी गाड़ी से ही आचार्य श्री को गेस्ट हाउस छोड़ने चल पड़ा। सोहन का वह पांचवां दिन था।

रास्ते में आचार्य श्री ने सोहन से पूछा–तुम व्रत क्यों रखती हो?

अब मणिक जी से वार्ता सूत्र सोहन जी ने अपने हाथों में लेते हुए कहा–''आप मुझे बताने दीजिए। आप पूरी बात भूल जायेंगे।

''तो हां स्वामीजी! व्रत रखने की बात पूछे जाने पर मैंने आचार्य श्री को उत्तर दिया–व्रत करने से काया शुद्ध होती है।

आचार्य श्री ने पूछा–''मन शुद्ध होता है या नहीं? उपवास के दिनों में भोजन का ध्यान न आए तो इसके लिए ध्यान करना ही एकमात्र उपाय है! ध्यान करने से शरीर और मन विसर्जित हो जाते हैं।

और यह बहुत सरल है! बस पालथी मारकर एकान्त स्थान में रीढ़ की हड्डी सीधी कर बैठ जाएँ और बस अपनी आती जाती सांस को देखते रहें। या तो अपने पेट का उठना और गिरना देखें या नाक के नथुने से आती और जाती सांस का निरीक्षण करते हुए उसे देखते रहें। यदि बीच में विचार आने लगें तो बिना उनसे तादात्म्य किए उन्हें तटस्थता से देखते रहें। कुछ ही देर में जब विचार विलीन हो जाएं तो फिर सांस देखना शुरू कर दें। रोज कम से कम पन्द्रह मिनट इस ध्यान करने की विधि मैं विस्तार से समझा दूंगा।''

गेस्ट हाउस चलकर उन्होंने ध्यान अपने सामने करवाया और तटस्थ द्रष्टा बनने के सूत्र दिए। मैंने पूरी प्रवचनमाला बहुत ध्यान से सुनी। उन्होंने शरीर को न सताने के

सम्बन्ध में विस्तार से समझाया। उनका जोर इसी बात पर था कि उपवास वह है जिसमें भोजन का ख्याल तक न आए। यदि भोजन ही भोजन का ख्याल आए व्रत में तो कुछ खा लेना ही बेहतर है, क्योंकि जो लोग शरीर को सताते हैं वे ध्यान में नहीं जा सकते। शरीर या काया की शुद्धि के साथ ही बुद्धि भी बहुत जरूरी है।

फिर उनके साथ मैं माथेरान शिविर गई जहां से लौटते हुए उन्होंने मुझे रोता देखकर सौ पत्र लिखने का वायदा किया और मुझसे भी पत्र लिखने को कहा।

मैंने कहा–"मैं किसी को कभी पत्र नहीं लिखती। मुझे पत्र लिखना आता ही नहीं।"

वे बोले- "तो कोरा कागज ही भेज देना।"

माथेरान शिविर के बाद से उनके पत्र रोज आने लगे। कभी-कभी एक दिन में दो पत्र भी आ जाते थे। फिर तो वे जब भी पूना आते, मेरे घर ही ठहरते। मुझे उन्हें नए-नए पकवान खिलाने का बहुत शौक था। वह बहुत नपा तुला भोजन ही करते थे, पर मेरे आग्रह पर किसी नई बनी डिश से मेरा मन रखने को एक दो चम्मच जरूर ले लेते थे। उनसे भेंट करने मेरे घर पर कभी-कभी 100 और कभी-कभी 150 लोग तक आ जाते थे। मुझे सभी का स्वागत सत्कार करने में बहुत आनन्द आता था।

माथेरान के बाद हम दोनों सन् '66 में महाबालेश्वर के शिविर में गये। ओशो भारत होटल में रूके थे। मैं भी ओशो के पास खड़ी थी। तभी कुछ उठाने मैं नीचे झुकी तो मेरे माथे का कुमकुम उनके पैरों पर गिर पड़ा। निकट खड़ा कोई जब उनके पैरों से कुमकुम पोंछने को आगे बढ़ा उसे रोकते हुए उन्होंने कहा–'बहिन का सुहाग कहीं पोंछा जाता है? शिविर में ओशो की माताजी भी आई थीं। उन्होंने चलते वक्त गाडरवारा आने का निमन्त्रण दिया।

जब हर बार ओशो पूना आने पर मेरे निवास पर ही रुकने लगे तो सांघवी जी के साथ जैन समाज के और लोग कहने लगे–'आचार्य श्री आप के घर ही हमेशा क्यों रुकते हैं?"

सोहन जी दो क्षण को रुकीं तो कथा सूत्र मणिक भाई ने संभालते हुए कहा–मैंने उन मित्रों से कहा मैं आचार्य श्री से अपने निवास पर रुकने का आग्रह करता हूं और उनकी कृपा है कि वे स्वीकार कर लेते हैं। अब आगे से सांघवी जी या अन्य कोई और उन्हें अपने निवास पर रुकने का आग्रह करे, तो मुझे कोई एतराज नहीं। अगली बार जब आचार्य श्री पूना आए तो सांघवी उन्हें अपने निवास पर ले गए। आचार्य श्री वहीं रुक गए। पर तीसरे दिन जब एक महिला सांघवी जी के घर पर उनसे भेंट करने आई और उनके चरणों का स्पर्श करने लगी तो आचार्य श्री ने उसे नीचे ही थामकर अपने गले से लगा लिया। फिर अगली बार आचार्य जी के पूना आने पर सांघवी जी या जैन मंडल के अन्य किसी सदस्य ने आचार्य श्री से अपने घर रुकने का आग्रह नहीं किया। फिर वह सदा हम लोगों के निवास पर ही रुकने लगे।

...और हां!...उन दिनों स्पार्टन लक्जरी के फ्लैट्स नए-नए बन रहे थे। उन्हें देख कर ओशो ने मुझसे कहा-यह फ्लैट्स अच्छे हैं। इनमें से एक खरीद लो। मैंने तुरन्त एक

फ्लैट बुक करा दिया और फिनिशिंग होने पर इसी फ्लैट में आ गया। इसी फ्लैट में ओशो बहुत बार कई-कई दिन रुके हैं। इस फ्लैट में उनकी खुशबू और ऊर्जा है। परिवार के युवा सदस्यों ने हम दोनों से जब इससे बड़े और शानदार फ्लैट में चलकर रहने का आग्रह किया तो हम लोगों ने मना कर दिया, क्योंकि इसी फ्लैट में ओशो के साथ गुजारे मीठे मधुर क्षणों की अनेक यादें हैं।

मणिक भाई यह सब बताते-बताते भावुक हो उठे। उन्हें मौन देख जब मैं सोहन मां की ओर देखने लगा तो वह कथासूत्र अपने हाथों में लेती हुई बोलीं-''फिर तो ओशो के जहां-जहां भी ध्यान-साधना-शिविर लगते, हम दोनों ही वहां जाते। जब कभी किसी विशेष कार्य में व्यस्त होने से बाफना जी न जा पाते तो मैं अकेली या किसी अन्य परिवार के सदस्य के साथ जाती।

ओशो ने जैसे मुझे अपना पी.ए.बना लिया था। किसी को उनसे भेंट करनी होती तो उसे पहिले मुझसे ही बात करनी होती। मैं सभी की ओशो से भेंट करा देती। किसी को निराश नहीं करती। हां! वे जब सो रहे या अन्य किसी आवश्यक कार्य में लगे होते तो मिलने वालों से मैं कुछ प्रतीक्षा करने के लिए कहती।

उन दिनों समय का 'पता ही न चलता था। हफ्तों महीने पलक झपकते बीत जाते। मैं जैसे समय के पार हो गई थी। यह सब ओशो के सान्निध्य का और उनके बोध पत्रों का जादू था, जो मुझे ध्यान में गहरे ले जा रहा था। मेरा प्रेम सभी पर बेशर्त छलक उठने के लिए हमेशा आतुर बना रहता।''

मैं सोहन मां से बात कर रहा था और दूसरी ओर मणिक भाई राधेश्याम जी को ओशो के साथ खींचे गए चित्रों का एलबम दिखला रहे थे राधेश्याम जी ने किसी चित्र के संबंध में कुछ पूछा और सोहन माँ का ध्यान भी उस ओर चला गया। साक्षात्कार के इस टूटे वृक्ष को सोहन माँ को लिखे कुछ विशिष्ट पत्रों द्वारा भर रहा हूँ जिससे सोहन माँ के अन्दर घटे प्रेम का आप स्वयं जान सकें।

[बाफना दम्पति ने ओशो द्वारा लिखे सारे पत्र हम तीनों को दिखलाए थे। वे सौ से भी अधिक थे। जब मैंने उनकी छाया प्रति मांगी तो बाफना जी ने कहा-''अधिकतर पत्र तो प्रकाशित हो ही चुके हैं आप इनमें से कोई बारह चौदह पत्र छांट लें। उनकी छाया प्रति मैं आपको उपलब्ध करा दूंगा।'' ओशो के उन पत्रों में से प्राप्त 12-14 पत्रों के कुछ अंश मैं उद्धृत कर रहा हूँ जो निश्चित ही बाफना दम्पति के विकास में सहायक रहे होंगे और पाठकों के लिए भी प्रकाश स्तंभ की भांति हैं।]

सितम्बर 1964

प्रिय सोहन बाई

स्नेह। आपका अत्यंत प्रीतिपूर्ण पत्र मिला है...

आपने लिखा है कि मेरे शब्द आपके कानों में गूंज रहे हैं। उनकी गूंज आपकी अंतरात्मा को उस लोक में ले जाए, जहां शून्य है और सब निःशब्द है, यह मेरी कामना है। शब्द से शून्य पर चलना है: वहीं पहुंच कर स्वयं से मिलन होता है।

मैं आनंद में हूं। मेरे प्रेम को स्वीकार करें। इसके अतिरिक्त मेरे पास कुछ भी नहीं है। वही मेरी संपदा है और आश्चर्य तो यह है कि वह संपदा ऐसी है कि उसे जितना बाँटों वह उतनी ही बढ़ती जाती है।

वस्तुत: संपदा वही है जो बांटने से बढ़े, जो घट जाए वह संपदा ही नहीं हैं। पत्र दें। आप की ही नहीं, पत्र की मैं भी प्रतीक्षा करता हूं।

रजनीश के प्रणाम।

● ● ●

रात्रि : 5 दिसम्बर 1964

प्रिय सोहन बाई!

स्नेह! तुम्हारा पत्र मिला है। उन शब्दों से मुझे बहुत खुशी होती है। छोटे-छोटे फूल, जैसे अनंत सौंदर्य को प्रकट कर देते हैं, वैसे ही हृदय की पूर्णता और गहराई से निकले हुए शब्द भी अनंत और विराट को प्रतिध्वनित करते हैं। प्रेम, शब्दों में प्राण डाल देता है और उन्हें जीवन दे देता है। फिर क्या कहा जा रहा है, वह नहीं; वरन क्या कहना चाहा था, वह अभिव्यक्त हो जाता है। प्रत्येक के भीतर कवि है और प्रत्येक के भीतर काव्य है, पर हम अपनी सतह पर जीते हैं, इसलिए उसका जन्म नहीं हो पाता है।

जो अपनी गहराइयों में जाते हैं, वे इस अलौकिक प्रेम को अपने भीतर जागता हुआ अनुभव करते हैं, और वह प्रेम उनके समग्र जीवन को सौंदर्य, शांति, संगीत और काव्य से भर देता है। उनका जीवन ही संगीत हो जाता है और इसी संगीत की भूमिका में सत्य का आचरण होता है।

सत्य के अवतरण के लिए संगीत आधार है। जीवन को संगीत बनाना आवश्यक है। उसके माध्यम से ही कोई सत्य के निकट पहुंचता है। तुम्हें भी उसे संगीत बनाना है। सारे जीवन को और छोटे-छोटे कामों को भी-संगीत बनाओ। प्रेम से यह होता है।

जो है, उसे प्रेम करो। सारे जगत के प्रति प्रेम अनुभव करो। अपनी स्वांस-स्वांस में समस्त के प्रेम की भावना से ही, स्वयं में संगीत उत्पन्न होता है।

क्या यह कभी देखा है? उसे देखो-प्रेम से अपने को भर लो और देखो। वही अधर्म है–वही केवल पाप है, जो स्वयं में उसे संगीत से नहीं भरता है।

- प्रेम धर्म है, क्योंकि प्रेम संगीत है और सौंदर्य है।
- प्रेम परमात्मा है, क्योंकि वही उसे पाने की पात्रता है।

● ● ●

वहां सबको मेरा प्रेम कहें और अपने निकट भी मेरे प्रेम के प्रकाश को अनुभव करें।

रजनीश के प्रणाम!

यह पत्र नहीं, अपनी ही गहराइयों में जाने का उपाय है ध्यान। ध्यान से ही वह दिव्य प्रेम जन्मता है जो जीवन को सौंदर्य, शांति, संगीत और काव्य से भर देता है। जब पूरा जीवन ही संगीत बन जाता है तो सत्य का स्वतः अवतरण होता है। इसे यूं भी कह सकते हैं–

सौंदर्य को विस्मय विमुग्ध होकर उसमें परमात्मा को देखना, सृजनात्मक होकर काव्य या संगीत में डूबना, सर्व के प्रति प्रेम को जागृत करता है। पूरे जीवन के संगीत हो जाने का अर्थ है–छोटे–छोटे कार्यों को भी उत्सवपूर्ण खेलपूर्ण और प्रेमपूर्वक गुनगुनाते हुए करना, सभी पर बेशर्त प्रेम लुटाना।

पर यह तभी होता है जब मां सोहन जैसा समर्पण हो। मैं और मेरे का भाव बचे ही न!

तभी तो सोहन मां अपने घर पर ओशो से उन सभी मिलने वालों पर, भले ही वह 100 हों या 150, उन पर बेशर्त अपना प्रेम लुटाती हुई उन्हें वही सब कुछ स्वयं बनाकर प्रेम से खिलाती थीं जो ओशो को भी परोसती थीं।

अपने एक पत्र में पूछा था सोहन मां ने–"आपके हृदय में मेरे लिए इतना प्रेम क्यों है? इसका क्या कारण है?"

उसका ओशो ने अपने संक्षिप्त पत्र द्वारा जो उत्तर दिया उसमें प्रेम और भक्ति के जैसे सारे रहस्य समाहित हैं। वह जैसे चंद वाक्यों का एक पूरा शास्त्र है। बस चाहिए खुला हृदय और समर्पण।

ओशो लिखते हैं–

सरकिट हाउस
टीकमगढ़ : 12.3.1965

प्रिय सोहन,

प्रेम। तेरा पत्र मिला। कविता से तो हृदय फूल गया। सुना था प्रेम से काव्य का जन्म होता है, तेरे पत्र में उसे साकार देख लिया। प्रेम हो, तो धीरे–धीरे जीवन ही काव्य हो जाता है। जीवन सौंदर्य के फूल प्रेम की धूप में ही खिलते हैं।

यह भी तूने खूब पूछा है कि मेरा तेरे लिए इतना प्रेम क्यों है? क्या प्रेम के लिए भी कोई कारण होते हैं? और यदि किसी कारण से प्रेम हो तो क्या हम उसे प्रेम कहेंगे?

पागल! प्रेम तो सदा ही अकारण होता है। यही उसका रहस्य और पवित्रता है। अकारण होने के कारण ही प्रेम दिव्य है और प्रभु के लोक का है।

फिर, मैं तो उसी भांति प्रेम से भरा हूँ, जैसे दीपक में प्रकाश होता है। पर उस प्रकाश के अनुभव के लिए आँखें चाहिए। तेरे पास आँखें थीं तो तूने उस प्रकाश को पहिचाना। इसमें मेरी नहीं, तेरी ही विशेषता है।

वहां सबको मेरे प्रणाम कहना। मणिक बाबू और बच्चों को प्रेम।

रजनीश के प्रणाम

ध्यान के प्रेम के मार्ग अलग-अलग होते हुए भी एक दूसरे से जुड़े हैं। ध्यान करने के लिए भी शरीर का सहयोग चाहिए। जो अपने शरीर को सताते हैं वे ध्यान को उपलब्ध नहीं हो सकते। ओशो कहते हैं-पहिले स्वयं से प्रेम करो। जो स्वयं से प्रेम नहीं कर सकता उसके प्रेम में भी गंभीरता नहीं रहती। सभी कुछ रसमय हो जाता है। स्वयं को प्रेम करते हुए ही अपनी गहराई में उतर कर स्वयं को जाना सकता है। पर इसके लिए साथ में जरूरी है प्यास और प्रतीक्षा।

प्रेम, प्रतीक्षा और प्यास के संबंध में सोहन मां को ओशो का लिखा निम्न पत्र अविस्मरणीय है।

दोपहर : 24.4.1965

प्रिय सोहन,

पत्र मिला है। मैं तो जिस दिन से आया हूं, उसी दिन से प्रतीक्षा करता था। पर प्रतीक्षा कितनी मीठी होती है?

जीवन स्वयं ही एक प्रतीक्षा है।

बीज अंकुरित होने की प्रतीक्षा करते हैं और सरिताएँ सागर होने की। मनुष्य किसकी प्रतीक्षा करता है? यह भी तो किसी वृक्ष के लिए बीज है और किसी सागर के लिए सरिता है।

कोई भी जब स्वयं के भीतर झांकता है, तो पाता है कि किसी असीम और अनंत में पहुंचने की प्यास ही उसकी आत्मा है।

और जो इस आत्मा को पहचानता है, उसके चरण परमात्मा की ओर चलते हैं और हम जल स्रोत की ओर न चलें, यह कैसे संभव है?

यह कभी नहीं हुआ है, और न ही कभी होगा। जहाँ प्यास है, वहाँ प्राप्ति की तलाश भी।

मैं इस प्यास के प्रति ही प्रत्येक को जगाना चाहता हूं, और प्रत्येक के जीवन को प्रतीक्षा में बदलना चाहता हूं।

प्रभु की प्रतीक्षा में परिणित हो गया जीवन ही सद्जीवन है। जीवन के शेष सब उपयोग अपव्यय हैं और अनर्थ हैं।

मणिक बाबू को प्रेम।

·रजनीश के प्रणाम!

● ● ●

राधेश्याम जी के साथ मैं भी बाफ़ना परिवार की अति निकटता में खींचे गए ओशो के विभिन्न फोटोज में उनकी विभिन्न मुद्राओं को एकटक निहारते रह गया। वह चित्र जैसे सजीव हो उठे।

सोचने लगा-कभी इसी कमरे में ओशो अपने प्रेमी मित्रों के साथ बैठे हुए और प्रेम की सम्पदा लुटाते हुए अपने निर्मल हास्य से सभी के हृदयों में रस धारा का संचार करते होगें। इस कमरे की दीवारों ने ओशो के वचनों को अपने में ज़ज़्ब किया है। उनके

निर्मल हास्य को जी भर पीया है। मैं कुछ देर आँखें बंदकर शांत मौन बैठा रहा और जैसे दीवारें बोलने लगीं। उधर बाफना दम्पति मेरे साथ आए राधेश्याम जी और जगदीश भारती को ओशो के साथ खींचे गए चित्रों के संबंध में बतला रहे थे और इधर नेत्र मूंद मैं उनके और ओशो के रस पगे वचनों को अपने अंदर महसूसता जाने कहाँ खो गया था?

आखिर फोटोज के देखने का कार्यक्रम समाप्त हुआ।

मणिक बाफना जी मुझे आँखे मूंदे हुए देख कर मेरा ध्यान आकर्षित करते हुए बोले–''स्वामी जी! कहां खो गए आप? शायद सोच रहे होगें कि कभी वे यहाँ बिछी चांदनी पर बैठते होंगे। हां! वह यहीं पलंग पर पड़े गद्दों और बिछी चांदनी पर बैठे हुए मिलने को आए हुए प्रेमी मित्रों के पूछे प्रश्नों का उत्तर दिया करते थे। जब हम लोगों ने इस घर में प्रवेश किया था तो मैंने ओशो के हाथों से एक चम्पा का पौधा लगवाया था। वह बहुत तेजी से विकसित हुआ। सोहन बहुत प्यार से उसकी देखभाल करती थी। उसमें जब कभी ही फूल खिलते थे। पर हम सभी यह देख कर आश्चर्यचकित हो जाते थे कि ओशो के इस घर में आते ही चम्पा का फूल खिल जाता था। वे उसे तोड़ते नहीं थे। उसे प्रेम से स्पर्श करते हुए सांसों द्वारा उसकी सुवास पीते थे। ओशो के जाने के बाद ही वह फूल मुरझा जाता था। पूना आश्रम में आने के बाद भी ओशो एक बार यहाँ पधारे थे। पर जब उन्होंने यहाँ आना छोड़ दिया तो बहुत देखभाल के बावजूद भी वह चम्पा का पौधा मुरझा गया।''

पौधे और वृक्ष भी प्रेम की भाषा महसूस करते हैं। महाकौशल महाविद्यालय में भी ओशो जिस गुलमोहर के वृक्ष के नीचे गाड़ी खड़ी करते थे और उस गुलमोहर के वृक्ष को प्रेम से देखते हुए सहलाते थे, वह वृक्ष भी उनके त्यागपत्र देने और कॉलेज से बिदा लेने के बाद अपने आप मुरझा गया था।

कथाक्रम की बागडोर अब सोहन मां ने संभालते हुए कहा–''स्वामी जी आपने भूरा बाई का एकलिंगी का प्रसंग तो सुना ही होगा। एकलिंग में होने वाले उस शिविर में हम दोनों ही सम्मलित हुए थे। भूराबाई मौन ही रहती थीं। वह पहुंची हुई सिद्ध थीं। उन्होंने ओशो के साथ हम सभी को अपनी कुटी में आने में निमंत्रण दिया। उन्होंने स्वयं चक्की पर हाथों से आटा पीस कर रोटी बनाई थी। ओशो ने खाकर कहा–''ऐसी मीठी स्वादिष्ट रोटी तो आज तक नहीं खाई?''

हम सभी को प्रसाद स्वरूप एक-एक रोटी मिली थी। बाफना जी ने एक रोटी खाकर आधी रोटी और मांगी। भूराबाई मुस्कराकर बोलीं–''अब रोटी खत्म हो गई है। तू ननीदा मत बन।''

बाफना जी ने अनुभव किया कि कुछ देर पूर्व लगी भूख सचमुच समाप्त हो गई और वह एक अद्‌भुत तृप्ति का अनुभव कर रहे हैं।

एकलिंग का शिविर समाप्त होने पर ओशो चित्तौड़ तक हम लोगों के साथ कार में ही आए। चित्तौड़ से गाड़ी पकड़ने से पूर्व ओशो ने हम लोगों को जबलपुर आने का निमंत्रण देते हुए कहा–

मैं सीधा जबलपुर जा रहा हूं। वहां दस दिन रहूंगा। जहां भी गाड़ी से उतर कर विश्राम करो, वहां मुझे पत्र जरूर लिखना। उन्हें मालूम था कि मैं पहिले अपने माता-पिता से मिलने बनारस जाऊंगी, और फिर पांच छः दिनों बाद दिल्ली होते हुए जबलपुर लौटूंगी।

मैंने चलते हुए ओशो को जिन्तान की गोलियाँ दी। उसमें से दो गोली लेकर ओशो उन्हें आनन्द से चूसने लगे। दो तीन लोगों ने पूंछा-यह किसकी गोलियाँ हैं?

मुझे मज़ाक सूझा। मैंने कहा-यह अफीम की गोलियाँ हैं। आप भी इन्हें लेकर देखिए। पर मज़ा यह कि बेहोशी नहीं यह होश जगाती हैं और मुंह को स्वाद और सुवास से भर देती हैं।

मेरी अफीम वाली बात सुनकर सभी लोग चौंक गए थे पर मेरा अंतिम वाक्य सुनकर उनकी शंका दूर हुई। मैंने उन लोगों को भी वे गोलियाँ दी।

चित्तौड़ से चलकर हम लोगों ने पहिला विश्राम जयपुर में किया। जैसा मैंने ओशो से वायदा किया था, मैंने उसी रात उन्हें पत्र लिखा। दूसरे दिन जयपुर से आगरा होते हुए हम लोग कानपुर रुके। यह बहुत लम्बी थका देने वाली यात्रा थी। पर रास्ते भर ओशो के साथ गुजारे प्रेम से भरे क्षणों को याद करते हुए मैं बहुत स्फूर्ति और ताजगी का अनुभव कर रही थी। मैंने दूसरा पत्र कानपुर से भी लिखा।

तीसरे दिन रात तक हम लोग बनारस पहुंचे।

यह जानकर कि हम लोग एकलिंगी शिविर से लौट रहे हैं, पिताजी ने ओशो के बाबत एक-एक बात बहुत विस्तार से पूछी। फिर बोले-''तू कभी उन्हें यहां साथ लेकर आ तो यह घर पवित्र हो जाए। तुझे जब उन्होंने बेटी माना है तो उन पर मेरा भी हक बनता है।'' मैंने उत्तर दिया-''एक बार बनारस का जिक्र चला था तो वह बोले- मैं वहां के मच्छरों, सांडों और गोबर भरी गालियों से बहुत घबराता हूं और कभी भी बनारस न जाने का निश्चय कर चुका हूं। अब आप ही बताएं मैं उनसे यहां आने को कैसे कहूं? पिताजी चुप हो गए। वहां दो दिन रुक कर, रास्ते में कानपुर विश्राम करते हुए हम लोग दिल्ली पहुंचे और दूसरे ही दिन जबलपुर चल पड़े। रास्ते में लगभग ऊपर तक भरे कुंएँ में हम सभी ने स्नान कर थकान उतारी और एक वृक्ष के नीचे बैठकर भोजन किया। आगरा, झांसी और सागर होते हुए हम दूसरे दिन जबलपुर पहुंचे। अपने नेपियर टाउन वाले मकान में उस समय वह भोजन करने के बाद विश्राम कर रहे थे। क्रांति दीदी हम लोगों के लिए भोजन बनवाने लगीं। हमें लाइब्रेरी में ठहराया गया। जब हम लोग स्नान कर भोजन करने बैठे तो ओशो की अचानक आंख खुल गई। उन्होंने बहुत प्रेम से स्वागत करते हुए कहा-''मुझे मालूम था तुझे आज ही आना है। मैंने क्रांति से कहकर लाइब्रेरी में व्यवस्था करा दी थी। किसी भी चीज़ की आवश्यकता हो तो संकोच मत करना।

ओशो अपने चुटकुलों से हम लोगों को हंसाते रहे और उत्सव आनन्द में वह दिन कैसे गुजर गया, पता ही न चला।

दूसरे दिन वह हम दोनों को धुंवाघार प्रपात और भेड़ाघाट दिखाने ले गए। नौका द्वारा सफेद, गुलाबी और सिलेटी संगमरमर की अनोखी आकृति की जादू भरी चट्टानों

के बीच यात्रा करते हुए ऐसा लग रहा था जैसे हम लोग किसी तिलिस्म या रहस्यलोक में आ पहुंचे हैं। फिर उस पर ओशो जैसे प्यारे सद्‌गुरु का साथ, जो हम दोनों पर अपना बेशर्त प्रेम बरसा रहे थे।

भेड़ा घाट से ऊपर सीढ़ियां चढ़ते हुए मेरा पैर मुड़ गया। मैं वहीं बैठ गई। ओशो ने मेरे बहुत मना करने पर भी मेरे पैर की मालिश करते हुए रूमाल बांध दिया और मुझे सहारा देकर घाट तक लाए।

घर आकर उन्होंने तुरन्त माली द्वारा मोच ठीक करने वाले विशेषज्ञ को बुलाया। वह मालिश कर पट्‌टी बांध गया। शाम हम लोग उनके लॉन में बैठे तो वहां खिले गुलाबों, मोंगरा तथा अन्य पुष्पों को देख कर मैं अपनी सारी पीड़ा भूल कर आश्चर्य से बोली–"इतने ढेर सारे फूल और इतनी प्यारी मीठी सुवास?"

क्रांति ने उत्तर दिया–"दादा! कभी एक भी फूल तोड़ते नहीं। कहते हैं– मैं इन्हें जन्मते, खिलते, सुवास और सौंदर्य बिखेरते और इनको मुरझा कर पृथ्वी पर गिर पड़ने का मात्र साक्षी हूँ।

हम लोग दूसरे दिन वापस चलने की सोच रहे थे पर ओशो ने आग्रह कर एक दिन और रोक लिया।

अगले दिन उन्होंने ठीक उसी तरह बिदा दी जैसे भाई–बहिन को बिदा करता है। उपहारों के साथ ढेर सारा खाने–पीने का सामान साथ रख दिया। मुझे सबसे बड़ा आश्चर्य तो तब़ हुआ जब ओशो ने नेट से बुनी एक सुंदर टोकरी में मुझे गुलाब और मोंगरे के फूलों का उपहार दिया।

मैंने तुरन्त उन्हें टोंकते हुए कहा–"आप तो कभी फूल तोड़ते ही नहीं। फिर मेरे लिए आपने फूल क्यों तुड़वाए? मैं इनके बिना ही, इनकी सुवास अपनी सांसों में भरकर इन्हें साथ लिए जा रही थी।"

ओशो मुस्कुरा कर बोले–"मैंने मकान के बाहर जो बोर्ड लगवाया है उसमें केवल इतना लिखा है–**मुर्दा मूर्तियों पर चढ़ाने के लिए फूल तोड़ना मना है।** फूलों में जीवन है और मूर्तियां मृत हैं। मेरा मानना है कि जीवन को मृत्यु पर अर्पित करना व्यर्थ है। यदि कोई युवक अपनी प्रेमिका को भेंट देने के लिए फूल मांगता है तो मैं सहर्ष उसे फूल तोड़ने देता हूं और आज तो मैं इन्हें अपनी प्यारी बहिन को अर्पित कर रहा हूं। फूल भी तेरे पास जाकर और खिल उठेंगे।"

उनकी बात सुनकर मेरी आंखों में प्रेमाश्रु छलक उठे।"

सोहन माँ की आंखें यह प्रसंग सुनाते हुए भी नम हो गईं। उनका गला रुंध गया। उनकी यह दशा देखकर माणिक भाई ने ओशो द्वारा लिखे पत्रों को उलटते–पुलटते एक पत्र निकालकर मुझे देते हुए कहा–"स्वामीजी!"

आप ज़रा ओशो के इस पत्र को पढ़िए।

ओशो ने लिखा था–

प्यारी सोहन!

सुबह ही तेरा पत्र मिला है।

तू जिन प्रेम फूलों की माला गूंथती है, उनकी सुगंध मुझ तक आ जाती है। और, तू जो प्रीति बेल बो रही है, उसका अंकुरण मैं अपने ही हृदय में अनुभव करता हूं। तेरे प्रेम और आनन्द से पैदा हुए आंसू मेरी आंखों की शक्ति और चमक बन जाते हैं और, यह कितना आनन्दपूर्ण है?

17 जून को 'कल्याण' पर तेरी प्रतीक्षा करूंगा।

रजनीश के प्रणाम।

इस पत्र को पढ़कर मैं सोचने लगा समझदार लोग ठीक ही कहते हैं–प्रत्येक महापुरुष के विकास में किसी न किसी स्त्री का हाथ अवश्य होता है।''

पर इस उक्ति में संशोधन करते हुए मैं कहना चाहता हूँ कि किसी एक स्त्री का नहीं उसके विकास में अनेक स्त्रियों का हाथ होता है। माँ, बहिन, प्रेमिका या कभी-कभी पत्नी का भी।

ओशो को बचपन से ही अपनी नानी का बेशर्त प्रेम मिला। ऐसा प्रेम जिसने उन्हें बांधा नहीं, उन्मुक्तता और स्वतंत्रता दी, फिर उन्हें गुड़िया के रूप में प्रेमिका का प्रेम मिला, जिसकी मृत्यु होने पर उन्होंने आजीवन विवाह न करने का प्रण किया। पिछले जन्म का पुत्र मानकर मदनकुंवर पारिख ने भी उन्हें मां जैसा प्रेम दिया। अपनी सगी मां और बहिनों का प्रेम तो उन्हें मिलना ही था। बहिन के रूप में उन्हें सोहन का प्रेम मिला। विवेक के प्रेम में तो उन्हें ऐसा लगा जैसे गुड़िया ही पुनः जन्म लेकर उन्हें मिल गई हो। उन्हें माँ उर्मिला का भी प्रेम मिला। माँ मृदुला, मां लक्ष्मी, आदि आदि सब उन पर प्रेम ही लुटाती रहीं। प्रतिदान में ओशो ने दी समाधि और परमांनद।

पत्र पढ़ चुकने बाद मैंने माणिक भाई की ओर दृष्टि उठाई।

उनके हाथ में ओशो का एक दूसरा पत्र था। उसे भी मेरी ओर बढ़ाते हुए बोले– मैं उन्हें बहुत कम पत्र लिखता था। जो कहना होता था, सोहन से कह देता था। वही मेरी बात उन तक पहुंचा देती थी। पर 1966 के प्रारम्भ में मैं जब विभिन्न समस्याओं से घिरा बहुत उद्विग्न और तनावग्रस्त था तो बिना मुझसे पूंछे सोहन ने मेरी मानसिक उद्विग्नता के संबंध में ओशो को पत्र लिख दिया। उसके प्रत्युत्तर में मुझे ओशो ने सीधे ही पत्र लिखा, जिसने मेरी बैचेनी शांत कर दी और मुझे सामान्य होने में बहुत सहायता दी और ध्यान जो कई दिनों से छोड़ बैठा था, उसे फिर से करने लगा। लीजिए, आप ज़रा यह पत्र भी पढ़िए।

मैं पत्र पढ़ने लगा और उधर राधेश्याम जी माँ उर्मिला से धीमे स्वर में कुछ बात करने लगे। जगदीश जी मौन दर्शक बने शांत बैठे थे।

ओशो ने माणिक भाई को लिखा था–

जबलपुरः 22.2.1966

प्रिय माणिक,

प्रेम। इधर आप खूब चिंतित हैं, ऐसी सोहन की शिकायत आई है। उसने लिखा है तो निश्चित ही आप बहुत बोम्य में होगें, तभी लिखा है। फिर आप स्वयं तो कुछ लिखते नहीं कि मैं जान सकूं।

जीवन है तो समस्याएं भी है और उनसे शांतिपूर्वक जूझने में जीवन का विकास भी है। लेकिन संघर्ष यदि शांतिपूर्वक न हो तो संघर्ष तो नहीं मिटता किंतु व्यक्ति स्वयं टूट जाता है। इस तथ्य का ध्यान रखना सदा ही सर्वाधिक महत्त्वपूर्ण है। नहीं तो अक्सर ही बाहर के लिए हम भीतर को खो देते हैं और इससे बड़ी न कोई हानि है और न असफलता है।

स्वयं की शांति और आंतरिक आनन्द के समक्ष और कुछ भी अर्थपूर्ण नहीं है। उसकी स्मृति रखोगे तो चिंताएं क्षीण होंगी और बोझ अपने आप विलीन हो जायेगा। बोझ और चिंता में निरंतर दबे रहना बहुत घातक है। जब कि उन्हें अपने सिर पर से उतार कर रख देना उतना ही आसान है जैसे कि कोई यात्री ट्रेन में अपना सामान सिर के नीचे रख देता है। हां, कुछ यात्री ऐसे भी होते हैं जो कि ट्रेन में बैठकर भी अपना सामान अपने सिर पर ही रखते हैं। पर आप ऐसे यात्री क्यों बन रहे हैं?

रजनीश के प्रणाम

ओशो के इन बोधपूर्ण वचनों को पढ़कर माणिक भाई की तरह अन्य ऐसे प्रेमी मित्र भी जो चिंताओं से ग्रस्त उद्विग्न हों, बोधमुक्त और शांत हो सकते हैं।

मैंने पत्र पढ़कर बाफना जी को वापस दे दिया और सोहन मां की ओर देखने लगा। मुझे अपनी ओर ताकता देख सोहन मां ने कहा—"हां स्वामी जी! वह बात अधूरी रह गई। जबलपुर से लौटकर जब हम लोग पूना लौट आए तो घर के निकट आकर कार का पहिया पंक्चर हो गया। हम लोग स्वयं आश्चर्यचकित थे कि पूना से एकलिंग तक जाने, वहां से बनारस, फिर दिल्ली होकर जबलपुर पहुंचने तक 4000 मील के सफर में न तो गाड़ी के इंजन में कभी कोई खराबी हुई और न पहिया पंक्चर हुआ, पर मुझे घर कुशलता पूर्वक पहुंचाने के बाद पंक्चर होने के द्वारा कार ने अपने थकने की सूचना दे दी।"

पोलो के खेल में सवारों और घोड़ों का थकना तो सभी को दिखाई देता है पर लकड़ी के पोलों का थकना केवल अतिसंवेदनशील लोग ही अनुभव कर पाते हैं। मशीन भी गर्म होकर अपने थकने का सन्देश देती है, कार का कुशल ड्राइवर मीटर द्वारा इंजन का तापक्रम देख गाड़ी रोककर इंजन को ठंडा करता है। पूरा अस्तित्व थकता है।

गर्मियों में तप्त सूरज वर्षा में कुछ कम गर्म होता है। सर्दियों में वह अपनी थकान पूरी करता है।

तभी किसी कवि ने लिखा है–

थके मांदे सूरज ने
किसी की एक न सुनी
बैठ पहाड़ की ओट
खोली बोतल
केसर कस्तूरी की

अथवा

ओढ़े हुए ठंडा धुआं
खोला शरद् की धूप ने
नवनीत सा ठंडा कुवां।
खामोशियों की झील में रंगीन हलचल घोलकर
कोमल कमल दल के विमल,
आकुल पलकदल खोलकर
छू ली हवा के होठ ने नव रश्मियों की वंशियां।
ओढ़े हुए ठंडा धुवां।

श्रम के बाद विश्राम। ओशो कहते हैं–ध्यान है परम विश्राम। कुछ न करना ही ध्यान है। क्रिया में करने वाला कर्त्ता उपस्थित रहता है, जो एकमात्र बाधा है। इतनी लम्बी यात्रा कुशलता से सम्पन्न कराने बाद कार भी गैरेज में विश्राम करने चली जाती है।

ओशो के संग गुजारे प्रसंगों को याद करती दो क्षणों के बाद सोहन मां बोलीं–

"अगली बार जब ओशो घर आए तो मैंने आटे की लोई में थोड़ी सी अजवाइन, नमक और घी मिलाकर चकले पर बेलन से न बेलकर हथेलियों से थपथपा कर मोटी रोटी बनाई जब ओशो को परोसी तो वह प्रसन्न होकर बोले–"तुझे कैसे पता चला कि मुझे मोटी रोटी बहुत पसन्द है? मां मुझे हमेशा मोटी रोटी ही बनाकर खिलाती थी।"

मैंने जवाब दिया–"आपने यह बात मुझे कभी बताई ही नहीं। वह तो आज बैठे-बैठे अचानक रसोई में मुझे मोटी रोटी बनाने की न जाने क्यों धुन सवार हो गई?

वे मुस्काते हुए बोले–"मैं मां का ख्याल करते हुए मोटी रोटी के बारे में ही सोच रहा था। तूने अमन की दशा में मेरी विचार तरंग ग्रहण कर ली।"

मैं शरमा गई। फिर मैंने रसमलाई के साथ उन्हें घर की बनी कुल्फी परोसी। उन्हें बहुत प्रेम और तृप्ति से भोजन का स्वाद लेते देख मैं आनन्द में डूब गई।

तभी बाफना जी ने सोहन को याद दिलाते हुए कहा–"स्वामी जी को ओशो के जन्म दिवस पर आयोजित उस पार्टी की बात तो बताओ।"

सोहन मां उल्लसित होकर बोलीं–"ग्यारह दिसम्बर को ओशो के जन्म दिवस का वह समारोह अद्भुत था। सात सौ आठ सौ लोग आए थे उस उत्सव में। ओशो को इतने पुष्पहार पहिनाए गए तो पूरे घर में फूलों की सुवास फैल गई। उन्हें भेंट किए गए गुलदस्तों को रखने के स्थान की कमी पड़ गई।"

गीत-संगीत का कार्यक्रम काफी देर तक चलता रहा। उस दिन ओशो ने भी संन्यासियों और मेरे साथ भी थोड़ी देर नृत्य किया। फिर खाना-पीना शुरू हुआ। मैंने ओशो के पसन्द की रसमलाई, कलाकंद, समोसे, पानीपूड़ी आदि सब कुछ मंगाए थे। केक पेस्ट्री और बिस्कुट भी ढेर सारे थे। आने वाले मेरे अनुमान से कहीं अधिक थे। तभी टेबिल पर रखी रसमलाई और समोसे खत्म हो गए। उनके अलावा मेज पर खाने के लिए और भी बहुत कुछ था।

तभी एक संन्यासी ने जिसका नाम शायद सुभाष था रसमलाई और समोसा की फरमाइश की।

ओशो हंसकर बोले–"तुझे रसमलाई खाना हो तो सोहन के पैर पकड़ और समोसे खाना हो तो बाफना जी के।"

ओशो को मालूम था कि मैंने उनके लिए कुछ रसमलाई के पीस अलग उठाकर रखें होंगे।

बाफना जी बोले–"मैं कार द्वारा ड्राइवर को बाजार भेज रहा हूं। यदि वहां मिल गए तो समोसे और रसमलाई दोनों मंगाए देता हूं।"

पर बाफना जी को किसी ने उठने नहीं दिया और मैंने एक डोंगे में रखे हुए आठ दस रसमलाई के पीस सुभाष के हवाले कर दिए। उसके अनुरोध पर ओशो, फिर बाफना जी और मैंने भी एक-एक पीस लिया। अपने अनुरोध के पूरा होने पर ही सुभाष ने रसमलाई चखी। बचे पीस फिर अंदर पहुंच गए। किसी ने उन्हें छुआ तक नहीं। जैसे सभी को आभास हो गया था कि वे पीस संभवत: सुबह ओशो के नाश्ते के लिए बचाकर रखे गए हैं।

तभी ओशो ने कहा–"मैंने विवाहित लोगों को बहुत कम सुखी और प्रेम से रहते देखा है। 99 प्रतिशत विवाहित युगलों में झगड़े-फसाद, वाद-विवाद और कलह होना बहुत मामूली बात है। एक प्रतिशत वे युगल सुखी और आनंदित हैं जिनका प्रेम ईर्ष्यामुक्त और अपेक्षा रहित है। जिनमें लेने का नहीं देने का भाव है।

पूरे भारत में भ्रमण करते हुए मुझे अनेक परिवारों में रहने का अवसर मिला पर मैंने ऐसे केवल तीन युगल ही देखे। इनमें पहिला युगल हन दोनों का, दूसरा कृष्ण चेतन का और तीसरा चितरंजन और वीणा का।"

इतना बताते हुए सोहन मां जैसे अपनी आत्मप्रशंसा से संकुचित हो गईं और सिर नीचा कर बैठ गईं।

अब माणिक भाई कमान संभालते हुए बोले–"स्वामी जी! वर्ष 1969 में श्रीनगर काश्मीर में लगने वाले ध्यान साधना शिविर में भी हम दोनों को जाने का सौभाग्य मिला। उस शिविर में ओशो ने 'महावीर मेरी दृष्टि में' प्रवचनमाला आरम्भ की थी। हिम्मत भाई ने भोजन व्यवस्था का भार संभाला था और महीपाल तथा जयन्ती भाई ने शेष प्रबन्ध संभाले थे। वहां हम सभी के आग्रह से भगवान ने घोड़े पर बैठकर काश्मीरी ड्रेस पहिन कर चित्र खिंचवाया। हम लोग ओशो के साथ पहलगांव भी गए। वहां महेश योगी के भावातीत ध्यान का शिविर लगा हुआ था। ओशो ने भावातीत ध्यान को ध्यान न मानकर

उसे मन की एकाग्रता मात्र बतलाया और महेश योगी को चर्चा परिचर्चा के लिए आमंत्रित किया। जब महेश योगी नहीं आए तो ओशो उन्हीं के शिविर में जाकर महेश योगी से अपने तर्क प्रस्तुत करने का आग्रह करने लगे। महेश योगी स्टेज छोड़कर अपने रहने के तम्बू में चले गए। ओशो ने उन्हीं के स्टेज पर ध्यान के संबंध में विदेशी संन्यासियों के सामने जो लेक्चर दिया, उससे प्रभावित होकर आधे से अधिक महेश योगी के अनुयायी ओशो के भक्त बन गए।"

इसी बीच राधेश्याम जी पूछ बैठे–"माणिक जी! आपने ओशो से संन्यास कब लिया? जरा विस्तार से वह प्रसंग सुनाइए।"

माणिक भाई सरलता से बोले–"सन् '72 के माउण्ट आबू शिविर में हम दोनों ने सफेद वस्त्रों वाला साधु साध्वी का सन्यास लिया था। गेरुआ वस्त्रों का पूरा संन्यास हम लोगों ने पूना आश्रम में सन् '76 में लिया। ओशो ने मुझे संन्यास का नया नाम दिया स्वामी योग माणिक और सोहन को मां योग सोहन। अब इसमें विस्तार से बताने जैसा कुछ भी नहीं है क्योकि यह संन्यास लेना तो एक औपचारिकता थी। हम लोग तो सन् '64 से उनसे जुड़ जाने पर ही उनके संन्यासी बन चुके थे, भले ही तब उन्होंने नवसन्यास देना शुरू भी नहीं किया था।

तभी माणिक भाई की बात करते हुए सोहन मां ने कहा–"माउण्ट आबू शिविर की एक बड़ी मजेदार घटना याद आ रही है–कचूबाई अपने छः बच्चों को लेकर शिविर में आई थी। उसने आग्रह कर उन पांच बच्चों को तो ओशो से सन्यास दिलवा दिया और छठवें बच्चे को छोड़ दिया तो ओशो ने मुस्करा कर पूछा–उस छठे को संन्यास लेने से क्यों रोक दिया?

कचूबाई ने उत्तर दिया–"भगवान्! आखिरी बेटे को चिता की अग्नि देने के लिए छोड़ दिया है क्योंकि कहा जाता है कि कोई संन्यासी अपनी मां का दाह संस्कार नहीं करता।"

ओशो ने उत्तर दिया–तूने अधूरा सुना। आदि शंकराचार्य ने परंपरा के विरुद्ध स्वयं अपनी मां का दाह संस्कार किया था। फिर मेरे सन्यासी कोई परम्परा या कोई नियम मानते ही नहीं। तू घबड़ाती क्यों है तेरा एक बेटा नहीं सभी छः बेटे मिलकर तुझे अग्नि देंगे।

कचूबाई प्रसन्न होकर नाचने लगी और उसने छठवें बेटे को भी संन्यास दिलवा दिया।

दो क्षण रूकने के बाद उन्होंने कहा–"मैं आपको एक बात बताना ही भूल गई। मैं ओशो की माताजी के आग्रह पर ओशो के घर गाडरवारा भी गई थी। उनकी माताजी बहुत सरल और सहज थीं। वे अपनी देहाती बोली में प्यार से बोलीं–तू बड़े शहर की रहने वाली, तुझे यह गांव भला क्या अच्छा लगेगा?"

मैंने उत्तर दिया–किस बेटी को अपना गांव और घर अच्छा नहीं लगता?

यह सुनकर उनकी आंखों में आंसू आ गए और उन्होंने बड़े प्रेम से कहा–"आज से मेरी पांच नहीं छः बेटिया हैं।"

यह कहते हुए उन्होंने मुझे अपने हृदय से लगा लिया। बेटी की तरह ही गाडरवारा से विदा करते समय एक बढ़िया रोजा साड़ी, पेटीकोट, ब्लाउज पीस, पायल और सिंदूरदानी दी।

गाडरवारा से मैं जबलपुर ओशो के निवास स्थान पर पहुंची। वहां एक दिन रूककर फिर वापस पूना आ गई।

सोहन को अपने ख्यालों में खोया देखकर माणिक भाई बोले–"एक बार पूना में स्वामी आनन्द स्वभाव के भाई ने आचार्य श्री से पूछा–आपसे लड़कियां और महिलाएं बहुत बड़ी संख्या में मिलने आती हैं, इसका क्या कारण है?"

ओशो ने मुस्कराते हुए उत्तर दिया–"वैसे यह बात आप लड़कियों और महिलाओं से ही पूछते तो अधिक अच्छा था। फिर मल्होत्रा जी की ओर बेधक दृष्टि से देखते हुए बोले–क्या आपको मेरे वचनों से यह अनुभव नहीं होता कि मैं स्त्रियों पर पुरुष समाज द्वारा सदियों से किए जा रहे शोषण के विरुद्ध आवाज बुलन्द करते हुए उन्हें आर्थिक रूप से स्वावलम्बी बनकर स्वतंत्रता का मूलमंत्र दे रहा हूं। मैं उन्हें आध्यात्मिक क्षेत्र में भी सर्वाधिक महत्त्व देते हुए उन्हें उनकी गरिमा में प्रतिष्ठित कर रहा हूं।

पर आपके सोचने का ढंग बहुत संकुचित है। आप सोचते हैं कि वे आपकी ओर आकर्षित क्यों नहीं होती? वे आपकी ओर भी आकर्षित हो सकती हैं यदि आप सृजनात्मक बनें। संगीतकार, कवि, चित्रकार या मूर्तिकार बनें। नियमित रूप से ध्यान करते हुए शरीर के प्रेम को हृदय के प्रेम में और हृदय के प्रेम को प्रार्थना बनाएं। स्त्रियां सच्चे धर्म की ओर ही उन्मुख होती हैं। मंदिरों में पुरुषों की अपेक्षा स्त्रियां ही अधिक जाती हैं। स्त्री विरोधी बुद्ध और महावीर के संघों तक में स्त्रियों की संख्या बहुत अधिक थी।''

मल्होत्रा जी निरुत्तर होकर नीचे भूमि की ओर देखने लगे थे।

जब माणिक भाई मौन हुए तो कथासूत्र संभालते हुए सोहन मां ने कहा–" सन् '74 में जब भगवान पूना आश्रम रहने के आए तो उनकी रुचि का दलिया, सब्जियां आदि भोजन में कई दिनों तक टिफिन में लगाकर आश्रम भेजती रही और जब आश्रम का किचेन चालू हुआ तो भी भुना दलिया, घी, मसाले आदि तो मैं निरन्तर भेजती ही रही। मुझे निरन्तर यही चिंता बनी रहती थी कि भगवान को उसकी रुचि का भोजन मिलता रहे और बाजार में मिलने वाले मिलावटी मसालों और घी से कहीं उसका स्वास्थ्य खराब न हो जाए?"

और ऐसा नहीं कि मैं ही ओशो का ख्याल रखती थी, वह भी मेरा बहुत ख्याल रखते थे। एक बार बाथरूम में फिसल जाने से मैं काफी चोटग्रस्त हो गई। मुझे बेडरेस्ट के लिए विवश होना पड़ा। उसी दिन अचानक ओशो की माताजी और दादाजी मुझे देखने आ गए। उन्हें मेरी चोट की कोई खबर न थी। ओशो ने ही उनसे कहा था–जाकर सोहन को देख आओ। लगता है उसकी तबितयत ठीक नहीं है। उन्हें अपने अंतर्ज्ञान से जैसे मेरे चोटग्रस्त होने की बात पता लग गई थी।

दादा जी ने मुझसे आश्रम चलने का बहुत आग्रह किया। बोले–वहां पूरा आराम मिल जायेगा और आश्रम के डॉक्टर पूरी देखभाल करेंगे। मैंने उन्हें उत्तर दिया–मेरी तो वहां देखभाल हो जायेगी पर यहां बाफना जी की देखभाल कौन करेगा? फिर यहाँ बहादुर है, बहुएं हैं। ये सब मुझे बिस्तर से उठने ही नहीं देंगे।

जब ओशो चार साल बम्बई में रहे तो बहादुर ही उनका एकमात्र विश्वस्त सेवक था। पूना आश्रम आने पर ओशो के संकेत से लक्ष्मी मां ने बहादुर को बाफनाजी के यहां कार्य करने भेज दिया था। उस दिन भी जब मैं बाफना जी से साक्षात्कार ले रहा था, बहादुर ही बीच-बीच में पानी और चाय सर्व कर रहा था।

दद्दा जी का जिक्र चलने पर सोहन मां ने बताया–"दद्दा जी ने पूना अस्पताल में हम लोगों के सामने ही बहुत शांत और आनंदमय स्थिति में शरीर छोड़ा।" दद्दा जी की याद आते ही सोहन मां की आंखें नम हो गईं। कुछ देर बाद सामान्य होने पर उन्होंने कहा–''उसके बाद मैं बहुत दिनों तक आश्रम गई ही नहीं क्योंकि एक बार लक्ष्मी मां ने मुझे टोंकते हुए कहा था–आप फोन पर एपाइंटमेंट लेकर ही मिलने आया करें। मैंने भगवान को पत्र लिखा–"आपसे तो मिलना ही मुश्किल हो गया है। कोई कहता है–बिना एपाइंटमेंट लिये मत आया करो। कोई आने पर सिर सूंघता है।" पर मिलने पर ओशो का फोन आया–"अब तुझे कोई नहीं रोकेगा और न तेरा सिर सूंघेगा। तू कभी भी मिलने आ सकती है। आज ही आ न?" मैं बड़े उत्साह से उनकी मनपसन्द का खाना बनाकर उनसे मिलने आश्रम पहुंची।

तभी मेरे साथ आए राधेश्याम जी ने अचानक बाफनाजी से पूछा–"आप लोग अमेरिका में ओशो के रजनीशपुरम् आश्रम में भी गए होंगे। वहां के हाल-चाल सुनाइए।"

बाफनाजी ने उत्तर दिया–''हम दोनों सन् '82 तथा सन् '85 में दो बार रजनीशपुरम गए। पहिली बार जब हम दोनों उनके दर्शन के लिए गेट के पास खड़े थे तो ड्राइव पर निकलने के बाद हम लोगों को देखते ही कार रोककर ओशो बहुत प्रेम से मिले। घर पर सब की कुशलक्षेम पूछी और अपने आवास पर आने को आमंत्रित किया।

जब हम दोनों उनके आवास पर मिलने के लिए गए तो सोहन से साबूदाने की खिचड़ी बनाने के लिए आग्रह किया।

दूसरे दिन फिर सोहन को साबूदाने की खिचड़ी बनाने को बुलाया गया। मां मुक्ति ने उनसे इसे बनाने की पूरी विधि सीखी, जिससे ओशो की फरमाईश पर आगे भी वह इसे बनाकर खिला सके। हम लोग दस दिन रजनीशपुरम रहे। हम लोगों को आश्रम का सब कुछ दिखाया गया। चलने से एक दिन पूर्व ओशो ने एक बार फिर हम लोगों को अपने आवास पर बुलाकर सोने की चेन की एक रिस्ट वाच उपहार स्वरूप दी।

ओशो द्वारा हम लोगों को तीन बार बुलाए जाने पर उनके परिवार के भाइयों तक को बहुत आश्चर्य हुआ क्योंकि उन्हें एक माह में केवल एक बार ही बहुत कम समय के लिए ही बुलाया गया था।

इतना कहकर बाफनाजी रजनीशपुरम की स्मृतियों में खो गए।

कुछ देर मौन के बाद सोहन मां ने कहा–"जब सन् '88 में बाफना जी को हार्टअटेक हुआ और उन्हें अस्पताल भर्ती करना पड़ा तो दो दिन बाद पूना आश्रम से मां नीलम ने आकर बताया कि बाफना जी को देखने स्वयं ओशो यहां आना चाहते हैं। वे आजकल स्वयं अस्वस्थ चल रहे हैं और डॉक्टरों ने उन्हें पूरा आराम करने की सलाह दी है। पर यह बात अपने परिवार के सदस्यों के अतिरिक्त आप किसी और को मत बतलाइएगा क्योंकि ओशो को देखने के लिए ही यहां भीड़ इकट्ठी हो जायेगी। आप यह बात बाफनाजी को भी मत बतलाइएगा क्योंकि ओशो के आने की खबर सुनकर उनका ब्लडप्रेशर बढ़ सकता है।"

मैं खामोश रही। पर मन ही मन ओशो के आने का समाचार सुनकर मैं बहुत प्रसन्न थी। मुझे अंदर से विश्वास था कि एक बार ओशो ने आकर बाफनाजी को देख लिया तो यह बहुत जल्द स्वस्थ हो जायेंगे।

मैंने फोन कर परिवारवालों को अगली सुबह ओशो के आने की सूचना दे दी और उन्हें नीलम की कही बात भी अच्छी तरह समझा दी।

दूसरे दिन सुबह छः बजे से ही अस्पताल के और बाफना जी के कमरे की विशेष साफ-सफाई की गई। कमरे में एक सोफा सेट छोटी सी गोलमेज लाकर रख दी गई। सुंदर फूलों से सजे दो फ्लावर पॉट भी लाकर रख दिए गए।

ओशो ठीक आठ बजे सुबह नीलम और शून्यो के साथ आए। उन्होंने आते ही मेरी पीठ और सर पर हाथ रखकर आशीष दिया, मैंने उन्हें सोफे पर बैठने का अनुरोध किया, पर वे सोफे पर न बैठकर बाफनाजी के पंलग पर बैठे। उनके सिर पर भी हाथ रख उन्हें जल्द स्वस्थ होने का आशीर्वाद दिया। कुछ देर वे अपना दाहिना हाथ उनके सिर और हृदय पर रखे रहे।

बाफनाजी उन्हें देखकर बहुत आनंदित थे। उनकी आंखों से प्रेमाश्रु झर रहे थे। फिर चलने से पूर्व ओशो ने मुझसे कहा–"तुझे कुछ पूछना है?" मैं मौन रही। फिर उन्होंने बाफनाजी को ऊर्जा देने के लिए एक चुम्बकीय बेल्ट और एक जापानी चश्मा दिया। परिवार के सभी सदस्यों को बहुत प्रेम से निहारा और आहिस्ता-आहिस्ता कदम रखते कमरे से बाहर चले गए।

बाफनाजी की स्थिति में तेजी से सुधार होने लगा और कुछ दिनों बाद हम लोग घर आ गए।

इसी बीच बहादुर ने आकर नाश्ता मेज पर लगा देने की सूचना दी।

सोहन मां शेष कथा का समापन करती हुई बोलीं–''फिर आ पहुंचा 19 जनवरी का वह दिन जब मैं आश्रम से सूचना पाकर धनिया, जीरा और हींग लेकर माताजी के पास पहुंची जिससे साबूदाने की खिचड़ी बनाकर उन्हें खिला सकूं। इसी बीच नीलम ने आकर माताजी को ओशो के शरीर छोड़ने की हृदय विदारक सूचना दी। सूचना देते-देते वह स्वयं रो पड़ी।

माताजी ने तुरंत उन्हें ओशो के कमरे तक ले चलने को कहा। जब मैं भी उनके साथ चलने लगी तो अमृतो ने मुझसे कहा–आप 5 मिनट बाद आइएगा।

यह कहते-कहते सोहन मां का गला भर आया और वह उठ खड़ी हुईं।

बाफना जी ने भी हम तीनों से नाश्ते की टेबिल पर चलने का अनुरोध किया। बाफनाजी बोले–"इसी टेबिल पर बैठ कर ओशो ने भी कई बार भोजन किया है। इसके बाईं ओर वह जो कोने वाला अटैच्ड बाथरूम का कमरा है ओशो उसी में रूका करते थे। बाथरूम जाने के बहाने मैं उस कमरे में भी गया और एक मिनट नेत्र मूंदे शांत खड़ा रहा।

जब नाश्ते की टेबिल पर लौटा तब तक सोहन मां भी वहां आ चुकी थीं। वह आग्रह कर-कर के बड़े प्रेम से हम सभी को बहादुर द्वारा लाए गर्म-गर्म पकौड़े परोसने लगीं। नाश्ते की टेबिल पर विविध व्यंजन थे। नाश्ता न होकर वह लंच जैसा ही था।

नाश्ता करते हुए सोहन मां ने कहा–"स्वामी जी! मैं आपको मां योग विमल अर्थात् विमला सूद की कहानी बताना भूल ही गई। विमला तो ओशो प्रेम में जैसे पागल हो गई थी। उसकी शादी उसे और उसके घरवालों को धोखा देते हुए एक टीबी के रोगी युवक से कर दी गई थी। पर विमला अपने पति की बहुत सेवा करती थी। जब-जब ओशो मेरे घर आकर रूकते थे, वह उनसे मिलने अवश्य आती थी। वह बहुत दिनों से उनसे आग्रह कर रही थी कि केवल वह एक बार उसके घर अवश्य पधारें। चाहे वहां वह पांच मिनिट ही रूकें। उसके निरन्तर आग्रह को देखते हुए ओशो ने अगले दिन सुबह उसके घर आने का वायदा किया। उसने हम दोनों को भी बहुत प्रेम से आमंत्रित किया था।

जब हम लोग सड़क के उस भाग पर पहुंचे जहां से उसके घर के लिए गली मुड़ती थी तो देखा गली से लगी सड़क और पूरी गली में उस पागल ने अपनी साड़ियां बिछा रखी हैं। उसके ही साथ हम लोगों के स्वागत के लिए उसकी गाय, बछड़ा और कुत्ता भी खड़ा हुआ था।

मेरी प्रश्नवाचक दृष्टि, जो उसकी गाय और कुत्ते की उपस्थिति का औचित्य पूछ रही थी, उसे हृदयंगम कर विमला ने कहा- "यह कुत्ता नहीं मेरा भाई मोती है जो मेरा रक्षक है और यह गाय नहीं यह मेरे पूर्वजन्म की मां कमला है।

गली में ही बिछी साड़ी पर ओशो के चरणों का स्पर्श करते हुए वह दण्डवत लेट गई। फिर वह गाय का दूध दुहने लगी। हम सभी लोग उसके कार्यकलापों को देख कर चकित हो रहे थे। अपने साथ लाए तीन नए गिलासों में दूध भरकर मिश्री की डली के साथ उसने ओशो, बाफनाजी और मेरे हाथों में देते हुए कहा–आप मुझ दीन दुखिया से यही प्रसाद ग्रहण करें। घर में टीबी का मरीज होने से छूत के डर से मैं आप लोगों को कोई चीज खिला नहीं सकती। यह गिलास भी मैं नये खरीद कर लाई हूं जिससे छूत का डर न हो।"

ओशो ने उसे उठाते हुए और अपने हृदय से लगाकर कहा–"तू न दीन है और न दुखिया। तुझ जैसा अमीर और धनी हृदय विरले ही लोगों को मिलता है, जिसमें लबालब प्रेम ही प्रेम भरा है। तेरी कमला मां का यह धारोष्ण दूध इतना मीठा है कि तेरी लाई इस मिश्री की डली की भी जरूरत नहीं। तब तक ओशो एक गिलास दूध

पी भी चुके थे। कुछ दूध के फेने उनकी दाढ़ी और मूछों पर अब तक दिखाई दे रहे थे। वह उनसे एक और गिलास दूध लेने को आग्रह करने लगी पर ओशो ने मिश्री की डली चूसते हुए कहा–एक गिलास दूध से ही इतनी तृप्ति हो गई है कि अब और लेनें की गुंजाइश ही नहीं।"

फिर ओशो ने उसकी कमला मां नामक गाय को बहुत प्रेम से सहलाया। हम लोग उस गाय की आंखों से आंसू टपकते देखकर आश्चर्यचकित रह गए। फिर ओशो ने मोती को बड़े प्यार से सहलाया।

विमला को मौन देख ओशो ने कहा–"अपने घर नहीं ले चलेगी?

वह रोती हुई बोली–बस मेरे लिए इतना बहुत है। वहां टीबी का रोगी है, वहां आपको ले जाना ठीक नहीं। मैं तो आपकी इसी कृपा और करूणा से निहाल हो गई।"

पर ओशो और उनके साथ हम दोनों उसके घर गए। ओशो के उसके रूग्ण पति के सिर पर हाथ रखा। वह ज्वर से तप रहा था।

कुछ समय बाद ओशो ने विमला को संदेश भेजा कि उसके पति के अब निधन का समय आ गया है। उस दिन वह रात भर जागती पति के सिरहाने ही बैठी रही। सुबह तीन साढ़े तीन बजे उसने प्राण त्याग दिए।

सुबह जब उसकी अर्थी उठने लगी तो विमला उसे रोकती हुई बोली–"अर्थी तभी उठेगी जब ओशो आ जायेंगे।"

सभी जानते थे कि ओशो कभी आश्रम से बाहर निकलते ही नहीं। न वह आयेंगे और न यह पागल अर्थी उठने देगी। विमला इस बीच आंख मूंदे चुपचाप बैठी रहीं।

पांच निमट बाद वह अर्थी के रास्ते से उठकर खड़ी हो गई और अर्थी उठाने का संकेत दिया।

कुछ लोगों ने उससे पूछा–"ओशो तो आए ही नहीं?" वह अत्यंत दृढ़ता से बोली–आये कैसे नहीं? मैंने उनसे बात की। उन्होंने मुझे धैर्य धारण करने को कहा।"

अधिकतर लोगों ने समझा कि यह आधी पागल पहिले से थी और अब पूरी पागल हो गई है।

चंद चुने ओशो प्रेमी यह समझ पाये कि ध्यान के क्षणों में विमला की मुलाक़ात ओशो के सूक्ष्म शरीर से हुई है।

ओशो के प्रसंगों की ही चर्चा परिचर्चा में नाश्ता समाप्त हुआ। बाफना दम्पत्ति स्वयं नाश्ता न कर हम लोगों को नाश्ता कराने और ओशो की चर्चा में ही लगे रहे। उन्होंने केवल दिखावे का नाश्ता किया।

ओशो द्वारा लिखे पत्रों की छायाप्रतियों में से 15–20 छाया प्रतियां और बाफना जी द्वारा उनके परिवार के साथ खींचे गए एक चित्र को लेकर उनका अत्यंत आभार व्यक्त करते हुए हम लोगों ने उनसे बिदा ली।

पर यह दोनों मेरे हृदय में आज भी बसे हैं। उनका निश्छल छलकता प्रेम मैं यह साक्षात्कार लिखते हुए अभी भी महसूस कर रहा हूं।

पिया दरस को जायेगा, सुन मेरे दो बोल।
सिर की आंख बंद कर, मन की आंखें खोल।

ओशो द्वारा मां सोहन को लिखे गए प्रेम रस में पगे दो अनूठे पत्र

हे सोहन देवी!

क्या आप नाराज हो गई हैं?

अहर्निश पत्र की प्रतीक्षा है। डाकियादेव आते हैं और चले जाते हैं लेकिन आपके हृदय की कठोरता नहीं पिघलती, सो नहीं पिघलती।

डाकिया-देव आदि आज भी आपका सुसमाचार न लाए तो बड़े देवी-देवताओं की सीरनी बोलने का विचार किया है।

हे देवी! ऐसी मुख मुद्रा तो आपने कभी भी प्रंगट न की थी? क्या कलियुग में नये अभ्यास कर रही हैं?

मैं तो दूर हूं। किंतु बेचारे माणिक बाबू का क्या होगा? वे तो मंदिर के पुरोहित ही ठहरे।

वैसे आपकी कृपा से यहां सब कुशल है। लेकिन शीघ्र प्रसन्न मुख मुद्रा प्रगट कीजिए, जिससे धैर्य बंधे।

रजनीश के प्रणाम
13 अगस्त, 1966

पुनश्चः अभी-अभी पुजारी जी का तार जरूर मिला है। पर आपके स्वयं के शब्दों के बिना आश्वासन कहां?

● ● ●

प्यारी सोहन!

प्रेम! मैं उदयपुर से लौटा तो पता चला कि तेरा फोन था। उदयपुर तो पहुंचकर तेरी याद आती ही है। इस बार तो जहां ठहरा वहां एकलिंग जी से इतना साम्य था कि बार-बार मन पुकारने लगा: सोहन-सोहन-सोहन। लेकिन तू है ऐसी कठोर कि बिल्कुल बहरी हो गई और फिर मुझे थककर चुप होने के अतिरिक्त कोई चारा ही न रहा। और देख! नहीं सुना तो नहीं सुना लेकिन अब रोने मत बैठ जाना।

माणिक्य बाबू कैसे हैं?

तू अब कब मिलेगी?

मेरे पूना आने में तो शायद बहुत देर है?

वहां सबको प्रणाम!

बच्चों को प्रेम!

रजनीश के प्रणाम
16.6.1968

● ● ●

भक्ति मार्ग में एक क्षण ऐसा आता है जब भगवान भी भक्त की, यहां तक कि उसके पत्रों तक की आतुरता से प्रतीक्षा करते हैं। विफल होते हैं। देवी-देवताओं पर प्रसाद चढ़ाने की सोचने लगते हैं। उसका नाम लेकर पुकारते हैं। तभी मलूकदास जैसे भक्त गाते हैं–

माला जपौं न कर जपौं, जिह्वा जपै न राम।
सुमिरन मेरा हरि करै, मैं पायो बिसराम।

जब समुद्र ही चारों ओर से उमड़ कर बूंद को समेट लेता है, भक्त की उसी आत्यन्तिक अवस्था में फिर परमात्मा ही भक्त को याद करता है। उसका सुमिरन करता है। भक्त के लिए फिर सिवाय विश्राम के और कुछ करने को रह नहीं जाता। न वह परमात्मा का भजन या जाप करता है और न माला जपता है। जीभ से राम तक नहीं कहता। जीभ है मरणधर्मा, क्षणभंगुर, फिर उससे शाश्वत परमात्मा का नाम उठेगा कैसे?

❑❑❑

2

माँ आनन्द उर्मिला के सान्निध्य में एक रस भीगी दोपहर

एक फक्कड़ मसीहा ओशो के खण्ड तीन के द्वारा ही, मां उर्मिला के ओशो से जुड़ने के कुछ प्रसंग जिनका ओशो ने स्वयं अपने अंग्रेजी प्रवचनों और पुस्तकों में उल्लेख किया था, मेरे द्वारा हिन्दी भाषी ओशो प्रेमियों तक सम्प्रेषित किए गए थे। इसी मध्य प्रकाशित हुई 'ओशो ही ओशो', जिसमें ओशो के संबंधियों, मित्रों, जीवन जागृति केन्द्र के कर्णधारों और कुछ अनाम ओशो संन्यासियों के साक्षात्कार भी थे, इस पुस्तक के प्रकाशित होने पर मुझे प्रेमी पाठकों के कई पत्र मिले जिनमें मां उर्मिला का साक्षात्कार सम्मिलित न किए जाने पर यह सुझाव दिया गया था कि 'ओशो ही ओशो' के अगले संशोधित संस्करण में मैं माँ उर्मिला का साक्षात्कार अवश्य शामिल करूं।

कुछ समय बाद ओशो टाइम्स में ओशो की पुस्तक ग्लिमसेज ऑफ माई गोल्डेन चाइल्ड का हिन्दी अनुवाद धारावाहिक रूप से प्रकाशित होने लगा जिसका अनुवाद मां उर्मिला ने किया था। उसी दौरान मुझे पूना के स्वामी जगदीश भारती का एक पत्र मिला जिसमें मां उर्मिला का उल्लेख था और उन्होंने यह भी बताया था कि वह पूना में ही मीरानगर में उनके घर के पास ही रहती हैं।

मैंने निश्चय कर लिया था कि इस बार जब पूना जाऊंगा तो सबसे पहिले मां उर्मिला से भेंट कर उनका साक्षात्कार अवश्य लूंगा। साक्षात्कार शब्द तो इंटरव्यू का अनुवाद है। मैं तो उनसे भेंट कर उनके ओशो के निकट सम्पर्क में आने के सारे प्रसंग विस्तार से जानना चाहता था।

सितम्बर, 2004 के अंतिम सप्ताह में पूना आते ही मैं सबसे पहिले स्वामी जगदीश भारती से भेंट करने उनके ए-4/1, मीरानगर स्थित आवास पर गया। मैंने उन्हें पूना आने का उद्देश्य बताते हुए मां उर्मिला का फ्लैट नं० बताने का अनुरोध किया।

जगदीश जी ने उत्तर दिया-''मां उर्मिला से फोन कर उनसे समय लिए लेते हैं। उनसे समय लेकर मिलना ठीक होगा जिससे फुरसत में उनसे बात हो सके। मैं अति उत्साह में यह भूल ही गया था कि अचानक किसी के यहां जा धमकना अशिष्टता तो है ही और साथ ही साथ उसके लिए असुविधा भी उत्पन्न करना है।

फोन उर्मिला जी ने उठाया। उन्होंने अगले दिन मिलने के लिए शाम तीन बजे का समय दिया। जगदीश जी के साथ ठीक तीन बजे उनके फ्लैट पर पहुंच कर मैंने 'कॉल बैल' बजा दी। दरवाजा एक नवयौवना ने खोला। उसके संबंध में मेरा अनुमान कि उसे

उर्मिला जी की पुत्री ही होना चाहिए ठीक निकला। सामने सोफे पर ही मां उर्मिला बैठी हुई थीं। चौहत्तर वर्षीय मां उर्मिला ने मुस्कराते हुए हम लोगों का स्वागत किया। जगदीश जी पहिले ही बतला चुके थे कि कुछ वर्ष पूर्व उर्मिला जी के आधे अंग पक्षाघात के आक्रमण का सफलतापूर्वक सामना करते हुए अब उतने सक्रिय नहीं रहे। मां उर्मिला के नेत्र इस बात की गवाही देते मानो कह रहे थे–स्वामी जी! क्षमा कीजिए, मैं उठकर आपका स्वागत न कर सकी। जगदीश जी तो आपको मेरी विवशता बतला ही चुके हैं।

इधर-उधर की औपचारिक बातचीत के बाद मैंने उर्मिला जी से 1966 से 1990 तक के ओशो के सान्निध्य में गुजारे उन सभी कीमती पलों की कहानी सुनाने का अनुरोध किया जिन्हें उन्हें जीने और पीने का सौभाग्य प्राप्त हुआ है।

और मैं प्रतीक्षा करने लगा कि उर्मिला जी कब अपनी रस भीनी वाणी से हमें ओशो रस में निमग्न करें। सितम्बर की उस दोपहर में आकाश से भी रिमझिम रसधार ही बरस रही थी, जिसमें भींगते हुए हम लोगों ने उनके फ्लैट में प्रवेश किया था।

उर्मिला जी हिन्दी की प्राध्यापिका होने के साथ-साथ एक साहित्यकार भी हैं, यह मुझे पहिले से मालूम था। वह 'शांति की खोज' नामक पुस्तक में ओशो से संबंधित प्रमुख प्रसंगों को अभिव्यक्त कर चुकी हैं, यह भी मुझे मालूम था, यद्यपि उस पुस्तक को पढ़ने का मुझे अभी तक सौभाग्य प्राप्त नहीं हुआ था।

उर्मिला जी 'शांति की खोज' पुस्तक का ही जिक्र करती हुई बोलीं–ओशो के साथ गुजारे उन जीवन्त पलों का उल्लेख मैं उसमें पहिले ही कर चुकी हूं। अब उसके अतिरिक्त शब्दों द्वारा अभिव्यक्त करने को मेरे पास है ही क्या? और जो है उस अनुभूति को व्यक्त किया ही नहीं जा सकता।

मैं तो सब कुछ उर्मिला की जुबानी ही सुनना चाहता था और मुझे विश्वास था कि 'शांति की खोज' में भी उर्मिला जी उतना सब नहीं लिख सकी होंगी जितना कुछ उन क्षणों को जीते हुए वे अपनी अभिव्यक्त कर सकती हैं। अपनी कहानी स्वयं लिखते हुए लेखक को मन का प्रयोग करना पड़ता है। उसे सोच विचार कर लिखना होता है। पर उन क्षणों को जीते हुए शब्द कहीं अज्ञात से आते हैं और मन यंत्रवत उन्हें अभिव्यक्त करता जाता है। यह अंतर बहुत सूक्ष्म है जिसे अति संवेदनशीलता से ही महसूस किया जा सकता है। चूंकि उर्मिलाजी अति संवेदनशील साहित्यकार होने के साथ रस रंग में जीने वाली विदुषी महिला भी हैं, अतः मंतव्य बखूबी समझकर वह सब कुछ सुनाने को तैयार हो गईं।

दो मिनट नेत्र मूंदे जैसे वह, चेतना को केन्द्रित कर अतीत के उन स्वर्णिम गलियारों में जा पहुंची, जब वह मात्र पैंतीस वर्ष की थीं और किसी आध्यात्मिक सद्गुरु की खोज थी।

फिर जैसे किसी आवेशित दशा में शब्द स्वतः उनके मुख से निःसृत होने लगे।

उन दिनों मैं रामकृष्ण परमहंस, विवेकानन्द तथा महर्षि रमण जैसे सिद्धों और संतों की जीवनियां पढ़कर सोचती थी कि काश! मुझे भी इन जैसा कोई सद्गुरु मिल जाए जो मेरे अंतस की प्यास बुझा सके और अंतर्यात्रा पर आगे बढ़ने का मार्ग निर्देशन

कर सके। जीवन व्यर्थ और निरुद्देश्य बीता जा रहा है, यह भाव मेरे हृदय को बहुत व्यथित कर रहा था।

तभी अचानक अगस्त 1965 में मुझे किसी आवश्यक कार्य से कलकत्ता जाना पड़ा, जहां मैं पूर्व में कई वर्ष रह चुकी थी। वहीं मेरी भेंट अपने पुराने मित्रों से हुई। इन्हीं मित्रों में रूपा एण्ड कं. प्रकाशन संस्था के संस्थापक श्री डी.डी. मेहरा भी थे जिन्होंने मुझे दो पुस्तकें क्रांति बीज और साधना पथ भेंट करते हुए कहा–आप इन पुस्तकों को अवश्य पढ़ियेगा। मैं अपने सभी मित्रों को यह पुस्तकें भेंट करता हूं।

इनके लेखक थे आचार्य रजनीश। मैं इस नाम से अपरिचित थी। मैं पुस्तकें लेकर वापस लखनऊ आ गई। अन्य आवश्यक कार्यों में व्यस्त होने के कारण मैं जैसे उन पुस्तकों को भूल ही गई।

मेरे पति राजेन्द्र जी ने जिन्हें मैं आर.जी. कहती थी उन्होंने मुझे बतलाया कि उनका ट्रांसफर हो रहा है। सामान पैक करना शुरू कर दो। पति के सैनिक जीवन में ट्रांसफर एक सामान्य बात थी। मैंने सामान की पैकिंग कराना शुरू कर दिया।

तभी अचानक मुझे मेहराजी द्वारा भेंट में दी पुस्तकों का स्मरण आया और मैं उनमें से एक 'क्रांति बीज' को उठाकर पढ़ने लगी। चार छः पृष्ठ पढ़कर ही लगा कि इसका लेखक स्वानुभव से कुछ प्रामाणिक और आत्मिक अनुभूतियों का जिक्र कर रहा है, जिनके बाबत मैंने अब तक न कहीं पढ़ा और न सुना है। मैं उन पृष्ठों को दुबारा पढ़ने लगी। उनमें बहुत गहराई और चेतना के सर्वोच्च शिखर की रहस्यमय गूढ़ बातें थीं। दो दिन में मैंने पूरी पुस्तकें समाप्त कर दीं।

मैंने कलकत्ते में मेहरा जी को तुरन्त पत्र लिखकर आचार्य रजनीश का पूरा पता लौटती डाक से भेजने का अनुरोध किया क्योंकि मैं रजनीश जी को पत्र लिखकर उन्हें अपनी भावदशा के बारे में बताते हुए मार्गदर्शन लेने का निश्चय कर चुकी थी।

एक सप्ताह बाद आर.जी. ने बतलाया–मेरा ट्रांसफर जबलपुर हुआ है। अब मैं सामान और अधिक तेजी से पैक करवाने लगी। तीसरे ही दिन कलकत्ते से मेहरा जी का पत्र प्राप्त हुआ जिसमें उन्होंने सूचित किया था कि आचार्य रजनीश महाकौशल महाविद्यालय जबलपुर में दर्शनशास्त्र के प्राध्यापक हैं। पत्र पढ़कर मैं उछल पड़ी। क्या यह मात्र संयोग है।

जबलपुर पहुंचने पर सामान के व्यवस्थित होते ही मैंने रजनीश जी को पत्र लिखा–''मैं आपसे भेंट कर मार्गदर्शन चाहती हूं। कृपया सूचित करने की कृपा करें कि मैं कब और किस समय आपसे मिलने आ सकती हूं।''

जब एक सप्ताह में भी मुझे पत्र का उत्तर नहीं मिला तो मैं आकुल हो उठी। उन्हें मेरा पत्र मिला या नहीं? कहीं वह डाक में मिसप्लेस तो नहीं हो गया? और यदि वह उन्हें मिला है तो उन्होंने उत्तर क्यों नहीं दिया?

क्या मैं उन्हें दूसरा पत्र लिखूं? मैं इसी उलझन और ऊहापोह में दिन गुजार रही थी कि एक दिन दोपहर आर जी ने आफिस से फोन किया–तुम्हारे लिए एक खत आया है। किन्हीं आचार्य रजनीश का है।

मैं आनन्द से उछल पड़ी। मेरे नेत्रों से अश्रु बहने लगे। शाम आर.जी. ने आकर वह पत्र मुझे दिया। मैंने उसे उत्सुकता से खोला। उसमें लिखा था–

प्रिय उर्मिला, प्रेम!

आपका पत्र मिला। आपके पते पर खोजने का प्रयास किया पर आप नहीं मिलीं। आप किसी भी दिन कॉलेज के स्टॉफ रूम में ठीक दस बजे आ जाएं या घर आकर मिलें। घर का पता दे रहा हूं।

मेरे प्रणाम स्वीकार करें।

मैं दूसरे ही दिन कॉलेज में प्रात: 9:30 पहुंच गई। मैंने एक छात्र से आचार्य रजनीश के बारे में पूछा। वह गुलमोहर पेड़ की ओर देखते हुए बोला–वह अभी कॉलेज आए नहीं हैं। यदि आ गए होते तो गुलमोहर वृक्ष के नीचे उनकी कार खड़ी दिखाई देती।

वह मुझे प्रतीक्षा करने के लिए स्टाफ रूम में छोड़ गया। प्रतीक्षा करते-करते साढ़े दस हो गए। मैं सवा दस बजे के बाद बेकली से बार-बार बाहर जाकर झांकती थी। लोगों से पूछती थी–वे आयेंगे या नहीं? वे कब तक आते हैं कॉलेज?

पर किसी से कोई संतोषजनक उत्तर न मिलने पर मैं फिर स्टाफ रूम की एक कुर्सी पर आकर बैठ गई। यह निश्चय कर लिया कि जब तक वे नहीं आयेंगे मैं यहीं बैठी रहूंगी। धीमे-धीमे वह पार्टीशन की ओर से प्रकट हुए। नमस्ते की। मेरा ख्याल था कि वे पचास-पचपन आयु के बुजुर्ग, सफेद दाढ़ी वाले होंगे। पर वे तो पूर्ण युवा थे। मुस्कुराता चेहरा। बड़ी-बड़ी झील जैसी पारदर्शी आंखें, जिन्होंने अपने जादू से मुझे जबलपुर बुला ही लिया था। मैंने अपना परिचय दिया। उन्होंने सामने पड़ी कुर्सी पर बैठने को कहा और स्वयं भी बैठते हुए बोले–"आप क्या जानना चाहती हैं?" मैंने उत्तर दिया–"मैं स्वयं को जानना चाहती हूं। महर्षि रमण ने कहा है कि परमात्मा की खोज से पहिले बार-बार स्वयं से पूछना चाहिए–मैं कौन हूं? मैंने कई बार अपने से यह प्रश्न पूछा है पर कोई उत्तर नहीं मिलता।"

आचार्य श्री सौम्यता से बोले–"इस तरह से पूछने से उत्तर मिलेगा भी नहीं। इसके लिए पहिले ध्यान करना होगा।

मैंने पूछा–"ध्यान क्या मन को एकाग्र करना है?" उन्होंने उत्तर दिया–"किसी शब्द, विचार या किसी रूप पर मन केन्द्रित करने से एक तनाव उत्पन्न होता है। इस एकाग्रता से मस्तिष्क में जो जड़ता आ जाती है उसे भ्रमवश लोग समाधि समझ लेते हैं।

ध्यान है मन का परिपूर्ण विसर्जन। जहां किसी भी भाव और विचार की तरंग भी न हो।" और वे एक घंटे तक धाराप्रवाह बोलते रहे। उनकी बातें उस समय मेरी समझ में नहीं आ रही थीं।

मुझे ऐसा लग रहा था जैसे उनके नेत्रों से निकलती प्रकाश की धारा मेरे अन्दर प्रविष्ट हो रही थी। जैसे वे मुझे आर-पार देख रहे थे। मेरे हृदय में एक बैचेनी सी होने लगी। मेरा शरीर रोमांच और सिहरन से कांपने लगा। हृदय तेजी से धड़कने लगा। मुझे लगा जैसे मैं उनके प्रति आकर्षित होती जा रही हूं।"

उर्मिला जी बंद नेत्रों से जैसे उसी कालखण्ड में जा पहुंची थीं। मैंने उनके शरीर को कांपते और रोमांचित होते हुए देखा। उनका चेहरा प्रेम की दीप्ति से आलोकित हो रहा था।

''ओशो उस दिन वह क्लास रूम गए ही नहीं। एक घंटा न जाने कब बीत गया। अपनी घड़ी देखते हुए वह बोले–'ठीक बारह बज रहे हैं। चलिए, आपको घर छोड़ दूं।' वे आगे-आगे चले और मैं उनके पीछे उनका अनुसरण करती हुई चल रही थी। छात्र उन्हें देख कर उन्हें प्रणाम करते हुए रास्ता छोड़ कर खड़े हो गए। गुलमुहर वृक्ष के नीचे खड़ी उन्होंने अपनी काली हेरल्ड कार का दरवाजा खोला। फिर बगल वाला दरवाजा खोल कर मुझे बैठने का संकेत किया।

मेरे बैठ जाने पर उन्होंने कार स्टार्ट की। काली कार में श्वेत वस्त्रों में लिपटे वे बहुत सुन्दर और आकर्षक लग रहे थे। उनके आहिस्ता से दरवाजा खोलने और उतने ही आहिस्ते से दरवाजा बंद करने से ऐसा लग रहा था जैसे वह कार को भी एक जीवित प्राणी समझते हों। उनके कार चलाने में भी एक विशिष्ट शायस्तगी थी। ऐसा लग रहा था जैसे कार चल नहीं रही, सड़क पर बही जा रही है।

मेरे घर का पता पूछ कर उन्होंने प्रश्न किया–'दिनभर क्या करती रहती हो?'

मैंने उत्तर दिया–''पढ़ती हूं।''

उन्होंने पूछा–''क्या पढ़ती हो?''

मैंने उत्तर दिया–'बस उपन्यास नहीं पढ़ती हूं।'

पर सभी कुछ व्यर्थ और निरर्थक लगने लगा है। पहिले लेख लिखती थी जो पत्रिकाओं में प्रकाशित भी हो जाते थे। उन्हें प्रकाशित हुआ देख बड़ा सुख मिलता था। पर अब वह भी फीका लगने लगा है। लखनऊ में तो पीएचडी की तैयारी में भी लगी रहती थी, पर यहां आकर कुछ भी तो नहीं हो पा रहा है और न मेरा कुछ करने को जी करता है। मेरे भीतर दिन पर दिन घुटन और असंतोष बढ़ता ही जा रहा है। क्या जीने का उद्देश्य क्या केवल खाना-पीना और सो जाना ही है?''

उन्होंने उत्तर दिया–'आपकी यह पीड़ा और ऊब बहुत शुभ है। इसी ऊब और निरर्थकता के बोध से अंतर्यात्रा का शुभारम्भ होता है। सच्चा परमानन्द उसको अनुभव करने से ही मिलता है। पर उसके लिए ध्यान और साधना की आवश्यकता है।'

मैंने पूछा–"साधना से क्या मतलब घर परिवार छोड़कर तपस्या करने से है?"

वे मुस्कुरा कर बोले–'आप गलत सोच रही हैं। घर बार छोड़कर जंगल में रहकर शरीर को सताते हुए ध्यान करने को साधना नहीं कहते। साधना तो घर परिवार में सर्व स्वीकार रहते हुए ही की जा सकती है। इसके लिए सजगता, संवेदनशीलता और प्रेमपूर्ण होने की आवश्यकता है।'

इसी बातचीत में मेरा फ्लैट आ गया। मेरे संकेत पर उन्होंने गाड़ी रोक दी। मैंने कहा–'आइए! क्या आप अन्दर नहीं आएंगे?'

वे मेरे साथ सीढ़ियां चढ़कर पहिले फ्लोर पर आए। मैंने उन्हें ड्राइंगरूम में आदर से बैठाते हुए पूछा–'आप क्या पिएंगे?'

उन्होंने कहा–'नहीं, कुछ नहीं।'

–"फिर कुछ फल ले लीजिए।" मैंने आग्रह करते हुए कहा।

उन्होंने फिर "नहीं" कहा।

उनकी 'नहीं' सुनकर मैं परेशान होकर बोली–तो फिर मैं क्या करूं?

वे बोले–'अच्छा, तो एक गिलास पानी पिला दो। मैंने फ्रिज खोला। पर दुर्भाग्य से उसमें पानी की बोतल नहीं थी। सुबह मैं जल्दी जाने के चक्कर में फ्रिज में पानी की बोतल लगाना भूल गई थी। घड़ा देखा वह भी खाली था। संकुचित होकर मैंने नल से गिलास भरकर ही प्रस्तुत किया।

उन्होंने एक घूंट पानी पीकर गिलास रख दिया और बोले–"मैं 14 दिन के लिए बाहर ध्यान-साधना शिविर लेने जा रहा हूं। पन्द्रह दिनों बाद मैं स्वयं आपसे आकर मिलूंगा।' और वे चले गए। मैं एकटक उन्हें जाते हुए देखती रही, जब तक कि उनकी कार आंखों से ओझल न हो गई।"

उर्मिला जी ने उन क्षणों को शब्दों, हाव भावों और अपने मुख पर धूप छांव प्रकट होते भावों द्वारा ओशो से हुई पहिली मुलाकात को जैसे जीवन्त कर दिया था। हम लोगों को लग रहा था जैसे सब कुछ हमारे अंतर्पटल पर एक फिल्म की तरह चल रहा था।

उर्मिलाजी उसी भाव दशा में बोले जा रही थीं

"किसी तरह चौदह दिन बीते। पन्द्रहवें दिन मैं सुबह ही से आचार्य श्री के आने की प्रतीक्षा कर रही थी। उस दिन लालबहादुर जी शास्त्री के अस्थि विसर्जन के कारण कॉलेज बंद था। जब वह दोपहर भोजन के समय तक नहीं पधारे तो मैंने अपने पति से कहा–रजनीश जी ने आज आने को कहा था पर वह अब तक न जाने क्यों नहीं आए?"

मेरे पति ने उत्तर दिया–"आज यूनीवर्सिटी तो बंद है।"

मैं तुरंत तैयार होकर नीचे आ गई।

आर.जी. बोले–'पर कार तो पंचर है।'

मैं सड़क की ओर बढ़ती हुई बोली–'तो मैं रिक्शे पर चली जाऊंगी। मैं कुछ ही दूर बढ़ी थी कि पीछे से कार लेकर वे स्वयं आ गए और कार का दरवाजा खोलकर बोले–'मैं तो तुमसे मजाक कर रहा था।'

मैंने कोई उत्तर नहीं दिया। चुपचाप कार में आकर बैठ गई। पूछते-पूछते मैं योगेश भवन पहुंची। बाहर ही अरविंद जी मिल गये। आचार्य श्री के बारे में पूछने पर बताया–'वह तो थोड़ी देर पहिले ही सोये हैं। सफर की थकावट है। पर चार बजे जरूर उठ जायेंगे। आप चार बजे आ जाइये।'

साढ़े चार बजे मैं योगेश भवन पहुंची। अंदर कमरे में प्रवेश करते ही आचार्य श्री बोले–"तुम्हें बहुत भटकना पड़ा।"

कमरे में पांच छः नवयुवक बैठे थे। उन्हीं से चर्चा-परिचर्चा चल रही थी। किसी पुराने अंग्रेजी साहित्यकार के बारे में बात चल रही थी जिनकी वे युवक बहुत प्रशंसा

कर रहे थे। पर आचार्य जी उनके सभी तर्क काटते जा रहे थे। साहित्य के संबंध में मैं उनकी विलक्षण प्रतिभा देख आश्चर्यचकित हो गई। वे युवक न तो वार्तालाप समाप्त कर रहे थे और न उठ रहे थे। आखिर एक घंटे बाद मैंने उठते हुए आचार्य श्री से आज्ञा मांगी।

वह मेरी ओर ध्यान देते हुए बोले–'तुम्हें कुछ पूछना है?'

मैंने कहा–"लोग कहते हैं ध्यान और साधना से परमात्मा मिलता है। पर परमात्मा है या नहीं और यदि है तो उसे कैसे प्राप्त किया जाए।"

उन्होंने उत्तर दिया–मैं कल दस बजे सुबह आपके घर आऊंगा और तभी बता दूंगा।

उनसे विदा लेकर मैं घर वापस आ गई।

वे दूसरे दिन ठीक दस बजे वह घर आ गए।

वह सोफे पर आकर बैठ गए।

बोले–'सुबह क्या करती हो? किसी धार्मिक ग्रंथ का पाठ करती हो, या कुछ पूजा पाठ करती हो?'

मैंने उत्तर दिया–'न मैं, पूजा पाठ करती हूं और न कोई धार्मिक ग्रंथ पढ़ती हूं। मंदिर आदि कहीं भी नहीं जाती।'

वह मुस्कुराकर बोले–'यह बहुत अच्छा है कि तुम कुछ नहीं करती। जो लोग पूजा पाठ या धर्मग्रंथों के पाठ में उलझ जाते हैं और बिना जाने ही मान लेते हैं कि ईश्वर है तो अंतर्यात्रा लम्बी हो जाती है। उन्हें जानकारी या बुद्धि को हटाकर उसे कोरी स्लेट बनाए बिना अंतर्यात्रा का प्रारंभ नहीं होता। ईश्वर सातवें आसमान पर बैठा कोई व्यक्ति जैसा नहीं है। वह एक परम नियम या परम चैतन्य है। यह पूरा अस्तित्व ही परमात्मा है। अभी तुम्हारी चेतना का एक छोटा सा अंश जागा हुआ है। जिस दिन तुम्हारी पूरी चेतना जागृत हो जायगी तुम्हें उसी दिन परमचैतन्य और परमानन्द की अनुभूति होगी।"

एकाएक वे बोले–तुम कहां सोती हो? तुम्हारा बेडरूम कहां है?

मैं उन्हें अपने बेडरूम में ले गई। एकाएक वे बोले–तुम बिस्तरे पर लेट कर अपनी आंखें बंद कर लो।"

यह सुनकर कई आशंकाओं ने मुझे आ घेरा। आखिर आचार्य श्री का मतलब क्या है?

वह निर्विकार थे। मैंने उनकी आंखों में झांका। उनसे आश्वासन बरस रहा था और वे मंद-मंद मुस्कुरा रहे थे।

मैं उनकी आंखों में झांक कर आश्वस्त हो आंखें बंद कर पलंग पर लेट गई। एकाएक उन्होंने अपना दायां हाथ मेरे हृदय पर रख दिया, जो बुरी तरह धड़क रहा था।

उन्होंने अगला आदेश दिया–'अपनी आती जाती श्वास का निरीक्षण करती रहो और सारी चेतना भ्रूमध्य या आज्ञाचक्र पर थिर कर लो।' मैंने वैसा ही किया।

पांच मिनट बाद वह बोले–'बस नियमित रूप से सुबह शाम पन्द्रह-पन्द्रह मिनट यही प्रयोग करती रहना। पहिले सुखासन में बैठकर पन्द्रह मिनट यह ध्यान करना है और दस या पन्द्रह मिनट द्रष्टा बने रहना है। विचार आये तो तटस्थ भाव से उन्हें केवल देखते रहना है। विचारों की बदलियां देखते-देखते विलीन हो जायेंगी।'

वह बीच-बीच में आते रहे और मेरी कठिनाइयों का समाधान करते रहे। उनके मार्गदर्शन देने के बाद ही मुझे निर्विचार की अनुभूति हुई। सात दिनों के बाद ऐसा अनुभव हुआ कि जैसे एक शीतल सिहरन, तरंग की भांति उठती हुई आज्ञाचक्र से ऊपर चढ़ती हुई सहस्त्रार तक जा रही है। उस अनुभूति में बहुत आनन्द था।

जब अगली बार भेंट होने पर मैंने इसके बावत आचार्य श्री को बताया तो वे बोले–ध्यान करते हुए ऐसा ही अनुभव दोबारा हो, यह कामना मत करना।

इतना कह कर उर्मिला जी दो मिनट मौन रहीं। मैं उनके चेहरे पर एक अद्‌भुत शांति और आनन्द की दीप्ति देख रहा था।

फिर यह कहते हुए उन्होंने अपना मौन भंग किया–"स्वामी जी! आचार्य श्री द्वारा कराए गये ध्यान प्रयोगों और उनमें धीमे-धीमे अपने विकसित होने की विस्तृत चर्चा मैं 'शांति की खोज' पुस्तक में कर ही चुकी हूं। उसके संबंध में विस्तार से बताने में कुछ लाभ भी नहीं क्योंकि मेरे बारे में साधारण पाठकों की दिलचस्पी घटनाक्रम और ओशो से जुड़े प्रसंगों में अधिक है। तब तक हम लोग पन्द्रह मिनट का एक अंतराल लिए लेते हैं। चाय भी तैयार है। पहिले आप लोग चाय पी लीजिए।"

चाय पीने के बाद उर्मिला जी बोलीं–"जबलपुर प्रवास में आचार्य श्री यानी ओशो कई बार मेरे घर आए होंगे। वह जब भी आते थे, आग्रह करने के बावजूद, चाय, नाश्ता, फल और यहां तक कि पानी तक नहीं पीते थे। उनका स्वभाव जानकर फिर मैंने उनसे पूछना ही छोड़ दिया था।''

एक दिन उन्होंने पूछा–"क्या आपके घर के आसपास कोई घना वृक्ष या खाली गैरेज है? गाड़ी धूप में खड़ी बहुत गर्म हो जाती है।' मैंने उसी समय नौकर से कहकर अपनी गाड़ी गैरेज से बाहर निकलवाई क्योंकि आर.जी. जीप से ऑफिस जाते थे। फिर गैरेज में आचार्य श्री की गाड़ी खड़ी करवा कर मैंने खानसामा को आदेश दिया कि सुबह अपनी गाड़ी बाहर खड़ी किया करो।"

आचार्य श्री कॉलेज जाने से पूर्व प्रायः मेरे घर होकर जाते थे। तीसरे दिन जब आचार्य श्री आये तो मैंने देखा, नौकर ने हमारी गाड़ी गैरेज के बाहर नहीं निकाली है। जब मैंने उससे पूछा तो उसने जवाब दिया–"गाड़ी बाहर खड़ी करने पर साहब नाराज होते हैं।"

उस समय मैं चुप रही। आचार्य श्री ने अपनी गाड़ी बाहर धूप में ही खड़ी की। मुझे बहुत बुरा लगा।

पति के दफ्तर से आते ही मैंने कार के बाबत नौकर को दिए गए आदेशों के बारे में उनसे पूछते हुए कहा–'जिन आचार्य श्री का पूरा देश सम्मान करता है और जो मात्र करूणावश ही मुझे ध्यान कराने स्वयं आते हैं तो उनकी सुविधा का ख्याल तुमने क्यों नहीं किया?

वे मौन रहे। उनकी आंखें जैसे कह रही थीं–"मैं अपनी गलती स्वीकार करता हूं।"

और बात आई गई हो गई।

एक दिन आर.जी. बोले–'तुमने कभी आचार्य श्री को लंच या डिनर पर आमंत्रित नहीं किया?"

मैंने कहा–'वह चाय, काफी, फल और यहां तक कि पानी भी नहीं लेते।'

वह आग्रह से बोले–'तुम उन्हें निमंत्रण देकर तो देखो।'

मैं योगेश भवन गई और आचार्य श्री से बहुत आग्रह पूर्वक लंच पर पधारने का अनुरोध किया।

उन्होंने सरलता से आमं ाण स्वीकार कर लिया और रविवार को दोपहर एक बजे आने का वायदा किया।

मैंने आचार्य श्री से पूछा–'आप क्या नहीं खाते?'

उन्होंने उत्तर दिया–'मैं मिर्च नहीं खाता और चावल भी नहीं लेता। बाकी आप जैसा चाहें बना लीजियेगा।"

मैं उस दिन सुबह से ही अपने हाथों भोजन तैयार करने लगी। मैंने लौकी के कोफ्ते बनाए। रविवार को आर.जी. लंच से पहिले बियर अवश्य पीते थे। मैंने कहा–'जो भी पीना हो एक बजे से पहिले ले लेना।'

उन्होंने सहमति में सिर हिलाया और बारह बजे बियर लेकर बैठ गए।

वे बियर पी रहे थे कि साढ़े बारह बजे के लगभग आचार्य श्री आ गए। आर जी को बियर पीते देखकर मुस्कराते हुए बोले–"तुम बिना संकोच पियो आर जी। मुझे न कोई एतराज़ है और न तकलीफ। मैं जानता हूं मिलिट्री जीवन के लिए यह एक अनिवार्यता है।"

'यही तो।' यह कहते हुए आर.जी. सिप भरते हुए मेरी ओर घूम कर बोले–'आचार्य श्री तुम्हारे तो गुरु हैं पर आज से आचार्य श्री मेरे दोस्त हुए।'

इधर-उधर की बातों में डेढ़ बज गया। मैंने आचार्य श्री के चेहरे पर भूख लगने के भाव देखे। मुझे उनके भोजन करने का ठीक समय मालूम न था। मैंने तुरंत टेबिल पर भोजन लगाया।

ओशो को लौकी के कोफ्ते बहुत स्वादिष्ट लगे। उन्होंने निःसंकोच कहा–'यह कोफ्ते बहुत स्वादिष्ट बने हैं और मंगाओ।"

उन्हें मेरे हाथ का बनाया भोजन पसन्द आया, यह जानकर मैं अपरिमित आनन्द और उल्लास से भर गई।

–और हां! उर्मिला जी को जैसे अचानक कोई भूली बात अचानक याद आ गई। वह उस प्रसंग को सुनाती हुई बोली–

'–एक दिन जाड़ों में आचार्य श्री ने मुझसे कहा–"उर्मिला! आर.जी. से कहकर मुझे एक अच्छी ब्रांडी की बोतल मंगवा दो। डॉक्टर ने सर्दी से बचने के लिए मुझे हर सुबह दो चम्मच ब्रांडी लेने को कहा है।"

ब्रांडी की बोतल घर में ही रखी थी। उस दिन रविवार होने से आर.जी. बगल वाले कमरे में बैठकर व्हस्की पी रहे थे।

मैंने ब्रांडी की बोतल चलते हुए आचार्य श्री को दी, पर चार पांच दिनों बाद आचार्य श्री ने उस बोतल को वापस करते हुए कहा–'लो! अपनी ब्रांडी अपने ही पास रखो। मैंने एक ही चम्मच पिया और मुझे चक्कर आने लगे।'

देश भर में भ्रमण करते हुए पानी बदलने से आचार्य श्री प्राय: सर्दी जुकाम से पीड़ित रहते थे। सर्दी बढ़ जाने का कारण उन दिनों भोजन में वह केवल दूध और केला ही लेते थे। वे भोजन में प्राय: नए-नए प्रयोग करते रहते थे। डॉक्टर के परामर्श पर उन्होंने दूध केला लेना बंद कर दिया था, पर उसके द्वारा सुझाई गई ब्रांडी का प्रयोग भी उन्हें रास नहीं आया।

एक दिन आचार्य श्री शाम को मेरे घर आए और चलते समय उन्होंने कहा–

'उर्मिला! मैंने नौकरी छोड़ दी। वाइस चांसलर को स्वयं लिखकर त्यागपत्र दे दिया। अब मैं पूरी तरह आजाद हूं।' पर मेरे लिए यह शुभ समाचार न था।

मैंने आशंका प्रकट करते हुए कहा–'लेकिन भविष्य......'

वह मेरी बात काटते हुए बोले–अब भविष्य में मैं वह सब कुछ कर सकूंगा जो करना चाहता था। अब मैं ऐसी जगह बनाऊंगा जहां देश के कोने-कोने से आकर लोग ध्यान कर सकें। फिर मेरी जरूरत ही कितनी है? दो रोटियां तो मुझे कहीं से मिल जायेंगी।'

मैंने आश्रम बनाने की बात को लेकर शंका प्रकट करते हुए कहा-

आश्रम या संस्था बनाने से उसके आसपास एक संगठन खड़ा हो जाता है। उसमें सत्ता और शक्ति पाने के लिए लोग कुर्सी पर चिपक कर बैठ जाते हैं।'

वह निश्चिंतता से बोले–'मैं किसी को एक कुर्सी पर बैठने ही नहीं दूंगा। उनको इधर से उधर रोटेट करता रहूंगा।"

वे बात करते-करते फिर अचानक उठ कर चले गए।

कुछ क्षण उर्मिला जी मौन रहीं। जैसे वह अतीत के धुंधलके में ओशो से संबंधित प्रसंगों की खोज कर रही हों। फिर वह उल्लसित होकर बोलीं–'शायद यह सन् '67 की बात है। मैंने उनसे पूछा–"मुझे ध्यान करते इतने दिन हो गए, पर समाधि नहीं घटी। जब भी आपसे इस बावत पूछा आप हमेशा टाल गए। आज तो आपको बताना ही होगा कि मुझे कितना समय और लगेगा?'

वह बोले–"अभी कम से कम पांच वर्ष और लगेंगे।" मुझे यह समय बहुत लम्बा लगा। मन में सोचने लगी कि देशभर को ध्यान कराने वाला परमज्ञानी संत का निकट सान्निध्य भी क्या मुझे शीघ्र समाधि नहीं ... दिला सकता?

मैं अपने ही अंदर कमियां टटोलती रही। आचार्य श्री ने तुरंत विषय बदल कर मेरा ध्यान दूसरी ओर मोड़ दिया। यह तो मैंने पांच वर्ष बाद जाना कि एकमात्र मैं ही समाधि में सबसे बड़ी बाधा थी। मैं और मेरा ही नहीं छूटता था मुझसे। समाधि की कामना ही बाधा बनी हुई थी। आचार्य श्री नग्न सत्य कहकर मेरा उत्साह कम नहीं करना चाहते थे।

एक दिन आचार्य श्री ने मुझसे कहा–‘मुझसे जो भी चर्चा करती हो उसे मेरे जाने के बाद लिख लिया करो।’ उनका आदेश मानकर मैं उस चर्चा को पूरे मनोयोग से लिखने लगी। जब वह अगली बार मेरे यहां आते तो मैं उसे पढ़कर भी सुना देती जिससे यदि कुछ गलत लिख दिया हो तो वह सुधार दें। पर सुधारने की नौबत कभी आई नहीं। वे हमेशा कहते– ‘अच्छा लिखा है।’ मैं उत्साहित हो तरंगित हो उठती।

कुछ समय बाद उन्होंने कहा–‘यह तो पूरी पुस्तक तैयार हो गई। अब तुम अपने ध्यान के अनुभव भी इसकी भूमिका में लिख दो। यह पुस्तक तुम्हारे नाम से छप जायेगी।

मैंने विरोध करते हुए कहा–“यह मेरे नाम से हरगिज नहीं छपेगी। मेरा इसमें है क्या? सभी विचार और अनुभव तो आपके ही हैं। मैंने तो अभी ध्यान करना शुरू कर किया है।

वह मुस्कुरा कर बोले–“लोग बिना अनुभव के बड़े-बड़े पोथे लिख देते हैं। ध्यान के यह अनुभव जब तुम्हारे नाम से छपेंगे तो और लोगों को भी यह भरोसा हो जायेगा कि वे भी ध्यान कर सकते हैं। मेरी दिक्कत यह है कि मैं जब लोगों से ध्यान करने को कहता हूं तो वे कहते हैं–आप तो जीवन मुक्त हैं। आपके लिए तो यह सुगम है पर हम साधारण संसारी लोग कैसे ध्यान कर सकते हैं? तुम्हारे नाम से छपने पर जन साधारण गृहस्थ भी ध्यान करने के लिए प्रेरणा प्राप्त करेगा।”

मैं बेवकूफ थी जो संसार के उस विख्यात तर्क के धुरंधर और साथ ही परमज्ञानी से व्यर्थ उलझ रही थी। जिसके आगे धर्माचार्य और पंडितों की बोलती बंद हो जाती है। बोलती मेरी भी बंद हो गई। उनके द्वारा भूमिका लिखे जाने के बाद ‘शांति की खोज’ के नाम से वह पुस्तक जीवन जागृति केन्द्र बम्बई ने 1969 में प्रकाशित की।

कुछ देर के मौन के बाद उर्मिला जी एक घूंट पानी पीकर बोलीं–अस्वस्थ होने के बाद मैं आपको सभी प्रसंग क्रमानुसार नहीं बता पाई।

शायद 1966 के जाड़ों की बात है। मेरी छः वर्ष की बिटिया बबलू बहुत जिद्दी थी। जब मैं सुबह-सुबह उसे स्कूल के लिए तैयार करती और स्वेटर या कोट पहिनने को कहती तो वह अपने कपड़ों की अलमारी में से वायल की फ्राक निकाल कर कहती–मैं तो सिर्फ इसे पहिन कर स्कूल जाऊंगी। न स्वेटर पहिनूंगी और न कोट। रोज इसी बात पर मेरा उससे झगड़ा होता।

मैंने आचार्य श्री से बबलू की शिकायत की। वह बोले–‘वह जो पहिनना चाहती है, उसे पहनने दो। उसे सर्दी और जुकाम होने पर उसे बहुत प्रेम से कहना–बेटी! तूने झीनी फ्राक पहिनी थी इसीलिए ठंड लग गई। ठंड से बचने के लिए गर्म कपड़ें जरूरी हैं। तुम्हारे रोज रोज टोकने से यह जिद्दी और झगड़ालू हो जायेगी। विवाह होने पर अपने पति से भी झगड़ा करेगी।’

मैंने आचार्य श्री द्वारा बताया उपाय ही आजमाया। ठीक वैसा ही हुआ जैसा आचार्य श्री ने कहा था- ‘बच्चों का मालिक नहीं मित्र बनकर ही उनके व्यक्तित्व का स्वतंत्र विकास होने दो।’

जबलपुर आने के 13 माह बाद ही आर जी को मालूम हुआ कि उनका फिर ट्रांसफर होने वाला है और शायद इस बार पोस्टिंग लद्दाख या कश्मीर में हो।

मैंने आचार्य श्री से कहा–'जब जहां मेरा कुछ विकास होने लगता है या मुझे शांति और सुकून मिलता है, तभी इनका ट्रांसफर हो जाता है। आर.जी. कल बता रहे थे कि इस बार शायद लद्दाख या कश्मीर में पोस्टिंग होने वाली है।'

आचार्य श्री बोले–'क्या आर.जी. को बम्बई या पूना की पोस्टिंग पसंद है?

मैंने उत्तर दिया–'वो बता रहे थे कि पूना या बम्बई में जो जगह खाली थी वहां किसी की पोस्टिंग हो चुकी है और अब वहां कोई गुंजाइश नहीं।'

आचार्य श्री आग्रह से बोले–'आर.जी. से कहो वह पूना या बम्बई की बाबत एक बार फिर अपने बास से बात करें।

आर जी को उम्मीद जरा भी नहीं थी, पर मेरे अनुरोध पर उन्होंने बॉस से बात की।

बॉस तुरंत बोले–'ठीक है फिर मैं तुम्हें पूना बुला लेता हूं।'

आचार्य श्री के आशीर्वाद से आर.जी. का ट्रांसफर पूना हो गया। आचार्य श्री प्राय: पूना जाते थे और अपनी मुंह बोली बहिन सोहन बाफना के घर रूकते थे। पूना चलने से पहिले उन्होंने सोहन बाफना के नाम मुझे एक पत्र दिया और जाते ही उससे मिलने को कहा।

67 से 69 तक मैं पूना रही। सन् 69 में आर जी का ट्रांसफर फिर जबलपुर हो गया।

दिसम्बर 69 में मैं जब ओशो के निवासस्थान पर उनसे भेंट करने गई तो क्रांति ने कहा–आचार्य श्री तो अब 17 जनवरी को टुअर से लौटेंगे। 17 जनवरी को मैं जब उनके नए घर में पहुंची तो आचार्य श्री हाल के कोने में कई लोगों से घिरे खड़े थे। पर उन्होंने मुझे देख ही लिया। मैंने देखा कि उन्होंने दोनों हाथ फैलाए। मैं धीमे-धीमे उनकी ओर बढ़ी और न जाने कब उनके हृदय से लग गई?

मैं न कुछ कह सकी और न कुछ समझ सकी। सब कुछ अकस्मात इतना अप्रत्याशित था कि बुद्धि जड़ हो गई। मैं सब कुछ भूल कर आनन्द सागर में जैसे डूब गई। उनकी दाढ़ी मेरे चेहरे को स्पर्श कर रही थी और मैं एक दिव्य गंध से सराबोर परमआनन्द से नहा रही थी।

पहिले मुझे परपुरुष के स्पर्श से ही एक अनजाना भय लगता था पर आचार्य श्री के सम्पर्क में आने पर वह भय जाता रहा। धीमे-धीमे उनके सान्निध्य में रहते हुए सम्यक बोध हुआ। कुछ दिनों बाद उन्होंने जबलपुर छोड़ ही दिया और बम्बई ही रहने लगे।

1970 के मई या जून में अपनी नानी की मृत्यु के अवसर पर वे जब गाडरवारा गए तो अंतिम बार जबलपुर भी पधारे। उस रात हम लोगों के अनुरोध पर वे डिनर लेने पधारे। मैं दिन भर अपने ही हाथों में विविध व्यंजन पकाती रही। ओशो क्रांति को लेकर सात बजे ही आ गए। मुझसे बोले–'मुझे खाना खिला दो। मैं भोजन कर सो जाऊंगा। इसके बाद तुम दूसरों को खिला कर भेज देना।"

उन्होंने बड़े प्रेम से भोजन किया। मेरे फ्रूट सलाद और क्रीम पुडिंग परोसने पर क्रांति ने कहा–'इसमें केला और संतरा होने से उन्हें सर्दी हो जाएगी।' पर मैंने उसे विशेष रूप से उनके लिए ही बनाया था। मेरे आग्रह पर उन्होंने प्रेम से पुडिंग खाई और भोजन कर सो गए।

सभी के भोजन कर लेने के बाद वे जागकर हम लोगों से डेढ़ घंटे तक बातें करते रहे। इसके बाद तो उनकी अत्यधिक व्यस्तता के कारण फिर कभी इतनी देर तक उनके निकट सान्निध्य मे रहने का अवसर ही नहीं मिला।

मैं कभी बम्बई वुडलैण्ड नहीं गई। तभी भगवान श्री का आनन्दशिला शिविर भाग लेने की सन्देश मिला। मैं आनन्दशिला–शिविर में भाग लेने गई। आनन्द शिला शिविर में प्रवचन के बाद भगवान श्री से कुछ क्षण मिलने का अवसर मिला।

अब आचार्य श्री को सभी भगवान श्री कहते थे। उन्होंने पूछा–'तू बम्बई मिलने क्यों नहीं आती?'

मैंने उत्तर दिया–'सुना है आप वहां किसी को मिलने का समय नहीं देते।'

'मैं मिलूंगा। तू आना। मैं लक्ष्मी से कह दूंगा।' मैंने उनसे शिविर में होने वाली अनुभूति के बारे में भी बतलाया।

शिविर के बाद फिर मैं भगवान से मिलने वुडलैण्ड गई। माउण्ट आबू के भी एक ध्यान साधना शिविर में मैंने भाग लिया।

भगवान के पूना जाने पर मैं वर्ष में एक बार उनके दर्शन करने अवश्य जाती थी। सन् 76 में मैंने भगवान श्री से संन्यास लिया। संन्यास का नाम मिला–मां आनन्द उर्मिला। भगवान तो आनन्द शिला शिविर में ही संन्यास लेने को कह रहे थे, पर आर जी द्वारा होने वाले प्रतिरोध का ख्याल कर मैं उसे स्वयं टाल गई थी।

बात आई गई हो गई। पर पूना आश्रम में ही मैंने स्त्रियों को बार्डर वाली साड़ी पहिने हुए देखा। मैंने इस बाबत भगवान श्री को पत्र लिखा कि मुझे बार्डर वाली साड़ी पहिनना ही अच्छा लगता है। भगवान श्री ने मुझे प्रारम्भ से ही कुछ ऐसी छूट दे रखी थी कि एक नटखट बच्ची की तरह उनसे ऊलजलूल कुछ भी पूछने में मैं संकोच नहीं करती थी। पत्र का उत्तर तो नहीं आया पर जब मैं डौली दीदी के घर लंच ले रही थी तभी पूना आश्रम से मेरे लिए नरेन्द्र जी का फोन आया कि जबलपुर आने से पूर्व आश्रम में मुझसे मिल कर जाना।

मैंने उत्तर दिया–'मैं कैसे आ सकती हूं आश्रम? मेरा रिजर्वेशन चार बजे की गाड़ी से है और अब इतना समय है नहीं।'

फोन पर ही नरेन्द्र जी ने कहा–'भगवान श्री ने कहा है कि यदि तुझे बार्डर वाली साड़ी पहिननी है तो अपनी माला छोड़ कर जा।'

मैंने मन ही मन कहा–यह अच्छी जबर्दस्ती है। सब कुछ सुनकर सोहन को भी आश्चर्य हुआ। पर मैं स्टेशन चल ही पड़ी।

यह शायद 78 की बात है। जब 79 के प्रारम्भ में मैं फिर पूना आई तो मां लक्ष्मी ने कहा–'भगवान श्री चाहते हैं कि तुम अब आश्रम में ही आकर रहो।'

यह सम्भव नहीं था, क्योंकि अपनी बेटी की शिक्षा का ख्याल कर मैं उससे दूर नहीं रह सकती थी।

बार्डर वाली साड़ी न पहिनने के आदेश का रहस्य अब धीमे-धीमे मेरी समझ में आने लगा था। ओशो का आदेश जैसे झेन डंडे की तरह था, जो मेरा अहंकार तोड़ना चाहता था। प्रेम में मालकियत की भावना को नष्ट करना चाहता था। अहंकार का अर्थ ओशो ने समझाते हुए कहा था–सद्‌गुरु के प्रति समर्पण। 'मैं' मेरे का भाव बचे ही न। मैं वास्तव में मैं मेरे के भाव से मुक्त कहां हुई थी? वे चाहते थे कि मैं अब परिवार से मोह छोड़ आश्रम में आकर ही रहूं। शायद उन्हें आर.जी. के भी 80 में शरीर छोड़ने का आभास हो गया था और वे मुझे समय से पूर्व उस आघात को सहने के लिए तैयार करना चाहते थे।

सन् 80 में आर.जी. के शरीर छोड़ने के बाद मैंने इंदौर में फिर शिक्षण कार्य शुरू कर दिया। अमेरिका से लौट कर जब भगवान काठमाण्डू गए, मैं वहां भी गई।

उनके सुमिला से पुनः पूना आने पर मैं प्रतिवर्ष कुछ अवधि के लिए पूना जाती थी और सोहन बाफना के ही स्नेहपूर्ण आतिथ्य में रहती थी। ओशो के प्रवचन के समय बुद्धाहाल में मां हंसा मुझे मंच के ठीक नीचे उस स्थान पर बैठाती थीं जहां ओशो की दृष्टि सीधी मुझ पर पड़ती थी। सोहन कहती थी–ओशो प्रवचन के समय तुझी को देख रहे थे। मैं उससे कहती क्या? मुझे तो हर वक्त उनकी झील जैसी गहरी पारदर्शी आंखें ही आंखें हर ओर दिखाई देती थीं, जिनमें डूबी मैं परमानंद के सागर में डुबकियां लगाया करती थी।

मैंने देखा–यह कहते-कहते मां उर्मिला की आंखें नम हो गई हैं और उनका गला रूंध रहा है।

हम तीनों कुछ देर मौन बैठे रहे। अंधेरा घिरने लगा था। मुझे किरण भाई से भी मिलने जाना था। उर्मिला जी का आभार प्रकट करते हुए हम दोनों ने उनसे आज्ञा मांगी।

बाहर अब भी बूंदाबूंदी हो रही थी। बादल गरज रहे थे। मेरे अंदर भी वह बदलियां थम थम कर बरस रही थीं जो उर्मिला जी की ओशो चर्चा ने उत्पन्न की थीं।

न जाने क्यों मुझे याद आ रही थीं वे काव्य पंक्तियां, जिन्होंने कभी मुझे गहरे हुआ था–

क्या करूं इन परिन्दों का
तुम्हारे अंतर्देशीय से निकलकर
जो उड़ने लगे हैं मेरे चारों तरफ
तुम्हारे न चाहने के बावजूद
तारों और परिन्दों के साथ चुपचाप चले आये हैं
न जाने कितने सजल मेघ
जो चू पड़ना चाहते हैं मेरे निर्जन में

ओशो के मां उर्मिला को लिखे कुछ प्रेरक पत्र

प्रिय उर्मिला,

मैं प्रवास से लौटा हूं तो तुम्हारे पत्र मिले हैं। तेरे हृदय में जो अनुभूति हो रही है वह अत्यंत शुभ है। 'पथ के प्रदीप' में जो दृष्टि मिली, वह उसके ही कारण मिली है। आंसू भी उसके कारण ही बहे हैं। और भी बहुत कुछ पिघलेगा ओर बहेगा।

हृदय पर भार है। वह टूटेगा तो प्रेम के अभिनव द्वार खुलेंगे। 'क्रांति बीज' मस्तिष्क के लिए है। 'पथ के प्रदीप' हृदय के लिए। इन दोनों के प्रयोजन पृथक हैं, यद्यपि जो कहा गया है, वे दोनों एक ही हैं।

इससे भी आनंदित हूं कि तुम वहां शांत हो। जागरूक रहोगी तो शांत भी रहोगी। अशांति मूर्छा के अतिरिक्त और कुछ भी नहीं है।

वहां सबको मेरा प्रणाम कहना।

प्रेम।

रजनीश के प्रणाम

8.10.1966

• • •

प्रिय उर्मिला, प्रेम!

पत्र मिला है। डॉ. श्रीवास्तव को पथ के प्रदीप भेज रहा हूं।

मैं आज ही बाहर जा रहा हूं। औरंगाबाद। 26 अक्टूबर को लौटूंगा। फिर 21 को माथेरान जाऊंगा। वहां से 30 अक्टूबर वापस होऊंगा। आर जी आए थे। संभवत: 3-4 नवम्बर तक तुम भी आ जाओगी। देखें–कैसी लौटती हो?

जीवन की किसी भी स्थिति में साक्षी को बने रहने से शांति अनायास ही बनी रहती है। स्थिति के प्रति भीतर प्रतिरोध (Resistance) हो तो ही अशांति जन्मती है।

इसलिए मैं सदा कहता हूं : तैरो मत, बहो।

और सहज बहने से बड़ा न कोई आनन्द है, न गहरी और आंतरिक कोई अनुभूति है।

लेकिन सोचो मत। बहो और देखो। सोचना प्रतिरोध का ही अंग है।

वहां सबको मेरा प्रणाम कहना।

रजनीश के प्रणाम

11.10.1966

• • •

115 नेपियर टाउन जबलपुर
19.6.67

प्रिय उर्मिला,

प्रेम! तुम्हारा पत्र मिला है।

तुम्हारी चित्त-स्थिति कैसी चल रही है? वर्षा आने को है और पूना खूब सुंदर हो उठेगा। उस समय ध्यान पर गहराई से काम करना।

लिखी जा रही पुस्तक का क्या हुआ? उसे जल्दी से पूरा कर डालो।

'सिंहनाद' तो भेज ही दिया होगा? न भेजा हो तो देखकर (प्रूफ देखकर) शीघ्र उसे बम्बई भेज दो।

आर जी को मेरे प्रणाम कहना। बब्लू को आशीष।

मैं जुलाई में 2 से 9 तक और 14 से 21 तक यहां रहूंगा। आर.जी. उसी समय आ सकें तो अच्छा है।

रजनीश के प्रणाम

● ● ●

115 नेपियर टाउन जबलपुर

प्रिय उर्मिला,

तुम्हारा पत्र मिला है। मैं खुश हूं यह जानकर कि कुछ न करने पर भी तुम तृप्त हो। ऐसी तृप्ति ही वास्तविक तृप्ति है।

वह कुछ करने से नहीं वरन् कुछ होने से उपलब्ध होती है।

आर जी को मेरे प्रणाम। मैं मार्च में पूना आ रहा हूं। शेष शुभ।

8.12.1967

रजनीश के प्रणाम

● ● ●

27 सीसीआई चेम्बर्स चर्च गेट, बम्बई 20
फोन 293782

प्रिय उर्मिला,

प्रेम! इस शांत साक्षी भाव में ही डूब जाना है। यही है वह जहां नाव डूबे तो किनारा आ जाता है।

8.12.1967

रजनीश के प्रणाम

● ● ●

ओशो का पत्र उर्मिला के पति आर.जी. के नाम

मेरे प्रिय!

प्रेम।

आपका पत्र मिला है। मैं तो उसे पाकर आश्चर्य चकित ही रह गया हूं। आप भी कहां के विचारों में पड़ गये हैं। मुझे तो ख्याल भी नहीं है कि आप और नाराज भी हो सकते हैं? इसलिए क्षमायाचना का सवाल ही कहां है?

सोहन और माणिक बाबू तो चाहते थे कि मैं आपके यहां खाने के लिए जाऊं, लेकिन अत्यंत अल्प समय के कारण ही वह विचार स्थगित करना पड़ा। अगली बार मैं निश्चित ही भोजन के लिए आ रहा हूं और आपके सैनिकों के बीच भी बोलना चाहूंगा। शेष शुभ।

उर्मिला को स्नेह।

10.9.1967

रजनीश के प्रणाम

❑❑❑

3

एक सुहानी शाम,
स्वामी आनन्द किरण के नाम

ओशो के प्यारे और प्रामाणिक संन्यासियों की खोज में भटकता अचानक एक शाम मैं एक ऐसी शख्सियत से मिला, जिसे मिलने के बाद मैं जैसे एक खुमारी में डूब गया। मैं डूब गया, यह कहना भी गलत है क्योंकि मैं बचा ही कहां?

आज भी जब उसके बारे में कुछ लिखने बैठा, तो फिर वही बेखुदी और खुमारी छा गई। कलम आगे बढ़ी ही नहीं। गुमसुम खामोश काफी देर तक मैं खुद में खोया बैठा रहा। ओशो कहते हैं–"ध्यान में अनुभव की गई विधायक अनुभूतियों को स्मरण करने से तुम विकसित होते हो। तुम बिना प्रयास के उसी दशा में सरलता से पहुंच जाते हो जहां परमानन्द चारों ओर से बरसता है।

और मैं अपने अनुभव से उक्त कथन में यह भी जोड़ना चाहता हूं कि किसी प्रामाणिक मनुष्य से भेंट होने के बाद, उसकी स्मृति भी परमानंद घन को और अधिक सघनता से देर तक बरसते रहने को आमंत्रित करती है। ओशो ने यह वाक्य जानबूझ कर नहीं कहा था और प्रेमी मित्रों की समझ के लिए छोड़ दिया था। मैं सद्‌गुरु के कथन में कुछ जोड़ नहीं रहा, उनके अनकहे मौन को ही अभिव्यक्ति दे रहा हूं। शायद कुछ नए लोगों का ख्याल कर जिनका समर्पण पूरा न हुआ हो। स्पष्ट न कहकर ओशो ने उसे मौन में अभिव्यक्त किया था। समझने वाले तो उनके मौन को भी समझ ही गए थे।

किरण भाई का व्यक्तित्व कुछ ऐसा ही है। प्रचुर धन सम्पत्ति के साथ मिल मालिक होने पर भी वे सब कुछ पुत्रों को सौंप कर एक वानप्रस्थ जीवन ही व्यतीत कर रहे हैं। सफेद कुर्ते पायजामे में अत्यंत सादगी से रहने वाले किरण भाई की आयु लगभग 60 वर्ष की होगी। हल्की सफेद सुरुचि से तराशी दाढ़ी, चमकता चेहरा और पारदर्शी चुम्बकीय नेत्रों से बरसता प्रेम और साथ ही साथ झील जैसी गहरी आंखों से दमकती एक अद्‌भुत रहस्यमता। पर व्यवहार में अति सहज और सरल।

उनसे भेंट कराने के पूर्व स्वामी जगदीश भारती ने कहा था–'स्वामी जी! आज मैं आपको एक ऐसे शख्स से मिलवाने ले जा रहा हूं जो सहज, सरल और प्रेमपूर्ण है। जो ओशो से बहुत गहरे जुड़ा रहा। उनसे अलग होने पर वह स्वतंत्र रूप से विकसित हुआ पर आज भी वह बहुत श्रद्धा और कृतज्ञता से सद्‌गुरु ओशो को याद करता है।

दिए गए ठीक समय पर हम दोनों किरण भाई के फ्लैट पर पहुंच गए। घंटी बजाने पर दरवाजा किरण भाई की पत्नी ने खोला। वे जगदीश भारती को पहिले से ही जानती थीं। वे सीधे हम लोगों को किरण भाई के पास ले गईं।

वह अपने कमरे में एक बेड पर अध लेटी मुद्रा में विश्राम कर रहे थे। उनके बाईं ओर जलते टेबिल लैम्प का प्रकाश उनके माथे और चेहरे पर पड़ रहा था। उनके बेड के आगे एक सोफा सेट बिछा था और कमरे में एक ट्यूब लाइट भी जल रही थी।

हम लोगों के साथ-साथ दो महिलाएं भी किरण भाई से भेंट करने आई थीं।

उन्होंने उठकर हम सभी का प्रेमपूर्ण स्वागत किया। जगदीश भाई उन्हें पहिले ही मेरा परिचय दे चुके थे। फिर भी औपचारिक परिचय के बाद क्षमा मांगते हुए वह पहिले महिलाओं की ओर मुखातिव हुए। एक रिश्ते में उनकी मुंह बोली बहिन और दूसरी उनकी बहिन की मित्र थीं। उनसे दस मिनट तक किरण भाई अपने खराब स्वास्थ्य और उसके इलाज का विवरण देते रहे। उन्होंने उनके घर परिवार और पति की कुशलक्षेम पूछी।

अब किरण भाई ने मुझसे सीधा प्रश्न किया–'आपकी क्या सेवा करूं स्वामी जी?' मैंने तुरंत अपने उद्देश्य को स्प्ष्ट करते हुए कहा–'जगदीश भाई से आपके संबंध में जो थोड़ा बहुत जान सका हूं, उससे स्पष्ट है कि आपको ओशो के निकट एक लम्बी अवधि तक रहने का सौभाग्य प्राप्त हुआ है। उनकी करुणा का घन आप पर भरपूर बरसा है। आपकी अनुकम्पा होगी यदि आप ओशो प्रेमियों को विकसित करने के लिए ओशो के सान्निध्य में प्रारम्भ से लेकर अंत तक गुजारे क्षणों में मुझे सहभागी होने का सौभाग्य प्रदान करें।'

पहिले तो किरण भाई कुछ टालमटोल करते रहे बोले–'स्वामी जी! ओशो के सान्निध्य में जो सौभाग्यशाली क्षण बीते, उनको शब्दों में अभिव्यक्त करना बहुत मुश्किल काम है। वह अनुभव तो गूंगे के गुड़ जैसा है।'

यह कहते-कहते उन्होंने अपने नेत्र बंद कर लिए। उनकी भृकुटी देख मैं समझ गया कि वे त्रिनेत्र पर चेतना थिर किए जैसे मेरे प्रस्ताव पर विचार कर रहे हों।

एक मिनट मौन रहा। फिर वह अर्द्धनिमीलित नेत्रों से देखते हुए बोले–चलिए, पहिले आप सभी भोजन कर लीजिए। बातें उसके बाद होगी।

उठते-उठते मैंने अपने अनुरोध को पुनः दोहराते हुए कहा–'यह ठीक है कि अनुभवजन्य सत्य को शब्दों में अभिव्यक्त करना अति दुष्कर कार्य है पर फिर भी सभी बुद्धों और ओशो ने भी उसके निकटतम संकेत शब्दों द्वारा ही अभिव्यक्त किए हैं। फिर मैं तो उन सभी प्रसंगों को बताने का अनुरोध कर रहा हूं, जिनका संबंध आपकी अंतर्यात्रा के प्रारम्भ होने, ओशो से जुड़ने और आपके विकसित होने से है।

औरंगाबाद से दो शिक्षित अन्य महिलाएं भी जिनमें एक उनकी निकट संबंधी तथा दूसरी औरंगाबाद की विधायिका थीं, डिनर में सम्मिलित हुईं। श्रीमती किरण एक स्नेहमयी मेजबान की भूमिका बखूबी निबाह रही थीं। उसी टेबिल पर किरण भाई की मां भी उपस्थित थीं जिनकी उपस्थिति और उनके मुंह से निकले चंद शब्द ही यह

अहसास दिला रहे थे कि वे भी अपने आप में बहुत गहरे डूबी हैं और किरण भाई के विकास में उनका पूरा योगदान है।

डिनर के बाद हम लोग फिर किरण भाई के कक्ष में ही एकत्रित हुए। दो चार औपचारिक बातों के बाद, कदाचित मेरे अनुरोध को दृष्टिगत रखते हुए, अधमुंदे नेत्रों से शून्य में झांकते हुए किरण भाई बोले—

''तो स्वामी जी! आपकी मुमुक्षा को देखते हुए मैं बात अपने बचपन से ही प्रारम्भ करना चाहूंगा। मैं जब चार वर्ष का था तभी पिताजी की मृत्यु हो गई। मेरी मां बहुत धार्मिक थीं, उन्होंने ही मेरा पालन-पोषण करते हुए मुझे ऐसी समझ दी कि उनके साथ साधु संतों के सान्निध्य में बैठता हुआ मैं दस वर्ष की अवस्था में ही अध्यात्म संबंधी पुस्तकों का अध्ययन करने लगा। उन दिनों मैं पाण्डुरंगशास्त्री के गीता प्रवचनों से बहुत प्रभावित था। मेरी रुचि देखकर माताजी ने शास्त्री जी के तत्वज्ञान विद्यापीठ में मुझे भर्ती करवा दिया। उस विद्यापीठ में रहकर मैंने हिंदू धर्मशास्त्रों के अध्ययन के साथ पश्चिमी दर्शन भी पढ़ा। मैं चार वर्ष तक विद्यापीठ में पढ़ता रहा। पर शास्त्र ज्ञान से मेरी जिज्ञासाओं का समाधान न हुआ। शास्त्री जी भी मात्र पंडित थे। उनका अपना स्वयं का कोई अनुभव न था। मेरे प्रश्नों का वे समाधान नहीं कर पाते थे। इसलिए वहां पढ़ना व्यर्थ समझ कर मैं चिन्मय मिशन के स्वामी चिन्मयानंद जी से जुड़ा।

सत्य क्या है, यह मैं जानना चाहता था। शास्त्र, जिस शाखा से निकलते हैं मैं उस सद्‌गुरु की खोज में था। उस समय में 22 वर्ष का हो चुका था। एक माह उनके सान्निध्य में रहकर भी जब प्यास न बुझी तो व्यापार में लग गया। पर समय निकाल कर अध्ययन भी करता रहता था।

तभी अचानक कहीं प्रकाशित आचार्य रजनीश के एक प्रवचन का अंश पढ़ा जिसमें वह किसी घटना का उल्लेख करते हुए बता रहे थे–

''सत्य के प्रति प्यास से भरा एक युवक मेरे पास आया और कहने लगा मैंने बहुत धर्म शास्त्र पढ़े, काफी दिन पूजा पाठ भी की पर कहीं मुझे शांति और आनन्द नहीं मिला।

मैंने उससे कहा–प्यास पानी को पीने से बुझती है न कि उसके जिक्र से। शास्त्रों में सत्य के बाबत उल्लेख है। पर सत्य को जानने के लिए तो बाहर से सारी चेतना समेट कर स्वयं अपने ही अंदर खुदाई करनी होती है।'

जैसे मैं उस युवक की नहीं अपनी ही कथा पढ़ रहा था। मैं रोमांचित हो उठा। फिर मैंने खोज कर उनकी पुस्तकें 'साधना पथ' और 'मिट्टी के दीये' पढ़ी और उनसे प्रभावित होकर उन्हें जबलपुर पत्र लिखते हुए उनसे मिलने का भाव प्रकट किया। शीघ्र ही उत्तर देते हुए उन्होंने लिखा–मैं शीघ्र पूना आ रहा हूं। वहीं मिलो। पूना आने पर मैं जब उनसे मिला तो मैंने सर्व प्रथम पढ़े उनके प्रवचन का उल्लेख करते हुए कहा–मेरी स्थिति भी ठीक उसी युवक जैसी है जिसका उल्लेख आपके प्रवचन में किया गया है। वह मुस्काए। मुझे बेधक दृष्टि से देखा। मैं उनकी झील जैसी गहरी पारदर्शी आंखों को विस्मय विमुग्ध होकर निहारता रह गया। वे जैसे मुझे कोई रहस्यमय आमंत्रण दे रही थीं।

पर मैंने अपना संदेह प्रकट करते हुए कहा–"पर मैंने आपके बारे में सुना है कि आप नास्तिक हैं और ईश्वर की सत्ता स्वीकार नहीं करते और शास्त्रों को जला डालने की बात कहते हैं।"

ओशो ने उत्तर दिया–'ये सुनी हुई व्यर्थ की बातें हैं। व्यक्ति पूजा पाठ के कर्मकाण्ड में उलझ जाता है। ईश्वर जैसा सातवें आसमान में कोई व्यक्ति नहीं हैं। पूरा अस्तित्व और व्याप्त चैतन्य ही ईश्वर है। प्रत्येक के अंदर भी वही चेतना है जो परम आनन्द स्वरूप है। इसीलिए उसे सत् चित् आनन्द कहा गया है।'

ओशो के चुम्बकीय व्यक्तित्व और उनकी बातों ने मेरे अंर्तमन के तारों को झंकृत कर दिया। पूना में हिंद विजय थियेटर में ही 'जीवन क्रांति के तीन सूत्र' विषय पर मैंने तीनों दिन उनके प्रवचनों को बहुत ध्यान से सुना। वे सांघवी जी के यहां रूके थे। उनसे संक्षिप्त भेट तो सभागार में प्रवचन के बाद ही हुई थी। मेरे आग्रह पर उन्होंने सांध्वी जी के घर पर मुझे मिलने के लिए तीन बजे का समय दिया।

मैं ठीक समय पर उनसे भेंट करने पहुंच गया। मुझे देखते ही उन्होंने कहा–'तुमने बहुत देर कर दी आने में।'

मैंने ओशो से कहा–'पर मैं ठीक तीन बजे आ गया हूं।'

वह एक बार रहस्यमयी मुस्कान के साथ बोले–'मैं आज आने की नहीं, इतना समय व्यर्थ इधर-उधर तुम्हारे नष्ट करने की बात कह रहा था। पर कोई बात नहीं, जब आ ही गए हो, पूछो। तुम्हारे मन में सन्देह क्या है?'

मैंने निसंकोच कहा–'उस दिन सभा के बाद संक्षिप्त भेंट में आपने ईश्वर के सम्बन्ध में जो कुछ कहा था, उसे मैं कुछ-कुछ समझ तो रहा हूं, पर मेरे मन में ईश्वर की धारणा जो गहरे प्रविष्ट हो चुकी है और उससे पृथक से कोई अन्य धारणा मुझे संतुष्ट नहीं करती।

वे मेरी आंखों में अपनी आंखें डालकर बोले–'मैं हां कहूं या ना, बता तुझे इससे क्या फर्क पड़ेगा? तू ईश्वर को मानता है पर जानता नहीं। शास्त्रों के अनुसार तुझे बताया गया–ईश्वर है, और तूने उसे मान लिया। पर तुझे उसकी प्रतीति तो नहीं है। हां, यदि तू उसे जानना चाहता है, उसकी प्रतीति करना चाहता है तो बात हो सकती है।'

मैंने उनकी आंखों में और उनकी वाणी में जो चमक और ओज देखी, उससे अभिभूत होकर मैंने उनके चरण पकड़ लिये और रूंधे कंठ से बोला–'मैं इतने वर्षों से जानने वाले की खोज में ही भटक रहा था।'

वे मुझे बेधक दृष्टि से देखते हुए बोले–'यदि उसे जानना ही चाहता है तो उसके लिए काफी कुछ मूल्य चुकाना पड़ता है। पूरी स्लेट को पहिले पूरी तरह साफ करना है। छद्म धर्म और समाज ने जो कुसंस्कार, मूढ़ अंधविश्वास दिए हैं उनसे मुक्त होना होता है–जानने की दिशा में तुम तभी जा सकते हो, तब तक उसे अपने बोध में उसका अनुभव कर लो।'

दो क्षण मौन रहने के बाद उन्होंने कहा–'मैं भी तुझसे जो कुछ कहूं, वह भी यदि तेरे अनुभव में न आए तो उसे भी मत मानना। जो अनुभव से आता है वह फिर मेरा नहीं तुम्हारा ही हो जाता है। यदि ऐसी ही अभीप्सा है तो बस लग जाओ मेरे साथ।'

नेत्र मूंदे हुए किरण भाई जैसे उन क्षणों में प्रवेश कर मुझे साक्षात्कार न देकर ओशो से स्वयं बातें कर रहे थे और मुझे भी ऐसा अनुभव हो रहा था जैसे मैं दूर बैठा ओशो को किरण भाई से बतियाते सुन भी रहा हूं और देख भी रहा हूं। वह कहते जा रहे थे...

'-और बस, उसी दिन से मैं ओशो के साथ लग गया। जहां-जहां उनकी प्रवचनमाला होती मैं उनके साथ ही जाता। उनके प्रवचनों की रिकार्डिंग करता। यह ओशो के बम्बई के वुडलैंड आने से पूर्व सन् 66 की बात है। मैं देश भर में उनके साथ भ्रमण करते हुए सन् 66 से सन् 68 तक उनके सभी प्रवचनों की रिकार्डिंग करता रहा। तब गोल चक्री से घूमने वाले स्पूल हुआ करते थे।

ओशो अपने प्रत्येक प्रवचन के बाद मुझसे पूछते थे-रिकार्डिंग ठीक हुई न?

उनके पूछने पर मैंने अपनी समस्या बतलाई-'आपका प्रवचन डेढ़ घंटे का होता है और स्पूल बीच ही में समाप्त हो जाता है। स्पूल बदलने में जितना समय लगता है प्रवचन का उतने ही समय का रिकार्डिंग छूट जाता है।'

ओशो बोले-'तो यह पहिले क्यों नहीं बतलाया? संकोच क्यों करते रहे? अब जब स्पूल समाप्त होने पर हो तो मिनट पूर्व ही मुझे कोई चीज खटखटाकर संकेत दे दिया करो और जब स्पूल बदल लो तब फिर वही संकेत पाकर मैं या तो कही बात को जोर देने के लिए फिर से दोहराने लगूंगा अथवा मौन हो जाऊंगा।'

इसके बाद से रिकार्डिंग यथावत होने लगी। मैंने डेढ़-डेढ़ घंटे के नब्बे स्पूल्स में रिकार्डिंग की थी जो मैंने सभी बाद में पूना आश्रम को सौंप दी।

इतना सब कुछ बतला कर किरण भाई दो मिनट मौन रहे। उन्होंने सामने रखे गिलास से दो घूंट पानी पिया। फिर आंखें मूंदकर पुनः अतीत में झांकते हुए बोले-

'-आजोल शिविर में ओशो ने सक्रिय ध्यान के प्रत्येक चरण को विस्तार से समझाते हुए कहा-दूसरे चरण में चीखने चिल्लाने और उछलने कूदने के बाद स्टाप वाला चरण सबसे अधिक महत्वपूर्ण है। उसमें बस फ्रीज हो जाना है। मुंह खुला है तो खुला रह जाए। हाथ उठा है तो उठा रह जाए, क्योंकि शरीर मोमेंटम में गति करना चाहता है पर संकल्प द्वारा उसकी गति रोक कर, हम उस ऊर्जा को जो गति करने में खर्च होती सीधे केन्द्र की ओर धकेल देते हैं।

शुरू में सक्रिय ध्यान में उछल कर 'हू' करने वाला चरण सम्मलित नहीं था और दूसरे चरण में ही 'मैं कौन हूं?' प्रश्न पूछते हुए अंदर से चीखने चिल्लाने उछलने कूदने का जो भाव हो, उसे अभिव्यक्त करने को कहा जाता था।

ध्यान करने के बाद मैंने कहा कि तीसरे चरण में मैं संकल्प करने के बावजूद फ्रीज नहीं हो पाता और यह सम्भव नहीं है कि तेजी से गति करता हुआ शरीर एक साथ पूरी तरह रूक जाए। ओशो ने उत्तर दिया-अच्छा! मैं केवल तुझे ध्यान करते हुए देखने के बाद इसका उत्तर दूंगा।

पर उन्होंने दूसरे दिन भी अपनी ओर से कोई उत्तर नहीं दिया। शिविर समाप्त होने पर मैंने फिर अपना प्रश्न दोहराया। उन्होंने कहा-'समय आने पर तुझे जबाब जरूर मिलेगा।'

और उत्तर मुझे पन्द्रह दिनों बाद स्वयं मिल गया। अहमदाबाद में मैं जयन्तीभाई के साथ ठहरा हुआ था। ओशो को ऊपर की मंजिल में ठहराया गया था। तभी उन्होंने मुझे ऊपर बुलाया। वह पलंग पर लेटे हुए थे। उन्होंने कहा–उस स्टूल पर चंदन के तेल की शीशी रखी है, उसे उठा कर मेरी मालिश कर दे।

मैंने ज्यों ही ओशो के शरीर पर तेल लगाना शुरू किया मेरा हाथ झनझना गया। उनके शरीर के रोम रोम से ऊर्जा निकल रही थी। मेरी बाहर की साँस बाहर और अंदर की श्वास अंदर रह गई। मैं पूरी तरह फ्रीज हो गया। ऐसा लगा जैसे शरीर अस्तित्व में घुल गया है।

दो तीन मिनट बाद ओशो ने पूछा–'क्या हुआ? रूक क्यों गया?'

मेरी समाधि टूटी। मैं मालिश करने लगा। कुछ देर बाद ऐसा लगा जैसे ओशो सो गए हों। मैं कुछ देर और धीमे-धीमे मालिश करते हुए रूक गया।

तभी ओशो बोल उठे–'मैं सोया नहीं। आजोल शिविर में तूने जो प्रश्न पूछा था उसका उत्तर दे रहा था। तुझे उत्तर मिल गया या नहीं?'

मैंने सहमति प्रकट की। ओशो बोले–अब तू जाकर विश्राम कर। किसी से कोई बात न कर घंटे भर तक मौन रहना।

मैं अपने सर्वांग में एक अद्‌भुत ऊर्जा के संचार के साथ परम आनन्द का अनुभव कर रहा था। ऐसा लग रहा था जैसे मेरे शरीर में जो ऊर्जा जहां-जहां अवरुद्ध हो रही थी, अब पूरे शरीर में प्रवाहित हो रही है।

कुछ देर किरण भाई मौन रहे।

फिर अचानक मुस्कुराते हुए बोले–उसी दिन सुबह ओशो चाय पी रहे थे। उनसे मिलने कुछ स्थानीय ओशो प्रेमी भी आये हुए थे। उन्हें चाय पीता देखकर उनमें एक एक मित्र ने आश्चर्य से पूछा–'आप और चाय पी रहे हैं?'

ओशो ने बड़े भोलेपन से चाय के प्याले में झांकते हुए पूछा–'क्या इस प्याले में चाय है? मैं चाय नहीं जयन्ती भाई का प्रेम पी रहा हूं।'

ओशो के उस उत्तर से वह मित्र तो लाजवाब हुए ही पर हम सभी हास्य और प्रेम के सागर में डूब गए।

ओशो हाजिर जवाब तो थे ही। वह कभी सोच-विचार कर नहीं बोलते थे। बोलते हुए वह मन का प्रयोग केवल यंत्र की भांति करते थे और शब्द किसी अज्ञात स्रोत से जैसे स्वत: झरने की तरह झरने लगते थे।

उनके अष्टावक्र गीता के प्रवचनों से हम सभी बहुत प्रभावित थे। मैं जब उसका गुजराती में अनुवाद करने लगा तो अनुवाद करते समय मैं बीच बीच में एक दो वाक्यों को पढ़कर शून्य समाधि में चला जाता था।

अष्टावक्र गीता के प्रश्नोत्तर प्रवचन में किसी से उनसे प्रश्न किया–'भगवान! प्रवचन करते समय आप अपने सिर पर हाथ क्यों रख लेते हैं?'

ओशो ने उत्तर दिया–'अपने को रोकना पड़ता है कि मैं कहीं शून्य में खो न जाऊं?'

पूरे सभागार में उन्मुक्त हास्य गूंज उठा। पर वास्तव में अष्टावक्र गीता के प्रवचनों को सुनते समय शून्य समाधि स्वतः लग जाती थी।

किरणभाई दो मिनट मौन रहे। फिर बोले–

'जब वह भगवान बुद्ध पर बोलते थे तब लगता था जैसे बुद्ध ही बोल रहे हों। जब कबीर पर बोलते थे तो ठेठ उन्हीं की तरह अक्खड़ और फक्कड़ दिखाई देते थे।

मुझे याद है जिन दिनों वह लाओत्से पर बोल रहे थे उनके बोलने के अतिरिक्त शरीर की प्रत्येक गति रूक जाती थी। वह आधे पौन घंटे तक पलकें तक नहीं झपकाते थे। एक बार तो मुझे ऐसा लगा कि जैसे वह वृद्ध हो गये हों उनके चेहरे पर झुर्रियां दिखाई देने लगीं।

पर प्रवचन देने के बाद वे पुनः युवा दिखाई देने लगे। अपनी बात समाप्त कर किरण भाई–दो घूंट पानी पीकर एक मिनट मौन रहे। फिर जैसे याद करते हुए बोले–

"ओशो के वुडलैंड आने पर उनके प्रवचनों की रिकार्डिंग का काम लेहरू भाई ने संभाल लिया। फिर ओशो बम्बई से पूना आ गए।"

मैंने इस बार उन्हें पहिली बार टोकते हुए पूछा–"क्या आप ओशो के साथ मनाली नहीं गए थे जहां ओशो ने नवसंन्यास दिया था। आपने संन्यास कब और कैसे लिया?"

अभी तक किरण भाई जो भी कह रहे थे, बिना सोच-विचार जैसे मन को एक यंत्र बनाकर कह रहे थे। उसमें एक प्रवाह, मस्ती और अद्‌भुत आनन्द था।

मेरे प्रश्न ने उनकी भाव धारा तोड़ दी। उन्होंने उत्तर दिया–'मैं मनाली नहीं गया ओशो के साथ। मेरा संन्यास सन् 71 में बड़ी अद्‌भुत स्थिति में हुआ। मैं संन्यास लेना ही नहीं चाहता था। मेरा तर्क था कि पहिले आचार्य श्री, भगवान वस्त्र और माला आदि बाह्य आडम्बरों को व्यर्थ मानते थे फिर उनकी आवश्यकता क्या?' पर मनाली से लौटकर तो ओशो अपने प्रेमी मित्रों को एक तरह से जबर्दस्ती संन्यास दे रहे थे।

एक दिन जब दोपहर में उनसे भेंट करने वुडलैंड गया तो वह मुझे देखते ही बोले–माला और गैरिक वस्त्र लाओ। इस किरण को संन्यास देना है। मैंने कहा–मुझे नहीं लेना संन्यास। आप संन्यास देकर ध्यान करने का संकल्प लेने की बात कहते हैं। ध्यान तो मैं कर ही रहा हूं। माला और वस्त्रों को मनाली से पूर्व आप स्वयं व्यर्थ ही कहते थे, फिर उनकी आवश्यकता क्या?"

ओशो ने कहा–'अच्छा! तेरी बात पर बाद में विचार करेंगे।' मैं उन्हें प्रणाम कर जाने को ज्यों ही मुड़ा, वे मुझे बुलाते हुए बोले–'तू संन्यास तो ले। तुझे गेरूवा वस्त्र नहीं पहिनना, मत पहिनना। माला भी नहीं पहिननी वह भी मत पहिनना। ध्यान तू कर ही रहा है फिर संन्यास लेने में बाधा क्या?'

फिर उन्होंने लिख कर मुझे संन्यास का नाम दिया–'स्वामी आनन्द किरण'। मेरे गले में माला डालते हुए बोले–"संन्यास लेते समय तू इस समय माला पहिन ले। बाद में पहिनना या न पहिनना।"

मैं बिना गेरूवा वस्त्र और बिना माला का उनका शायद पहिला संन्यासी बना।

फिर 76 में अष्टावक्र महागीता के प्रवचन के बाद मुझे भगवान का संदेश मिला–अब तुझे गैरिक वस्त्र भी पहिनना है और माला भी।'

मैंने तुरन्त गैरिक वस्त्र और माला धारण कर लिए। ओशो को जैसे मेरी बदली भाव दशा का बोध स्वयं ही हो गया था। इतने वर्षों बाद ओशो के प्रवचनों को सुनकर इस दिशा में पूर्व के मेरे सभी संदेहों का समाधान हो गया था।

पर शुरू में पूना आश्रम में ओशो के आने पर सुबह 25-30 लोग ही नियमित रूप से उनका प्रवचन सुनने आते थे। उनकी सचिव मां लक्ष्मी बताती थीं कि आश्रम की आर्थिक स्थिति उन दिनों बहुत डावांडोल थी। आवश्यक व्यवस्थाएं जुटाने के लिए मां लक्ष्मी के साथ मेरे जैसे चार-छः संन्यासी ही उनकी पूर्ति करते थे।

चूंकि मैं 68 के आजोल शिविर से ही सक्रिय ध्यान पूरी निष्ठा और ऊर्जा से करता था। अतः ओशो के निर्देश पर मैं पूना आश्रम में भी सक्रिय ध्यान करवाने लगा।

एक दिन भेंट होने पर मैंने ओशो से पूछा–"68 के आजोल शिविर में आपने मुझसे कहा था कि मैं यदि पूरी ऊर्जा और निष्ठा से सक्रिय ध्यान करूं तो एक दिन अकस्मात विस्फोट होगा। पर वह विस्फोट तो हुआ नहीं।" तब यह सुन कर ओशो मुस्करा कर बोले–'तुम घबड़ा न जाओ, इसलिए तीन माह कहा था। अब यह ध्यान तुम तीन वर्ष करो तो निश्चित ही विस्फोट होगा।' मैंने कहा- पर अब तो उसे करते हुए तीन वर्ष से भी अधिक समय हो गया विस्फोट अब भी नहीं हुआ।"

ओशो मुस्कुराकर कर बोले–'अब दिन में दो बार सक्रिय ध्यान करो।' मैंने पूछा–'कितने दिनों तक?'

उन्होंने कहा '–बस केवल तीन महीने तक।'

मैंने पूछा–तीन महीने बाद घटना घट जायेगी?

वह बोले–हां! घटेगी।

तीन महीने मैं दिन में दो बार सक्रिय ध्यान करने लगा। घटना फिर भी नहीं घटी। मैं फिर उनके पास शिकायत लेकर पहुंचा कि घटना अब भी न घटी।

वे हंसकर बोले–अब दिन भर में तीन बार सक्रिय ध्यान करो और वह भी नियमित रूप से छह माह तक। घटना निश्चित रूप से घटेगी।

मुझे भी जिद् सवार हो गई थी। मैं दिन में तीन बार सक्रिय ध्यान करने लगा। पर तीन महीने ही ज्यों त्यों कर सका कि गंभीर रूप से बीमार पड़ गया। भूख प्यास सभी जाती रही। एक चम्मच दलिया तक नहीं खाया जाता था। मैं लगभग मृत्यु शैय्या पर पड़ा था उन दिनों। पर बिना भोजन के भी मैं अपने अन्दर अपार ऊर्जा का अनुभव कर रहा था। जहां खड़ा होता था वहीं की भूमि गरम हो जाती थी। ओशो को मैंने अपनी अवस्था की सूचना भेजी।

ओशो से संदेश प्राप्त हुआ–जो भी हो रहा है सब ठीक हो रहा है। जरा भी चिंता मत करो। बस श्रद्धा अडोल रहे।

इस अवस्था से उबरने में तीन माह लग गए। सुबह शाम डॉक्टर आते थे। उन लोगों ने मेरे सारे परीक्षण कर डाले थे पर सभी रिपोर्ट नार्मल आती थीं। जब डॉक्टर जबाव

दे चुके थे तो घरवालों ने एक वैद्य जी को बुलाया। वे काली मां के भक्त थे। मेरी नाड़ी का परीक्षण कर उन्होंने कहा–मैं यह केस हाथ में नहीं लूंगा। पर उसी शाम स्वयं मेरे यहां आकर बोले–अब मां काली को आदेश मिल गया है। मुझे इसे ठीक करना ही है।

वैद्य जी अब सुबह शाम आते। तेल में जड़ी बूटियों का रस मिलाकर मेरी मालिश करते। मुझे चम्मच से दूध पिलाते। उनकी दवा तथा उपचार से धीरे-धीरे मेरी भूख खुलने लगी। मैं सामान्य रूप से चलने-फिरने लगा। पर सामान्य होने से तीन माह लग गए।

तीन माह बाद में पूना आश्रम गया। छत पर ओशो का प्रवचन चल रहा था। मैं सीढ़ियों पर बैठे हुए उसे सुन रहा था। प्रवचन के बाद सीढ़ियां उतरते हुए ओशो ने मुझे देखा। लक्ष्मी द्वारा मुझे संदेश भेजा–"सुबह छः बजे मिलने आ जाना।"

मैं जब सुबह छः बजे लाओत्से हाउस पहुंचा, ओशो लॉन पर पड़ी कुर्सी पर बैठे थे। मुझे देख कर हंसने लगे।

मैंने कहा–"आप हंस रहे हैं और मेरी जान पर बन आई थी। जैसे साक्षात मृत्यु का ही साक्षात्कार हुआ।"

वे बोले–'मृत्यु का साक्षात्कार ही स्वयं से साक्षात्कार करना है।

[तू कर करकें थक जाए, इसीलिए तुझे थका रहा था। तेरा अहंकार थकता ही नहीं था। घटना घटने में चाह ही बाधा थी। अब तू बस विश्राम कर। ध्यान क्रिया में नहीं अक्रिया में घटता है। ध्यान विधि में क्रिया के तीन चरण कर्ता भाव तोड़ने के चरण हैं। जब कर-कर के कुछ नहीं होता, निःसहाय हो जाता है व्यक्ति, तब परम विश्राम में ही वह स्वतः अचानक घटता है।] अब बस, तू केवल विश्राम कर।"

जो ब्रेकेट में दिए शब्द हैं यह दिए साक्षात्कार में किरण भाई ने नहीं बतलाए। इन्हें मैं अपनी ओर से जोड़ रहा हूं, ओशो के ही अज्ञात संकेत पर। जो शिष्य शिविरों में भक्ति भाव से ओशो के सिर पर चंदन के तेल की मालिश करता हो, उनके पैर दाबता हो और उसने उनकी ऊर्जा प्राप्त की हो, भला ओशो उससे वह राज क्यों नहीं बताते जो उन्होंने सार्वजनिक रूप से Meditation the art of ecasy में सार्वजनिक रूप से व्यक्त किए हैं।

किरण भाई ओशो से जुड़े थे इसलिए जिससे उन्हें परमात्मा मिल सके। बुद्धत्व घट सकें। यह चाह ही सबसे बड़ी बाधा थी। सद्गुरु तो बेशर्त समर्पण चाहता है। किरण भाई का बेमन से संन्यास लेना, वर्षों तक गेरूवा वस्त्र और माला न पहिनना ही इस बात का द्योतक है कि तब तक उनका मन और अहंकार विसर्जित नहीं हुआ था। इन्हें विसर्जित करने के लिए ही ओशो सक्रिय ध्यान करने की अवधि बढ़ाते ही जाते थे।

काशः तभी उन्होंने ताओ उपनिषद् पर होने वाली प्रवचनमाला में ओशो के बोधवचन सुने होते जिनमें ओशो कहते हैं–लाओत्से के अनुसार ताओ के पथरहित पथ पर कामनाशून्य चित्त ही यात्रा करने में सक्षम हो सकता है। कामना या वासना ही कुछ करने के लिए, संघर्ष के लिए उकसाती है। कामना का अर्थ है–जो है तुम्हारे पास, तुम उससे संतुष्ट नहीं हो। तुम्हें कुछ और पाना है। कुछ पाने की दौड़ ही प्रयास करती है। कुछ करती है। करने से अहंकार को रस मिलता है। पर जब कोई मंजिल ही नहीं तो

किसी पथ का क्या काम? कहीं जाना ही नहीं। देखते-देखते कामननाएं तिरोहित हो जाती हैं। जो व्यक्ति सर्व स्वीकार भाव से जीता है, जो कुछ अस्तित्व से मिला है, उससे राजी हो जाता है, तो घटना अपने आप घट जाती है।

गीता दर्शन में ओशो कहते हैं—जिनमें रजस अत्यधिक है जिन्हें कुछ न कुछ करने में रस है, जो समझते हैं परमात्मा को पाने के लिए कोई विराट आयोजन करना पड़ेगा, ऐसे ही अहंकार से भरे चित्त वालों को मैं कहता हूं—तीन महीने तक सक्रिय, कुंडलिनी, नो माइन्ड या रजस ध्यान करो। जब करते-करते थक कर गिर पड़ो तो फिर परम विश्राम में जो घटेगा, वही ध्यान है।

निश्चित ही किरण भाई का अहंकार कुछ विशिष्टतम रहा होगा। उनमें रजस गुणों का अधिकतम दिखा होगा ओशो को तभी उन्होंने तीन वर्ष तक और फिर दिन में दो या तीन बार सक्रिय ध्याान करने को कहा।

मुझे आज यह सब कुछ सहज और सरल लगता है, पर जिन दिनों मेरा अहंकार गिरा नहीं था मैं भी सक्रिय, कुंडलिनी और नटराज ध्यान से कुछ घटने का ख्वाब देख रहा था। ताओ प्रवचनमाला भी सुन चुका था उस समय तक। पर मैं वही तो सुन रहा था, जो मैं सुनना चाहता था। तब उन बोध वचनों ने क्लिक नहीं किया था मुझे। हम सभी की मूर्छा की एक ही कहानी है।

किरण भाई के बुद्धिमानी ने मन में झुंझला कर तब मन ही मन यह जरूर कहा होगा—जब भगवान को विश्राम ही करवाना था तो तीन साल से अधिक समय तक मुझे सक्रिय ध्यान जैसा कठिन ध्यान करने को क्यों कहा, जिससे मेरे प्राणों पर बन आई। और इसे भी भगवान मजाक समझते हैं।

अवश्य ही उसी दिन से उनकी श्रद्धा ओशो पर कम हो गई होगी।

पर मैं अपने अनुमानों की बात न बताकर किरण भाई की जुबानी उन्हीं की कहानी पहिले पूरा करना उचित समझता हूं।

किरण भाई कुछ देर मौन रहने के बाद याद करते हुए बोले—उन दिनों में पूना आश्रम द्वारा मुझे ओशो के कैसेट बेचने का काम दिया गया था जिन्हें उस समय मुख्य द्वार पर बैठकर बेचना होता था।

पर उन दिनों जब कुछ करने के लिए था ही नहीं, मैं अवसाद का शिकार हो गया। परमात्मा को पाने की प्यास जस की तस थी। वरन् अब इस प्यास में तीव्रता और बेचैनी और बढ़ गई थी। तभी मेरी भेंट बम्बई में यू जी कृष्णामूर्ति से हुई। उनकी बातें मुझे कुछ-कुछ अपील करने लगीं। उन्होंने कहा—तुम्हारा समय व्यर्थ नष्ट हो गया। क्या तुम यह अनुभव नहीं करते कि तुम्हें बेवकूफ बनाया गया। इन ध्यान प्रयोगों से कुछ भी नहीं होता। जब कुछ न करना ही ध्यान है, फिर ध्यान विधियों की आवश्यकता क्या?

मेरे किसी मित्र ने मेरे यूजी कृष्णामूर्ति से मिलने की खबर ओशो तक पहुंचा दी। अपने एक प्रवचन में इसी बात पर ओशो ने मेरी खिंचाई तक की।

कुछ दिनों बाद यूजी का टेलीफोन आया कि वे पूना दस दिनों के लिए आ रहे हैं और मेरे साथ मेरे घर पर ही रूकेंगे। अपने इन दस दिनों के प्रवास में यूजी कृष्णामूर्ति

ने मुझे आश्वस्त कर दिया कि बुद्धत्व घटने जैसी कोई चीज होती ही नहीं। ब्रह्म तुम स्वयं हो। बस उसे भूले हुए हो। उसे याद भर करने की जरूरत है।

मैंने उनसे प्रश्न किया–'जब मैं परमात्मा हूं ही फिर मेरे अन्दर यह पागल प्यास क्यों है? मैं इस प्यास का क्या करूं?'

उन्होंने कहा–'यह प्यास धीमे-धीमे स्वयं मिट जायेगी।' कैसे मिटेगी ये प्यास, इसका उन्होंने कोई संतोषजनक उत्तर नहीं दिया।

इन्हीं दिनों एक दिन अकस्मात ओशो के पूना आश्रम छोड़कर अमेरिका जाने का समाचार मिला। ओशो संन्यासियो ने क्रोध और आवेश में अस्थाई रूप से तैयार बुद्धा-कक्ष तोड़ डाला। आश्रम में कठिनता से सोलह संन्यासी रह गए। तभी पूना में रहने वाले संन्यासियों ने एक मीटिंग बुलाई जिसमें बिजली खर्च आदि चुकाने की चंदा कर व्यवस्था की गई और मृदुला जी, आनन्द स्वभाव, बाफना जी, पुंगलियाजी, बागमार जी, जयंतीभाई तथा मुझसे आश्रम में ही रहने को कहा गया।

इन्हीं दिनों ध्यान में मुझे एक विजन (स्वप्न) मिला कि ओशो अपनी मर्जी से अमेरिका नहीं गए। शीला उन्हें जर्बदस्ती अमेरिका ले गई है और वह उन्हें नुकसान पहुंचायेगी।

जब मैंने अन्य सभी संन्यासियों को इसके बाबत बतलाया तो मां मुक्ता ने कहा–"तुम यह क्या बकवास कर रहे हो? क्या भगवान को कोई उनकी मर्जी के बिना कहीं ले जा सकता है?"

इतना ही नहीं, मुक्ता ने इस बात की सूचना मां शीला को फोन द्वारा रजनीशपुरम में दी। उसी दिन मेरे पास शीला का फोन आया। वह मुझे फोन पर ही गालियां सुनाती रही।

दूसरे ही दिन मेरे यहां अमेरिकन दूतावास के दो अधिकारी मेरे घर आ धमके। उन्होंने मुझसे उन अमेरिकन लोगों के नाम और पते कुरेद-कुरेद कर पूछने चाहे, जिन्होंने भारतीय महिलाओं से कोर्ट मैरिज की थी और रजिस्ट्रेशन के समय मैं उनका गवाह रहा था। बदले में उन्होंने यह भी प्रलोभन दिया कि मेरे पूरे परिवार के ग्रीन कार्ड फ्री बनाकर देंगे। मैंने उन्हें कुछ बताकर नहीं दिया। जब मैंने इसकी सूचना आश्रम को दी तो वहां से संदेश आया कि मैं खामोश ही रहूं।

फिर मैंने ओशो को एक पत्र विस्तार से लिखा जिसमें अपनी स्थिति का वर्णन करते हुए मैंने उनसे मार्ग दर्शन चाहा था। मुझे उस पत्र का उत्तर मां शीला के ही हस्ताक्षरित पत्र द्वारा ही मिला। ओशो ने संदेश दिया था–तुझे अपनी संभावना का पता नहीं। तेरे अन्दर का बीज एक दिन वृक्ष बनेगा ही और उसके नीचे कई पक्षी बैठकर विश्राम करेंगे। बस तू स्वीकार भाव से जो जैसा है, उसी स्थिति में खुले हृदय से राजी हो जा।

इसके बाद ही मेरी स्वीकार भाव की यात्रा प्रारम्भ हुई। इन्हीं दिनों रजनीशपुरम में विश्व समारोह में भाग लेने के लिए आमंत्रण प्राप्त हुआ। पर मैं आवश्यक कार्यों में व्यस्त रहने के कारण वहां न जा सका।

मैंने फोन पर ही विचार करने के लिए दो दिन का समय मांगा। उत्तर में मां शीला ने कहा–सोचना क्या, दो टूक निर्णय करना है तुम्हें। इस पार या उस पार। यदि तुम धनराशि न भेजने का निर्णय करो तो इसका अर्थ है कि अब तुम ओशो का संन्यास स्वतः छोड़ रहे हो। माला और संन्यास भी पूना आश्रम जाकर वापस कर देना।"

एक ओर मेरे सामने परिवार और उसकी आवश्यकताएं थीं और दूसरी ओर मेरी चाह। कुछ पाने की अभीप्सा। बहुत विचार करने के बाद मैंने निर्णय किया कि परिवार के सभी लोगों को दुःखी और अशांत कर न मुझे कहीं जाना है और न कुछ पाना है। मैंने पूना आश्रम जाकर माला वापस कर दी। मैं अशांत और उदास रहने लगा। मुझे याद आया एक बार जब ओशो से मैंने अपना मार्ग दर्शन पूछा था, तो उन्होंने कहा था–तेरा मार्ग सूफी साधना है।

तभी किसी ने मुझे करांची के सूफी कादरी बाबा के बारे में बताया जो शिरडी के साई बाबा के शिष्य थे। में सीधे करांची बाबा की शरण में आ गया।

मैंने उनसे कहा–"बाबा! मेरी प्यास मेरी तड़प बन गई है। यह बहुत पीड़ा देती है मैं करूं क्या?"

बाबा ने उत्तर दिया–"क्या तुमने अपने अंदर कभी इस प्यास का कारण खोजा है? इसका उत्तर खुद तुम्हारे ही अंदर है। तुम्हीं सभी दुखों को पैदा करने वाले हो। दुखों से राजी हो जाओ, फिर दुःख बचेंगे ही नहीं। दुख और सुख के बीच चुनाव करना ही बेवकूफी है। तूने कुछ पाना चाहा, सुख की तमन्ना की तो सुख अपने साथ दुःख लेकर आयेगा ही। तू चुनना ही छोड़ दे।"

उन्होंने मुझे आदेश देकर कहा–आंख बंद कर और अपने अंदर गहरे उतर जा। खोज, तेरे दुख का कारण क्या है? तू अपने से राजी क्यों नहीं है? तू क्या पाना चाहता है? क्या बनना चाहता है? कहां पहुंचना चाहता है?

कुछ देर खामोश रहने के बाद उन्होंने कहा–'तू इस वक्त वहीं है, जहां तू पहुंचना चाहता था। तू सारा नकार भाव बाहर उलीच दे। हर बात के लिए हां करता जा। सब कुछ मंजूर करता जा। जो अल्लाह की मर्जी है उसे पूरा होने दे। नाहक बीच में अपनी टांग फंसाता है सब कुछ उसी की मर्जी से हो रहा है, और ठीक हो रहा है। चांद सूरज और सितारे घूम रहे हैं। जमीन नाच रही है। फूल हंस रहे हैं। चिड़ियां गीत गा रही हैं। तू अपनी मरजी उस पर थोपना चाहता है, यही तेरे दुःख का कारण है। उठ कर खड़ा हो जा। कुछ देर गोल-गोल घूम। नाके (नाभि) के चारों ओर की ऊर्जा को तेजी से घूमने दे। जो नाच बाहर चल रहा है, वही तेरे अंदर चल रहा है। अपनी खोपड़ी को बीच में आने ही मत दे। सारे झगड़ों की जड़ यह तेरी खोपड़ी और तेरा सोच विचार है।

मैं बाबा के साथ चार दिन रहा। यूजी कृष्णामूर्ति मेरे जिस प्रश्न का उत्तर नहीं दे सके थे वह मुझे बाबा से मिल गया।

मैं बुद्धि तल से हृदय तल पर और फिर अपने केन्द्र पर पहुंचा। मेरी पीड़ा समाप्त हो गई। स्वीकार भाव की यात्रा से मेरा चुनाव समाप्त हो गया और चारों ओर से आनन्द

की वर्षा होने लगी। बाबा ने मुझे ओम मंत्र ही जपने को कहा था। ओम् के जाप से ही मेरे विचार टूटे ओर आनन्द का विस्फोट हुआ।'

यहां तक आते-आते किरण भाई मौन हो गए। कुछ देर बाद उन्होंने एक छोटे से बक्से को खोलकर उसका तार प्लग से लगा दिया। उसे ऑन करने से पूर्व उन्होंने कहा-'जब मैं अमेरिका में था तो मैंने एक लेख में पड़ा कि नासा का रॉकेट जब अंतरिक्ष गया था तो वहां अंतरिक्ष यात्रियों ने शून्य अंतरिक्ष की ध्वनि को टेप किया था। वह आवाज भौंरे की सी गुंजार ओम की थी। मैंने सम्पर्क कर बहुत कठिनता से उस ध्वनि का टेप प्राप्त किया। उसी ध्वनि के साथ कुछ अंतराल पर मैंने स्वयं ओम् उच्चारते हुए उसका एक कैसेट तैयार करवाया, जिससे दोनों ध्वनियों की समानता का बोध हो सके। मैं जब विदेश दौरे पर जाता हूं तो साधकों को इस ध्वनि के साथ ही उनकी गहराइयों में ले जाता हूं।'

यह कहते हुए उन्होंने स्विच ऑन कर दिया। भौंरे जैसी हमिंग से भी सूक्ष्म अंतरिक्ष की टेप की गई ध्वनि से पूरा कक्ष गुंजरित और सुवासित हो उठा। हम सभी ने अपने नेत्र बंद कर लिए थे। कुछ देर बाद किरण भाई द्वारा उच्चरित ओम् की ध्वनि गूंजी, फिर शांत हो गई। फिर वही अनहत का नाद गुंजरित होने लगा। दस मिनट तक मंत्रमुग्ध होकर हम जैसे किसी दूसरे लोक में पहुंच गए।

किरण भाई ने स्विच ऑफ कर दिया। कुछ देर तक एक जीवंत मौन पसरा रहा।

मैंने उस मौन को तोड़ने की धृष्टता करते हुए प्रश्न किया-"जब ओशो अमेरिका से लौट कर भारत आए या विश्व टुअर से लौटने पर सुमिला और फिर पूना आए, आपकी उनसे भेंट हुई या नहीं?

किरण भाई ने उत्तर दिया-'जब ओशो सुमिला आए तो उनका संदेश आया-मुझसे आकर मिलो। पर मेरा कहीं जाने का भाव ही नहीं हुआ। उन्होंने कहा था-मेरा मार्ग सूफी है और कादरी बाबा से मुझे सब कुछ मिला। उन्होंने एक सौ चार वर्ष की अवस्था में देह छोड़ी। देह छोड़ने से पूर्व वे कह गए थे कि शिरडी के साई बाबा अब मेरे माध्यम से बोलेंगे। अब मैं यूरोप, मध्य एशिया, इंडोनेशिया, मलेशिया और कोरिया आदि विभिन्न देशों में बाबा के संदेश को प्रसारित कर रहा हूं। पर ओशो के प्रति मेरे हृदय में बहुत सम्मान और कृतज्ञता है। उनके द्वारा ही मेरी अंतर्यात्रा प्रारम्भ हुई। ऐसा नहीं कि कादरी बाबा ने जो कुछ कहा वह ओशो अपने प्रवचनों में नहीं कह चुके हैं। पर हर व्यक्ति न जाने किस क्षण में किसी एक के साथ अनजाने में ही लयबद्ध हो जाता है। कैसे और क्यों? यह एक रहस्य है। इसे हम परमात्मा की मर्जी भी कह सकते हैं।'

किरण भाई फिर मौन हो गए।

मैंने उठकर विदाई लेने से पूर्व अंतिम धृष्टता करते हुए कहा-मैं आपकी ओम् ध्वनि का यह बक्सा यह जहां से जितनी भी धनराशि का मिले, लेने को तैयार हूं।

किरण भाई ने दूसरे ही क्षण वह बक्सा मुझे देते हुए कहा-मैंने अहमदाबाद में यह बक्से तैयार करवाए थे। यह बक्सा आपको सप्रेम भेंट है। मैं फोन कर दूसरा मंगवा लूंगा।

किरण भाई का प्रेम अनुभव कर मैं प्रेम सागर में गोते लगाने लगा। यह स्वामी जगदीश भारती का ही प्रेम और अनुग्रह था, जो उन्होंने एक ऐसे व्यक्ति से मिलवाया जो मृदु, सरल, सहज निरहंकारी और उत्सवपूर्ण है। जो शीला के दुर्व्यवहार के बावजूद अब भी ओशो के प्रति श्रद्धा, अहोभाव और कृतज्ञता से आपूरित है।

बहुत से लोग जो अंत तक ओशो से जुड़े भी रहे, उनमें से अधिकतर आश्रम में पद, प्रतिष्ठा और शक्ति के मायाजाल में उलझ कर और भी जटिल हो गए।

ओशो ने कभी किसी को बांधा नहीं अपने से। उसे मुक्त और स्वतंत्र किया। वह कहा करते थे–मैं तो एक द्वार हूं। मेरा काम केटेलेटिक एजेन्ट या मिडवाइफ जैसा है। सब कुछ करना तुम्हें ही है। द्वार के अंदर प्रवेश करो और मुझे भूल जाओ। बस एक कृतज्ञता और अहोभाव बना रहे। अप्पदीपो भव। अपने दीये आप बनो।

लहर को हक दो
वह कभी पुरखा के, कभी संग पछुवा के
इस तट पर भी आए, उस तट पर भी जाए
और किसी रेत पर सिर रखकर सो जाए
नई लहर के लिए

❑❑❑

नोट :- सन् 2006 में किरण भाई देहमुक्त होकर, पूरे अस्तित्व में ऊर्जा बनकर व्याप्त हो गए हैं।

4

एक अविस्मरणीय सुबह लेहरू भाई के साथ

लेहरू भाई के सम्बन्ध में ओशो टाइम्स में उनसे लिया गया, मां अमृत साधना का एक साक्षात्कार पढ़ा था, जिसमें इस बात का उल्लेख था कि ओशो ने वुडलैंड बम्बई, के प्रवास में मां लक्ष्मी तथा अन्य मित्रों के अनुरोध पर प्लास्टर आफ पेरिस पर अपने दोनों चरणों को आधे घंटे तक रखते हुए उनकी जो छाप दी थी, उसी से अष्टधातु के छः जोड़ी खड़ाऊं तैयार करवाए गए, जिनमें से एक जोड़ी ओशो ने लेहरू भाई को उपहार अथवा प्रसाद स्वरूप दिए थे। वुडलैंड बम्बई में रहते हुए लेहरू भाई ही ओशो के सभी प्रवचनों की रिकार्डिंग करते हुए आडियो कैसेट तैयार करते थे। चूंकि लेहरू भाई के जीवन के यह प्रसंग ओशो के पूना आश्रम में आने से पूर्व के थे, और उस समय एक फक्कड़ मसीहा ओशो का खण्ड पांच मुद्रित हो चुका था, अतः उनसे संबंधित सभी प्रसंगों का मैं उसमें उल्लेख न कर सका। एक फक्कड़ मसीहा ओशो के संबंध में लेहरू भाई का मुझे एक संक्षिप्त बधाई-पत्र भी प्राप्त हुआ था। भगवान भुवन मुम्बई के ध्यान केन्द्र में रहने वाले स्वामी राजा भारती की 'ओशो प्रेम घटा बरसी की' पाण्डुलिपि जब भूमिका लिखने के लिए मेरे पास आई थी, तभी लेहरू भाई से संबंधित संस्मरण पढ़ते हुए मुझे ज्ञात हुआ कि 1971 से 1973 के मध्य ओशो के प्रवचनों की रिकार्डिंग के सभी मास्टर कैसेट और स्पूल्स उन्होंने पूना आश्रम को निःशुल्क बिना एक क्षण के सोच-विचार के तुरंत सौंप दिए थे।

राजा भारती ने लिखा था—लेहरू भाई का स्वभाव ठीक नारियल की तरह है। ऊपर से कठोर पर अन्दर से गिरी की तरह मीठा और कोमल। वह उदारता से केवल उसी व्यक्ति की सहायता करते हैं, जिसे उस सहायता की वास्तव में आवश्यकता हो। कोई उन्हें बेवकूफ नहीं बना सकता।

स्वामी राजा भारती के छोटे-छोटे संस्मरणों को पढ़कर हृदय में यह भाव उठा था कि जब पूना आश्रम में बना नया बुद्धा हाल देखने जाऊंगा तभी पूना और बम्बई में रहने वाले उन सभी ओशो-प्रेमियों से अवश्य भेंट कर ओशो से जुड़े सभी प्रसंगों को उनके ही श्रीमुख से सुनते हुए, उनकी मुखाकृतियों पर बरसती ओशो प्रेम के स्वाद सुवास और रस का पान कर मैं भी धन्य हो जाऊंगा।

उनके पत्र में लिखा फोन नम्बर शायद बदल गया था क्योंकि उस नम्बर को मिलाने पर फोन से स्पष्ट आवाज आ रही थी, यह नम्बर अब उपलब्ध नहीं है। आखिर यह निश्चय कर वे सुबह 10 बजे से पूर्व घर छोड़ आखिर जायेंगे कहां, मैं राधेश्याम

जी के साथ टैक्सी कर जुहू विले पारले से मस्जिद बंदर रोड चल पड़ा। अच्छी खासी दूरी थी। फिर रास्ते में बेशुमार ट्रेफिक। आखिर नौ बजे चलकर ढूंढते-ढूंढते उनके फ्लैट तक पहुंचते हुए दस बज ही गए।

कॉल बैल बजाने पर स्वागत उनकी पुत्रवधू ने किया। हम लोगों का परिचय पाकर वह हमें आदर से ड्राइंगरूम में ले गई जहां लेहरू भाई की संन्यासिन पत्नी से भेंट हुई। परिचय दिया ही जा चुका था। उन्होंने भी चूंकि फक्कड़ मसीहा पढ़ी थी अत: औपचारिकता की दीवारें ढहने में जरा भी समय नहीं लगा।

लेहरू भाई अंदर कमरे में ध्यान कर रहे थे। वह भी शीघ्र बाहर आ गए। मैंने उनसे राधेश्याम जी का परिचय कराया।

जब तक औपचारिक बातें समाप्त हुईं, श्रीमती शाह के संकेत पर उनकी बहू ने मेज पर नाश्ता लगा दिया। मैंने लेहरू भाई को अपने आने का स्पष्ट उद्देश्य बतलाया। वह टालमटोल करते हुए बोले–'जितना आपने मेरे बाबत ओशो टाइम्स तथा राजा भारती की पुस्तक में पढ़ लिया है उसके अतिरिक्त मेरे पास बताने को है क्या? यह मेरा सौभाग्य था कि मुझे ओशो का सान्निध्य उनकी कृपा और आशीर्वाद मिला। मैं पूर्ण तृप्त, संतुष्ट और आनंदित हूं, अस्तित्व मेरे ऊपर चारों ओर से बरस रहा है, अब इसके अतिरिक्त मेरे पास बताने को है क्या?

मैंने उन्हीं की अंतिम बात से सूत्र पकड़ते हुए कहा–'आप पर यह अस्तित्व कैसे और कब से बरस रहा है और उसके न बरसने और बरसने के बीच की अवधि में भी जो कुछ आपके साथ घटा, कृपया स्मृति के झरोखे से झांकते हुए उसकी कुछ झलकियां यदि आप हमें देने की अनुकम्पा करें तो लाखों ओशों प्रेमी उससे प्रेरणा लेंगे।"

लेहरू भाई मौन रहे। शायद अंदर ही अंदर वे संकोच के खोल से बाहर आने को अपने को तैयार कर रहे थे। नाश्ते के बाद वे हम सभी को अपने ध्यान कक्ष में ले गए। कमरे के एक कोने में ओशो के चित्र के नीचे एक पारदर्शी बक्से में ओशो द्वारा भेंट की गई अष्टधातु की खड़ाऊं रखी हुई थीं, जिनका उल्लेख मैं पूर्व ही कर चुका हूं। मैंने उन्हें श्रद्धापूर्व नमन किया। वहां पांच मिनट आंखे बंद करने पर ही मुझे समाधि जैसा अनुभव हुआ।

कुछ देर के मौन के बाद मैंने लेहरू भाई से फिर अपने अनुरोध को दोहराया।

नेत्र मूंदे हुए वे जैसे अतीत में झांकते हुए बोले–'मैंने 23-24 वर्ष की आयु में क्रॉस मैदान में ओशो का पहिला प्रवचन सुना था। वहां भी मेरा एक मित्र ही आग्रह कर ले गया था। वह प्रसिद्ध प्रवचन था–"ईश्वर मर गया हैं इसने मुझे बहुत प्रभावित किया। फिर तो मैं लगातार चार-पांच दिन उनके प्रवचन सुनने गया। प्रवचन के अंतिम दिन मैंने आचार्य श्री से भेंट कर उन्हें प्रणाम किया। उन्होंने पूछा–'कुछ चाहते हो? पूछना चाहते हो? पूछो।'

मैंने उत्तर दिया–'मैं क्या कहूं? आप तो सब कुछ जानते ही हैं।' उन दिनों में वालबेयरिंग का काम करता था। जैन समाज महावीर जयंती और पर्यूर्षण प्रवचनमाला के समय तो उन्हें आगंत्रित करता ही था। इसके अतिरिक्त भी उनके कुछ प्रेमी मित्र

भी उनके प्रवचनों का आयोजन करते रहते थे। जीवन जागृति केन्द्र बम्बई का मैं भी सक्रिय कार्यकर्ता बन गया। जबलपुर से आचार्य श्री जब बम्बई आते थे तो मां मृदुला के निवास स्थान पर रूकते थे।

पर्युषण प्रवचनमाला के अंर्तगत ही "काम, धर्म और जीवन" विषय पर आचार्य श्री का सर्वाधिक चर्चित प्रवचन हुआ जिसे सुनकर कट्टर रूढ़िवादी जैन स्तब्ध रह गए। उन्होंने उसका विरोध भी किया। पर मुझ जैसे युवकों को यह प्रवचन बहुत अच्छा और बोधपूर्ण लगा। युवकों की सबसे बड़ी समस्या कामवासना होती है और आचार्य श्री ने इसी समस्या का समाधान प्रस्तुत किया था। आचार्य श्री ने फिर इसी क्रम में जो प्रवचन ग्वालियर टैंक में दिए, उन प्रवचनों की पुस्तक प्रकाशित होने पर महीपाल जी ने उसका शीर्षक 'संभोग से समाधि' रखने का सुझाव दिया, जिसे आचार्य श्री ने स्वीकार कर लिया। अब आचार्य श्री के प्रवचनों की रिकार्डिंग का कार्य मैं स्वेच्छा से करने लगा था।

जब 70 में आचार्य श्री दिल्ली से मनाली टैक्सी से गए तब मैं भी उनके साथ था। मैं और ईश्वर भाई उनके अघोषित पी.ए. थे। ईश्वर भाई 'ज्योतिशिखा' और आचार्य श्री की पुस्तकों के प्रकाशन की व्यवस्था संभालते थे और मैं अन्य सभी कार्य देखता था। मनाली में 'कृष्ण-स्मृति' तथा नव-संन्यास के माउन्ट आबू तथा माथेरान में भगवान के जो प्रवचन विभिन्न उपनिषदों पर हुए उनकी रिकार्डिंग करने का मुझे ही सौभाग्य प्राप्त हुआ।

माथेरान में सर्वसार उपनिषद के प्रवचन के बाद मित्रों ने मुझसे संन्यास लेने को कहा। मैं उन दिनों सुंदर वस्त्रों को पहिनने का शौकीन था। गेरूवा वस्त्र पहिनने के नाम से ही मैं अंदर से कांप जाता था। भगवान मेरी यह कमजोरी अच्छी तरह से जानते थे। इसलिए उन्होंने अपनी ओर से मुझसे संन्यास लेने को नहीं कहा। जब मित्र मुझसे बहुत आग्रह करने लगे तो भगवान ने कहा--"उसे इतना परेशान मत करो कि वह रो पड़े। जब उसका भाव हो वह तभी संन्यास ले।"

फिर ओशो ने मुझसे कहा--'मैं तुझे वस्त्रों के बंधन से मुक्त करता हूं।। माला तो पहिनेगा?'

मेरे 'हां' करने पर उन्होंने मेरे गले में माला पहिनाकर साधु वाला अस्थाई संन्यास दे दिया और श्वेत वस्त्र पहिनने की अनिवार्यता से भी मुक्त कर दिया। यह उनका मेरे प्रति प्रेम और करूणा ही थी। फिर 1974 में मैंने स्वयं भाव होने पर गेरूवा वस्त्र पहिन कर पूर्ण संन्यास ले लिया और भगवान श्री ने मुझे नया नाम दिया--स्वामी चैतन्य सागर।

पूना आश्रम बनने पर मैंने भगवान श्री के टेप किए सभी प्रवचनों के मास्टर कैसेट भी पूना आश्रम को सौंप दिए। मैंने टेप करने के सभी आधुनिक संयंत्र विदेश से मंगवाए थे इसलिए पहिली बार भगवान श्री के प्रवचनों की बहुत स्पष्ट रिकार्डिंग हुई थी जिसमें आस पास होने वाले शोर के व्यवधान को दूर कर दिया गया था।'

कुछ देर मौन रहकर लेहरू भाई ने कहा--'स्वामी जी! मैं बहुत अंतर्मुखी व्यक्ति हूं। परिवार में भी बहुत कम बोलता हूं। आज आपके सामने भी कोई अदृश्य ऊर्जा ही मुझे मुखर बनाए हुए हैं।

पल्टू प्रवचनमाला में जुलाई 79 में मैंने बहुत साहस बटोकर ओशो से एक प्रश्न पूछा था, उस प्रश्न से ही आप मेरी मन:स्थिति अच्छी तरह समझ सकते हैं।

यह कहते हुए लेहरू भाई ने आल्मारी से "सपना यह संसार" ओशो की पल्टू प्रवचनमाला की पुस्तक खोलकर मेरे हाथों में रख दी।

उन्होंने प्रश्न पूछा था–'भगवान! इन दिनों यहां रह रहा हूं तो बहुत सी बातें भीतर घट रही हैं। पूछना आता नहीं। आप सब जानते हैं। फिर भी ऐसा लगता है कि भीतर बहुत दबाया है जो बाहर नहीं निकल पा रहा है। पहले भी कई बार प्रश्न पूछने का मन होता था लेकिन डर, संकोच और कैसे पूंछू, यह नहीं आता था, इसलिए कभी पूछ नहीं पाया। कृपया मार्गदर्शन करने की अनुकम्पा करें, यों आपकी अनुकम्पा तो अपार है।'

प्रश्न से ही लेहरू भाई का व्यक्तित्व स्पष्ट हो जाता है। वह स्वीकार कर रहे हैं कि उन्होंने भीतर बहुत दबाया है जो बाहर नहीं निकल रहा। उन्हें पूछना आता नहीं। डर भी लगता है और संकोच भी होता है। भगवान की अपार अनुकम्पा का भी वह बखान कर रहे हैं। इस प्रश्न से उनकी सरलता, निरहंकारता और समर्पण झलकता है।

भगवान श्री ने उत्तर देते हुये कहा–'सागर चैतन्य! एक शब्द अनुकम्पा को ही जोर से पकड़ लो। शेष सब फिर अपने आप हो जाएगा। एक रास्ता है संकल्प, संघर्ष और ध्यान का और दूसरा है समर्पण, अहंकार विसर्जन और भक्ति का। संकल्प और संघर्ष के रास्ते पर अहंकार का खतरा है, जो सबसे बड़ी बाधा हैं। समर्पण का मार्ग सरल और सुविधाजनक है।

काम, लोभ, क्रोध और मोह सभी की जड़ संस्कार हैं। यह सभी उस वृक्ष के पत्ते हैं। पत्ते छांटोंगे तो भी जड़ होने से नये पत्ते फिर निकल आएंगे। बस एक ही चोट से जड़ ही काट दो फिर हजार चोटों की जरूरत क्या?

इसलिए बस 'अनुकम्पा' शब्द को पकड़े रहो। सब कुछ छोड़ दो प्रभु के हाथों में। जो है उससे राजी हो जाओ। प्रभु जैसा चलाए चलो। जैसा जो भी कराये करते रहो। जिसने समर्पण किया, उसके जीवन में धर्म का अवतरण अपने आप होता है।

और लेहरू भाई उर्फ स्वामी चैतन्य सागर के जीवन में धर्म का अवतरण हुआ, जो मैं प्रत्यक्ष उसके व्यक्तित्व, उनकी जीवन शैली और परिवार में कुछ घंटों की अवधि में शिद्दत से महसूस कर रहा था।

प्रश्नोत्तर 'सपना यह संसार' स्वामी जी को वापस कर दी। कुछ देर मौन रहा।

आखिर मैंने प्रश्न किया–'रजनीशपुरम तो आप गए ही होंगे'। –'हां! गया था और काफी दिन रहा भी। वह भी भगवान की ही अनुकम्पा थी। अब ओशो लौटकर सुमिला आए तो चार माह तक मैं रोज सुमिला जाकर भक्तिपूर्वक उनके प्रवचन सुनता रहा। उन्होंने कृपा कर 26 सितम्बर को The conspiracy Against the Individual प्रवचन के अंत में Mind & Meditation नाम का एक उभरा हुआ अत्यंत सुंदर चित्र मुझे भेंट किया था जो आकस्मिमक दुर्घटनावश टूट गया, वरना मैं उसे आपको जरूर दिखाता।"

यह कहकर लेहरू भाई फिर खामोश हो गए। मैंने पुनः उन्हें कुरेदते हुए पूछा–'सुमिला से भगवान के पूना जाने पर पूना आश्रम से जुड़ा कोई प्रसंग, जो आपको याद आ रहा हो...

वह तुरन्त उत्साह से बोले–'प्रसंग तो पूना आश्रम का ही है, पर भगवान ने अमेरिका जाने से पूर्व उन्होंने एक बड़ा बकसेनुमा टैंक मंगवाया था जिसमें बैठ कर वह स्टीम बाथ लेते थे। दूसरा गर्म पानी का एक टैंक था जिसमें वह आधा घंटा स्नान करते थे। भगवान गर्म पानी के टैंक में बाथ ले चुके थे ओर मैं बाहर बैठा उनके बुलाने की प्रतीक्षा कर रहा था। जब मैं भगवान से मिलकर लौटा तो गर्म पानी के टैंक में जाकर स्नान करने लगा। जब बाहर निकला तो मां लक्ष्मी ने टोका–'आपको टैंक से बाथ लेने से पहिले पूछना चाहिए था।' मैंने कोई उत्तर नहीं दिया और वापस चला गया। तीसरे दिन भगवान का संदेश आया तुम तीन महीने तक गर्मपानी और स्टीम बाथ अमुक समय लेने आ सकते हो। भगवान की अपार करूणा का अनुभव कर मैं अभिभूत हो गया। उससे मेरा बहुत विकास भी हुआ।

दो मिनट मौन के बाद लेहरू भाई ने कहा कि इससे अधिक अब उनके पास बताने को कुछ भी नहीं है। श्रीमती शाह ने हम लोगों से लंच लेने का अनुरोध किया। मैं समझ गया कि लेहरू भाई के लंच का समय हो गया है। इसी मध्य लेहरू भाई आलमारी से दो तीन एलबम निकाल कर हम लोगों को ओशो के साथ खिंचे विविध चित्र दिखलाने लगे थे। श्रीमती शाह से राधेश्याम ने कहा–'हम लोगों का लंच जौहरी मार्केट में एक मित्र के साथ निश्चित है इसलिए इस बार आप क्षमा कीजिए। पर इसके ही साथ वह लेहरू भाई को सपरिवार अपने घर आने का निमंत्रण देना भूले नहीं। उन्होंने अपने घर का पता व फोन नं. देते हुए उन्हें अगले रविवार को ही आने का निमंत्रण दिया।

उनके परिवार के साथ ओशो के अनेक चित्र थे, जिनसे स्पष्ट था कि ओशो पूरे परिवार पर अपने प्रेम की वर्षा करते रहे हैं।

एलबम दिखाने के बाद लेहरू भाई तीन सीढ़ियां उतर कर अपनी लाइब्रेरी और ध्यान केन्द्र दिखलाने नीचे ले गए। जहां तीन चार संन्यासियों से भेंट हुई।

लेहरू भाई के प्रति कृतज्ञता व्यक्त करते हुए उनसे गले मिलकर हम लोगों ने विदा ली। मैं रास्ते भर उनके समर्पण और अनूठी निष्ठा के संबंध में विचार करता रहा कि इनके जैसे चुने संन्यासी ही ओशो के स्वप्नों के भवन के अदृश्य नींव के पत्थर हैं।

इस अवसर पर मुझे अपने प्रेमी मित्र भाई शिव ओम् अंबर की निम्न काव्य पंक्तियों का स्मरण हो आया।

सभी नग़मात ऊँचे कंठ से गाए नहीं जाते।
जिगर के ज़ख़्म चौराहे पै दिखलाए नहीं जाते।
ज़रूरत परवरिश की है, बगीचों के गुलाबों को
बियाबाँ में खड़े वट वृक्ष, सिंचवाए नहीं जाते।

जिसे देखा वही बेताब दीखा, बुर्ज बनने को
शहर में नींव के पत्थर कहीं पाये नहीं जाते।

शहर में नींव के पत्थर भौतिक नेत्रों से नहीं दिखाई देते। वह तो नींव में दफन हो जाते हैं। वह मिट ही जाते हैं। अहंकार मिट कर मौन का अभिर्भाव ही नींव में दफन हो जाना है।

ओशो के दो पत्र-लेहरू भाई के नाम

लेहरू को सप्रेम,

एक को जान लेने से ही सब जान लिया जाता है। और वह एक तुम स्वयं ही हो।

रजनीश के प्रणाम

10.10.1971

● ● ●

ईश्वर है निकटतम उस समय, जब तुम प्रसन्न हो और तुम्हारे प्राण गीतों से भरे हैं और तुम्हारी आत्मा नृत्य कर रही है। क्योंकि वह है परम आनंद और इसलिए आनंदित होकर ही तुम उसे पास पाओगे।

त्यागो उदासी और लम्बे चेहरे।
त्यागो यह रूग्ण गम्भीरता।
उसके पास जाने का यह ढंग नहीं
उत्सव ही उसका एकमात्र द्वार है।

रजनीश के प्रणाम

11.12.1973

❑❑❑

5

ओशो के मयखाने के दीवाना रिंद स्वामी जगदीश भारती, स्वामी ईश्वर समर्पण तथा जयंती भाई के साथ

पहिले भी दो बार पूना गया था। दूसरी बार तो चालीस दिन वहां रूका भी था। भाव तो आखिरी सांस तक वहां रहते हुए सहज समर्पित भाव से ध्यान प्रेम में डूबते हुए ओशो का ही कार्य करने का था, पर अचानक उभर आई शारीरिक व्याधियों के कारण बीच ही में घर वापस आना पड़ा। ओशो के निकट सान्निध्य में रहते हुए जो संन्यासी मित्र विकसित हुए, जिन्होंने सद्‌गुरु का स्वाद और सुवास पाया, उनसे भेंट कर उनकी दीवानगी की दास्तान जानने की प्यास शांत न हो सकी। इस बार सितम्बर 2004 में स्वामी जगदीश भारती के सहयोग से यह चिर प्रतीक्षित तृष्णा शान्त हुई।

इस बार यह सोचकर ही पूना गया था कि सर्व प्रथम चारों ओर जल से घिरे नए बने पिरामिड आकार के वातानुकूलित बुद्धाहाल में बैठकर ध्यान करने और ओशो समाधि में मौन सत्संग में एक घंटा सद्‌गुण की उपस्थिति का स्वाद लेने के पश्चात ओशो के प्यारों से भेंट करने में ही शेष समय के एक-एक पल का पूरा प्रयोग करूंगा।

अस्तित्व ने एक ऐसे ही प्रेमी मित्र से मिलने का संकेत दिया जो पूर्व में ही एक फक्कड़ मसीहा ओशो के विभिन्न खण्डों तथा मेरे द्वारा अनूदित 'सद्‌गुरु समर्पण' तथा 'ध्यान क्या है?' पढ़कर विस्तृत पत्र लिख चुके थे। हृदय में कहीं अज्ञात से भाव उठा कि पूना में रहते हुए स्वामी जगदीश भारती अवश्य ही ओशो से निकट जुड़ने वाले सभी प्रेमी मित्रों के निवास स्थानों पर जाते ही होंगे और उनके मार्ग निर्देशन में यह कार्य सरलता से सम्पन्न हो सकेगा।

पोपुलर हाइट में एक कमरा रु. 125/- प्रतिदिन भाड़े पर लेकर स्नान आदि करने के बाद मैंने मीरानगर के ए-4 ब्लाक के तिमंजिले पर स्थित सोलह नम्बर फ्लैट की काल बैल का बटन पुश कर ही दिया। लुंगी लपेटे नंगे बदन दाढ़ी लहराते औसत कद के 45-50 वर्ष के जिन सज्जन ने दरवाजा खोला वह मुझे देखते ही-'आइये स्वामी जी! पधारिए, आपका स्वागत हैं, कहते हुए मुझसे लिपट गए। यद्यपि जगदीश भारती ने मुझे पहिली बार ही देखा था पर पुस्तकों में प्रकाशित मेरे चित्र के आधार पर उन्होंने मुझे पहिचानने में एक क्षण भी तो नहीं लगाया।

सामने फर्श पर बिछे गद्दे पर एक चादर बिछी थी। एक डेस्क पर लेखन सामग्री के साथ, पते लिखे जाने की प्रतीक्षा में कई लिफाफों की गड्डी रखी हुई थीं और गद्दे के आसपास पुस्तकों तथा आडियो कैसेट के डिब्बों की कई कतारें चुनी हुई थीं। दो तिहाई कमरा इन्हीं सब से घिरा था। शेष खाली भाग में एक किनारे वाले कोने पर बिछी मेज पर फोन रखा था और दो कुर्सियां भी बिछी हुई थीं। मेज की बगल में खाली फर्श पर दस्तरखान बिछा हुआ था। जिसके तीनों ओर तीन अन्य व्यक्ति भोजन कर रहे थे। स्वामी जगदीश भारती भी भोजन करते हुए बीच में ही उठे थे। उन्होंने मुझसे भी भोजन करने का आग्रह किया पर मेरे द्वारा आश्वस्त किए जाने पर कि मैं भोजन करके ही आ रहा हूं, वह मेरा परिचय वहां बैठे व्यक्तियों से कराने के बाद भोजन करने बैठ गए।

बहुत बेतकुल्लफी से स्वामी जी ने कहा–"मित्र! यह एक फक्कड़ बैचलर संन्यासी का आशियाना है, इसलिए आपको चाय भी भोजन करने के बाद ही पिला सकूंगा।"

सारी व्यवस्था को देखते हुए मैंने भी उसी फक्कड़ी अंदाज में कहा–'स्वामी जी! आप जरा भी परेशान न हों। मैं स्वयं चाय बहुत अच्छी बनाता हूं। भोजन करने के बाद आप मुझे केवल यह बता दीजिए कि चाय, चीनी और दूध कहां रखा है और चाय कितने कप बनना है, बस मिनटों में मैं चाय तैयार कर दूंगा।"

मेरा बेतकुल्लफ अंदाज देखकर सभी मित्रों ने एक उन्मुक्त ठहाका लगाया। मैं भी हंस पड़ा। जहां चार ओशो संन्यासी और प्रेमी मित्र आपस में मिलें और बात-बात पर उन्मुक्त ठहाके न लगें, यह किसी भी भांति सम्भव ही नहीं है।

भोजन समाप्त होने पर, स्वामी जी के निर्देशन में मैंने चाय तैयार की। चाय पीते हुए औपचारिक बातचीत के बाद मैंने स्वामी जी पर अपने आने का मंतव्य और भाव प्रकट किया।

जगदीश जी तुरंत ही बहुत उत्साह से बोले–'मैं केवल आठ-दस लोगों से ही नहीं, आपकी भेंट ऐसे पचास साठ प्रेमी मित्रों से कराना चाहता हूं, जिन्हें ओशो के निकट सान्निध्य में रहने का सौभाग्य प्राप्त हुआ और ओशो भी उनके निवास स्थान पर कुछ दिनों रहे। मैं आज रात में ही इन संन्यासियों और प्रेमी मित्रों की सूची बनाकर उनके निवास स्थान के पूरे पते और फोन नम्बर के साथ तैयार कर आपको कल सुबह तक दे दूंगा। मां उर्मिला तो मेरे घर के निकट ही रहती हैं। उनसे तो आप कभी भी मिल सकते हैं। स्वामी ईश्वर समर्पण और गुणा मां से तो मैं आज शाम ही आपकी भेंट करा दूंगा। मुझे उनसे स्वयं मिलने जाना भी था।'

चाय पीने के बाद बाथरूम तक जाते हुए मैं उनके पूरे फ्लैट का निरीक्षण कर चुका था। प्रत्येक कमरे और गैलरी में आडियो कैसेट के डिब्बों की कतारें और ओशो की हिन्दी, अंग्रेजी प्रवचनों की पुस्तकें सजी हुई थीं। बैडरूम के एक कोने में सितार रखा था, जो उनके संगीतकार होने की भी गवाही दे रहा था। स्वामी जगदीश भारती ने मुझे पत्र में लिखा भी था कि उनके पास ओशो की हिन्दी अंग्रेजी की सभी प्रवचन

मालाओं की पुस्तकें और आडियो कैसेट उपलब्ध हैं। उन्होंने पत्र द्वारा ही मुझसे पूछा था कि मैंने ओशो के जीवन की अन्य कई घटनाओं का उल्लेख 'एक फक्कड़ मसीहा ओशो' में क्यों नहीं किया? उन्होंने यह पेशकश भी की थी कि वह छूट जाने वाली घटनाओं को उनकी प्रवचन पुस्तकों से छांट कर उसकी सूची और आवश्यकता होने पर उस प्रवचनांश की फोटो कापी मुझे उपलब्ध करा सकते हैं जिससे फक्कड़ मसीहा ओशो के नए संस्करण में उसे शामिल किया जा सके।

ओशो के जीवन की अन्य घटनाओं को मैंने कुछ तो विस्तार के भय से और कुछ शायद कम महत्वपूर्ण होने के कारण उन्हें ओशो की कथा में सम्मिलित नहीं किया था। पर चुनाव मेरा था कहां? मैं उन्हें कथा में शामिल करने वाला कर्ता कहां था? मैं तो माध्यम था। अदृश्य ऊर्जा जो कुछ मेरे माध्यम से करा रही थी मैं तो द्रष्टा बना उसका आनन्द ले रहा था।

जगदीश जी के सुझाव का क्रियान्वयन इसलिए भी सम्भव नहीं था क्योंकि प्रकाशक इसके लिए तैयार नहीं था। जब एक फक्कड़ मसीहा ओशो के खण्ड तीन तथा चार का द्वितीय संस्करण प्रकाशित हो रहा था तो खण्ड 1 व 2 के द्वितीय संस्करण के बाद मैंने खण्ड तीन तथा चार की एक-एक प्रति में प्रिंटिंग तथा कम्पोजिंग की गलतियों को शुद्ध करते हुए कुछ अन्य त्रुटियों को ठीक करते हुए वे दोनों प्रतियां प्रकाशक को सौंपते हुए संस्करण को शुद्ध रूप में प्रकाशित करने का अनुरोध किया था। उन दिनों पुस्तकों में मेरे द्वारा किए गए सुधार को देखते हुए प्रकाशक ने उन दोनों प्रतियों को मुझे वापस करते हुए कहा था–'स्वामी जी! यह संशोधन करने का मतलब है कि मैं पुन: सारे मैटर की नई प्लेटें तैयार करवाऊं। प्रथम संस्करण में तो कुछ बचता ही नहीं। थोड़ी बहुत कमाई तो अगले संस्करणों के प्रकाशित होने पर ही होती है। आप इन्हें इसी प्रकार प्रकाशित होने दीजिए।'

इस दृष्टि से भी जगदीश जी का सुझाव अमल में लाना सम्भव न था। पर ओशो के सभी प्रवचनों का संग्रह और उनके बारे में जानकारी और बोध का होना एक दुर्लभ उदाहरण है। बहुत से धनी ओशो प्रेमी, ओशो की प्रवचन पुस्तकों को अपने ड्राइंगरूम में सजा तो लेते हैं पर उनमें से किसी पुस्तक को उठाकर खोलने से स्पष्ट हो जाता है कि उसके पृष्ठ पहिले कभी पल्टे ही नहीं गए क्योंकि कहीं कहीं आपस में जुड़े कटिंग मशीन की जद से बचे पृष्ठ अपनी कहानी आप बयान करने लगते हैं। ड्राइंगरूम में ओशो की पुस्तकों को सजावट की उन्होंने एक वस्तु बना दिया है जिन्हें देखकर लोग उन्हें ओशो का प्रबुद्ध संन्यासी समझें, जिससे उनके अहंकार की पुष्टि हो।

पर जगदीश भारती नाम का यह परिव्राजक संन्यासी जो आयुर्वेद का गोल्ड मेडलिस्ट है, अहमदाबाद में अपनी दवा उत्पादन की फैक्ट्री छोड़कर जीवन भर अविवाहित रहने का संकल्प कर सद्गुरु ओशो के आकर्षण से पतंगे की भांति पूना खिंचा चला आया। ओशो के सान्निध्य में विकसित हुआ। रजनीश न्यूज लेटर के फोटो विभाग के डार्क रूम में फोटो प्लेट धोने के कार्य को ध्यान समझकर करता रहा। अपनी प्रतिभा और प्रज्ञा से मल्टी यूनीवर्सिटी में स्कूल ऑफ मिस्टीसिज्म (अध्यात्मक के

रहस्य विद्यालय) का ग्रुप-लीडर बना, पर सत्ता और शक्ति की चाह रखने वालों के कुटिल राजनीतिक चक्र में फंसकर जिसे कम्यून से निष्कासन का दंड भुगतना पड़ा। पर इसे भी पुरस्कार समझ कर इसने उसे सादर स्वीकार किया। वह महीनों वृक्षों के नीचे या श्मशान घाट में सोता रहा पर घर से निकले कदम फिर दुबारा अहमदाबाद की ओर मुड़े नहीं। हर चोट, हर असुविधा और प्रत्येक उपेक्षा, उसके संकल्प को और भी दृढ़ बनाती रही। उसके निश्छल, बेशर्त ओशो प्रेम और ओशो के कार्यों के प्रति उसकी असाधारण लगन और निष्ठा से प्रभावित होकर एक जर्मनी की ओशो संन्यासिन ने उसे अपने फ्लैट में आश्रय दिया। शीघ्र ही पूरा फ्लैट ओशो के प्रवचनों के आडियो कैसेट, पुस्तकों और भारत के सभी शीर्षस्थ संगीतकारों और गायकों के कैसेट से जैसे एक लाइब्रेरी बन गया। तीन कमरों का एक फ्लैट जब कम पड़ने लगा तो उसी की बगल में ओशो प्रेमी उस जर्मन महिला ने बगलवाला फ्लैट भी स्वामी जी के कार्य के सम्पादन के लिए तुरन्त उपलब्ध करा दिया।

जगदीश भारती के सम्बन्ध में यह सारे राज मुझे उनके साथ दो-तीन दिन साथ रहते हुए ही एक-एक कर ज्ञात हुए। प्रोस्टेट का मरीज होने के कारण मैं रात में दो-तीन बार पेशाब करने उठता हूं। पहिली रात जब दूसरी बार मैं लगभग तीन बजे पेशाब करने उठा तो ड्राइंगरूम में जलती लाइट देखकर उधर झांकने पर पता चला कि जगदीश भारती गद्दे पर पाल्थी मार बैठे डेस्क पर झुके कुछ लिखने में व्यस्त हैं। सुबह चाय के समय पूछने पर जगदीश जी हंसकर बोले-'यह मेरा रोज का रूटीन है। सुबह दो या ढाई घंटे की नींद मेरे लिए पर्याप्त विश्राम होता है। भारत भर में फैले ओशो प्रेमियों से मेरा पत्र व्यवहार चलता रहता है। मैं उन्हें ओशो के विशिष्ट चुने प्रवचनों की छायाप्रतियां भेजकर उन्हें अपने ही अंदर छिपी सुप्त ऊर्जा को जगाकर सृजनात्मक कार्य करने की प्रेरणा देता हूं। मेरी मित्र उन्हीं जर्मनी महिला ने मेरे लिए फोटो स्टेट की मशीन भी उपलब्ध कराई हुई है जो इस दिशा में बहुत सहयोगी है।'

बाहर चलने से पूर्व स्वामी जी मुझे छत पर ले गये। छत पर हरियाली का छोटा सा सैलाब देखकर मैं आश्चर्यचकित रह गया। मेरे सामने सुंदर प्राणवान झेन उद्यान मुस्कराते हुए मेरा स्वागत कर रहा था। दुर्लभ प्रजातियों के पौधे, फर्न, क्रोटन और विविध पुष्पों के पौधे छोटे बड़े गमलो में सजे गुपचुप मुस्कुरा रहे थे।

एक गमले में खिले पीले पुष्प बहुत प्यारे लगे। उन्हें देख मुझे एक कविता की कुछ पंक्तियां अनायास याद आ गईं। उन्हें मन ही मन दोहराते हुए जैसे मैं उसे उन पीले पुष्पों को सुनाता हुआ उनसे सम्वाद जोड़ने लगा।

ओ पीले फूल छुओ मुझे
अपनी पीली उंगलियों से।
छुओ मुझे अपनी नरम और
नाजुक उंगलियों से।
और क्या 'उसी' ने रंगा है
सूरज को इतना सुनहरा

जिसने आसमान को रंगा है इतना नीला।
और तुम्हें इतना पीला
ओ पीले फूल!
छुओ मुझे अपनी नरम और नाज़ुक उंगलियों से।

उन पीले फूलों की मीठी छुअन मैं अपने हृदय की धड़कनों में अनुभव कर रहा था।

अपेक्षाकृत छोटे कद पर बड़े इरादों का जगदीश स्वामी नाम का यह फक्कड़ संन्यासी न जाने क्यों मुझे बड़ा रहस्यमय लगने लगा। पूना कम्यून में रहस्य विद्यालय का ग्रुप लीडर पद पर नियुक्त करने से पूर्व चुनाव करने वालों ने निश्चित ही इस व्यक्ति में किसी रहस्यात्मक ऊर्जा का अनुभव अवश्य किया होगा।

मैं इस शख्स का कोई साक्षात्कार भी नहीं ले रहा था, पर उसके साथ बातचीत से और उसके सान्निध्य में जीते हुए यह अक्खड़ और फक्कड़ संन्यासी न जाने क्यों एकाएक मुझे प्यारा लगने लगा था।

एक बड़े गमले में लगे हुए बड़े पौधे को दिखाते हुए जगदीश जी बोले–'एक दिन शाम मेरा भोजन बनाने वाली बाई जब उस गमले के आसपास अन्य गमलों को पानी दे रही थी तो उसने इस गमले को बहुत जोर से हिलते हुए देखा। गमले के हिलने के साथ उसमें लगा पौधा जैसे उसे नाचते हुए लगा। उसने मुझे छत से ही आवाज दी–'स्वामी जी जल्दी से ऊपर आइए। एक गमला और उसका पौधा बहुत तेजी से नाच रहा है।"

मैं भागकर ऊपर पहुंचा। सचमुच गमला और पौधा दोनों नाच रहे थे। वह नृत्य पन्द्रह मिनट तक चलता ही रहा। मैं विस्मय विमुग्ध और हैरान रह गया। बहुत प्रयास करने पर भी मैं उसका कोई वैज्ञानिक कारण न खोज सका। बस मैंने उस गमले को उस स्थान से हटाकर थोड़ा शेड में रख दिया जिससे उसे धूप के साथ छांव भी मिलती रही।

दस मिनट तक जगदीश भाई अपने झेन गार्डेन के सम्बन्ध में विस्तार से बताते रहे जो उस जर्मन संन्यासिन के प्रकृति प्रेम और धुन के फलस्वरूप ही विकसित हुआ था।

शाम पांच बजे स्वामी जगदीश मुझे अपने स्कूटर पर पीछे बैठालकर स्वामी ईश्वर समर्पण तथा गुणा मां से मिलाने बंड गार्डेन रोड पर स्थित उनके निवास ए-3/3 सुजाता एपार्टमेन्ट्स ले चले। उन्हें स्वयं भी किसी काम से ईश्वर भाई से मिलना भी था। वह उनसे फोन पर पहिले ही बात कर मिलने का समय निश्चित कर चुके थे।

घंटी की ध्वनि सुन दरवाजा गुणा मां ने खोला। सामने ही ईश्वर भाई बैठे थे। जगदीश जी ने ईश्वर भाई की ओर संकेत करते हुए कहा–'गुणा मां'। मैंने दोनों को प्रणाम कर दोनों के चरण स्पर्श किए। मुझे मेरे नाम से पुकार कर वे उन्हें परिचय दे चुके थे।

कुछ देर औपचारिक बातें चलती रहीं। मैंने ईश्वर भाई और गुणा मां दोनों से पृथक-पृथक आग्रह और अनुरोध किया कि वे कृपया ओशो के निकट सान्निध्य में बिताए कीमती पलों, अनुभवों और अपनी अनुभूतियों के सम्बन्ध में कुछ बताने की अनुकम्पा करें जिससे ओशो प्रेमी उनसे प्रेरणा ले सकें।

गुणा मां तो मौन रहीं। मौन ईश्वर भाई भी रहे, पर पुनः अनुरोध करने पर उन्होंने उत्तर दिया–"स्वामी जी! मेरे पास बताने जैसा कुछ है ही नहीं। और न कुछ कहने के लिए अंदर से भाव होता है। आप आए बड़ा अच्छा लगा। और सुनाइये क्या हाल चाल हैं?"

मेरे हाल भी उनके सामने थे और चाल भी। मैं उन्हें क्या सुनाता? मैं तो उनसे सुनने आया था उनके मूल्यवान अनुभव। अष्टावक्र ने भी उन्हें अभिव्यक्त किया था। लाओत्से ने भी उसके संकेत दिए थे। बुद्ध तो चालीस वर्ष से अधिक बोलते ही रहे। झेन सद्‌गुरु और कबीर भी उसे अपनी अटपटी वाणी में अभिव्यक्त करते रहे। ओशो ने भी हर सम्भव तरीके से अभिव्यक्त किया।

मैंने उन सभी बुद्धों का उल्लेख किया। वह फिर भी मौन रहे। मैंने अनुरोध किया–''कम से कम आप ओशो से जुड़े प्रसंग ही बताएं। वे प्रसंग और घटनाएं ही ओशो प्रेमियों के लिए बोधमय होंगी।''

वह फिर भी मौन रहे। उनके मौन में जाने क्यों मैं करूणा और आनन्द का अनुभव नहीं कर पा रहा था। शायद वह मेरी अपात्रता थी? उन्होंने मुझे एक पत्र में मुम्बई या पूना आकर मिलने का आमंत्रण दिया था और एक फक्कड़ मसीहा ओशो के लिए बधाई दी थी। उन्होंने अपने पत्र में लिखा था–इतने साल मुझे प्रभु श्री (ओशो) के साथ रहने का मौका मिला। फिर आपके सम्पर्क में क्यों नहीं आया? आपकी पुस्तक के तीसरे भाग में काफी कार्य-प्रदेश मेरा है, फिर मैं आपसे कहीं क्यों नहीं मिल पाया। ईश्वर बाबू कहकर प्रभु श्री बुलाते। जहां बैठा हूं प्रभु श्री ने इस घर को कई बार पावन किया है। उनकी सुवास–अभी भी इस हवा में मौजूद हैं। सिर्फ आपको धन्यवाद देने को कलम उठाई थी।

एक अन्य पत्र में उन्होंने लिखा था–While reading EK FAKKAR MASSIAH, you are always before my eyes—words are insufficient to congrartulate you. (एक फक्कड़ मसीहा पढ़ते समय आप सदा मेरी आंखों में सामने नाचते रहे। आपको बधाई देने के लिए मेरे पास शब्द नहीं हैं।)

इसके बाद एक अन्य पत्र में उन्होंने लिखा था–I am trying to know the mind of human being it means my mind also and to go beyond mind. (मैं मनुष्य के मन को जानने का प्रयास कर रहा हूं, जिसका अर्थ है कि मैं अपने ही मन के पार भी जाने का प्रयत्न कर रहा हूं।)

यह पत्र उन्होंने पौने चार वर्ष पूर्व लिखा था। क्या मन के पार चले जाने के कारण ही वे वे मन से जुड़े प्रसंगों और घटनाओं को नहीं बता रहे थे। कुछ समय पूर्व उन्हें हृदय आघात भी लगा था, पर अब वह स्वस्थ थे। मैं उनसे भेंट करने आया था और वह इधर-उधर की बातें भी कर रहे थे, पर उनमें ओशो से जुड़े प्रसंग ही सम्मलित नहीं थे।

उन्होंने दिनांक 26.4.2001 के पत्र में लिखा था–I am not so much enthusiastic to write on OSHO or what I have achieved while living and working with

HIM.— Let us pray HIM if we I may be attracted to speak or write. To write or to speak means a little departure from about truth. You know perfectly well Swamiji, ego is vey subtle.

(मुझे ओशो पर कुछ लिखने का उत्साह नहीं है और न उस पर जो उनके (ओशो) साथ रहते और काम करते हुए मैंने प्राप्त किया। हमें उन्हीं से प्रार्थना करनी चाहिए कि हम कुछ और समय तक इस शरीर में बने रहें। कुछ लिखने या कहने का अर्थ है–पूर्ण सत्य से थोड़ी देर के लिए जुदा हो जाना।)

ईश्वर भाई यद्यपि पत्रों द्वारा ही पूर्व ही स्पष्ट कर चुके थे कि ओशो के बारे में बात करना पूर्ण सत्य से थोड़ी देर के लिए उनके जुदा होने जैसा होगा, पर मुझ जैसा हठी मूढ़ उन्हें सत्य से कुछ देर के लिए जुदा करना ही चाहता था। पर प्राप्त सत्य क्या बातचीत करने से जुदा हो सकता है? और कुछ बातें तो वह कर ही रहे थे।

इतने में उनके यहां एक युवा गुजराती संन्यासी आ गए, जो उनके पूरे परिवार के अति निकट थे। वह कोने से हारमोनियम उठाकर गाने लगे। मुझे सुखद आश्चर्य तब हुआ जब स्वामी जगदीश भारती और गुणा मां भी उस मधुर गायन में सम्मिलित हो गए। तीनों का गला बंहुत मीठा और मधुर था और तीनों ही संगीत में माहिर थे। गीत संगीत के रस सागर में डूबते हुए हम सभी परमानंद ही में डूब गए थे।

गुणा मां का गीत समाप्त होने पर जगदीश जी ने तान छेड़ दी–

हुए हम जिनके लिए बरबाद
वो चाहे हमको करें न याद
जीवन भर उनकी याद में...हम गाये जायेंगे
गाये जायेंगें...

यह गीत समाप्त हुआ तो गुणा मां ने सुर समाग्री सुरैय्या का तराना छेड़ दिया–

वो पास रहें या दूर रहें
नज़रों में समाए रहते हैं
इतना तो बता दे कोई हमें
क्या प्यार इसी को कहते हैं?

हम सभी ओशो के दीवाने, ओशो को लक्ष्य करके ही इस तरानों में डूब रहे थे। सद्गुरु का प्रेम, सांसारिक दृष्टि से बरबाद ही तो कर देता है शिष्य को। उसका दिन का चैन और रातों की नींद हराम हो जाती है। घर परिवार, धंधें रोज़गार सभी से वह वीतराग हो जाता है। एक अजीब खुमारी में डूबा रहता है वह।

यह पगला जगदीश, आयुर्वेद का गोल्ड मेडेलिस्ट, अहमदाबाद में अपनी दवाओं की अच्छी खासी चलती फैक्ट्री को छोड़कर, अविवाहित रहने का संकल्प किए पूना में क्यों खाक छान रहा है?

क्यों रात रात भर जागकर यह ओशो के दिल दिमाग को झकझोरने वाले प्रवचनांश

की छाया प्रतियों को देश भर में फैले उन ओशो प्रेमियों को भेजता रहता है जिनसे उसे आशा है कि शायद कोई प्रवचन किसी को अचानक क्लिक कर जाए और वह अपनी ऊर्जा, ओशो के अधूरे स्वप्न को पूरा करने में लगा दे।

ओशो ने जो कुछ मनुष्यता को दिया है, उसके लिए जीवन भर गाये जाने गीत भी उसकी तुलना में नाकामी हैं।

प्यार में दूरी नजदीकी कोई मायने नहीं रखती। ओशो को प्यार करने वाले उन्हें अब भी अपने हृदयों की धड़कनों में महसूस करते हैं।

ईश्वर भाई के घर से लौटते हुए जगदीश भारती ने कहा–"ईश्वर भाई कृपण हैं। जिसके जो भी पास है, यदि वह उसे बांटना नहीं चाहता तो उसके होने की सार्थकता ही क्या?

पर स्वामी जी फिकिर नॉट रहें। मैं आपको ऐसे ऐसे संन्यासियों से मिलाऊँगा, जो बांटते ही नहीं लुटाते हैं।"

"राम नाम की लूट है, लूटी जाये तो लूट"

मैंने भी जैसे खुमारी में डूबे हुए ही उत्तर दिया–'यहां पूना में मैं लूटने के लिए ही तो आया हूं। मैं बृज क्षेत्र का रहने वाला हूं, जहां कृष्ण जन्माष्टमी के अवसर पर लोग मंदिरों में प्रसाद बांटने वालों के हाथों से थाली छीनकर और लूट कर प्रसाद खाते हुए कहते हैं–

पजीरी नहीं पाई है
पाई है तो खाई नहीं।
खाई है तो पाई नहीं।
ढाई बाबा नंद की
नंद के घर आनन्द भयौ।

यह कहते हुए मैंने एक छत फाड़ ठहाका लगाया जिसे जगदीश स्वामी ने अपने ठहाके से इतनी बुलन्दी पर पहुंचाया जिससे आसमान में भी छेद हो जाए।

क्यों आसमां में छेद हो नहीं सकता?
एक पत्थर तो तबियत से उछालो यारो

हम लोग पत्थर नहीं, ठहाके उछाल रहे थे, जो पत्थर जैसे ठोस और उदास दिलों में भी छेद कर देते हैं।

● ● ●

मैं स्वामी ईश्वर समर्पण का साक्षात्कार तो न ले सका पर फिर भी उनके पत्रों द्वारा व्यक्त किए भावों और उनसे अपनी मुलाकात का विवरण देकर मैंने उनके बारे में कुछ तो कह ही दिया है।

यही अनुभव मुझे जयन्ती भाई शाह से दूसरे दिन उनके सी-8 आर्चिड, रिवर साइड नार्थ मेन रोड कोरेगांव पार्क स्थित उनके भव्य तथा अत्यंत सुरुचि से सजे सजाए

ड्राइंगरूम में उनसे भेंट करने के बाद हुआ। ईश्वर भाई की भांति उन्होंने भी यह कहते हुए बात समाप्त कर दी–'स्वामी जी! मेरे पास ऐसा कुछ भी नहीं जिन्हें शब्दों द्वारा अभिव्यक्त कर सकूं।" यद्यपि एक दिन पूर्व पूना आश्रम में भेंट होने पर उनसे मैंने अपने भेंट करने का उद्देश्य भली भांति निवेदिन कर दिया था।

मैं सोचता रहा–क्या जयन्ती भाई शाह ने मुझे केवल चाय पिलाने के लिए और यह बताने को कि उनके पास उसे अभिव्यक्त करने को शब्द नहीं, अपने घर आमंत्रित किया था–अन्यथा उक्त वाक्य तो वह आश्रम में भेंट करते समय ही बतला सकते थे।

ओशो ने बुद्धत्व घटने के बाद जाने कितने पत्रकारों को अपने साक्षात्कार दिए। यदि उन्हें ऐसा कुछ अति मूल्यवान घटा था तो क्या ओशो से जुड़े प्रसंग सुनाने में उसमें कुछ बाधा उत्पन्न हो सकती थी? सत्य कहते ही असत्य हो जाता है–यह बात तो ठीक है, पर मैं उस सत्य के बारे में न पूछ कर उनसे ओशो के सान्निध्य में घटी घटनाओं और प्रसंगों के बारे में ही तो पूछ रहा था।

● ● ●

ईश्वर भाई के निवास स्थान से जगदीश स्वामी के साथ मैं उनके निवास पहुंचा। जगदीश भाई ने सितार लेकर आधा घंटा शास्त्रीय संगीत की साधना की जो उनका नियमित कार्यक्रम था। पूछने पर ज्ञात हुआ- उनके पास सभी प्रसिद्ध संगीतकारों और गायकों के सैकड़ों टेप है। जिन्हें उन्होंने क्रमबद्ध रैकों में रजा रखा है।

सात बजे वे मुझे पोपुलर हाईट जे ब्लाक में रवि दादा से मिलाने ले गए जहां वे डेढ़ घंटे रोज मौन ध्यान में बैठते थे।

रास्ते में जगदीश भाई ने कहा–स्वामी जी! आपको ईश्वर भाई का साक्षात्कार न मिला तो कोई बात नहीं। आप बड़े आदमियों का ना सही तो गुमनामी में जीवन बिताने वाले रवि दादा जैसे ओशो को समर्पित सहज सरल संन्यासियों का साक्षात्कार लीजिए। ओशो के आदेश को शिरोधार्य करते हुए रवि दादा सन् 70 के दशक से आज भी निरंतर वर्ष में दो ध्यान शिविरों का आयोजन नियमित रूप से कर रहे हैं और अपने ही खर्चे पर बड़ौदा में एक ध्यान केन्द्र भी चला रहे हैं जिसमें नियमित रूप से ध्यान होता है और लाइब्रेरी योजना के अनुसार ओशो की पुस्तकें तथा आडियो कैसेट भी उपलब्ध हैं। फिर मां उर्मिला ने तो कल मिलने का समय दिया ही है।"

मैंने मुस्काते हुए उत्तर दिया–'पहले मैं इन स्थितियों में असहज, उदास और निराश हो जाता था–पर अब तो सब कुछ स्वीकार है। यह भी तो अपनी तरह का एक विशिष्ट अनुभव है। मैं तो इस शाम आपके गीत को सुनकर मस्त हो गया।'

जगदीश जी एक ठहाका लगाते हुए बोले–'इस ओशो नाम के शख्स ने वाकई बरबाद कर दिया मुझे। न घर का छोड़ा और न घाट का। पर इस बरबादी में भी कितनी मस्ती और मजा है?

और हम लोग रविदादा के घर आ गए।

● ● ●

दूसरे दिन मैंने पूरा समय पूना आश्रम में ही बिताया। मेरठ के मित्र स्वामी योगा ने मुझे आश्रम में हुए परिवर्तनों के बारे में बतलाते हुए नया बना बुद्धाहाल, कैफीटीरिया, रिर्जोट्स आदि सब कुछ दिखलाया। मैंने मां अमृत साधना और स्वामी संजय भारती से भी भेंट की। केवल दोपहर साढ़े बारह बजे मैं निश्चित समय पर रविदादा से मिलने जरूर आया और उनसे भेंट कर फिर आश्रम पहुंच गया। उस शाम अचानक बादल घिर आए और रस धार बरसने लगी। एयरकंडीशंड बुद्धाहाल में बैठे हुए मैं सर्दी से कांप रहा था और मुझे याद आ रहा था बांसों के झुरमुट से घिरा वह पुराना बुद्ध सभागार, जहां बैठकर यह अहसास होता था कि हम प्रकृति के प्रांगण में बैठकर ध्यान कर रहे हैं। बुद्धा सभागार के चारों ओर लगी विश्व की सबसे बड़ी मसहरी मच्छर मक्खियों से तो रक्षा करती ही थी, इसके ही साथ उसके चारों ओर लगे बांसों के झुरमुट जब हवा से आपस में टकराते हुए पक्षियों के गीतों के साथ मिलकर जो जीवन्त मौन का संगीत उत्पन्न करते थे और जिसमें कृत्रिम झरनों से झरती जलधार की ध्वनि भी सम्मलित हो जाती थी, तो मन प्राणों में एक अजीब मस्ती और आनन्द छा जाता था और मन विसर्जित होकर सहज रूप से समाधि में सरक जाता था।

संध्या सत्संग के समय नए बुद्धा हाल की छत पर लेसर किरणों से प्रकाश के रंग बिरंगे वृत्त बन रहे थे जो हाल की दीवारों से लहर की तरह उत्पन्न होकर फैलते हुए मध्य में विलीन होकर विविध रंगों के रॉकेट की तरह मंदगति से चारों कोनों की ओर गतिशील हो रहे थे। सब कुछ विस्मय विमुग्ध कर रहा था पर सर्दी से कांपता शरीर थिर नहीं हो पा रहा था। मनोभंजन नहीं; जैसे लेसर किरणें, मनोरंजन अधिक कर रही थीं। पर ध्यान मनोरंजन नहीं, मनोभंजन है।

साउंडप्रूफ एयरकंडीशंड बुद्धा हाल की आवश्यकता इसलिए महसूस की गई थी क्योंकि सक्रिय ध्यान या नोमांइड ध्यान में, आश्रम के आसपास बने फ्लैट्स की शांति भंग न हो, इसलिए रेचन मौन में ही भावाव्यक्तियों द्वारा करने के लिए विवश होना पड़ता था। विदेशी संन्यासियों को मई-जून की गर्मी और बरसात की उमस में बिजली के पंखों के बावजूद ध्यान में गहरे जाने में असुविधा होती थी क्योंकि वे वातानुकूलित वातावरण में रहने के आदी थे।

क्या ऐसा नहीं हो सकता था कि पुराना बुद्धाहाल भी बना रहता जहां वे भारतीय संन्यासी ध्यान प्रयोग करते, जिन्हें वहां का वातावरण अच्छा लगता, जहां वे ओशो की ऊर्जा को महसूस करते, वहां उन्हें ध्यान प्रयोग हिन्दी भाषा में समझाए और कराए जाते और संध्या सत्संग के समय उन्हें ओशो के हिन्दी प्रवचनों के वीडियो कैसेट सुनाए जाते।

ओशो ने कहा है-जो पुराना बहुमूल्य है, कीमती है, उसे बचाया जाना चाहिए। अतीत से मुक्त होने का अर्थ यह नहीं है कि हम उपनिषद्, गीता, महाभारत, धम्मपद को भुला बैठें। जहां एक लम्बी अवधि तक ओशो प्रवचन करते रहे, मौन में बैठकर संन्यासियों को ध्यान की गहराइयों में ले जाते रहे, उस बुद्धा सभागार के प्रवचन मंच में उनकी तरंगें संवेदनशील प्रेमी मित्रों को आज भी महसूस होती हैं, क्या उसे उजाड़ा जाना आवश्यक था?

मैं दोपहर पुराने बुद्धागार के प्रवचन मंच पर मौन में कुछ देर बैठा ध्यान करता रहा था और अद्‌भुत तथा गहरी शांति का अनुभव किया था। एक संन्यासी बता रहे थे कि पुराने बुद्धासभागार की ऊर्जा अपने आप नए बुद्धा कक्ष में पहुंच गई है, जो एक चमत्कार है। चमत्कार तो आश्रम में सचमुच हो रहे थे। वर्क मेडिटेशन जैसे लगभग समाप्त हो गया था। अब भोजन संन्यासी नहीं होटल के शेफ बना रहे थे। आश्रम की सफाई अब कर्मचारी कर रहे थे। पौधों और वृक्षों की सिंचाई अब माली कर रहे थे।

अस्तु! तीसरे दिन सुबह ही मैं वृक्षों की सिंचाई करने जगदीश जी के फ्लैट की छत पर जा पहुंचा। मेरे साथ आश्रम के दो अन्य संन्यासी भी थे जो जगदीश जी से भेंट करने, और छत पर विकसित उनको झेन गार्डेन देखने आए थे।

उनके जाने के बाद जगदीश जी स्कूटर पर बैठाकर मुझे बाजार ले गए जहां से उन्हें कुछ आवश्यक सामान खरीदना था। बाजार से लौटते हुए उनके आग्रह पर पोपुलर हाईट्स के फ्लैट से अपना सामान समेट कर उन्हीं के निवास पर आ गया। चर्चा छिड़ने पर स्वामी जगदीश भारती उत्साह से बोले–'स्वामी जी! आप यहां आठ दस दिन रूकें तो मैं आपकी भेंट उन ओशो संन्यासियों से कराऊं जो आम लोगों की जानकारी के बिना ओशो को क्षण क्षण जीते अपनी ही दुनिया में मस्त हैं। पर लोग उन्हीं लोगों को अधिक जानते हैं, जो पूना आश्रम की व्यवस्था संभालते हुए पत्र-पत्रिकाओं की सुर्खियों में बने रहते हैं, भले ही उनमें न तो ओशो की सुवास हो और न ध्यान प्रेम के फूल खिले हों। यदि आप उनसे मिलें और ओशो के बाबत कुछ पूछें, तो मौन रहते हुए मंद मंद मुस्काते वे यह प्रदर्शित करेंगे जैसे उन्हें सब कुछ घट गया है और शब्दों द्वारा उसकी अभिव्यक्ति असम्भव है। उन्होंने अपने असली चेहरों पर जो मुखौटे लगा रखे हैं वे उनके कार्यों और कहने से बेनकाब हो जाते हैं। उनमें जबर्दस्त पैसे की पकड़ और मान सम्मान पाने की बेहिसाब भूख हैं।

मैंने कहा–'मैं ऐसे संन्यासियों से मिलूंगा ही नहीं। मैं उनको दूर से ही प्रणाम करूंगा।'

वह हंस कर बोले–"आप उनके नाम और यश से आकर्षित होकर उनसे मिलने जायेंगे जरूर यह मैं गारन्टी से कह सकता हूं। पर मैं अभी वे नाम बताऊंगा नहीं। जब आप उनसे भेंट करेंगे तो वास्तविकता स्वयं आपके सामने प्रकट हो जायेगी।

कुछ क्षण रूककर वे बातचीत को दूसरी दिशा में मोड़ते हुए बोले–'मैं आपकी भेंट किरण भाई से कराऊंगा। उन्होंने सन् 64 या 65 से 79 तक ओशो के निकट सान्निध्य में रहते हुए सन् 69 तक उनके प्रवचनों की रिकार्डिंग की। लेकिन मां शीला का हुक्म कि फैक्ट्री बेचकर दस लाख रुपये भेजो या माला वापस कर दो, उन्होंने चुपचाप माला और संन्यास वापस कर दिया। यह शख्स फिर किस तरह विकसित हुआ और आज भी ओशो के प्रति कितने अहोभाव और कृतज्ञता से भरा हुआ है, यह आपको उनसे मिलकर ही पता चलेगा।

दो क्षण रूक कर फिर मेरी ओर प्रश्न वाचक दृष्टि से देखते हुए पूछा उन्होंने–आप उनका साक्षात्कार लेने चलेंगे न?

मैं मुस्काते हुए बोला–'तुम जहां ले जाओगे, वहां बहुत प्रेम और अहोभाव से जाऊंगा। जब तुम मेरा उद्देश्य हृदयंगम कर चुके हो तो मैं जानता हूं शायद तुमने किरण भाई में कुछ अन्य विशिष्टताएं भी जरूर अनुभव की होंगी जिनका जिक्र शायद तुम जान बूझकर करना नहीं चाहते।

किरण भाई के जिक्र से ही यकायक उन्हें कुछ और याद आ गया और वे बड़ी तरंग से बोले–"सन् 71 में जब मुरारी बापू रामकथा के लिए पूना आए तो वे किरण भाई के ही घर रूके थे। किरण भाई उन्हें सुबह पूना आश्रम सक्रिय ध्यान कराने ले जाते थे और उन्होंने बापू को ओशो की प्रवचन पुस्तकों का एक सैट भी भेंट में दिया था। जब किरण भाई ने इस बात का मुझसे जिक्र मुझसे किया तो मुरारी बापू का ओशो प्रेम जानकर मैंने उन्हें ओशो के 'राम रतन धन पायौ' प्रवचन के उस अंश की फोटो काफी प्रेषित करते हुए उन्हें पत्र लिखा जिसमें ओशो ने राम द्वारा मर्यादा की रक्षा के लिए सीता की अग्निपरीक्षा और धोबी द्वारा आलोचना करने पर गर्भवती सीता को वनवास भेजने की आलोचना करते हुए राम की भगवत्ता पर प्रश्नचिन्ह लगाये थे और कृष्ण को पूर्णावतार माना था। मैंने उनसे निवेदन किया था कि वे रामकथा के स्थान पर कृष्णकथा क्यों नहीं कहते जिसे सुनकर लोगों के जीवन में कुछ रूपान्तरण हो। पर उनके महुवे के पते पर पत्र व प्रवचनांश भेजने के बाद भी मुझे मुरारी बापू की ओर से कोई प्रतिक्रिया नहीं मिली।"

इसी बीच काम करने वाली बाई ने भोजन तैयार होने की सूचना दी। भोजन तथा कुछ देर विश्राम के बाद हम लोग टहलते हुए मां उर्मिला के यहां जा पहुंचे। उर्मिला जी ने बहुत प्रेम से हम लोगों का स्वागत करते हुए सब कुछ बतलाया जो उनके पास था।

मेरी सहमति से जगदीश जी किरण भाई से मिलने का समय फोन पर निश्चित कर चुके थे जहां उन्होंने आग्रह से रात्रि भोजन का भी आमंत्रण दिया था। और रात्रि साढ़े आठ बजे हम लोग किरण भाई के फ्लैट पर थे।

● ● ●

किरण भाई के आवास से हम लोग रात ग्यारह बजे लौटे। दिन भर के व्यस्त कार्यक्रम के बावजूद न थकान थी और न नींद आ रही थी। उस दिन रात एक बजे तक हम लोग गप्प मारते रहे। मैंने स्वामी जी को अपनी कविताएं भी सुनाईं और जगदीश जी ने अपनी राम कहानी।

उनकी रामकहानी की कई बातें तो मैं पहिले ही बतला चुका हूं, शेष का उल्लेख इसलिए नहीं कर रहा, क्योंकि जगदीशजी ने अपनी कहानी उस विशाल हृदय जर्मन संन्यासिन की कहानी के साथ मुझे स्वयं अपने हाथों से लिख कर भेजने का वायदा किया है। यदि वह कहानी प्राप्त हो गई तो उसे इसी के साथ नत्थी कर दूंगा।

इसके बावजूद भी मैं उनकी कहानी के साथ-साथ अपने पांच दिन के पूना प्रवास की भी कहानी भी लिखता जा रहा हूं।

रात बिस्तरे पर जाने से पूर्व मैं सोचता रहा इस औघड़ और फक्कड़ जगदीश के बारे में ही।

– यह कौन लगता है मेरा? पर फिर भी यों मिल रहा है, जैसे हम लोग बहुत पुराने मित्र हों।

– इसका मुझसे कोई स्वार्थ नहीं, और न मेरा इससे। फिर यह कैसा नाता और कैसा रिश्ता है जिसने हम दोनों को जोड़ दिया है, और अब हम लोग एक और एक मिलकर दो नहीं ग्यारह होना चाहते हैं। क्यों, आखिर क्यों?

मुझे बालस्वरूप राही की कुछ काव्य पंक्तियां याद आ रही हैं–

यों तो बहुत संसार ने रौंदा मुझे, तोड़ा मुझे।
फिर भी कहीं कुछ लोग हैं, जो चाहते थोड़ा मुझे।
चाहे उन्हें मैंने कभी देखा न हो, जाना न हो।
जलसे, सभा की भीड़ में, तत्काल पहिचाना न हो।
लेकिन मुझे लगता रहा, हर रात को सुनसान में।
कुछ लोग हैं जागे हुए, मेरे हितों के ध्यान में।
उनको न मुझसे काम कुछ, मुझको न उनसे काम कुछ–
उनसे न जाने कौन से सम्बन्ध ने जोड़ा मुझे।

मेरे और उसके अपने कोई निजी हित नहीं। ओशो के हित भी मूर्च्छित मनुष्यता को जगाने के हित हैं। उनके भी अपने कोई व्यक्तिगत हित नहीं।

इसी सोच विचार में न जाने कब नींद आ गई?

● ● ●

सुबह देर से आंख खुली। मैंने उठकर चाय बनाई। जगदीश जी अभी भी सो रहे थे। मेरी खटपट से उनकी भी आंख खुल गई।

पता चला ये हजरत तो सुबह चार बजे सोए थे। बोले–'बस तीन चार घंटों की नींद ही पूरा विश्राम दे जाती है। जन्म-जन्म हमने सोते हुए तो गुजार दिए हैं।'

स्नान आदि कर नाश्ता किया ही था कि मां उर्मिला को फोन आ गया। उन्होंने बताया–सोहन मां और बाफना जी ने कल सुबह साढ़े आठ बजे का समय दिया है। और हां, आज शाम आप लोग कुछ देर के लिए मेरे यहां भी आ जायें। मैंने ओशो के लिखे पत्र खोज लिए हैं और दो चार अन्य प्रसंग भी जिन्हें मैं बताना भूल गई थी, आपको बता दूंगी।'

दोपहर हम लोग जयन्ती भाई से भेंट करने उनके निवास गए। उनसे हुई भेंट का विवरण मैं पहले ही बता चुका हूं। वहां से जब लौटे बम्बई से राधेश्याम जी भी फोन पर दिए पते को ढूंढते हुए फ्लैट पर आ गए।

उनको भी साथ लेकर मां उर्मिला से भेंट की। वहीं बातचीत में पता चला कि मां उर्मिला ने ग्लिमसेज ऑफ गोल्डेन चाइल्डहुड का हिन्दी अनुवाद किया था जिसकी कुछ किश्तें तो ओशो टाइम्स में प्रकाशित हुई पर पूरा अनुवाद इसलिए प्रकाशित नहीं हुआ क्योंकि मूल अनुवाद जो ओशो टाइम्स वाले मां उर्मिला से ले गए थे वह कहीं खो गया और उस अनुवाद की छायाप्रति उनके विश्वास दिलाने पर कि वह प्रकाशित ही

हो जायगी, उन्हें कराने नहीं दी गई। ओशो आश्रम में कार्यरत संन्यासियों की सजगता और होश का जब यह आलम हो तो औरों से क्या आशा की जाये?

मां उर्मिला ने ओशो द्वारा लिखे पत्रों की छायाप्रतियां भी दीं और छूटे प्रसंग भी सुनाए। वहां से हम लोग किरण भाई के निवास पर पहुंचे।

राधेश्याम जी किरण भाई के परिचित निकले। उन्होंने उनसे फोन पर बात करने के बाद कहा था कि हम सभी को रात्रि भोजन किरण भाई के यहां ही करना है क्योंकि उनके ही साथ हम सभी को आग्रह से बुला रहे हैं।

किरण भाई के निवास से लौटते हुए ग्यारह बज गए। दूसरे दिन सुबह बाफना दम्पत्ति से भेंट की। उसका सहज प्रेम, सहयोग और आदर सत्कार पाकर अपार आनन्द हुआ।

तीसरे पहर जगदीश जी ने पोपूलर हाईट्स में रहने वाले एक ब्राजील के पत्रकार ओशो संन्यासी तथा एक जर्मन महिला से भी भेंट करवाई। राधेश्याम जी मेरे साथ पूना आश्रम भी गए।

अगले दिन सुबह नाश्ते के बाद मैंने जगदीश जी का आभार व्यक्त करते हुए उनसे बिदा मांगी। रात्रि वे मुझसे मेरे शरीर की सभी व्याधियों के बाबत पूछ चुके थे। बिदा होने से पूर्व दवाओं की एक लम्बी सूची मुझे देते हुए जगदीश जी ने कहा–'स्वामी ज़ी! आपको स्वस्थ रहना ही है। अब आपका यह शरीर रहा ही नहीं। आपने तो इसे ओशो के पास गिरवी रख दिया है। आपको ओशो के कई प्रमुख अंग्रेजी प्रवचनों का अनुवाद करना है, प्रामाणिक संन्यासियों से हुए साक्षात्कारों की कहानी जन-जन तक पहुंचानी है। ओशो के विद्रोही, बोधमुक्त वचनों को अपने साहित्य सृजन द्वारा ओशो प्रेमियों को तक पहुंचाते हुए उन्हें झिंझोड़ना और जगाना है।

गले मिलकर उन्होंने मुझे और राधेश्याम जी को बिदा किया।

कार में लौटते ही न जाने क्यों मुझे नीरज की निम्न रूबाई याद आ गई–

खुशी जिसने खोजी, वो धन ले के लौटा।
हंसी जिसने खोजी, वो चमन ले के लौटा।
मगर प्यार को खोजने जो चला
न तन ले के लौटा, न मन ले के लौटा।

पूना से मैं प्रेमी मित्रों से मिलने और ओशो मंदिर में सिजदा करने आया था। मित्रों ने इतना प्रेम लुटाया कि मैं तन-मन की सुधि ही भुला बैठा। बस रह गया प्रेम ही प्रेम।

पुनश्चः

जगदीश जी ने च्वांग्त्सू प्रवचनमाला में मेरी रुचि और उत्साह देख कर When the shoe fits तथा The empty Boat के नाम से ओशो प्रवचनों की कंप्यूटर प्रति भेजी थीं जिन्हें पूना आश्रम ने संक्षेप में Osho's best sentences के नाम से प्रकाशित किया था। उनका हिन्दी अनुवाद करना शुरू किया, पर इसी बीच ओशो की प्रवचन पुस्तकें

खोजता रहा। ओशो अनुकम्पा से वे प्रवचन पुस्तकें मिल भी गईं। उनका हिन्दी अनुवाद अब शीघ्र ही हिन्दी ओशो प्रेमियों को उपलब्ध हो सकेगा।

जगदीश जी ने वायदे के अनुसार न अपना और न उस जर्मन संन्यासी का साक्षात्कार लिख कर भेजा। मुझे यही आशंका थी, भी तभी मैंने स्मृति के आधार पर उनके साथ बित्ताए क्षणों की दास्तान पूना से लौटते ही लिख ली थी, जिसे ऊपर प्रस्तुत किया जा रहा है।

जगदीश भारती के बारे में यह जो कुछ लिखा गया, यह उनके साथ तीन चार दिन रहते हुए उसके व्यक्तित्व के सम्बन्ध में जो टुकड़े-टुकड़े दास्तान इधर-उधर की बातचीत के दौरान ज्ञात हुई, उसकी एक झलक मात्र है। उसने न तो बाकायदा कोई साक्षात्कार दिया और न क्रमवार कभी अपनी कहानी ही सुनाई। पूना कम्यून के रहस्य विद्यालय का यह भूतपूर्व प्रशिक्षक वास्तव में रहस्यमय ही है।

सही अर्थों में ओशो मयखाने का यह दीवाना, बौराया हुआ अधपगला एक मस्त फकीर है, जो क्षण-क्षण जीने की कला सीख गया है।

एक दिन बातचीत के दौरान कहने लगा-'स्वामी जी! आपको ओशो के अंग्रेजी प्रवचनों की कम से कम पचास-साठ पुस्तकों का हिन्दी अनुवाद करना ही होगा। जैसा आपने 'जस्ट लाइक दैट' का अनुवाद किया है, वैसा सटीक और प्राणमय अनुवाद और कोई दूसरा कर नहीं सकता। अब आप सारी ऊर्जा अनुवाद कार्य में ही लगा दें।

मैंने टालते हुए कहा-'स्वामी जी! अब सत्तर वर्ष का हो गया। इस शरीर में तमाम बीमारियां घुन की तरह लग गई हैं। छः सात गोलियां रोज खाते हुए दवा की बैसाखी और संकल्प के बल पर ही आपकी तरह न सही बीस घंटे पर सोलह घंटे तो प्रभु कारज में जुटा ही रहता हूं। यह मैं अच्छी तरह जानता हूं कि कोई अदृश्य ऊर्जा ही मुझे माध्यम बनाकर यह सब कुछ करा रही है।'

जगदीश एक छत फाड़ ठहाका लगाते हुए बोले-'वही अदृश्य ऊर्जा आपको दीर्घ जीवन शक्ति देगी। बस आप शुरू तो कीजिए काम। पहिला कदम उठाना ही मंजिल का पास आना होता है।'

फिर अदृश्य शून्य में कुछ झांकते हुए कुछ देर मौन के बाद जगदीश जी बोले-'स्वामी जी! आप जाने से पहिले अपनी शारीरिक व्याधियों को एक कागज पर लिखकर मुझे दे दीजियेगा। मैं उनका निदान और दवाओं की सूची आपको दे दूंगा। यदि आपने उनका सेवन नियमित रूप से किया तो अस्तित्व की अनुकम्पा से यह मंगलमय कार्य अवश्य सम्पन्न होगा।

जगदीश जी के दो तीन बार टोके जाने पर मैंने अपने शरीर की व्याधियों की सूची उन्हें सौंप दी। चलते हुए उन्होंने प्रत्येक व्याधि निदान के लिए भस्म, आसव और आयुर्वेदिक दवाओं का जो लम्बा चौड़ा पुर्जा थमाया उसमें कम से कम डेढ़ से दौ सो दवाओं के नाम तो होंगे ही। उन्होंने मुस्काते हुए कहा-'आप दवाओं की लम्बी फेहरिस्त देखकर घबड़ायें मत। आपको यह सभी दवायें नहीं लेनी है। मैंने हिमालियन ड्रग्ज, डाबर और एक दो अन्य कम्पनी की बनी दवाओं का भी उल्लेख कर दिया है। पहिले आप

हिमालियन ड्रग्ज की ही दवाएं खरीदें जो सबसे अधिक शुद्धता और प्रामाणिकता से बनाई जाती हैं। नम्बर दो कम्पनी डाबर है। और, और कम्पनी महंगी दवा का निर्धारित मात्रा में प्रयोग करते ही नहीं।

उन्होंने उन दवाओं को लिखने में घंटा दो घंटा समय अवश्य लगाया होगा। उनका भाव और प्रेम देखकर मैंने वह नुस्खा एहतियात से अपनी जेब में रख लिया। हम दोनों ने जिस दृष्टि से एक दूसरे को देखा वह दृष्टि जैसे दोनों को यह अहसास करा गई कि इन दवाओं का उपयोग किया नहीं जावेगा। पर दवा के इस नुस्खे के साथ जगदीश जी ने ढेरों मंगलकामनाएं और दुआएं देते हुए कहा–'ज्ञानभेद! अब तुझे शेष जीवन ओशो के अंग्रेजी ग्रंथों का अनुवाद कार्य ही करना है।' पर दवाओं का जो नुस्खा उन्होंने जिस प्रेम, मंगलकामना और लोक कल्याण की भावना से लिखा था उसमें जगदीश जी का ओशो के प्रति समर्पण और दीवानगी स्पष्ट रूप से छलक रही थी।

मेरा हृदय कहता है कि उनके पर्चे में लिखी एक भी दवा न लेकर, मैं यदि वह पर्चा ही पानी में उबाल कर पी लूं तो जगदीश जी की मंगलकामनाएं और अस्तित्व की अहेतुकी अनुकम्पा मुझे अवश्य ठीक कर देगी। और चमत्कार यह कि यह पर्चा भी पानी में उबालकर न पीने पर भी मैं सिर्फ मंगलकामनाओं के बल पर ही पहिले से अधिक ऊर्जा अनुभव कर इन पिछले सात-आठ महीनों में ओशो की च्वांग्त्सू के बोध वचनों पर दो प्रवचनमालाओं When the shoe fits तथा The empty Boat का हिन्दी अनुवाद पूरा कर चुका हूं।

Roots and wings, the silent explosion तथा Inward Revolution के भी दो-दो अध्यायों का अनुवाद पूरा हो चुका है। The Rebell का अनुवाद कार्य हाथ में लेने का पूरा संकल्प है। अभी बस इतना ही संकल्प है।

क्या अस्तित्व के यह अदृश्य संकेत नहीं हैं? क्या यह मात्र संयोग है?

- मेरा वर्ष भर पूर्व जबलपुर के मित्र से च्वांग्त्सू पर लिखी किसी विदेशी साधक की पुस्तक का लाना और उसे पढ़कर च्वांग्त्सू के प्रति आकर्षित होना।
- जगदीश जी से मिलकर यों ही बातचीत में इस बात का जिक्र करना और उनका Osho's best sentences के नाम से पूना कम्यून द्वारा प्रकाशित When the shoe fits तथा The Empty boat के कुछ अंशों की पुस्तिकाएं भेजना।
- मेरा शिविर लेने गाजियाबाद जाना। वहीं शिविर संयोजक से ओशो के अत्यंत निकट जुड़े एक संन्यासी के दिल्ली पधारने के समाचार के साथ ही यह भी जानना कि वे स्वयं भी मुझसे मिल कर मुझे आशीर्वाद देना चाहते हैं। मेरी उनसे न कभी भेंट हुई थी और न पत्र व्यवहार हुआ था। शिविर के बाद उनसे दिल्ली जाकर भेंट करने के बाद उनके सान्निध्य में मुझे अपने सूक्ष्म अहंकार का बोध हुआ। तभी मैंने संकल्प किया कि अब शेष जीवन ओशो की अंग्रेजी की चुनी प्रवचन पुस्तकों के हिन्दी अनुवाद में पूरा करना है।

जगदीश जी जो पूना से मुझे The Rebell पुस्तक के साथ Tao the three Treasures तथा My Beloved (बाउल प्रवचन माला) भी अनुवाद के लिए प्रेषित

कर चुके हैं और इस तरह उन्होंने मेरे भविष्य के दो वर्षों का कार्यक्रम निश्चित कर दिया है।

भविष्य की कौन जाने? मैं प्रति दिन सुबह सात बजे अपनी मेज के सामने आकर बैठ जाता हूं। अनुवाद करना मेरे लिए ध्यान ही बन गया है। इससे मैं आनन्दित और विकसित हो रहा हूं।

दोपहर एक बजे मेरा प्रथम सत्र समाप्त होता है और दूसरा सत्र सायं 5 बजे से रात्रि 7 बजे तक और तीसरा सत्र रात्रि 9 बजे से 11 बजे तक चलता है। कभी अनुवाद कार्य बड़ी तेजी से चलता है और कभी गति मद्धिम हो जाती है। ओशो के शब्दों का अर्थ जब क्लिक कर जाता है तो परमानंद में डूबा टुन्न बैठा रहता हूं।

रात 12 बजे सोने पर भी प्रात: प्राय: साढ़े चार बजे और खुल जाती है और प्रथम सत्र सुबह सात बजे के स्थान पर सुबह 5 बजे ही प्रारम्भ हो जाता है। यह कम्बख्त जगदीश भारती स्वयं तीन या साढ़े तीन घंटे ही सोकर शेष समय ओशो के कारज में ही गुजारता है। अपनी यह छूत लगता है उसने मुझे भी लगा दी है। पर इसके लिए मुझे उससे कोई शिकायत न होकर उसके प्रति अनुग्रह ही है।

❑❑❑

नोट : The Empty Boat तथा When the Shoe Fits का हिन्दी अनुवाद 'संसार और मार्ग' तथा 'सत्य असत्य' के नाम से न्यू साधना पॉकेट बुक्स रोशनआरा रोड, नई दिल्ली द्वारा तथा Root and Wings का अनुवाद 'मनुष्य होने की कला' के नाम से दिव्यांश पब्लीकेशन्स लखनऊ द्वारा प्रकाशित किए गए हैं।

My Beloved (बाउल प्रवचन माला) The Rebel तथा Sufis The People of the Path तथा The Grass grows by Itself' के भी हिन्दी अनुवाद पूना आश्रम द्वारा टाइप करवाए जा रहे हैं।

6

एक दोपहर स्वामी वीतराग के साथ

कोरेगांव पार्क पूना में बर्निंग घाट के आसपास, ओशो के दाह संस्कार के बाद धीमे-धीमे एक पूरी कॉलोनी आबाद हो गई, जो ओशो आश्रम के नाला पार्क तक चली गई है। इन्हीं फ्लैट्स को खरीद कर या किराये पर लेकर काफी देसी-विदेशी संन्यासियों ने अपने आशियाने बसा लिए हैं। इनमें पोपूलर हाइट्स के A से लेकर M ब्लिडिंग्स के (तीन या चार मंजिलें) फ्लैट्स काफी लोकप्रिय हैं। पूना में भारत के विभिन्न भागों से आने वाले संन्यासी या ओशो प्रेमी रु. 80/- से लेकर रु. 150/- प्रति दिन किराया देकर इन्हीं फ्लैट्स में रूक जाते हैं। जहां इन्हें सोने के लिए बैड बिस्तर आदि सभी मिल जाते हैं। ओशो संन्यासियों के कुछ परिवार ही उन्हें रु. 30/- प्रति थाली के हिसाब से घर जैसा शाकाहारी भोजन उपलब्ध कराते हैं। एक तो यह फ्लैट्स पूना आश्रम के निकट होने के कारण वहां ध्यान प्रयोगों या महोत्सवों के समय विभिन्न कार्यक्रमों में भाग लेने में सस्ते और सुविधापूर्व होते हैं और दूसरे मध्य वर्गीय परिवार होटलों में रु. 300/-400/- प्रति दिन चुकाने के भार से बच जाते हैं।

पूना आकर मैंने भी पोपूलर हाइट्स के एक कमरे को अपना आशियाना बनाया था। मीरानगर जाकर स्व. जगदीश भारती से भेंट की जिन्होंने मुझे ओशो के रस रंग में डूबे संन्यासियों से भेंट करवाने का वायदा किया था।

उसी शाम जगदीश जी मुझे ईश्वर भाई से मिलाने ले गए।

उनके घर से लौटते हुए J-4 पोपूलर हाईट्स में रविदादा से मिलाने मुझे वे विशेष रूप से लाए, वैसे वे प्राय: सांयकाल ओशो दर्शन के लिए एक डेढ़ घंटे रविदादा के सान्निध्य में मौन बैठने के लिए आते ही थे। उनकी आयु लगभग 70-75 वर्ष की थी। कुछ भारी बदन और लम्बी सफेद दाढ़ी। वे कमरे में बिछे तख्त पर मसंद तकिए के सहारे बैठे हुए थे। जगदीश जी ने मेरा उनसे परिचय कराया। चूंकि ओशो दर्शन का समय हो चुका था, अत: हम लोग ध्यान करने बैठ गए। डेढ़ घंटे के मौन के बाद मैंने जगदीश जी से बिदा लेकर पोपुलर हाईट्स के फ्लैट में चला आया जहां बम्बई से आते ही मैंने रु. 125/-प्रति दिन के रेट से एक कमरा किराए पर ले लिया था। रविदास के यहां से चलते हुए यह तै हुआ कि मैं उनका साक्षात्कार लेने कल दोपहर 12 बजे आऊंगा।

दूसरे दिन पूना आश्रम से लौटते हुए मैंने 12.15 रविदादा के फ्लैट पर दस्तक दी। दरवाजा भिड़ा हुआ था। धक्का देते हुए तुरन्त खुल गया। रविदादा बैठे हुए मेरी ही प्रतीक्षा कर रहे थे। दो चार औपचारिक बातों के बाद मैंने कहा-'मैं आपका कोई साक्षात्कार

लेने यहां नहीं आया हूं। मैं तो आपसे आपकी अंतर्यात्रा की कहानी जानना चाहता हूं कि कब कैसे आपमें स्वयं को जानने की प्यास उत्पन्न हुई? कब और किन परिस्थितियों में आपकी ओशो से भेंट हुई और आपके जीवन में किस तरह का रूपान्तरण हुआ?'

और बिना किसी संकोच के रविदादा सहज रूप में अपनी कहानी सुनाने लगे। '-स्वामी जी! मैं खेती के काम आने वाले इंजन का एक मामूली मिस्त्री था पर न जाने क्यों आसपास जब कोई संत महात्मा आता था तो मैं उनके साथ सत्संग में जरूर बैठता था। धीमे-धीमे मेरे अंदर अचानक एक दिन भाव जगा कि साधू बनकर तपस्या की जाये। पता चला कि चांदोद में नर्मदा किनारे नारायण स्वामी की कुटी है और वह एक सिद्ध हैं।

मैं सीधा उन्हीं के आश्रम में जाकर उनके चरणों में गिर पड़ा। वे एक लंगोटी लगाए टाट पर बैठे थे। जाड़ों में भी वे टाट के ही वस्त्र पहिनते थे और टाट को ही ओढ़ने बिछाने में प्रयुक्त करते थे। वे प्रति पल नारायण-नारायण का जाप किया करते थे। मैं भी उनके साथ कुटी में रह कर नारायण का जाप करने लगा। भक्तजन खाने पीने का बहुतेरा सामान दे जाते थे। तीन वर्ष बाद नारायण स्वामी ने घोषणा की कि उन्हें परमात्मा के दर्शन हुए हैं और वे बद्रीनाथ की यात्रा पर चल पड़े। मैं भी उनके साथ चल पड़ा। यह सन् 50 की बात है। हरिद्वार से हम लोग बद्रीनाथ पैदल चल पड़े। उन दिनों सड़क बन रही थी। रुकते रुकाते बद्रीनाथ पहुंचे। वहां पन्द्रह दिन रहने के बाद नारायण स्वामी ने मुझे परिवार में रहकर गृहस्थ धर्म निबाहने का उपदेश दिया।

रास्ते में आगरा में मैं दयालबाग गया। वहां राधास्वामी मठ में बाबूजी से भेंट की। उन्होंने भी घर परिवार में रहते हुए भजन करने का परामर्श दिया।

मैं लौटकर घर आया। गांव में पिताजी खेती बाड़ी करते थे। मेरी खेती में रुचि नहीं थी। आइल इंजन की फैक्ट्री में मैंने कुछ वर्ष काम किया था। इसलिए आइल इंजिन के पुर्जे बनाने की छोटी सी फैक्ट्री डालने का भाव उत्पन्न हुआ। पिताजी ने आयल इंजिन बेचकर मुझे रु. 7000/-दिए। शहर जाकर मैंने छोटी सी फैक्ट्री डाली। वह चल निकली। सात आठ साल मैंने परिश्रम करते हुए फैक्ट्री के काम को बढ़ाया। तभी पाण्डचेरी के अरविंद आश्रम की मैंने बहुत प्रशंसा सुनी। बड़ौदा से सीधे पाण्डुचेरी पहुंच गया। वहां ध्यान भी करने लगा। बड़ौदा लौटकर मैंने एक छोटा सा अरविंद आश्रम बनाया। जिसमें मैं नियमित रूप से ध्यान करता था। पर ध्यान करने से कुछ भी प्रगति या खास परिवर्तन नहीं हो रहा था।

तभी किसी मित्र ने मुझे भगवान रजनीश के बारे में विस्तार से बतलाया और उनका कुछ साहित्य भी पढ़ने को दिया।। मैं उससे बहुत प्रभावित हुआ और सन् 72 में माउण्ट आबू पहुंच गया जहां भगवान रजनीश के प्रवचन के साथ ध्यान साधना शिविर चल रहा था। उनकी तेजस्वी झील जैसी गहरी और चुम्बकीय आंखें जैसे मेरे अन्तरतम में उतर गईं। मैंने वहां रोज़ सक्रिय ध्यान किया। उस शिविर में मैंने अपने अंदर उठती ऊर्जा का आनन्द पहिली बार प्राप्त किया।

सन् '73 में मैंने माउण्ट आबू के उस ध्यान साधना शिविर में भी भाग लिया। जिसमें भगवान कठोपनिषद पर बोले थे। इस साधना शिविर में मेरे संदेहों का शमन होकर श्रद्धा जागी। शिविर के बाद मेरे सुपुर्द छः आस्ट्रेलिया के संन्यासी किए गए जिन्हें बड़ौदा के निकट शीला के पिता के फार्म हाउस मे काम करना था। उनके खाने-पीने की व्यवस्था मुझे ही करनी थी। शायद यह मेरी परीक्षा थी।

सन् '74 में जब भगवान पूना आश्रम आकर रहने लगे तो वहीं मैंने उनसे संन्यास लिया। उन्होंने संन्यास का नया नाम दिया–स्वामी आनन्द वीतराग और बड़ौदा में ध्यान केन्द्र खोलने को कहा। बड़ौदा का अरविंद आश्रम ही स्वरूपम रजनीश ध्यान केन्द्र में बदल गया। चलते हुए भगवान रजनीश का आदेश था कि साल में दो ध्यान शिविरों का आयोजन करो। मैंने सहयोग राशि लेकर गंगनाथ महादेव में पांच दिनों का ध्यान शिविर आयोजित किया। शिविर लेने पूना से स्वामी चैतन्य भारती आए। यह क्रम निरन्तर दस वर्ष तक चलता रहा। आयोजित शिविरों में जो घाटा होता था वह हम तीन चार मित्र मिलजुल कर उठा लेते थे। मेरी फैक्ट्री भी धीमे-धीमे प्रगति करती अच्छी चलने लगी थी। मुझे विश्वसनीय और ईमानदार काम करने वाले लोग मिल गए थे। मैं हर माह ओशो के आकर्षण से खिंचा नियमित रूप से पूना आता था।

ओशो दर्शन में ओशो ने मुझे पांच बार ऊर्जा दी।''

मैंने प्रश्न किया–'स्वामी जी! ऊर्जा दर्शन में ऊर्जा प्राप्त करते हुए क्या आपके साथ कुछ चमत्कार जैसा घटा?"

स्वामी जी ने सरलता से उत्तर दिया–चमत्कार जैसा तो कुछ नहीं घटा पर हां! अच्छा जरूर लगा।"

स्वामी जी की सरलता और ईमानदारी का अनुभव कर मैं उनके सहज सरल चेहरे को बड़े ध्यान से देखता रहा। ओशो ने उन्हें बहुत ठीक नाम दिया था–वीतराग। वीतराग का अर्थ होता है–न राग और न विराग। न भोग और न त्याग।

साधारण ध्यान शिविरों में संन्यास लेते हुए शिविर-संचालक जब कुछ साधनों के उनके त्रिनेत्र पर उंगलियां रगड़ते हैं, तो वे यों उछल उठते हैं जैसे उन्हें बिजली का झटका लगा हो, जबकि उन्हें वस्तुतः कोई अनुभूति नहीं होती। वे ऐसा नाटक अन्य संन्यासियों और नव प्रवेशियों पर प्रभाव डालने के लिए करते हैं। यह सब कुछ मैं ऐसे लोगों से अंतरंग मुलाकात करने के बाद ही जान सका था, इसीलिए इस बात का उल्लेख कर रहा था।

स्वामी जी नेत्र मूंदे उन दिनों के विधायक आनन्द में खोये अपने सीधी सरल अनुभवों को अभिव्यक्त कर रहे थे जो उनके लिए गूंगे के गुड़ जैसी थी। यद्यपि उन्हें ओशो के निकट सान्निध्य में रहने का अवसर नहीं मिला, पर उन्होंने ओशो की छवि को अपने हृदय और प्राणों में निरन्तर महसूस किया। उन्हें एकटक देखते हुए उनका प्रवचन सुनना ही उनके लिए बहुत बड़ा सौभाग्य था। पहिले तो वे बड़ौदा से महीने में एक बार दो-तीन दिनो के लिए ही पूना आश्रम आते थे पर अब वे कभी-कभी एक सप्ताह भी पूना रूक जाते थे। उनका बड़ौदा लौटने का भाव ही नहीं होता था।

वीतराग जी रूंधे गले से बोले–'स्वामी जी! मैं बहुत कम पढ़ा लिखा हूं। मैंने तो प्रेम के ढाई आखर ही पढ़े हैं। बस ओशो प्रेम ने मुझे निहाल कर दिया। उन्होंने मुझे एक नशा, एक खुमारी दी। एक मस्ती और बेखुदी दी। उन्होंने मुझे महीने में दो बार शिविर आयोजित करने और बड़ौदा में ध्यान केन्द्र चलाने का एक ही आदेश अपने श्री मुख से दिया और मैंने उसे अपना मिशन बना लिया। चाहे कुछ हो जाए, पर बड़ौदा में हर महीने दो ध्यान शिविर होते ही हैं। अस्तित्व की अनुकम्पा से मेरी फैक्ट्री भी अपने आप बढ़ती गई। बड़े होने पर लड़के भी उसे देखने लगे, पर सारा श्रेय मेरे विश्वस्त कर्मचारियों का ही है। शिविर आयोजित करने और ध्यान केन्द्र चलाने के लिए, जितना आवश्यक होता है, मैं स्वयं वह खर्च उठा लेता हूं। बड़ौदा के संन्यासी उस ध्यान केन्द्र और लाइब्रेरी को बहुत निष्ठा और प्रेमभाव से चला रहे हैं। सुबह शाम उसमें ध्यान प्रयोग भी होते हैं। बीस-पच्चीस लोग उसमें नियमित ध्यान करने आते हैं। मेरे लिए सबसे बढ़कर आनन्द यही है कि ओशो के ध्यान प्रेम का संदेश प्रसारित करने में मैं एक माध्यम बन रहा हूं। जिन दिनों सभी स्थानों पर तीन दिनों के ध्यान शिविर चल रहे थे, मेरे आग्रह और ओशो की विशेष अनुमति से बड़ौदा में पांच दिनों के ध्यान शिविर होते रहे।"

इतना बताकर दो क्षण मौन बैठे रहे स्वामी जी। फिर मुस्काते हुए बोले–'बस मेरी यही अंर्तयात्रा और यही साधना है। मैंने सन् 90 में यह फ्लैट ढाई लाख में खरीदा था। पास ही श्मशान घाट में ओशो की काया को भींगी आंखों से मैं पूरे अस्तित्व में विसर्जित होते देखते रहा। इसीलिए तभी से श्मशान घाट के पास बने इस फ्लैट में मैं उनकी ही ऊर्जा का अनुभव करते हुए अपने अकेलेपन के आनन्द का उपभोग करते हुए मस्ती और मौन में जी रहा हूं। जब कभी पत्नी भी यहां आकर रह जाती है। वैसे वह बड़ौदा में परिवार के साथ आनंदित हैं। इसके सिवा मेरे पास और कुछ बताने जैसा है ही नहीं।'

और स्वामी जी मौन हो गए।

मैं उनसे बिदा लेकर अपने डेरे पर लौट आया। और महसूसता रहा उनकी सादगी और सरलता को। समर्पण और उनकी निष्ठा को। प्यास बचपन से ही नहीं पूर्व जन्मों से अर्जित प्यास थी वह। गंध स्वयं की नाभि में बसी थी और वह कस्तूरी मृग की तरह उसे नारायण बाबा की कुटी में, बद्रीनाथ में, पाण्डुचेरी के अरविंद आश्रम में और इधर-उधर ढूंढते रहे। साधु-संगत चलती रही। पर सत्संग पूरा हुआ माउण्ट आबू में ओशो के सान्निध्य में। उन्हीं ने बताया–'पागल! गंध तेरे ही अंदर है। जो कुछ बाहर है वह केवल संसार है। खोज और भटकन समाप्त हुई।

जो आदेश मिला उसे शिरोधार्य किया। पूरी ऊर्जा से उसे पूरा करने में जुट गए।

प्रभु कारज में मौन समर्पित भाव से संलग्न इस संन्यासी को नमन करते हुए मैं सोचता रहा–ऐसे संन्यासी ही ओशो के स्वप्न भवन की नींव के ऐसे अनाम पत्थर हैं, जिन्हें न कोई जानता या पहिचानता है और न कभी उनका जिक्र करता है। और वे यह फिक्र करते भी नहीं कि कोई उन्हें जाने या उनका जिक्र करे।

भले ही उनका प्रयास रामेश्वरम से लंका तक सेतु बांधने मे उस गिलहरी की तरह हो जो धूल में बार-बार लोट कर समुद्र में स्नान करती थी जिससे उसके द्वारा

लाई धूल से समुद्र की गहराई कुछ तो कम हो। पर प्रयास का मूल्यांकन समर्पण और निष्ठा है। एक एक बूंद से ही सागर बनता है। एक-एक धूल कण कण का भी अपना महत्व है।

जाने क्यों अचानक भाई सर्वेश्वर दयाल सक्सेना की कुछ काव्य पंक्तियां याद आ रही हैं–

आज की दुनिया में
विवशता, भूख, मृत्यु
सब सजाने के बाद ही पहचानी जा सकती हैं।
बिना आकर्षण के दुकानें टूट जाती हैं।
शायद कल उनकी समाधियां नहीं बनेंगी
जो मरने के पूर्व
कफन और फूलों का प्रबन्ध नहीं कर लेंगे।

पर ओशो जैसे सद्‌गुरु ने जिन्हें जीवित रहते हुए ही निश्चल डेढ़ घंटे मौन में बैठ कर समाधि का स्वाद दिया हो, जिन्हें मृत्यु को महोत्सव की तरह मनाने की कला सिखाई हो, उन्हें जीते जी अपने लिए कैसा भी कोई प्रबन्ध करने आवश्यकता ही नहीं।

❑❑❑

7

ओशो का अलबेला पागल राधेश्याम पोद्दार

फोन पर दो तीन बार हुई बातचीत और निमंत्रण के आधार पर मैं एक अनजान महानगर की ओर पुष्पक एक्सप्रेस से यात्रा कर रहा हूं। उन्होंने सफेद धोती कुर्ता में मुंबई प्लेट फार्म पर अपनी उपस्थिति के प्रति आश्वस्त किया है।

यह सज्जन ओशो की जीवन गाथा 'एक फक्कड़ मसीहा: ओशो' के दीवाने हैं। वह उसके लेखक से मिलने को आतुर हैं। उन्होंने फोन पर ही मुझे आश्वस्त किया है कि वह मुझे अपने साथ कार द्वारा पूना ले जायेंगे, जहां मैं नया बुद्धा हाल देखने के साथ सद्गुरु की समाधि में मौन में बैठ सकूं और पूना में ओशो के निकट के लोगों से भेंट कर, ओशो से उनके जुड़ने और उनके सान्निध्य में रहते हुए उनके पुलकित, रोमांचित और विकसित होने की गाथा जान सकूं और ओशो ने उन्हें जो ध्यान और प्रेम की शराब पिलाई है उसकी मस्ती और दीवानगी को हृदयंगम कर उन्हें अपने प्यारे पाठकों को परोस सकूं।

यह ओशो रस में डूबे प्रेमी का आमंत्रण है। उनके प्रेम की दीवानगी की दास्तान बनारस के जालान जी से भली भांति सुन चुका हूं। मन अज्ञात में छलांग लगाने से डरता है। उसने विगत जीवन में बहुत धोखे खाए हैं। वह संदेह उठाता है—मान लो वह स्टेशन पर रिसीव करने आए ही नहीं। यदि आएं तो क्या जरूरी तुम लोग एक दूसरे को पहिचान ही लो। फिर कहां जाओगे मुम्बई की भीड़ में?

पर हृदय आश्वस्त है। वह मन को डांटता है—"खामोश! तू उन पर सन्देह प्रकट कर प्रेम का अपमान कर रहा है। वह तुझे सिर आंखों पर ही नहीं अपने दिल में बिठायेंगे और किसी कारण वश वह न आ सके स्टेशन तो 10-15 मिनट में प्लेटफार्म पर प्रतीक्षा कर लेना। बाहर पीसीओ से फोन कर लेना अथवा टैक्सी लेकर स्वयं उसके घर जा धमकना। फिर बम्बई में होटलों की क्या कमी? वहां मन न रमे तो सीधे पूना चले जाना।"

गाड़ी इगतपुरी पर रूकती है। मुम्बई महानगर निकट होने का अहसास द्रुतगति से चलने वाली लोकल ट्रेन्स द्वारा शिद्दत से होने लगा है। फिर आता है कल्याण। ऊंची-ऊंची बिल्डिंग और महानगर का बेशुमार ट्रैफिक। पर शिवाजी टरमिनस अब भी दूर है। फिर गाड़ी दादर पर रूकती है। तीन चौथाई डिब्बा खाली हो जाता है। मैं हाथ मुंह धोकर कपड़े बदलता हूं। तेईस घंटे की थकान जैसे उड़नछू हो जाती है। अब बस शिवाजी टरमिनस आने ही वाला है। मैंने फोन पर एस वन बोघी से उतरने की सूचना पहिले ही दे दी थी। गाड़ी आखिर शिवाजी टरमिनस पर रूकती है। मैं

डिब्बे से बाहर सामान उतारता हूं। आंखें सफेद धोती कुर्ता पहिने किसी प्रेमी प्रौढ़ को ढूंढ रही हैं। दस पन्द्रह कदम दूर ऐसा एक आतुर व्यक्ति दिखाई भी देता है। मैं पूछता हूं–'क्या आप ही राधेश्याम जी हैं?'

मेरे गले में पड़ी रजनीशी माला देख और 'एक फक्कड़ मसीहा ओशो' के पीछे की ओर छपे चित्र के आधार पर 'स्वामी ज्ञानभेद जी' कहकर वह मुझे गले लगा लेते हैं।

पूछते हैं–छपे चित्र में आपकी दाढ़ी काफी बढ़ी हुई थी। आपने उसे छंटवा क्यों लिया? बढ़ी दाढ़ी में आप अच्छे लगते थे।"

हम दोनों एक दूसरे के हृदय से लगे हुए प्रेम सागर में डुबकियां लगा रहे हैं। मैं उनकी बात का उत्तर देना चाह रहा हूं पर वाणी मौन है। कुली सामान उठाता है और हम लोग भीड़ को लांघते हुए कार पर आ बैठते हैं। ड्राइवर कार स्टार्ट करता है। स्टेशन की परिधि से बाहर आकर मैं उनके प्रश्न का उत्तर देते हुए कहता हूँ-

"ओशो ने एक प्रवचन में कहा है–मेरा अनुकरण मत करना। उसी प्रवचन को सुनकर मैंने दाढ़ी से छुट्टी पा ली। पर रोज दाढ़ी छीलना भी व्यर्थ लगने लगा। इसलिए हफ्ते दस दिन बाद जब खुजली होने लगती है, कैंची से स्वयं दाढ़ी छांट लेता हूं।"

स्वयं क्लीन शेव्ड व्यक्ति मुस्काते हुए कहता है–"पर बढ़ी दाढ़ी में आपका व्यक्तित्व अधिक प्रभावी लगता था।"

मैं हंसकर उत्तर देता हूं–"असली व्यक्तित्व तो मनुष्य की आंतरिक संपदा है। बहुत से संन्यासी ओशो की ही तरह दाढ़ी रखकर उन जैसे दिखने का प्रयास कर रहे हैं, पर क्या केवल दाढ़ी ने ही उन्हें ओशो बना दिया?

वह विषय बदलते हुए कहते हैं–"मान लीजिये मैं आपको स्टेशन पर न मिलता तो क्या आप दस पन्द्रह मिनट मेरी प्रतीक्षा करते?"

मैं उत्तर देता हूं–"पन्द्रह मिनट प्रतीक्षा कर मैं पीसीओ से आपके मोबाइल फोन पर सम्पर्क साधता।"

वह पुलकित होकर कहते हैं–मैं सीएसटी का अर्थ बाम्बे सेंट्रल स्टेशन समझ बैठा था। जब मैं सेन्ट्रल स्टेशन पहुंचा तो पता चला कि गाड़ी तो विक्टोरिया-टरमिनस पर रूकती है। मैं वहां से भागा-भागा सीधे वीटी आया। तब मुझे ख्याल आया कि सीएसटी का मतलब सेन्ट्रल स्टेशन से न होकर छत्रपति शिवाजी टरमिनस से है।"

स्टेशन से घर तक का रास्ता लगभग पौन या एक घंटे का था। हम लोग खुलकर बतियाने लगे।

एकाएक राधेश्याम जी बोले–'क्षमा कीजियेगा स्वामी जी! मैंने आपकी फक्कड़ मसीहा पढ़कर जैसी कल्पना की थी, आप उससे भिन्न बहुत साधारण लगते हैं।"

मैंने हंसकर उत्तर दिया–'हम जिसे प्रेम करते हैं, हमारा हृदय उसमें सभी गुणों का एकसाथ प्रक्षेपण कर उसे असाधारण और दिव्य बना देता है। पर कल्पना और यथार्थ में बहुत अन्तर है। सहज और स्व:स्फूर्त लेखन के समय, कवि या लेखक पिघल कर अस्तित्व के साथ एक हो जाता है। शरीर और मन के पार उसे जो अस्तित्व की झलक

मिलती है, वह उसे अभिव्यक्त करने वाला मात्र एक माध्यम रह जाता है। केवल उन्हीं क्षणों में वह असाधारण और दिव्य हो जाता है। पर उन क्षणों से वापस आने पर वह फिर सामान्य और साधारण दिखने लगता है।"

–'यही तो...' यह कहते हुए वह प्रेम से मेरा हाथ दबाते हुए बोले–'स्वामी जी! आप शायद ठीक कहते हैं। मैं आपके उसी रूप को तलाश रहा था जिसने 'एक फक्कड़ मसीहा ओशो' जैसी अद्‌भुत कृति का सृजन किया। मैं आपमें उसी छवि को तलाश रहा था। कृपया बताएँ आपने ओशो-गाथा लिखी कैसे? 4000 पृष्ठ लिखना एक असाधारण बात है।' मैंने उत्तर दिया–'मैं एक साधारण लेखक था जिसे नाम, पद और यश की आकांक्षा थी। पर सेवानिवृत्त होने पर जब मैंने ओशो संन्यास अमृत धाम आश्रम में 21 दिनों के मौन-शिविर में भाग लिया तो धीमे-धीमे विचार विसर्जित होते गए। मैं शांत और मौन होता गया। संन्यास आश्रम में आने से पूर्व ही सक्रिय, कुंडलिनी और नो माइन्ड ध्यान नियमित रूप से किया करता था और मुझे धन, पद तथा भोग की व्यर्थता का बोध भी भली भांति हो चुका था। इक्कीस दिनों के मौन के बाद जब भ्रमर ताल पार्क में मैं बोधि वृक्ष के दर्शनों के लिए पहिली बार गया तो पार्क के बाहर के गेट पर मुझे अचानक ऐसा लगा कि एक विशिष्ट दिशा से आती ऊर्जा ने मुझे चारों ओर से घेर लिया है। वह शक्तिपात था अथवा अस्तित्व या ओशो मुझ पर आशीर्वाद युक्त ऊर्जा बरसा कर मुझे लोककल्याण के लिए ओशो गाथा लिखने की शक्ति प्रदान कर रहे थे, मैं यह कुछ भी ठीक से समझ नहीं सका। उस समय तो मैं निर्विचार, सिहरन और रोमांच से भरा पुलकित शरीर और मन के पार मात्र ऊर्जा का संवाहक बना मंथर गति से एक अद्‌भुत खुमारी में डूबा अर्द्ध निमीलित नेत्रों से देखता हुआ बोधिवृक्ष की ओर बढ़ा जा रहा था। वही अदृश्य ऊर्जा मेरा पथ प्रदर्शन करती हुई बोधिवृक्ष के नीचे ले गई मुझे। उससे लिपटते ही जैसे मुझे विद्युत जैसा झटका लगा। वह पहिले के शक्तिपात से भी कहीं अधिक प्रभावी शक्तिपात था, जिससे मैं लगभग अचेत सा ही हो गया। पर मेरे अन्दर फिर भी होश का दीया जल रहा था। तभी मुझे लगा जैसे कोई मुझे ओशो गाथा लिखने का आग्रह या अनुरोध भरा आदेश दे रहा हो। बस वहां से लौटते ही मैं आश्रम में आकर ओशो की चित्रमय जीवन कथा में डूब गया। उनकी ग्लिमसेज ऑफ गोल्डेन चाइल्डहुड पुस्तक मैं पूर्व ही पढ़ चुका था। दूसरे ही दिन से मेरी लेखनी स्वतः गतिशील हो उठी। मैं अच्छी तरह अनुभव कर रहा था कि कोई अदृश्य शक्ति या ऊर्जा मुझे माध्यम बनाकर मुझसे लिखवा रही है। मेरे अंतर्पटल पर ओशो के जीवन-झांकी की जैसे कोई फिल्म चल रही थी और मेरी लेखनी उसे शब्द दे रही थी।"

मैं दो क्षण को रूका। देखा राधेश्याम जी मेरे चेहरे को टकटकी लगाए देख रहे हैं। वह पुलकित और आनंदित होकर बहुत उत्साह से बोले–"इस समय मैं आपमें वही ज्ञानभेद देख रहा हूं जिसने एक फक्कड़ मसीहा ओशा का सृजन किया है। आपके चेहरे के भाव, बोलने का ढंग और स्वर सब कुछ एक साथ बदल गया। मैं आपके यह दो रूप देखकर आश्चर्यचकित हूं।"

मैंने हंसकर कहा–"यह शब्द कहीं अज्ञात से प्रकट हो रहे हैं। बिना सोचे विचारे बिना मन का प्रयोग किए बोल रहा हूं। पर कोई भी चौबीस घंटे इस स्थिति में नहीं रह सकता। संसार में रहते हुए मन का उपयोग करना ही होता है।

ओशो कहते हैं कि जिन शब्दों को सोच-विचार कर बोला जाए वही अभिव्यक्ति मन की होती है, पर जो शब्द बिना सोच विचार के एक प्रपात की तरह निरन्तर बिना किसी प्रयास के झरते हैं, उसमें मन का उपयोग होता ही नहीं।'

पर एक व्यक्ति निरन्तर अमन की दशा में नहीं रह सकता। सांसारिक संबंधों के लिए अथवा शरीर और मन की आवश्यकताओं की पूर्ति के लिए उसे मन के उपयोग की जब आवश्यकता होती है वह बाहर खुली धूप में आ जाता है। जब धूप का ताप उसे असह्य लगने लगता है वह फिर अपने अंदर शीतल गुहा में जाकर विश्राम करता है।

इसी चर्चा परिचर्चा में गाड़ी एक बिल्डिंग के सामने जाकर रूकी। राधेश्याम जी ने ड्राइवर और वाचमैन की सहायता से समान ऊपर तीसरे तल पर पहुंचाया। ड्राइवर को रात अतिरिक्त ड्यूटी के पुरस्कार स्वरूप पहिले सौ रूपये दिए। दो क्षण बाद ही संभवतः यह सोचकर कि यह राशि उसके परिश्रम से काफी कम है उन्होंने उसे सौ रुपये का एक दूसरा पत्ता भी दिया। वाचमैन को भी पचास का एक नोट दिया।

आते ही राधेश्याम जी ने मेरा परिचय अपनी बड़ी पुत्रवधू से कराया जो फक्कड़ मसीहा ओशो के तीन खण्ड पढ़ चुकी थी और उसे योग तथा अध्यात्म में रुचि थी। उसकी आयु लगभग 40-45 वर्ष होगी। हंसता मुस्कराता, स्वागत भरा मधुर शालीन व्यक्तित्व। उसने अपने व्यवहार से बहुत शीघ्र यह स्पष्ट कर दिया कि उसके रहते मुझे रंचमात्र भी असुविधा नहीं हो सकती।

चाय पीने के बाद मैंने गुनगुने पानी से स्नान कर अपनी थकान उतारी। भोजन कर मैं बहुत जल्द सो गया क्योंकि डिब्बे में जली लाइट तथा लोगों की बातचीत से मैं मुश्किल से दो घंटे ही सो सका था। मेरे कूपे में सफर करने वाले युवक रात डेढ़ बजे तक्र ताश खेलते रहे थे और लाइट बुझाने के बाद भी दो युवक बातें करते रहे थे।

सुबह ठीक साढ़े पांच बजे मेरी आंख खुली। ओशो की वाणी सीडी प्लेयर पर धीमे स्वरों में अमृत वर्षा कर रही थी। राधेश्यामजी अपने सीडी प्लेयर पर बिस्तरे पर लेटे हुए ओशो वाणी का रसपान कर रहे थे। जब प्रवचन समाप्त हो गया, मैंने बिस्तरे से उठकर राधेश्याम जी को प्रणाम किया। फ्रेश होकर और चाय पीकर साढ़े छः बजे हम दोनों का सत्संग प्रारम्भ हुआ। मैंने उन्हें फक्कड़ मसीहा के बाद प्रकाशित होने वाली चारों पुस्तकें भेंट कीं। उन्होंने मुझसे उन ग्रंथों के चुने चेप्टर्स सुनाने का अनुरोध किया।

मैंने 'चल ओशो के गांव में' से, 'मैं ओशो को फक्कड़ क्यों कहता हूं?' चेप्टर सुनाना शुरू किया। आधा चेप्टर सुनते ही राधेश्याम जी झूम उठे। मुझे टोकते हुए बोले–मुझे क्षमा करें स्वामीजी, जो मैं बीच में व्यवधान डाल रहा हूं। आपके लेखन के जालान जी बहुत प्रेमी हैं। मैं चाहता हूं वह भी आपके इस चेप्टर का आनन्द लें। मैं उन्हें फोन मिला रहा हूं। आप फोन के स्पीकर पर कृपया इस चेप्टर को फिर से पढ़कर सुनाएँ।

मेरे उत्तर की प्रतीक्षा न कर उन्होंने मोबाइल फोन के बटन दबाकर जालान जी से फोन मिलाकर कहा–"फक्कड़ मसीहा के स्वामीजी कल रात मेरे पास आ गए थे। वह अपनी नई पुस्तक का एक चेप्टर सुना रहे हैं। तुम भी उसका आनन्द लो।"

यह कहते हुए उन्होंने फोन मेरे बाएं हाथ में क्षमा दिया। मैंने फिर से वह चेप्टर सुनाना शुरू किया। उनके प्रेमपूर्ण आग्रह को टालना असम्भव था।

पूरा चेप्टर सुनकर दोनों श्रोता झूम उठे। राधेश्याम जी चमत्कृत होकर बोले–स्वामी जी! चेप्टर सुनाते समय मैंने आपमें उसी ज्ञानभेद को देखा जिसकी मुझे आतुर प्रतीक्षा और अपेक्षा थी। आपकी लेखनी के साथ आपकी वाणी में भी अद्‌भुत प्रवाह और प्रभाव है। ओशो के बारे में कुछ भी कहते हुए आपके चेहरे पर एक दिव्यता छा जाती है। जबकि सामान्य रूप से बात करते हुए आप विशेषताहीन हो जाते हैं।"

मैंने मुस्काते हुए उत्तर दिया–"एक तो कल रात मैं चौबीस घंटे के सफर से बहुत थका हुआ था। जब तक शरीर विश्राममय स्थिति में न हो, मन और इन्द्रियों भी पूरी तरह सक्रिय नहीं होती। वीणा से मधुर संगीत तभी सृजित होता है जब उसके तार न ढीलें हों और न बहुत अधिक कसे हुए। कल रात, मेरे शरीर की वीणा के तार कसे हुए थे। रात के विश्राम ने उन्हें कुछ ढीला कर दिया इसीलिए आपको यह अंतर महसूस हो रहा है। इसके ही साथ मैं यह स्वीकार करता हूं कि ओशो से जुड़ने से पूर्व मैं एक सामान्य और अनाम लेखक था। मुझमें हजार दोष थे। पर ओशो के आगमन ने जीवन का रूपान्तरण कर दिया। ध्यान और प्रेम की छांव में विकसित हुआ। बोधिवृक्ष के नीचे शक्तिपात हुआ या मुझे सटोरी लगी। तभी किसी अज्ञात स्वर ने मुझे ओशो गाथा लिखने का आदेश दिया और जैसे आवेशित होकर मेरी कलम स्वयं चलने लगी। मैंने वस्तुतः ओशो कथा लिखी नहीं, कोई दैवी शक्ति मुझे माध्यम बनाकर मुझसे फक्कड़ मसीहा ओशो लिखवा गई।"

कुछ देर की गपशप के बाद फिर उन्होंने मुझसे दूसरा चेप्टर सुनाने का अनुरोध किया। दो मिनट सुनाने के बाद उन्होंने मुझे फिर टोकते हुए कहा–"एक मिनट रूकें स्वामी जी! मैं फोन मिला दूं। इस चेप्टर को भी आप शुरू से ही सुनाएं जिससे आपका दूसरा प्रेमी भी उसका आनन्द ले सके।"

उनके आग्रह में इतना प्रेम था कि उनका आदेश मानने के सिवाय और कोई चारा ही न था। पर मैं इस शख्स का पागलनपन देखकर विस्मित और आनन्दित दोनों साथ-साथ था। यह चैप्टर कुछ लम्बा था। इसमें ओशो द्वारा 'शिन शिन मिंग' प्रवचनमाला में झेन सद्‌गुरु सोसन के वचनों का सार था जिसमें वह गन से मुक्त होने के सूत्र देता है। यह चेप्टर 'बुद्धत्व खड़ा बाजार में' ग्रंथ का था।

फोन पर सुनने वाले मित्र ने प्रशंसा की और आभार प्रकट किया। प्रत्युत्तर में मैं केवल इतना ही कह सका–"आप और राधेश्याम जी जैसे ओशो-प्रेमी पाकर मैं बहुत आनंदित हूं।"

ओशो रस में डूबे राधेश्याम फुसफुसाते स्वर से मुझसे बोले–"आप फोन पर इन्हें बताइये कि राधेश्याम पूरा पागल है।"

मैंने मुस्काते हुए फोन पर कहा–"यह राधेश्याम जी मुझे उकसा रहे हैं कि मैं इन्हें पागल कहूं। पर वास्तविकता यह है कि मैं इस शख्स की सोहबत में स्वयं ही पागल हो गया हूं, लीजिए इनसे बात कीजिए। मैंने फोन राधेश्याम जी को दिया। तभी मुझे जगजीत सिंह द्वारा गाई गजल का निम्न शेर की याद आ गई।"

दीवारों से मिल कर रोना अच्छा लगता है
हम भी पागल हो जायेंगे ऐसा लगता है।

ओशो कहते हैं–यह पागलों की दुनिया है। यहां सभी एक से बढ़कर एक पागल हैं। कोई धन के पीछे पागल है। कोई किसी के रूप और सौंदर्य का पागल। कोई कुर्सी और पद पाने के लिए पागल। इन सभी का पागलपन 99 डिग्री पर है। यदि उबलने के बिंदु तक एक और डिग्री इनका पागलपन बढ़ जाये तो इन्हें पागलखानों में बंद करना पड़ेगा।

पर सबसे सौभाग्यशाली वे लोग हैं जो स्वयं को जानने के लिए पागल बने पूरे संसार से विरत हो गए हैं। कस्तूरी मृग की तरह जो अपनी ही नाभि से आती कस्तूरी की गंध से पागल है वे उसे रेगिस्तानों में झटकते हुए खोज रहे हैं। किसी सद्‌गुरु के वचनों की वीणा का संगीत सुनकर वे ठिठक कर ठहर जाते हैं और उस ठहरने में उन्हें अपने अंदर से आती सुवास का रहस्य अनावृत हो जाता है। वे पागल बन अपने अंदर उतरने लगते हैं। वे ज्यों-ज्यों अंदर की गहराइयों में उतरते जाते हैं उनका पागलपन और मस्ती और बढ़ती जाती है। कस्तूरी की सुवास और नशा उन्हें दीवाना बना देता है।

यह राधेश्याम ऐसे ही पागल हैं। झेन सद्‌गुरु सोसन की मन से मुक्त होने की अद्‌भुत अभिव्यक्ति सुनकर जिसमें ओशो का अपना अनुभव और अभिव्यक्ति भी सम्मलित है, राधेश्याम गद्‌गद् होकर बोले–

"स्वामी जी! आप सभी झेन सद्‌गुरुओं, जिन-जिन पर ओशो अंग्रेजी में बोले हैं, उनका सार हम जैसों को हिन्दी पुस्तकों द्वारा अवश्य दें। यह बहुत बेबूझ पहेलीनुमा अवश्य हैं पर ओशो जैसे सद्‌गुरु ने उन्हें बोधगम्य और सरल बना दिया है।"

फिर एक उन्मुक्त हास्य बिखेरते हुए बोले–स्वामीजी! आपका प्रवचन दिल्ली बनारस घंटे भर सुनवाने में इस पागल ने दो हजार फूंक दिए।

मैंने आश्चर्य प्रकट करते हुए प्रतिवाद किया–"ऐसा करने को आपसे कहा किसने था?"

कहा था मेरे पागल मन ने। राधेश्याम जी मुस्कराते हुए बोले–'मेरे लिए रुपया पैसा तो कचरा है। कमाता ही इसलिए हूं जिससे उसका सदुपयोग हो सके। मुझ जैसे दो दीवानों तक आपके द्वारा लिखित ओशो के बोध वचन पहुंचे, मुझको और उनको आनन्द मिला, इससे बढ़कर पैसे का और क्या उपयोग हो सकता है?"

तभी उनके बेटे की बहू ने जो स्वयं भी ओशो प्रेमी थी हम दोनों को स्नान करने की याद दिलाई क्योंकि नाश्ता तैयार था।

स्नान और नाश्ते के बाद राधेश्याम ने कहा–'स्वामीजी! आप तैयार हो जाइए। चलिए आपको अपने महबूब यार से मिलवाऊँ। वह आपसे मिलने को मरा जा रहा है।

जब आप स्नान कर रहे थे, मैंने उसे आपके आने की सूचना दी। आज दोपहर का भोजन भी हम लोग उसी के साथ करेंगे।"

मैं तो तैयार ही था। कुर्ता लुंगी पहिने ही उनके साथ चल पड़ा। कार द्वारा पांच सात मिनट में ही हम लोग एक आलीशान भव्य बिल्डिंग के सामने खड़े थे। उसमें लगी लिफ्ट द्वारा हम लोग तीसरे का चौथे माले पर पहुंचे। काल बैल बजाते ही उनका महबूब प्रकट हुआ। लगभग 50 वर्ष का सांवले रंग का युवक, जिसका आगे निकला पेट, पैंट में मुश्किल से समा रहा था। उसने हम लोगों का गर्मजोशी से स्वागत किया।

राधेश्याम कार में ही मुझे उसके बाबत विस्तार से बता चुके थे। वह करोड़पति था। उसकी बहुत बड़ी फैक्ट्री थी। वह गोयन्काजी के विपस्सना ध्यान शिविर में भाग ले चुका था और उसे ध्यान के संबंध में गहरी जिज्ञासा थीौ एक माले पर वह स्वयं तथा दूसरे माले पर उसका नव विवाहित पुत्र रहता था। ड्रांइग कम डायनिंग रूम बहुत भव्य और सुंदर था जिसे बहुत कलात्मक ढंग से सजाया गया था। चाय पिलाकर वह हम दोनों को अपने बेटे का नया सजा एपार्टमेन्ट दिखाने ले चला। बहुत महंगा और कलात्मक फरनीचर। नायाब शोपीस और महंगे चित्र। लगभग 6' × 4' साइज का टीवी। इतना बड़ा टीवी मैं पहिली बार देख रहा था। वहीं उसने अपने पुत्र से मेरा परिचय कराया।

राधेश्याम जी ने प्रश्न किया–"यह डेढ़ का है या दो का?"

उत्तर उनके महबूब के पुत्र ने दिया–"ताऊजी! पूरे साढ़े तीन लाख का है। राधेश्याम जी ने उसे चला कर दिखाने को कहा। दो मिनट तक हम लोग उसके विशाल स्क्रीन पर आधुनिक टेक्नोलॉजी का कमाल देखते रहे।"

अब बात ध्यान की चली। इस चर्चा में उनके मित्र की पत्नी ने विशेष रुचि ली।

कुछ ही देर में लंच सर्व कर दिया गया। कढ़ी चावल, सब्जी, दाल सभी राजस्थानी स्टाइल की थीं। बम्बई में भी मारवाड़ी सेठों ने अपनी कोठियों और फ्लैट में एक मिनी राजस्थान बना रखा है। लंच के बाद कुछ देर और चर्चा और परिचर्चा हुई। फिर हम लोग जुहू विले पारले स्थित राधेश्याम जी के आवास पर वापस आ गए।

अपने महबूब यार के यहां लंच खिलाने के बाद घर आकर राधेश्याम जी अपना मोबाइल फोन लेकर टीवी के सामने आ बैठे।

इंग्लैंड में होने वाली चैंपियन ट्राफी के अंतर्गत आज भारत पाकिस्तान का मैच प्रसारित हो रहा था।

क्रिकेट मैच में कुछ मेरी भी दिलचस्पी है, अत: मैं भी उनके बराबर बैठ गया। बैटिंग पाकिस्तान कर रहा था। उन्होंने टीवी का वाल्यूम बहुत धीमा कर रखा था क्योकि अंग्रेजी में आने वाली कमेन्ट्री न वह समझ सकते थे और न कुछ सुनने में उनकी रुचि थी। गोरख कहते हैं–हंसिबा खेलिबा करवा ध्यानम्। ध्यान हंसते खेलते हुए करो। ओशो भी अपने प्रेमी मित्रों को यही सिखाते हैं। ध्यान भी एक खेल है। इस खेल में अज्ञात में छलांग लगानी है। क्योंकि परमात्मा, सत्य या आनन्द यह सभी अज्ञात है। पर इसे खेलते समय आशावादी दृष्टिकोण रहे। इसे हंसते खेलते हुए करो।

राधेश्याम जी टीवी पर मैच देखते हुए इतने लीन हो गए कि मुझे भी भूल गए। अवसर देख मैं चुपचाप अपने कमरे में आकर सो गया। दोपहर के भोजन के बाद एक डेढ़ घंटा सोना या विश्राम करना मेरी रूटीन थी। यह विश्राम मुझे रात 11-12 बजे तक कार्य करने की ऊर्जा प्रदान करता था।

ओशो कहते हैं—जो भी कार्य करो उसमें समग्रता से डूब जाओ। कनवैक्स लैंस के द्वारा जब सूरज की किरणें एक कागज पर केन्द्रित की जाती है तो कागज जलने लगता है। ठीक इसी तरह यदि सारी चेतना किसी एक कार्य में लगा दी जाए तो कर्ता मिट कर केवल कार्य रह जाता है। ध्यान का अर्थ है—मन का या मैं का विसर्जन।

टीवी देखना भी एक ध्यान बन सकता है, बशर्ते हम जो देख रहे हैं उससे तादात्म्य स्थापित न करते हुए तटस्थ द्रष्टा बने रहें।

ओशो कहते हैं—खेल खेलने या देखने से बैट और गेंद के संघर्ष से किसी खिलाड़ी को आउट कर अथवा किसी की गेंद पर बैट्स मैन द्वारा चौका और छक्का लगाने पर दर्शक को जो प्रसन्नता होती है वह दमित हिंसा का निष्कासन ही है।

इसी तरह हॉकी, फुटबाल, कुश्ती और बॉक्सिंग आदि में भी भाग लेने वाले खिलाड़ियों की तो दमित हिंसा ओर क्रोध का रेचन तो होता ही है, उन खेलों को होशपूर्वक देखने वाले भी अपने दमित मनोवेगों का रेचन कर हल्के और निर्भार हो जाते हैं। आनन्द की अनुभूति हल्के, निर्भार और अंदर से खाली होने के कारण ही मिलती है।

हम लोगों ने शाम की चाय समाप्त ही की थी कि राधेश्याम जी के महबूब यार हम लोगों को लेने कार लेकर आ गए। पता चला हम लोगों को उनके साथ जुहू स्थित उस मशहूर क्लब में चलना है, जिसके मेम्बर अमिताभ बच्चन सहित कई फिल्मी हस्तियां भी हैं।

आलीशान आधुनिक क्लब। बड़े-बड़े वेल मेन्टेड हरे भरे लॉन। भव्य विशाल गेट पर वर्दीधारी गार्ड्स। उनके महबूब यार तो क्लब के सदस्य थे। सबसे अभिवादन स्वीकार करते और रिसेप्शन से गुजरते हुए वे मुझे क्लब के खुले प्रांगण में ले आए। फ्लड लाइट की रौशनी में जगमगाता हुआ स्वीमिंग पूल। उसमें तैरने बहने का आनन्द लेते हुए। युवक, युवतियां और बच्चे। पूल चारों ओर से एक विशाल उद्यान से घिरा था। वृक्षों में बिजली के कुमकुमे जगमगा रहे थे। लॉन पर कुर्सियों पर बैठे हम लोग इस शोभा को निहारते रहे और महबूब भाई मुझे क्लब की विशेषताओं से परिचित कराते रहे।

फिर वे मुझे टेबिल टेनिस, विलियर्ड रूम और कार्ड रूम से आगे बार में ले गए। बार उस समय खाली था, क्योंकि क्लब की रौनक आठ बजे से शुरू होती है। हम लोग सात बजे ही आ गए थे। महबूब भाई ने बियर पाइनएपिल जूस और स्नैक मंगा लिए। हम लोगों के सिप लेने के साथ ही सामने मंच का कोना प्रकाशित हो उठा और मधुर संगीत के स्वर फिजा को मदहोश करने लगे। कुछ ही देर बाद गायिका के अंग्रेजी गाने की पंक्तियां मधुर मीठे खनखनाते और मादक अंदाज में थरथराने लगीं।

मैं भली भांति समझ रहा था राधेश्याम जी मुझे क्लब लाए हैं जिससे वह मुझे आदर और सम्मान दे सकें। यह उसके प्रेम प्रदर्शन का ही एक ढंग था। वे मुझे एन्टरटेन करना चाहते थे। इसमें अपने अभिजात्य वैभव प्रदर्शन जैसा कुछ भी न था।

उनका महबूब यार उनके प्रति समर्पित था। अपने प्रति भी मैं उसका प्रेम और समर्पण देश आश्चर्यचकित था। उसने तो मेरी पुस्तकें पढ़ी भी नहीं थीं। उसने राधेश्याम जी से मेरे बारे में सुना भर था। मेरी उसके साथ ध्यान के संबंध में भी बहुत संक्षिप्त बातें हुई थीं। पर वह हृदय से बिछा जा रहा था। उसकी आंखों में प्रेम और अहोभाव के कंदील जगमगा रहे थे। जैसे वह कह रहा था—यार का यार मेरा यार। पर इसके साथ उसके नेत्रों में मेरे प्रति आदर और सम्मान भी था।

वह एक सफल करोड़पति बिजनेस मैन और मिल मालिक होने के साथ-साथ सहृदय और सरल व्यक्ति था। उसने गोयन्का जी का ध्यान शिविर अटेन्ड भी किया था पर उसकी बातों से मैं थोड़ी देर में भली भांति समझ चुका था कि ध्यान के बारे में वह लगभग कुछ भी नहीं जानता। जिसे रात दिन बिजनेस की चिंता लगी रहती हो और जो क्षण-क्षण मोबाइल फोन द्वारा घर व्यापार से सम्पर्क रखता हो, उसने ध्यान शिविर में मात्र हाजिरी ही लगाई होगी। पर उसके अंदर जिज्ञासा थी। अपने जीवन के प्रति उसकी ऊब मैं भली भांति महसूस कर रहा था। वह संभवत: ऐसा ध्यान कराने वाला खोज रहा था जो उस पर पूरा ध्यान देते हुए, उसकी व्यवस्तताओं में से बहुत जरूरी व्यस्तता के लिए गुंज्राइश निकाल कर ध्यान करवा सके। खर्च कितना भी हो, इसकी इसे चिंता न थी। राधेश्याम जी ने शायद इसीलिए मेरी उससे मुलाकात कराई थी।

हम लोग एक घंटा बैठे। मेरे लिए यह माहौल कुछ नया माहौल न था। सर्विस के दौरान मैं ऐसी शामें बहुत गुजार चुका था। मेरा उसके प्रति कोई भी रस शेष न था। मैं तटस्थता से सारे तमाशे का द्रष्टा बना, उस धारा में स्वीकार भाव से बहा जा रहा था जिसमें राधेश्याम भाई मुझे बहाते हुए स्वयं भी बह रहे थे।

हम लोगों को अक्षय निवास छोड़कर महबूब भाई अपने घर चले गए।

कुछ देर विश्राम और फिर हल्के से रात्रि भोजन के बाद फिर हम दोनों की महफिल जमी।

राधेश्याम जी ने चर्चा प्रारम्भ करते हुए कहा—'स्वामी जी! मुझ जैसे अंग्रेजी न जानने वालों के लिए, आपने ओशो के जेन सद्‌गुरुओ पर दिए प्रवचनों का सार देकर बहुत ब्रड़ा उपकार किया है। सभी झेन सद्‌गुरु मन के पार जाने की कैसी अटपटी विधियां बता गए हैं। शिष्य की खोपड़ी पर अचानक डंडे द्वारा प्रहार, अकस्मात गुरु द्वारा शिष्य को खिड़की से बाहर फेंक देना या जर्बदस्त चीखों द्वारा शिष्य को हत्‌बुद्धि कर देना, कैसे-कैसे अनोखे और अटपटे उपाय अपनाए झेन सद्‌गुरुओं ने? पर ओशो तो वचनों की चोट से ही पूरा काम कर देते हैं।'

मैंने बतलाया—झेन और सूफी सद्‌गुरुओं पर ओशो की दो प्रवचनमालाएं—'बिन बाती बिन तेल' तथा 'दीपक वारा नाम का' हिन्दी में भी उपलब्ध हैं पर 1988 तथा 1989 में तो ओशो की लगभग सभी अग्रेंजी प्रवचनमालाएं ज़ेन पर ही हैं। भारत से

महाकाश्यप द्वारा प्रारम्भ मौन की सम्पदा बोधिधर्म चीन ले गया था वह कोरिया होती हुई जापान पहुंची। भौतिक सभ्यता के प्रचार प्रसार से जापान में उस लुप्त होती सम्पदा को ओशो ने अपने अनुभव जन्य बोध वचनों द्वारा नया रूप और नया परिवेश दिया है जो 'नव झेन' है। ओशो जापान से उसी सम्पदा को फिर भारत वापस ले आए हैं पर इसमें उन्होंने प्रारम्भ श्रद्धा से नहीं संदेह उठाने से किया है। उन्होंने इसे एक उदास और गम्भीर साधना से उत्सवपूर्ण और रसपूर्ण बना दिया है। इसमें उन्होंने द्रष्टा भाव और साक्षी भी जोड़ दिया है।

राधेश्याम जी ने आग्रह किया–"ऐसे ही कुछ चेप्टर हमें सुनाइये न स्वामी जी?"

मैंने जैसे ही उन्हें झेन सद्गुरु इक्यू के वचनों पर ओशो द्वारा सम्प्रेषित-अभिव्यक्ति पर आधारित एक बोध कथा सुनानी गुरु की उन्होंने पुनः मोबाइल फोन द्वारा दिल्ली का नंबर मिलाते हुए उसे सुबह की ही तरह उसे फिर शुरू से फोन पर दोहराने का आग्रह किया। फोन मिल चुका था। ऐसे में उस आग्रह को टालने का प्रश्न ही नहीं उठता था। दिल्ली वाले मित्र ने भी उसका भरपूर आनन्द लिया। पर राधेश्याम जी की तृप्ति इससे भी न हुई। उन्हें वह चेप्टर इतना अधिक अच्छा लगा कि उन्होंने वाराणसी भी फोन मिलाकर उसे फिर सुनाने का आग्रह किया। उनके प्रेमपूर्ण आग्रह को उस समय टालना अशिष्टता लगी। वह तो पागल बन सैकड़ों का रूपयों का टेलीफोन बिल सहर्ष चुकाने को तैयार थे और मैं उसे टाल जाऊं, ऐसा करना मुझे उनके प्रेम का अपमान, करने जैसे लगा।

पर अन्दर ही अन्दर में कहीं गहरे में महसूस कर रहा था कि इस प्रेमी पागल ने मुझे काव्य मंच का एक कवि जैसा बना दिया है जो फरमाइश किए जाने पर बार-बार अपनी एक ही कविता का पुनः पुनः पाठ किए जा रहा हो। पर प्रेम में अहंकार और अस्मिता बचती ही नहीं। प्रेम तो पागलपन है और एक पागल के साथ मैं भी पागल हो गया था।

अब तीसरी बार फोन मिलाकर राधेश्याम जी ने वही चेप्टर बम्बई के एक अन्य मित्र को सुनाने का आग्रह किया।

चेप्टर सुनाते हुए मेरी विवशता यह थी कि मैं उसमें इतना डूब जाता था कि मैं और मेरा विलुप्त होकर कोई अदृश्य शक्ति ही मेरे मुख से बोलने लगती थी। वही शक्ति जैसे मुझसे कहती थी–लिहाज छोड़ इस पागल से बोल कि मैं बार-बार किसी एक ही चीज को कभी दोहराता नहीं।

अतः इस बार मैं उसी चेप्टर को न सुनाकर पृष्ठ बदल कर दूसरा चेप्टर सुनाने लगा।

आधे घंटे तक भक्तिभाव से राधेश्याम जी उसे भी सुनते रहे। फोन बंद कर मुस्कराते हुए बोले–वाह वह स्वामी जी! चह चैप्टर तो उससे भी ज्यादा बोधपूर्ण और मजेदार है।

मैंने उन्हें प्रेम से समझाते हुए कहा–'मुझे एक ही चेप्टर को दो बार पढ़ते हुए कठिनाई इसलिए होती है क्योंकि पहिली बार पढ़ते मैं ओशो रस में इतना तन्मय हो जाता हूं कि सुनाने वाला बचता ही नहीं। मैं उस समय मन का केवल यंत्र की तरह उपयोग करता हूं। पर दूसरी बार उसे सुनाने का आग्रह करने पर मेरी भावधारा भंग हो जाती है।

फिर मेरा मन ही उसे सुनाता है। शायद आपने ध्यान दिया हो कि दूसरी बार सुनने पर आपको पहिले जैसे आनन्द और मस्ती का हरगिज अनुभव नहीं हुआ होगा।

राधेश्याम जी मस्ती में झूझते हुए बोले–'स्वामी जी! मैं तो पागल हूं। आप पागल की बातों का ख्याल न कर जो आपको अच्छा लगे वैसा ही किया करें। पर कृपया प्रेम का निवेदन करने वाले चेप्टर आपको एक बार फिर मेरी गाजियाबाद वाली गर्ल फ्रेण्ड को सुनाना ही होगा।"

गर्ल फ्रेण्ड? मैं चौंका। बासठ वर्षीय राधेश्याम जी अपनी गर्ल फ्रैण्ड का जिक्र यों कर रहे थे जैसे वह उनका महबूब यार हो।

राधेश्याम जी मुस्काते तथा फुसफुसाते हुए बोले–'यह भी महबूब भाई की तरह एक करोड़पति है। पति मिल ओनर हैं। एक सत्संग में भेंट हो गई। वह मेरे पागलपन पर ही रीझ गई। वह प्रेम को परमात्मा ही मानती है पर मुझसे कभी प्रेम की बात नहीं करती। बस मुझे और मेरी हरकतों को देख कर मंद-मंद मुस्काती है।

मैं समझ गया राधेश्याम जी का इशारा "चल ओशो के गांव" नामक मेरी नई प्रकाशित पुस्तक के 38वें अध्याय- 'प्रिय पात्र खोजकर प्रेम का निवेदन करो; प्रेम ही परमात्मा हैं, को सुनाने से है। 6 मई, 1977 को दर्शन के समय एक विदेशी संन्यासिन याचना के प्रशन पर ओशो द्वारा दिए उत्तर का यह अध्याय पूरा सार समेटे हुआ था।

अपनी गर्ल फ्रेंड से फोन मिलाकर राधेश्याम जी ने उसे तुरन्त सभी कामों से छुट्टी पाकर आधे घंटा कमरा बंद कर एकाग्रता से मेरे चेप्टर को सुनने का आग्रह किया। फोन मिलाते हुए उसे मेरा परिचय वह पूर्व ही दे चुके थे।

पांच मिनट बाद उन्होंने दुबारा फोन मिलाया। अब वह कमरा बंद कर अपने मोबाइल फोन पर मुझसे उक्त चेप्टर सुन रही थी। चूंकि चेप्टर एक महिला को सुनाना था, इसलिए मेरा अचेतन मन भी मेरी वाणी को रस, मधुरता और नया ओज जैसे एक्स्ट्रा उपलब्ध करा रहा था। प्रेम के प्रवाह में मैं अपना पुराना निश्चय और राधेश्याम जी अपना हाल ही किया कौल भी भूल चुके थे। मैंने इस धारा के प्रति आत्मसमर्पण कर सर्वस्वीकार भाव से बहे जाना ही श्रेयस्कर समझा।

यह चेप्टर अगले दिन शाम मुझे उनकी एक अन्य स्थानीय गर्ल फ्रेंड को भी सुनाना पड़ा जो डिग्री कॉलेज में लेक्चरर थी। पर उनकी गर्ल फ्रेंड का राज उनके द्वारा फोन पर अपनी गर्ल फ्रेंड को बेटी शब्द के उच्चारण से पूरी तरह जाहिर हो गया।

इस दीवाने की दृष्टि में हर महिला गर्ल है, चाहे वह सोलह वर्ष की हो या साठ वर्ष की। अगर वह उनकी मित्र है तो वह उनकी गर्ल फ्रेंड बन गई। वे अपनी अट्ठारह वर्षीय पोती को भी गर्ल फ्रेंड कहकर पुकारते हैं और वह प्यारे दादू कहते हुए उनके गले से लिपट जाती है।

नेह और प्रेम के यह सप्तरंगी रिश्ते बहुआयामी होते हैं। इनमें शरीर और मन अनुपस्थित रहते हैं। केवल उमगता हुलसता हृदय उमड़ उमड़ कर इन क्षणों में कभी होठों से मुस्कान के रूप में तो कभी आंखों से दमकती रौशनी की किरणों के द्वारा अपने को अभिव्यक्त करता है। तभी किसी संवेदनशील कवि ने लिखा है–

सुनो, कभी कभी सोचता हूं
पर नहीं समझ पाता हूं
कि आखिर मेरा तुम्हारा क्या रिश्ता है?
उदासी के क्षणों में तुम्हारे दो मीठे बोल।
देते हैं मिश्री घोल।
तब समझ में आता है
कि यही तो हमारा नाता है
या फिर तुम्हारी उन्मुक्त निर्मल निर्झर सी हंसी
मेरे रोम-रोम में उतर कर
जब अंतस छू जाती है
तब समझ में आता है
कि यही सब तो मुझे भाता है।
और जब दांतों में दबाए तिनका
आंखों से मुखरित तुम्हारा संवाद
धो देता है मन के अवसाद
और मुझ पर स्नेह बरसाता है
तब समझ में आता है
मन क्यों तुमसे सुकून पाता है
पुनर्जन्म मैं नहीं मानता
पिछले जन्मों को नहीं जानता
पर जो सच आज तक तुमसे नहीं कहा
आज कहता हूं
कि मेरा तुम्हारा जरूर
पूर्वजन्म का कोई नाता है
जो इस जन्म तक आता है
वरना कौन यह सब निभाता है?

मैं भली भांति समझ रहा था, कि वह इस चैप्टर को बार-बार अलग-अलग पात्रों को मुझसे क्यों बार-बार सुनवा रहे थे। इसके कारण भी जुदा-जुदा थे। एक ऐसी थी जो अपने प्रिय पात्र से बेबफाई और कटुताभरा व्यवहार पाकर उदास निराश और गमगीन होकर जीवनभर किसी से प्रेम न करने का निश्चय कर चुकी थी।

एक वो थी जो अपने भावों को ज़ुवां पर लाना पाप समझती थी। यह मेरा अंदाज ही है तो मैंने राधेश्याम जी की आधी अधूरी बातों से लगाया। यह अनुमान गलत भी हो सकता है। ओशो कहते हैं-

अपने स्वयं निर्मित कारागार से बाहर आकर प्रेम निवेदन करने का साहस जुटाओ। कोई तुम्हें अस्वीकार भी कर दे तो निराश होने की बात नहीं। जिसने तुम्हारा प्रेम निवेदन अस्वीकार किया, हो सकता है वह किसी दूसरे से प्रेम करता हो, अथवा वह स्वयं किसी

दूसरे से प्रेम में ठोकर खाकर प्रेम करने की हिम्मत हार बैठा हो, या उसकी कोई अन्य विवशता हो, जिसे वह कहते हुए संकोच करता हो। इससे यह भ्रम पालना कि वह प्रेम करने के योग्य नहीं, व्यर्थ है। किसी दूसरे या तीसरे से प्रेम का निवेदन करो।

याद रखो यहां हर व्यक्ति में कमियां हैं। पूर्ण कोई भी नहीं। तुम भी नहीं। पर यह कमियां केवल बाहरी हैं। प्रेम के लिए जीवन भर तड़पना, घुटना और सिसकना बेबकूफी है। यह रोमांटिक कल्पनाएं, समाज ने इसीलिए निर्मित की हैं, जिससे लोग प्रेम से वंचित रहें। उसे करने से डरें।

जिस व्यक्ति में जीवन के प्रति समझ उत्पन्न हो जाती है वह अपने अकेलेपन में आनंदित रहता है और यदि उसका किसी से संबंध जुड़ जाता है वह तो उस संबंध या प्रेमी का भी आनन्द लेता है।

जब तक कोई दूसरा नहीं मिलता, स्वयं से प्रेम करो। पूरी प्रकृति से प्रेम करो। प्रेम ही परमात्मा है।

इसी तरह उक्त पुस्तक का ही 28वां अध्याय, 'ओशो को आप फक्कड़ क्यों कहते हैं?' राधेश्याम जी के प्रेम अनुरोध से मुझे कम से कम सात लोगों को सुनाना पड़ा।

मैं जानता हूं ऐसा करने का राधेश्याम जी का उद्देश्य एक ओर तो मुझे बम्बई के उनके अपने मित्रमंडल में लोकप्रिय बनाना है तो दूसरी ओर ओशो के उन बोध वचनों से अपने मित्रों को विकसित करना भी है, जो स्वयं ओशो को कभी पढ़ते नहीं, पर उनके वचनों को किसी के माध्यम से सम्प्रेषित करने का नया तरीका शायद क्लिक कर जाए।

रात साढ़े ग्यारह तक यह सत्संग चलता रहा।

जब पलकें स्वतः नींद से भारी होने लगीं मैं उन्हें गुड नाइट कहकर सोने चल दिया।

दिन भर के परिश्रम और भाग दौड़ के बाद अंधेरे कमरे में विश्राम कितना आनन्दमय होता है?

ओशो कहते हैं जहां ध्यान सजगता, संवेदनशीलता आदि है वहां वह साथ में है परम विश्राम भी।

ओशो कहते हैं—सच्चे प्रेम का जन्म ध्यान की गहराइयों में डूबने के बाद ही होता है। एक ऐसा प्रेम, जिसमें दूसरे पर मालकियत जमाने की कोई चाह नहीं होती, जिसमें ईर्ष्या और अपेक्षा नहीं होती। जिसमें लेने का नहीं, केवल देने का भाव होता है। ऐसा ही प्रेम हृदय के प्रेम से मौन प्रार्थना बन कर प्रभु के द्वार की कुंजी बन जाता है।

पर राधेश्याम जी से मिलकर जाना कि बिना ध्यान किए हुए भी कुछ असाधारण लोग ऐसा प्रेम साथ लेकर ही जन्मते हैं। वे जिससे प्रेम करते हैं उससे कोई अपेक्षा न रखते हुए उस पर बेशर्त सब कुछ लुटाते हुए अपरिमित आनन्द का अनुभव करते हैं

पर उनका प्रेम इसलिए पागल है क्योंकि वे चाहते हैं कि जिस व्यक्ति की प्रतिभा, प्रज्ञा और अलबेलेपन पर वह फिदा हुए हैं, उनके प्रभावक्षेत्र में आने वाला हर व्यक्ति भी उसका स्वाद और रस ग्रहण कर उसका दीवाना हो जाए। वे समझना ही नहीं चाहते

कि साधारण मूढ़ लोग परम मूर्च्छा में हैं। कोई उन्हें जगाने की कोशिश भी करे तो वह उससे नाराज हो जाते हैं। कहते हैं—तुमने मेरा कैसा मीठा मधुर सपना तोड़ दिया।

जस्ट लाइक दैट प्रवचनमाला में ओशो कहते हैं—मनुष्यता तीन भागों में विभाजित है। पहिला भाग जिसमें 90 प्रतिशत लोग आते हैं, वे पूरी तरह मूर्च्छित हैं। वे पूर्ण अज्ञानी हैं। उन्हे सत्य के बारे में जानने की जिज्ञासा क्या कौतूहल तक नहीं है। वे पशु तल पर अर्थात भोजन और सेक्स के बारे में ही सोचते हैं। वे सपनों के संसार में रहते हुए ये सोचते हैं कि वे सब कुछ जानते हैं क्योंकि वही जिन्दगी का पूरा लुत्फ उठा रहे हैं जबकि शेष 10 प्रतिशत लोग व्यर्थ किताबों में सिर खपाते ऐरा गैरा नत्थू खैरा जैसे साधु संतों की संगत करते हुए अपना समय नष्ट कर रहे हैं।

यदि ऐसे लोगों से जबर्दस्ती सत्य के बारे में कुछ कहा जाये तो वे हंसकर कहते हैं—अपुन को तुमारे सत्य, परमात्मा या बुद्धों से क्या लेना देना? वे तुम्हीं को मुबारिक। खाओ पीयो और मजे उड़ाओ। जब कभी चुस्की लगा ली या कोई फिल्म देख ली बस समझो जन्नत में पहुंच गए।

ओशो कहते हैं—मनुष्यता के दूसरे भाग में थोड़े से लोग हैं जिनमें जिज्ञासा है सत्य के प्रति। वे खोज पर भी निकलते हैं पर ये समझ नहीं पाते कि खोज पर निकलने के लिए अपने को कुछ अंदर से बदलना होता है। इस दिशा में एक लम्बी तैयारी करनी होती है। चूंकि उसने बहुत कुछ पढ़ा है इसलिए वह सिद्धांतों आदर्शों और मानसिक प्रक्षेपणों के घेरे में घूमता रहता है। उसकी निष्ठा किसी एक पर जमती ही नहीं। वह इस आश्रम से उस आश्रम और इस गुरु से उस गुरु के पास भटकता ही रहता है।

यह जरूरी है कि पहले वह बुद्धि तल से हृदय तल पर उतरे। उसके मन में विचारों की आंधी शांत हो। वह सजग और संवेदनशील बने। अपने संदेहों का समाधान होने के बाद उसमें श्रद्धा का जन्म हो। कोई भी व्यक्ति अपनी शर्त पर किसी सद्गुरु से नहीं मिल सकता। उसे उस गुरु की शर्तें पूरी करनी होती है, तभी उनमें संवाद स्थापित हो पाता है।

राधेश्याम जी के पागलपन की कोई सीमा नहीं। वे जिस टैक्सी में बैठेंगे उसके ड्राइवर से पूछेंगे—आपका क्या नाम है?

वह कहेगा—अब्दुल रहमान।

फिर वे पूछेंगे—यहां बम्बई में कब से टैक्सी चला रहे हैं? यहीं के रहने वाले हो या बाहर से आये हो?

उससे कुछ भी उत्तर मिले इससे उन्हें कोई फर्क नहीं पड़ता। यह तो उनके संवाद स्थापित करने का एक ढंग है। वह तुरन्त तोप के गोले की तरह अगला प्रश्न दागेंगे—

बम्बई में रहते हुए तुमने भगवान रजनीश या ओशो को कभी सुना है? उनकी कोई किताब पढ़ी है?

यदि उसने नहीं में उत्तर दिया तो वे तुरन्त कहेंगे—वाह मियां! तुमने यदि ओशो को नहीं पढ़ा या सुना तो तुम बहुत बड़े अवसर से चूक गये। ऐसा ज्ञानी और बुद्ध आज तक पैदा ही नहीं हुआ। उनकी वाणी में अमृत बरसता है...आदि आदि।

टैक्सी वाला मन ही मन सोच रहा है कि सवारी कुछ झक्की है और उधर राधेश्याम जी सोच रहे हैं कि उन्होंने एक और ओशो प्रेमी की संख्या में वृद्धि कर दी।

वह इतने पर ही हद नहीं करते। वे उसे ओशो-देशना की डोज बहुत तरकीब देते हुए उससे अचानक पूछ बैठते हैं–शेख भाई! मेरे इस सवाल का जवाब बहुत ईमानदारी से देना–जब तुम अपनी मां के पेट या गर्भ में थे, तब तुम्हारा कौन सा मजहब था? तब तुम हिन्दू थे या मुसलमान?

इस अटपटे प्रश्न को सुनकर वह सोच में पड़ जाता है। वह इस झक्की सवारी को नाराज भी नहीं करना चाहता। उसे उसका अनुभव बताता है कि ऐसे झक्की सेठ अपनी मंजिल पर पहुंच कर किराये के साथ कुछ टिप अलग से देते हैं। ऐसे लोगों में शराबी लोग तो होते ही हैं पर कुछ ऐसे भी सिरफिरे होते हैं, जिनका दिमाग कुछ ऊलजलूल किताबों पढ़कर आउट हो जाता है।

कुछ देर मौन के बाद राधेश्याम भाई फिर अपना सवाल दोहराते हैं। ड्राइवर उन्हें नाराज नहीं करना चाहतां। उसके मन में यह ख्याल आता है कि वह साफ-साफ कह दे कि जब उसके अब्बा और अम्मी मुसलमान थे तो उनका बीज भी यकीनन मुसलमान ही होगा। पर अपने इस ख्याल को दबाकर वह जबाव देता है–जनाब! मां के पेट के बच्चे का कौन सा मजहब? मजहब तो पैदा होने के बाद ही आता है।

उत्तर सुनकर राधेश्याम जी उछल पड़ते हैं। कहते हैं–यही तो ओशो कहते हैं। धर्म या मजहब हमें परिवार और समाज देते हैं। सभी बच्चे कोरी स्लेट की तरह पैदा होते हैं। कोई भी जन्म से मजहब लेकर नहीं आता।

तभी हम लोगों की मंजिल आ जाती है। राधेश्याम जी मीटर पर अंकित किराए से दस रुपये अधिक देकर टूसीटर से नीचे उतरते हैं। ड्राइवर अपनी समझ और अंदाज पर मन ही मन अपनी पीठ थपथपाता है। उसकी समझ भरे जबाव से उसे आखिर टिप मिल ही गई।

● ● ●

मुझे बम्बई आए दो दिन हो गए थे और मैं सागर तट पर बैठ कर नमकीन हवा का स्वाद लेते हुए उमड़ती मचलती लहरों का नर्तन अभी तक न देख पाने के कारण बम्बई में कुछ अधूरापन सा अनुभव कर रहा था, जबकि जुहू पारले से समुद्र सिर्फ दो-तीन मील दूर था। मैं पहिले भी दो बार बम्बई आया था और सबसे पहिले मैंने यहां आकर मोटरवोट में बैठकर समुद्र की सैर की थी। दूसरी बार तो आधा घंटे की समुद्री यात्रा के बाद एलीफेंटा केव्स भी गया था।

दूसरे दिन सुबह नाश्ते के बाद राधेश्याम जी मेरे आग्रह पर वह मुझे घुमाने जुहू सागर तट ले चले। उन्होंने कार एक भव्य पार्क के गेट पर रोकी। उस पार्क में प्रवेश करने का टिकट खरीद कर जैसे ही वह गेट से अन्दर प्रवेश करने लगे, वर्दीधारी गार्ड ने उन्हें सलाम ठोंका। उसे सौ का नोट देते हुए वे आगे बढ़े। पार्क में बम्बई के उस क्षेत्र के वे लोग जिन्हें अपने स्वास्थ्य की जरा भी फिक्र थी, या तो टहल रहे थे, अथवा जॉगिंग या योगासन कर रहे थे। इनसे वृद्ध, अधेड़ तथा युवा स्त्री-पुरुष सभी सम्मिलित

थे। अधिकतर का प्रयास अपना वजन कम करने का था। उस पार्क में उनके वह घनिष्ट मित्र भी मिल गए जिन्हें वह प्यार से महबूब कहकर पुकारते थे। पूरा पार्क घूमकर मैंने जिज्ञासा की–क्या सागर तट इस पार्क के पीछे की ओर है?

उन्हें मुस्काते हुए उत्तर दिया–वह तो यहां से दो किलोमीटर दूर है। मैंने सोचा आपको रास्ते में यह पार्क भी दिखला दूं और साथ में अपने महबूब को भी ले लूं। यह पट्ठा सुबह यहां टहलने और अपनी तोंद कम करने के लिए आता है।

पार्क से निकल कर हम लोग जुहू बीच पर आए। जुहू बीच देखने का यह मेरा तीसरा अवसर था। पर पहिले जब दो बार बम्बई आया था तो जुहू बीच को शाम भीड़भाड़ और कोलाहल के बीच देखा था।

पार्क की ही भांति यहां भी स्वास्थ्य की खातिर लोग रेत पर दौड़ रहे थे या टहल रहे थे। दो तीन नारियल पानी पिलाने वाले के अतिरिक्त वहां कोई अन्य दुकान न थी। मैं एक बैंच पर बैठकर दूर क्षितिज तक फैले सागर के अनन्त विस्तार को विस्मयविमुग्ध होकर एकटक निहारता रहा।

– यह अनन्त जलराशि कहां से आई?
– किसने इसे खारा बनाया?
– यह अनन्त लहरें जो किनारों को स्पर्श करती फिर सागर में लौट आती हैं, शोर करती हुई उसी उत्साह से हुलसती, उछलती, उमगती और हंसती तट को पुनः आकर छूती हैं और फिर वापस लौट आती हैं–आखिर क्यों?
– क्या कभी यह थकती नहीं?
– इसके उल्लास और उमंग में जरा भी तो फर्क नहीं पड़ता।

दूर क्षितिज के निकट का समुद्र शांत था। लहरों का शोर उथले सागर में किनारे पर ही दीख रहा था। शोर सदैव परिधि पर रहता है। केन्द्र तो सदा थिर, शांत और मौन बना रहता है।

हमारा मन भी एक सागर की तरह गहरा है जिसमे विचारों की हिलोरें प्रति पल उठा करती हैं। चाहत और तृष्णा के इसमें ज्वार और भाटे उठा करते हैं। इसकी थाह अच्छे से अच्छे गोताखोर भी नहीं ले पाते। मन के सागर-जल का स्वाद भी खारा है। इससे प्यास कभी बुझती ही नहीं।

किसी शायर ने बड़ा लाजबाव शेर लिखा है–

गरीब लहरों पै पहरे बिठाए जाते हैं
समुन्दर की तलाशी कोई नहीं लेता।

लोग विचारों और भावनाओं पर नियंत्रण करने की बात कहते हैं, पर जिस मन में यह विचार तरंगें उठती हैं, उस मन की तह तक कितने पहुंचते हैं? पूरी सजगता और होश से अंदर जाकर ढूंढ़ों तो विचार तरंगें शांत होने लगती हैं। मन का खारा जल जैसे भाप बन कर उड़ जाता है। सिर्फ रह जाता है एक खाली शून्य। मन की सत्ता रहती ही नहीं। मन पूरी तरह विसर्जित हो जाता हैं बस द्रष्टा बनकर तटस्थता से देखते-देखते ही वह विसर्जित हो जाता है।

इतने में सेठ जैसे एक तोंदियल सज्जन ढीला कुर्ता और लुंगी पहिनें, माथे पर यू छाप का तिलक लगाये उसी बेंच पर बैठकर नारियल पानी पीने लगे। बातचीत राधेश्याम जी ने ही शुरू की उनसे।

उनकी तोंद देखकर उन्होंने प्रश्न किया–'आप भी राजस्थान के लगते हैं। क्या आप मारवाड़ी हैं?'

मारवाड़ी होना उन्हें सुहाया नहीं। बड़े गर्व से बोले–'जी नहीं मैं गुजराती हूं। यहां एस्कॉन मंदिर में गुरुजी से मिलने आया हूं। पेशे से मैं डॉक्टर हूं और जुहू पर मेरा प्राकृतिक चिकित्सा का सेंटर भी है।'

राधेश्याम जी और उनके मित्र की तोंद देखकर बोले–यदि आप लोग दो महीने मेरे क्लिनिक में रहें तो आपका वजन दस क़िलो घट सकता है। आपकी बाहर निकली तोंद भी ठीक हो सकती है।

मैंने हंसकर व्यंग्य से कहा–'जिस डॉक्टर की तोंद खुद बाहर निकली हुई है वही दूसरों की तोंद कम करने की गारन्टी ले रहा है।'

वे बेशर्मी से हंसकर बोले–'मैं आम तौर से टुअर पर रहता हूं। होटलों को उल्टे सीधे खाने से जब तोंद बढ़ जाती है तो अपनी प्राकृतिक चिकित्सा से उसे ठीक कर लेता हूं और लोगों को बतलाता हूं कि जैसे मेरी तोंद कम हो गई आपकी भी हो सकती है।'

राधेश्याम के मित्र ने जो अपनी तोंद से कुछ ज्यादा ही परेशान थे पूछा–'आपके यहां एयरकंडीशंड कमरे हैं? और भर्ती होकर क्या दोपहर में अपने काम धंधे पर जा सकता हूं?'

डॉक्टर साहब नें उत्साह से उत्तर दिया–'जी हां! मेरे क्लिनिक में चार एयरकंडीशंड रूम हैं। आप दोपहर काम धंधे के लिए भी बाहर जा सकते हैं। पर आपको बाहर कुछ खाना-पीना नहीं है। संतुलित आहार की व्यवस्था हमारा क्लीनिक स्वयं करता है। वहां लाइब्रेरी, टीवी, टेबिल टेनिस आदि सभी व्यवस्थाएँ हैं। सुबह पेट पर गीली मिट्टी की पट्टी, भाप स्नान और योगासन आदि सभी कुछ सुयोग्य प्रशिक्षण अपनी देखरेख में करवाते हैं।'

यकायक राधेश्याम जी पूछ बैठे–'क्या आपने ओशो को पढ़ा और सुना है?'

उन सज्जन ने चौंक कर उत्तर दिया–'मैं प्रभुपाद जी का शिष्य हूं। ओशो के बारे में समाचार पत्रों में जरूर पढ़ा है पर उनकी पुस्तकें नहीं पढ़ीं।'

राधेश्याम जी उत्साह से बोले–'आप मेरे साथ मेरे घर चलिए। नाश्ता वहीं कीजिए। आपको मैं ओशो के प्रवचन की एक सीडी सुनाना चाहता हूं जिसमें ईशावास्य उपनिषद के एक श्लोक की प्रभुपाद जी ने जो व्याख्या की है, उसे ओशो ने गलत और भ्रमपूर्ण सिद्ध किया है।'

मैं इन दोनों महानुभावों का खेल बड़ी दिलचस्पी से देख रहा था। डॉक्टर साहब दो धनी तोंद वालों को अपने चिकित्सा केन्द्र के महंगे एयरकंडीशंड कमरों के लिए

बुक करना चाहते थे और राधेश्याम जी उनकी निष्ठा, प्रभुपाद जी से मोड़कर ओशो के प्रति करने की जुगत भिड़ा रहे थे।

डॉ. साहब को कार में लेकर पहिले हम सभी लोग उनके प्राकृतिक चिकित्सा केन्द्र गए। उसके प्रिंसीपल से भेंट की। कमरे, रसोई, लाइब्रेरी आदि सभी सुविधाओं का निरीक्षण किया। लॉन युक्त पूरे बंगले में केन्द्र का ही कार्य फैला था पर मरीज दो चार ही थे।

अब डॉ. साहब को राधेश्याम जी के घर चलना ही पड़ा। न चलने पर उन्हें दो धनी लोगों से अपने चिकित्सा केन्द्र को मिलने वाले लाभ से वंचित करना था।

राधेश्याम जी ने उन्हें सी.डी. सुनाना शुरू किया। दस मिनटों में डा. साहब खर्राटे भरने लगे। राधेश्याम जी के साथ मैं भी उनके खर्राटों पर मौन रहा। पांच मिनट बाद जब उन्हें नींद से जगाया गया तो वे हड़बड़ाकर झेंप मिटाते हुए बोले–"वाकई सी.डी. लाजवाब है। मैं योग निद्रा में चला गया था।"

खर्राटे भरी नींद को यह शख्स योगनिद्रा कहकर अपनी झेंप मिटा रहा था। वास्तविकता यह कि इस शख्स को ओशो से किंचित प्रेम था भी नहीं। फिर राधेश्याम के अनुसार जिस व्यक्ति ने उसके गुरु प्रभुपाद जी के कथन को गलत सिद्ध किया हो, उनका प्रवचन उसके लिए बोर था। इसी ऊब के कारण वह हजरत नींद में चले गए थे। प्राकृतिक चिकित्सा केन्द्र के सूने पड़े वातानुकूलित दो कमरे दो महीने के लिए बुक हो जाएं यही आकर्षण उन्हें यहां घसीट कर लाया था।

पर राधेश्याम जी भी एक ही जिद्दी थे। उन्होंने वह सीडी उन्हें फिर शुरू से सुनाई। उन्हें उसे झेलना पड़ा और सुनकर कहना पड़ा–'मैं एसकॉन मंदिर के बड़े गोस्वामी जी से इस बाबत आपको पूछकर बताऊंगा।' राधेश्याम बोले–

–'ऐसे उनसे आप क्या पूछेंगे और वे क्या जवाब दे पायेंगे। आप यह सीडी अपने साथ लेते जाएं। इसमें ओशो के और भी प्रवचन हैं। यह सीडी मैं आपको भेंट कर रहा हूं। इसे सुन कर लौटाने की कोई जरूरत नहीं। इसे आप औरों को भी सुनाएं। यदि अच्छी लगे तो आप मुझसे और भी सीडी ले सकते हैं।'

तब तक नाश्ता आ गया। भक्त डॉ. साहब ने उस नाश्ते में एसकॉन मंदिर से लाया प्रसाद सम्मलित कर उसे भगवान के भोग के रूप में ग्रहण किया। फिर राधेश्याम जी उन्हें तीन सीढ़ियां उतरकर नीचे विदा करने गए।

उसके लौटने पर मैंने कहा–'राधेश्याम जी! यह मनुष्यता के दूसरे तरह के लोगों की श्रेणी में आते हैं। पर ओशो की इस श्रेणी में एक उपश्रेणी उन कट्टपंथियों की भी आती है जो एक को पकड़ कर बैठ तो गए हैं, पर वे न तो वे विकसित हो रहे हैं और न उनका कोई रूपान्तरण हो रहा है। इन लोगों ने, बाहर की हवा प्रविष्ट न हो जाए, इस डर से दिल दिमाग के सारे खिड़की दरवाजे बंद कर लिए हैं। अपने मन के द्वारा अपने आराध्य की मूर्ति प्रक्षेपित कर उसके आंतरिक दर्शन को वे चरम उपलब्धि मान बैठे हैं।

मेरी बात काटकर राधेश्याम जी ने कहा–'स्वामी जी! आपकी दृष्टि नकार की निराशावादी सोच है। मैं विधायक रूप और आशावादी दृष्टि से प्रत्येक बात का मूल्यांकन करता हूं।

मेरे तर्क करने की कोई रुचि नहीं थी। मैं खामोश हो गया। मैंने उन दिनों इन महानुभाव के साथ रहते हुए इन्हें जो कुछ जितना भी समझा था, उसके आधार पर यह निश्चय कर लिया था कि मुझे इनके साथ रहते हुए प्रेम धारा में बस सर्व स्वीकार भाव से बहना है। यह जिससे मिलाएं उससे मिलना है। इनके प्रेम भरे अनुरोध को जहां तक सम्भव हो, उसे निबाहते हुए इन्हें आघात नहीं पहुचाना है।

मान-अपमान, पसंद-नापसंद, अच्छा-बुरा, शिष्टता-अशिष्टता यह सारे द्वंद्व मन के ही हैं। द्वंद्व मिटते ही मन भी मिट जाता है। रह जाती है मात्र शून्यता और मैं केवल बहे जा रहा था।

अगली सुबह मुझे मस्जिद बंदर रोड पर लेहरू भाई से मिलकर उनका साक्षात्कार लेना था। उनसे फोन पर भी सम्पर्क नहीं हो सका था। यह भी ज्ञात नहीं था कि वे घर पर मिलेंगे भी या नहीं। एक रिस्क उठाकर भी मैं उनसे भेंट करने के लिए कृत-संकल्प था।

राधेश्याम जी नाश्ते के बाद मुझे अपने साथ टैक्सी से मस्ज़िद बंदर रोड ले गए। ढूंढते हुये हम उन तक पहुंच गए। लगभग दो घंटे वह ओशो से जुड़े प्रसंग सुनाते रहे। उनके साथ खिंचे उन्होंने फोटो के कई एलबम भी दिखाए।

तभी अचानक हर्षद भाई का जिक्र आ गया, जिन्हें कभी ओशो को प्रवचनस्थल से कार द्वारा मृदुला बहिन के घर ले जाने का भार सौंपा गया था। प्रवचनमाला जैन पर्युषण द्वारा ही आयोजित की गई थी। सांय प्रवचन से लौटते हुए एक नाइटक्लब का बोर्ड देखकर ओशो ने हर्षद भाई से कार रोककर अंदर चलकर आईस्क्रीम खाने की इच्छा प्रकट की। हर्षद भाई को आज्ञा पालन करना ही पड़ा। पर वह अंदर से बहुत डर रहे थे कि कहीं किसी परिचित ने देख लिया या वहां कोई भी आचार्य श्री को पहचानने वाला मिल गया तो जैन समाज उनके लिए मुश्किल खड़ी कर देगा। राधेश्याम जी ने यह पूरा प्रसंग एक फक्कड़ मसीहा ओशो में पढ़ा था और उन्हें बहुत रोचक लगा था। उन्होंने लेहरू भाई से पूछा–आपको उनका पता मालूम है? मैं हर्षद भाई से भी मिलना चाहता हूं। लेहरू भाई ने कहा–पता तो नहीं मालूम पर उनका टेलीफोन नम्बर मेरे पास है।''

राधेश्याम जी ने हर्षद भाई को फोन मिलाकर उनका पता नोट किया और मेरा परिचय देते हुए दो घंटे बाद आने को कहा। साथ में यह भी जोड़ दिया स्वामी जी आपका इंटरव्यू लेंगे।

लेहरू भाई से विदा लेकर वह मुझे बम्बई के व्यस्तम बाजारों से होते हुए जौहरी बाजार अपने एक मित्र से मिलाने ले चले। तंग जीने से तीन मंजिले चढ़ कर हम लोग इच्छित स्थान पर पहुंचे। वह उनके मित्र के व्यापार की गद्दी थी। एक कमरे में गद्दों पर श्वेत चादर बिछी थी और दूसरी ओर तख्त पर गद्दा और गावतकिए लगे थे। वहां मुनीमजी टेलीफोन द्वारा सेठ जी की अनुपस्थित में व्यापार चला रहे थे। उसी गद्दी की बगल में

गलियारा पार करने के बाद रसोई घर तथा बाथरूम था। रसोईघर आमंत्रित व्यापारियों के भोजन के लिए था। मुनीमजी राधेश्याम जी से भलीभांति परिचित थे। उन्होंने आदर से हम लोगों को बिठलाया। पता चला सेठ जी बम्बई से बाहर गए हैं। उनसे मोबाइल फोन पर सम्पर्क स्थापित कर राधेश्याम जी ने मेरा परिचय देते हुए मेरी बात करवाई। सेठ जी के न होने से व्यापारी या ग्राहक नहीं के बराबर ही आ रहे थे।

आधे घंटे के बाद गद्दी पर ही हम लोगों को भोजन सर्व कर दिया गया। कुछ ही देर में एक सज्जन और पधारे। राधेश्याम जी ने उनसे मेरा परिचय कराते हुए कहा–'यह यहां के बहुत प्रसिद्ध कवि हैं। यह आपकी पुस्तकों के प्रेमी भी हैं। इनसे कविताएं सुनकर आप प्रसन्न हो जायेंगे।''

उन्होंने मुक्तक सुनाना शुरू किया। कंठ उनका मधुर और सुरीला था। राधेश्याम जी की फरमाईश पर उन्होंने ठेठ बीकानेर की राजस्थानी भाषा में कविता सुनाई। वह मेरी तो समझ में आई नहीं पर राधेश्याम जी उस सुनकर झूमने लगे।

उन्होंने बकौल अपने, अपनी सर्वश्रेष्ठ कविता 'सोनजुही की कली' सुनाई।

राधेश्याम जी की वाह वाह के साथ शिष्टतावश मुझे भी वाह वाह करनी पड़ी। कवि को तो श्रोता चाहिए, फिर वह रात भर अपनी कविता सुना सकता है और जब राधेश्याम जी जैसा श्रोता मिल जाए और सुनने के साथ तारीफ करते हुए अच्छी खासी दक्षिणा या पारिश्रमिक भी भेंट करे तो कवि सातवें आसमान पर पहुंच जाता है।

राधेश्याम जी ने अब मुझ से अनुरोध किया कि मैं कवि जी को अपनी नई पुस्तकों के फलां फलां चेप्टर सुनाऊं। मुझे भी बेमन से एक दो चैप्टर सुनाने ही पड़े। पर मैं अंदर से उत्साहित नहीं था। मैं अनुभव कर रहा था कि कवि महोदय के अंतरतम में ओशो के प्रति न प्रेम है और न उनकी देशना के लिए सम्मान। जिस तरह मैंने उनकी कविताएं झेली थी; उसी तरह वह मेरा सुनाया हुआ झेल रहे थे।

अब राधेश्याम जी के अनुरोध पर वह इतना 'सुदामा चरित्र' सुनाने लगे जो एक खण्ड काव्य था। मुझे जमुहाइयां आने लगीं। मैंने राधेश्याम जी को टोका–'आपको हर्षद भाई से नहीं मिलना? उन्हें दिया समय कभी का खत्म हो गया है। वे बोले–'बस चलते हैं स्वामी जी! यह बस अब खत्म ही होने वाला है।'

आखिर किसी तरह वह खत्म हुआ। पर मेरे टोकने का यह लाभ हुआ कि कवि जी ने ध्रुव या प्रह्लाद चरित्र जैसा कुछ और सुनाने का आग्रह नहीं किया।

इस पागल राधेश्याम की यही कमी, खराबी या दीवानगी है कि इसे जो अच्छा और प्रभावी लगता है, यह चाहता है कि वह उसके रस से अपने सभी मित्रों और जानने वालों को भी उसका सहभागी बनाए। यह हजरत इस बात को भूल जाते हैं कि दूसरों की क्या पसन्द है या क्या नापसंदगी? वह उसके विचारों से मेल खाती है या नहीं? क्या उसका भावतल विकसित है? क्या उसमें ग्राह्यता है?

मैंने उन्हें अकबर और तानसेन की वह कहानी भी सुनाई जब तानसेन का संगीत सुनकर अकबर का जब सिर हिलता और झूमता तो सभी दरबारियों के सर हिलने लगते। एक दिन तानसेन ने बादशाह से कहा–'आपके अधिकतर दरबारियों को न संगीत की

समझ है और न कद्र, वे आपको झूमते हुए देखकर ही चापलूसी से अपना सिर हिलाते हैं। अकबर यह मानने को तैयार ही न हुआ। उसे अपने सभी दरबारियों की गुणग्राहकता पर नाज था। तानसेन के अनुरोध पर और अपने विश्वास को परखने के लिए उन्होंने हुकम निकाला कि कल से तानसेन का संगीत सुनते समय जो अपना सिर हिलायेगा वह कलम कर दिया जायेगा।

दूसरे दिन तानसेन का संगीत शुरू हुआ तो सैकड़ों तारीफ में हिलने वाले सिर प्रस्तर प्रतिमा बन गए। कौन बेवकूफ अपना सिर कटाता? वह तो सिर्फ इसलिए अपना सिर हिलाते थे जिससे बादशाह संगीत के प्रति उनकी गुणग्राहकता से प्रसन्न हो जायें।

सिर्फ जो संगीत के सच्चे समझदार थे वह राजाज्ञा भूल ही गए। उनके सिर रोज की तरह ही हिलने लगे।

अकबर को अपनी भूल मालूम हुई। आइन्दा संगीत की महफिल में केवल उन गुणी समझदार लोगों को ही निमंत्रित किया जाने लगा जो सिर कटाने की जोखिम के बावजूद अच्छा संगीत सुनकर सिर हिलाए बिना न रह सके।

राधेश्याम भाई को यह कहानी भी बहुत पसन्द आई और वे वाह वाह करने लगे। पर इससे उन्हें कोई बोध न हुआ। उनकी अपनी समझ के भी तर्क थे। उनका मानना था कि लगातार प्रपात गिरने से या पानी के बहाव से पत्थर भी रेत बन जाते हैं। कुंवे का पत्थर भी रोज रस्सी की रगड़ से घिस जाता है। शुरू में प्रयास असफल हो सकता है। पर करूणावान व्यक्ति को प्रयास छोड़ना नहीं चाहिए। एक न एक दिन वह सफल होगा ही। बस चाहिए अनन्त धैर्य।

उनकी इतनी निष्ठा, भावना और शुभ मान्यता को सम्मान देना, उनसे सहमत न होते हुए भी मैं उनके प्रयोग में पूर्ण सहयोग कर रहा था। मैं इस सहज सरल व्यक्ति को अच्छी तरह समझना चाहता था, क्योंकि इस जैसा मुझे आज तक दूसरा मिला भी न था।

कवि जी से विदा लेने से पूर्व राधेश्याम भाई ने मुझे टोकते हुए पूछा–'क्या बात है स्वामी जी! इनकी इतनी अच्छी कविताएँ सुनकर भी आपने इनकी मुक्त कंठ से प्रशंसा क्यों नहीं की?'

मैंने न चाहते हुए भी कटु सत्य को प्रकट करते हुए कविजी से कहा–'आपको प्रकृति ने कंठ मधुर दिया है। कविता में छंद लय गति सभी कुछ है पर प्राण नहीं हैं। उनमें बुद्धि और हृदय का संतुलन नहीं है। यह नाम और वाहवाही पाने के उद्देश्य से किया गया प्रयास है। इनमें आकुल पपीहे की तड़प और कोयल जैसी नैसर्गिक कुहक नहीं है। यह स्वस्फूर्ति काव्य नहीं है।'

कविजी के चेहरे का दमकता सौ वाट का बल्ब जैसे झक्क से फ्यूज हो गया। वह अपनी झेंप मिटाते हुए बोले–'मैं आपकी दो टूक आलोचना को शिरोधार्य कर भविष्य में कुछ बेहतर लिखने का प्रयास करूंगा।'

–'आपने फिर प्रयास करने की बात कही। सच्चा काव्य तो अप्रयास से घटित होता है। पक्षी गीत गाने का प्रयास नहीं करते। वह सहज रूप से बहता है। आप केवल समझ विकसित करें। नियमित रूप से ध्यान करें। फिर जो होगा, अपने आप होगा।

मेरे मुंह से यह शब्द किसी अज्ञात स्रोत की भांति निकल पड़े। कवि जी ने राधेश्याम जी को अलग जाकर दो सौ रुपये मांगे। नोटों को उदारता से लुटाने वाले राधेश्याम जी ने न जाने क्यों मना कर दिया और शाम घर आने को कहा।

कवि जी ने बुझे चेहरे से विदा ली। मैं समझ गया मेरी बातों से उनका कवि की महान कविता के प्रति मोह कुछ भंग हो गया। यदि कवि जी सतर्क मेरी बात का उत्तर देकर अपनी कविता के पक्ष में कुछ कहते तो उनकी दृष्टि में उनका सम्मान बढ़ता। कवि केवल धन और यश चाहता है, यह उनकी समझ में आ गया। यह भी हो सकता है कि ऐसा उन्होंने कवि की छवि मेरी दृष्टि में बढ़ाने को किया हो और शाम बुलाकर वे उसकी भरपाई कर देना चाहते हों और वाकई उनकी जेब में उस समय अतिरिक्त धन न हो।

अब राधेश्याम जी हर्षद भाई के दिए पते पर उन्हें खोजने के अभियान पर निकले। उनका दिया पता, वर्तमान स्थान से ज्यादा दूर नहीं था।

पता न चलने पर उन्होंने एक कपड़ा व्यापारी के यहां से फोन कर फिर हर्षद भाई से पता ठिकाना पूछा। हर्षद भाई ने कहा–'मुझे पन्द्रह मिनट में जरूरी काम से वकील से मिलने जाना हैं आप कल आ जायें।'

राधेश्याम जी ने कहा–'कल तो सम्भव नहीं। स्वामी जी इतनी दूर कानपुर से आए हैं। हम लोग आपसे सिर्फ पांच मिनट चाहते हैं और पांच मिनटों में आपके पास आ रहे हैं।'

मैंने कहा भी–'राधेश्याम जी, इन हर्षद भाई का छोड़िए चक्कर। जिस शख्स के पास समय नहीं, जो मुझसे परिचित नहीं और जो ओशो प्रेमी नहीं, उस शख्स से मिलने की तुक क्या? यह परम्परावादी जैन है जो लोक अपवाद की चिंता से नाइट क्लब में ओशो को ले जाने से घबड़ा रहा था।'

पर धुन के पक्के राधेश्याम जी कपड़ा मार्केट की गली-गली की खाक छानते आखिर पन्द्रह मिनट बाद हर्षद भाई तक पहुंच ही गए। वह बस जाने ही वाले थे। बोले–मेरे पास सिर्फ दो मिनट का समय है। खड़े-खड़े ही राधेश्याम जी ने उन्हें मेरा और मैंने राधेश्याम का उन्हें परिचय दिया कि उनकी भी थोक कपड़े की ही दुकान और मिल है। दुकान पर उनके पार्टनर और दो तीन कर्मचारी भी बैठे थे। शिष्टतावश ग्राहकों को सर्व की जा रही चाय में से ही उनके आदेश से दो छोटे-छोटे प्यालों में आधी काली बम्बइया चाय हम लोगों के सामने आ गई। मेरे द्वारा यह बताए जाने पर कि राधेश्याम जी की कपड़ा मिल और बहुत बड़ा थोक व्यापार भी है, हर्षद भाई दो मिनट रूकने की बात भूलकर राधेश्याम जी के व्यापार के संबंध में जानकारी लेने लगे। प्रभावित होकर उन्होंने उनके फोन नम्बर भी नोट किए। पांच सात मिनट इसी चर्चा में न जाने कब निकल गए।

फिर हर्षद भाई ने बतलाया कि उन्होंने पूना में ओशो से संन्यास भी लिया और उनके निष्ठावान संन्यासी अब भी हैं। उनके निष्ठावान होने की गवाही उनका पूरा आचरण स्वयं दे रहा था।

उन्होंने फिर घड़ी देखी। कल इन्कमटैक्स की तारीख थी। इन्कमटैक्स के कनसल्टेंट द्वारा दिए समय पर ही उन्हें ऑफिस पहुंचना था। हम दोनो उठ खड़े हुए। टैक्सी मिलने तक के पांच मिनट के सफर में ओशो को नाइट क्लब ले जाकर आईस्क्रीम खिलाने का प्रसंग जब तक राधेश्याम जी ने हर्षद भाई के मुंह से सुन न लिया, उन्होंने उनका पीछा न छोड़ा। व्यापारी होने के नाते राधेश्याम जी हर्षद भाई के अंदर का व्यापारी जगाकर, उनसे उतना जानने में सफल हो गये जिसके लिए वह एक घंटे तक गली गली भटके थे और तीन बार फोन करते हुए बार-बार उनके ठिकाने का दिशा निर्देश प्राप्त करते रहे थे। राधेश्याम जी की मिल तथा कपड़े के थोक व्यापार के बारे में उन्होंने पहिले से सुंन रखा था और अब हर्षद भाई का व्यापारी दिमाग इस परिचय का लाभ उठाने की जुगत ढूंढ़ रहा था।

इस बीच मैं तटस्थ श्रोता की तरह उन दोनों की बातचीत का मजा ले रहा था।

हर्षद भाई को टैक्सी में सवार कराने के बाद राधेश्याम जी मुस्कराकर बोले–'मछली को चारा डाल दिया है। अब हर्षद भाई खुद अपनी कहानी स्वयं सुनाने मेरे पास आयेंगे। पर स्वामी जी! आप भले ही मेरी बात पर विश्वास न करें, इस शख्स के अंदर ओशो प्रेम है, भले ही वह सोया हुआ हो। मैं उस चिन्गारी को खेल-खेल में अंगार बना दूंगा। आप बम्बई की व्यस्त जिन्दगी की विवशताएं नहीं समझते, आपको इसीलिए हर्षद भाई से शिकायत है।'

मैंने हंसकर कहा–'मुझे उनसे शिकायत न होकर तुम्हारे पागलपन से शिकायत है।'

उन्होंने छत फाड़ ठहाका लगाया और चौपाटी के लिए टैक्सी पकड़ी।

चौपाटी पहुंच कर वह एक बिल्डिंग की ओर मुड़े। मैंने पूछा–'कहां ले जा रहे हैं आप?'

हंसकर बोले–'मेरे एक करोड़पति मित्र हैं। इन्हें हार्टअटैक हो गया था। अब तबियत तो ठीक है। बस उनका हालचाल लेते रहें। बहुत धर्मनिष्ठ और बुद्धिमान व्यक्ति हैं। पूरा परिवार ही बहुत प्रेमी है।'

घंटी बजाने पर जिसने दरवाजा खोला वह राधेश्याम जी से बखूबी परिचित था। वह उन्हें अंदर वाले कमरे में ले गया जहां राधाकृष्ण की झांकी सजी हुई थी। ज्ञात हुआ आज राधाअष्टमी है और 'उच्छव' (उत्सव) की तैयारी है।

राधेश्याम ने अपने मित्र के बेटे बहुओं से मेरा और उनका मुझसे परिचय कराया। तभी राधेश्याम जी ने मुझसे मेरी नई पुस्तक 'चल ओशो के गांव में' का विशिष्ट चेप्टर सुनाने का अनुरोध किया। मैंने विरोध करते हुए कहा–'यहां राधाकृष्ण के उत्सव की तैयारी चल रही है। सभी कृष्णभक्ति के रस में डूबे हैं, यहां मेरे कुछ सुनाने का प्रश्न ही नहीं उठता। उस परिवार ने इस पागलपन को अपने पिता के कमरे में रूखसत कर दिया और साथ चलते-चलते यह भी कह दिया–'बाबूजी! अभी सप्ताह भर पूर्व ही अस्पताल से आए हैं। डॉक्टर ने अधिक बोलने चालने से मना किया है।

औपचारिक बातचीत तथा परिचय के बाद राधेश्याम जी के अनुरोध पर मुझे अपनी पुस्तक का एक अध्याय सुनाना ही पड़ा, जबकि मैं अच्छी तरह समझ रहा था

कि मेरे सुनाना व्यर्थ है। औपचारिक बातचीत से ही ज्ञात हो गया था कि उनके मित्र परम्परावादी भक्त हैं। अब उस चेप्टर पर टीका टिप्पणी होने लगी। उनके मित्र ने कुछ शंकाएं और संदेह उठाए। मैं उनका उत्तर देने लगा। तभी कमरे में प्रविष्ट होते हुए उनके बेटे ने कहा–'ताऊजी! पिताजी से ज्यादा बातचीत करना डॉक्टर ने मना किया है। उन्हें आप बेड रेस्ट लेने दें।'

हम लोगों ने क्षमा मांगते हुए विदा ली। मैंने नीचे उतरते हुए टिप्पणी की–'बहुत बेइज्जत होकर तेरे कूंचे से हम निकले।' पर राधेश्याम जी उसी मस्ती से बोले–'अरे स्वामीजी! कैसी इज्जत और कैसी बेइज्जती। यह द्वंद्व ही मन है। मन का मलिक बनना ही असली मस्ती है। मैंने बीज बिखेर दिया। वक्त आयेगा तो यह अपने आप अंकुरित होगा। अब यह मित्र कभी मिलने पर मुझसे यह शिकायत तो न कर सकेंगे कि स्वामीजी कानपुर से आए और मैंने उनसे आपको मिलवाया नहीं।'

मैंने विरोध करते हुए कहा–'मैं कोई प्रसिद्ध व्यक्ति नहीं। क्या आप समझते हैं कि मेरी ओशो पर लिखी पुस्तकें पूरी बम्बई ने पढ़ी हैं? ओशो संन्यासियों में से ही मुश्किल से इसे पांच-दस प्रतिशत लोगों ने ही पढ़ा होगा और वह भी खरीद कर नहीं, पुस्तकालय या मित्रों से मांगकर। आम शिक्षित लोग तो मीडिया और धर्माचार्यों के प्रचार के कारण ओशो को धर्म भ्रष्ट समझते हैं।

मैंने विषय बदलते हुए कहा–'इस चर्चा-परिचर्चा को छोड़कर, चलिए कुछ देर समुद्र का आनन्द लेते हैं। और चौपाटी की बैंचनुमा दीवार पर बैठ कर मैं लहरों का नर्तन देखता रहा। सामने फैला हुआ था अनन्त जल का विस्तार।

तभी मुझे किसी कवि की निम्न पंक्तियों का स्मरण अचानक हो आया–

बेसबब ही उदास हो जाना
किसने दिल के मिजाज को जाना?
वो मिरा ढूंढ़ना तुझे हर सूं
वो तिरा इस जहां में खो जाना।
और क्या काम है समुन्दर का
आस की किश्तियां डुबो जाना।

फिर मेरा मन ही इन पंक्तियों की चीरफाड़ करने लगा।

– इन पंक्तियों को स्मृति पटल पर उभरवाने में तुम्हारा क्या उद्देश्य है?
– तुम बेसबब उदास नहीं हो। तुम्हारी उदासी का कारण आज दिन भर व्यर्थ की भाग दौड़ और कुछ व्यर्थ के लोगों से सिरमग्जी रही है।
– तुम हर जगह किसे तलाश कर रहे हो? तुम्हारा कौन इस दुनिया में खो गया है? परमात्मा तुम मानते नहीं। और समुन्दर को क्या मतलब कि कौन किश्ती आशा या निराशा से भरी है। जिस किश्ती के मल्लाह सजग और होशपूर्ण होते

हैं, वह कभी डूबती ही नहीं। किश्तियां उन्हीं की डूबती हैं जो गहरी मूर्च्छा में हैं या मूढ़ हैं।

मैं विचारों में खोया था तभी राधेश्याम जी के मोबाइल की घंटी बज उठी। फोन पर बात करने के बाद राधेश्याम जी बोले–'चलिए स्वामी जी! महबूब भाई अपने पसंदीदा होटल में हम लोगों का इंतजार कर रहे हैं।

टैक्सी कर हम लोग होटल की ओर चल पड़े। मेरे हृदय में जगजीत सिंह की गजल का वही पुराना शेर गूंज रहा था–

दीवारों से सिर टकराना अच्छा लगता है
मैं भी पागल हो जाऊंगा ऐसा लगता है

यह राधेश्याम दीवारों से सिर टकरा रहा है। प्राकृतिक चिकित्सा केन्द्र के वे तोदिंयल डॉक्टर साहब, हर्षद मेहता, चौपाटी बीच का कृष्ण भक्ति में डूबा वह परिवार या वो मुसलमान टैक्सी ड्राइवर।

सिर पर सिर टकरा रहे हैं और लग मुझे रहा है कि मैं भी कहीं पागल न हो जाऊँ?

यह राधेश्याम अपनी पत्नी और बेटों की दृष्टि में पागल है क्योंकि अब भी उन नाते रिश्तेदारों पर अपना बेशर्त प्रेम और पैसा व्यर्थ लुटा रहा है जिन्होंने उसे नुकसान पहुंचाने या बदनाम करने में कोई कसर नहीं रखी।

राधेश्याम पागल है–अपने व्यापारी भाइयों की दृष्टि में भी, क्योंकि यह जितना समय साधु संतों की सोहबत और शादी ब्याह के रिश्तों को तै कराने में लगाता है, उतने समय का व्यापार में उपयोग कर करोड़ों पीट सकता है। जो मिल जाए उससे संतुष्ट होकर दो को चार न बनाने वाला व्यक्ति व्यापारियों की दृष्टि में पागल ही है।

वे साधु संत भी, जिनकी यह शख्स प्रशंसा करता है, जिन पर श्रद्धा करता है, जिनके सत्संग के आयोजनों पर लाखों खर्च करता है, इसे पागल ही समझते हैं, क्योंकि यह शख्स ओशो की प्रशंसा करता है। उन जैसे नास्तिक, धर्म विरोधी और संभोग से समाधि जैसा ग्रंथ लिखने वाले पर श्रद्धा रखता है। उनके प्रवचनों की रोज सीडी सुनता ही नहीं, उन्हें प्रेमी मित्रों को उपहार स्वरूप भेंट भी करता है।

सयाने और सांसारिक दृष्टि से समझदारों की दुनिया में ऐसे लोग पागल ही समझे जाते हैं जो आगा-पीछा, ऊंच-नीच और अच्छा बुरा देखते ही नहीं। जो ठोकरें लगने के बावजूद भी उन पत्थरों से बच कर नहीं चलते जिन्होंने उसे घायल किया है। जो नेकी कर दरिया में डाल कर, उसे भूल ही जाते हैं। जो उसका कभी किसी से जिक्र ही नहीं करते। बाएं हाथ से किसी को कुछ देकर जिसके दाएं हाथ को भी उसकी खबर न लगती हो, ऐसा व्यक्ति पागल नहीं तो और क्या है? लोग दान करते हैं तो दानी के रूप में समाज में उसकी प्रतिष्ठा होती है। जो पैसा लुटाने के बावजूद भी, पद-प्रतिष्ठा और यश न बटोरे वह व्यक्ति समाज की दृष्टि में पागल ही है।

यह शख्स खुद अपने आप को पागल कहता है। दूसरे लोग उसे पागल कहें, इसमें इसे रस मिलता है। इसका पागलपन एक मस्ती और खुमार है। इस पागलपन में उत्साह,

उमंग, दूसरों को हंसाने और गुदगुदाने का मनुहार है। इस पागलपन में एक सहजता सरलता और सुवास है। हास परिहास और उल्लास है।

यह शख्स जितना सहज, सरल और भोला है, यह समझता है कि दूसरों को भी ऐसा ही होना चाहिए। यह जानता है, लोग बहुत बेईमान, स्वार्थी और झूठे हैं। यह समझता है कि वह अपने प्रेम और अपने गुणों से उन्हें बदल देगा। जब उनके असली चेहरे एक्सपोज होते हैं और वे क्षमा मांगते हैं तो यह उन्हें क्षमा कर देता है। वे अच्छे होने की झूठी कसमें खाते हैं और यह विश्वास कर लेता है।

यह मुखौटा में लिपटे लोगों की वास्तविकता शायद जानबूझकर देखना ही नहीं चाहता। तभी संतों के मुखौटे चस्पा किए यह बहुत से असंतों और दुष्टों से ठगा भी जाता है। यह उसकी भी शिकायत नहीं करता, यही इसका पागलपन है।

काश! इस जैसे पचास पागल हर शहर में और दो चार पागल हर गली मुहल्ले में हो जायें तो यह पृथ्वी स्वर्ग बन सकती है।

पर राधेश्याम की यह मस्ती और पागलपन सत्संग का परिणाम है। मथुरा वृंदावन के स्वामी शरणानंद जी के सान्निध्य में वह किशोरावस्था से रहे हैं। उनकी सेवा करते हुए अधिक शिक्षित न होने पर भी उनकी समझ बहुत गहरी है। वे परम आशावादी हैं और जीवन का विधायक पक्ष ही देखते हैं। कबीर के शब्दों में वे फक्कड़ और अलमस्त हैं। चौथे दिन राधेश्याम जी ने मुझे पूना जाने के लिए कार का प्रबंध किया और तीन दिन बाद स्वयं भी पूना आने का वायदा किया।

पूना पहुंचकर मैंने अपने रहने के स्थान और फोन नम्बर की राधेश्याम भाई को सूचना देते हुए सर्वप्रथम स्वामी जगदीश भारती से भेंट की, जिनसे उनका सहयोग लेकर मैं सोहन मां, उर्मिला मां, जयन्ती भाई तथा स्वामी ईश्वर समर्पण से भेंट करते हुए उन सभी का साक्षात्कार ले सकूं। पूना आश्रम में प्रवेश का कार्ड मैंने आते ही बनवा लिया था।

दूसरे दिन मैंने पूना आश्रम में ही बिताया। तीसरे दिन मैंने स्वामी जगदीश के साथ ओशो के निकट सान्निध्य में रहने वाले तीन मित्रों से भेंट की और उनका साक्षात्कार भी लिया।

तीसरे दिन राधेश्याम जी पूना आ गए। दो दिन वह भी मेरे साथ साक्षात्कार लेने के समय निरन्तर उपस्थित रहे और अप्रत्यक्ष रूप से मेरी सहायता की।

वह पहिले भी दो तीन बार पूना आश्रम आ चुके थे। मैं उनके साथ आश्रम भी गया।

पांचवें दिन राधेश्याम के साथ कार द्वारा ही मैं बम्बई लौट आया। वह पूरा दिन विश्राम करने में ही बीत गया। अगले दिन वे मुझे एक अन्य गुजराती परिवार में ले गए। जहां पूरे परिवार के साथ ओशो के सम्बन्ध में ही ढेर सारी चर्चा परिचर्चा होती रही। राधेश्याम जी के अनुरोध पर मैंने एक फक्कड़ मसीहा ओशो के विभिन्न खण्डों के पांच अध्याय भी सुनाएं। पूरे परिवार ने मुझे जो प्रेम, आदर और सम्मान दिया और वह एक

सुखद अनुभव है। एक अनजाने व्यक्ति को, पूरा परिवार यदि पहिली भेंट में ही प्रेम और आदर दे तो यह ओशो नाम की महिमा से ही सम्भव है।

अगले दिन राधेश्याम जी मुझे छोड़ने स्टेशन आए। पुष्पक एक्सप्रेस की आरक्षित सीट पर आसीन कराने के बाद उन्होंने चैन की सांस ली, क्योंकि मेरा नाम प्रतीक्षा-सूची में था।

प्रेमपूर्ण विदाई में राधेश्याम जी ने मुझे ना ना करने पर भी उपहारों से लाद दिया। उनका उल्लेख कर मैं उन्हें संकुचित होने के कष्टपूर्ण अनुभव से गुजारना उचित नहीं समझता।

यद्यपि उनके साथ पूना में गुजारे दो दिन और बम्बई से लौटकर बिताने वाले दो दिन भी कुछ कम रोमांचक और घटनापूर्ण नहीं है, पर उनका जिक्र कभी और।

नूर साहब के एक शेर के साथ मैं अपनी बात समाप्त कर रहा हूं। मेरे ख्यालों, दिल और दिमाग में राधेश्याम भाई का घूमता सहज सरल चेहरा जैसे मुझसे कह रहा है–

तुमसे अगर बिछुड़ भी गया मैं,
तो याद रख, चेहरे पै अपनी नज़र छोड़ जाऊंगा।

पुनश्च

बम्बई से घर आने के बाद एक दिन सोचता रहा, आखिर राधेश्याम जी ने मुझे आग्रह कर बम्बई बुलाया क्यों?

क्या सिर्फ इसलिए क्योंकि जिस 'एक फक्कड़ मसीहा ओशो' पुस्तक ने उन्हें पुलकित और आनंदित किया है, वे उसके लेखक से भेंट कर उसे देखना चाहते थे, उससे बात करना चाहते थे। उन्हें आशा थी कि मुझसे मिलकर उन्हें कुछ वैसी ही अनुभूति होगी जैसी लोगों को ओशो से मिलकर होती थी। जब उन्होंने मुझे साधारण व्यक्तियों जैसा देखा, उन्हें ठेस लगी और उन्होंने छिपाया भी नहीं। उन्होंने स्टेशन से घर आते समय कार में ही कह दिया–'आप वह व्यक्ति लगते ही नहीं जिसने एक फक्कड़ मसीहा ओशो जैसी चमत्कारी कृति लिखी हो। न आपकी आवाज में वह जादू और कशिश है और न आपके व्यक्तित्व में।'

दिल में आया था कार से उतर कर किसी टैक्सी को आवाज दे किसी होटल में आज रात रूक कर सुबह पूना चला जाऊं। इन महानुभाव से स्पष्ट कह दूं–आपके मन ने मेरी पुस्तक पढ़कर मुझमें जिन खूबियों और विशेषताओं का काल्पनिक प्रक्षेपण कर लिया है, मैं वह सुपर लेखक हरगिज नहीं हूं। ओशो कहा करते थे–मैं तुम्हारी अपेक्षाओं, सपनों और प्रक्षेपणों को पूरा करने यहां नहीं बैठा। मैं एक साधारण मनुष्य हूं। केवल फर्क इतना है कि मैं जागा हुआ हूं और तुम सोये हुए हो। तुम्हारे शरीर की तरह मेरे शरीर की भी वही आवश्यकताएं हैं। उसे भी भोजन और विश्राम चाहिए।

पर लोग समझते हैं कि कोई विशिष्ट कार्य करने वाला व्यक्ति विशिष्ट होना ही चाहिए। जादूगर, बाजीगर और सर्कस के जोकर अपनी विशिष्टता अपने पहिनावे और अजीब-अजीब हरकतों से प्रकट करते हुए लोगों को प्रभावित करते हैं।

कुछ प्रसिद्ध संत भी अपने छवि पृथक से प्रभावपूर्ण बनाने के लिए सोने चांदी के सिंहासनों पर बैठते हैं। दिन में भी घी का दीपक जलता रहता है। वह गुरु गंभीर चेहरा बनाए एक-एक शब्द तौल-तौल कर बोलते हैं। कोई बाबा पेड़ पर मचान बनाकर बैठ जाते हैं। अपनी विशिष्टता बनाए रखने के लिए वह लोगों में घुलते मिलते नहीं। एक दूरी बनाए रखते हैं।

पर तभी अंर्ततम ने कहा–यह व्यक्ति भोला सरल और निश्छल है। इसने जैसा सोचा ईमानदारी से बता दिया। यह महान व्यक्तियों की शोमैनशिप से प्रभावित होकर ही अपना संदेह प्रकट कर रहा है। इसका समाधान करो। इसे सत्य से परिचित कराओ।

● ● ●

कोई किसी जैसा हो भी नहीं सकता। अस्तित्व ने सभी को पृथक व्यक्तित्व, पृथक स्वभाव और पृथक सम्भावनाएं दी हैं। किसी की किसी से तुलना करना ही व्यर्थ है। सभी अतुलनीय है।

इस संसार में जो साधारण है वही असाधारण है। झेन सद्‌गुरु इसीलिए मठ छोड़कर अनाम नगर में एक साधारण मजदूर के रूप में रहते हैं। इसीलिए सूफी फकीर जन सामान्य से छिपे हुए एक बढ़ई, चमार, लुहार या चाय बनानेवाले दुकानदार के रूप में जीवनयापन करते थे। केवल उनके विशिष्ट शिष्य ही उन्हें जानते थे।

न मैं बुद्ध हूं और न सद्‌गुरु। मैं मात्र एक लेखक हूं। लेखन मेरा स्वभाव है। मैं अपने होने से पूरी तरह राजी हूं। कुछ और होना मेरा लक्ष्य ही नहीं। मैं स्वयं अपने आप में आनंदित हूं जैसे राधेश्याम अपने पागलपन में। यह आनंदित होना किसी कारण से नहीं अकारण है। जैसे फूल बिना किसी कारण मुस्काते हैं। पक्षी बिना किसी कारण गीत गुनगुनाते हैं। वृक्ष अकारण मस्ती में झूमते हैं। मेघ अकारण ही कहीं भी अचानक बरस उठते हैं। ठीक इसी तरह ...।

राधेश्याम जैसे इंसान को देखकर मुझे नीरज का एक दोहा बार-बार याद आ जाता है–

हम तो बस इक पेड़ हैं, खड़े प्रेम के गांव।
खुद तो जलते धूप में, औरों को दें छांव।

❑❑❑

8

'एक-फक्कड़-मसीहा-ओशो' के समर्पित और मौन प्रेमी प्रचारक श्री कृष्ण कुमार जालान

अप्रैल की एक दोपहरी मुझे अचानक एक ऐसा पत्र मिला जिसने मुझे चौंका दिया। जिसे पढ़कर एक सुखद आश्चर्य और अहोभाव से भर गया मैं। वह पत्र था जालान सिंथेटिक्स वाराणसी के श्री कृष्णकुमार जालान का। उन्होंने मुझसे पूछा था कि क्या मेरे पास 'एक फक्कड़ मसीहा ओशो' खण्ड चार की दस प्रतियां हैं, क्योंकि प्रकाशक को इस बाबत पत्र भेजे हुए उन्हें लगभग एक मास हो गया और उन्होंने उसका कोई उत्तर नहीं दिया। इन प्रतियों की आवश्यकता का कारण बताते हुए उन्होंने स्पष्ट किया था कि बम्बई के एक ओशो प्रेमी मित्र ने उन्हें एक फक्कड़ मसीहा ओशो की प्रति देते हुए उसे अवश्य पढ़ने का अनुरोध किया था। उसे पढ़कर उन्हें इतना अधिक आनन्द आया कि उन्होंने उसके सभी नौ खण्ड मंगाकर उनका रसास्वादन किया। अपने परिवार के सभी सदस्यों और मित्रों को पढ़ने के लिए प्रेरित ही नहीं किया, बल्कि उसकी प्रतियां मंगाकर उन्हें उपहार में दीं।

उस पत्र के अनुसार (जो कहीं मिस प्लेस है) श्री जालान एक फक्कड़ मसीहा ओशो के नौ खण्डों की 100-100 प्रतियां अर्थात 900 पुस्तकें मंगाकर अपने प्रेमी मित्रों, संबंधियों, अपने श्रद्धेय संतों और प्रिय हिन्दी साहित्यकारों को भेंट स्वरूप दे चुके हैं। वे ओशो के संन्यासी न होकर ओशो प्रेमी हैं।

फोन पर बातचीत के दौरान पता चला कि उन्हें बम्बई के एक मित्र ने अपना नाम न बताने की शर्त पर इस कार्य के लिए उन्हें 11000/- की राशि दी थी जिसमें अपनी ओर से भी काफी राशि मिलाकर वह खर्च कर चुके हैं। यह उनका आनन्द और उल्लास है। ओशो के प्रति उनकी सच्ची श्रद्धांजलि और अहोभाव है। वह चाहते हैं ओशो के जीवन के प्रेरक प्रसंगों से लोगों की मूर्च्छा टूटे। वे सजग होश पूर्ण, संतुलित और सृजनात्मक बनें। उनके जीवन में ध्यान और प्रेम के फूल खिले हैं। वह उत्सवपूर्ण और आनन्दित हों।

मेरे पत्र के प्रत्युत्तर में दिनांक 21.4.2004 के पत्र में श्री कृष्ण कुमार जी लिखते हैं–

मारुति मार्केट, बांस का फाटक
वाराणसी-221001

जालान सिन्थेटिक्स
थोक विक्रेता

सम्मानीय ज्ञानभेद जी!

सप्रेम जय सियाराम

आपका पत्र पाकर बहुत आनन्द हुआ। आपकी सरलता एवं नम्रता हृदय को छू गई। इटावा में जब मैंने (हिन्दी-सेवा-निधि) के समारोह में आपको देखा था, तब तक मैंने आपकी कोई पुस्तक नहीं पढ़ी थी। (तभी मैंने पहिली बार आपके द्वारा एक फक्कड़ मसीहा ओशो की कथा नौ खण्डों में पूरी होने की बात सुनी।)

डायमण्ड पॉकेट बुक्स से उत्तर आ गया है। 10 सेट पुस्तकों का मूल्य भेज दिया है। भविष्य में आवश्यकता हुई तो आपसे मंगा लूंगा।

'ओशो ही ओशो' एवं 'सद्‌गुरु समर्पण' पुस्तकें मैंने देखी थीं। 'बुद्धत्व खड़ा बाजार में' तथा 'चल ओशो के गांव में' पुस्तकें प्रकाशक से मंगाकर देखने की इच्छा है।

ओशो की पुस्तकों से कई गुना ज्यादा आनन्द मैंने आपके द्वारा रचित ओशो की जीवनी से पाया। पुरानी जड़ मान्यता एवं संस्कारों की बेड़ियां काटने में यह पुस्तक मुझे बहुत सहायक सिद्ध हुई। मेरे 13 साल से 18 साल तक के बेटे-बेटियां इस पुस्तक का लाभ ले रहे हैं। अभी मैंने सुप्रसिद्ध हिन्दी आलोचक डॉ. नामवर सिंह को भी पूरा एक सैट भेजा है।

मैं अपने मित्रों से हमेशा कहता रहता हूं कि आप एक फक्कड़ मसीहा ओशो का भाग नौ पढ़ लें तो पुस्तक पढ़ने के पहिले एवं बाद के व्यक्तित्व में आप स्वयं बहुत बदलाव महसूस करेंगे।

पुनः निवेदन है कि कभी काशी आगमन हो तो मुझे सेवा का अवसर प्रदान करेंगे।

आपका

कृष्णकुमार जालान

● ● ●

कुछ दिनों बाद अचानक बम्बई से एक फोन प्राप्त हुआ। कोई श्री राधेश्याम जी पोद्दार फोन कर थे। उन्होंने अपना परिचय केवल मात्र इतना दिया कि वे ओशो प्रेमी हैं और एक फक्कड़ मसीहा ओशो के नौ खण्डों से वे बहुत प्रभावित हैं। उन्होंने मुझे बम्बई आने का निमंत्रण देते हुए रिटर्न टिकट भी भेजने की पेशकश की। बातचीत में श्री कृष्णकुमार जालान जी का भी उन्होंने उल्लेख किया। मैंने शरीर से कुछ अस्वस्थ होने की विवशता बताते हुए तुरन्त बम्बई आने में असमर्थता व्यक्त की तो तुरन्त उन्होंने कहा फिर आपसे मिलने के लिए मुझे ही कानपुर आना पड़ेगा। मैंने उन्हें कानपुर आने का निमंत्रण दिया।

उन्होने अपना मोबाइल फोन नम्बर नोट कराते हुए पुनः आग्रह किया कि जब भी मेरा बम्बई आने का भाव हो, मैं उन्हें फोन कर दूं, वे स्टेशन पर आकर रिसीव कर लेंगे।

कुछ दिनों बाद मैंने वाराणसी जालान जी को पत्र लिखते हुए श्री राधेश्याम जी पोद्दार के संबंध में जानकारी और उनका पता भेजने का अनुरोध किया।

मेरे पत्र के उत्तर में श्री कृष्णकुमार जी से जो पत्र प्राप्त हुआ उसे मैं उसी प्रकार उद्धृत कर रहा हूं।

दिनांक 31.7.2004

स्वामी ज्ञानभेद जी,

सप्रेम जय सियाराम

आपका पत्र पाकर बहुत आनन्द हुआ। श्री राधेश्याम जी पोद्दार जबरदस्त ओशो प्रेमी हैं। प्रथम बार ओशो की कैसेट उन्होंने ही मुझे बहुत युक्तिपूर्वक सुनाई थी। आपकी पुस्तक फक्कड़ मसीहा भी प्रथम बार उन्होंने ही मुझे दी थी। हजारों लोगों को उन्होंने ओशो की कैसेट और पुस्तकों का रसास्वादन कराया होगा।

आपका मेरे पर बहुत प्रेम भाव है, इससे मैं अनुगृहीत हूं।

कल हास्य कवि श्री सुरेन्द्र जी शर्मा आये थे। वह भी ओशो प्रेमी हैं। उन्हें फक्कड़ मसीहा के चार खण्ड देने का सौभाग्य मिला।

यहां योग्य सेवा कार्य लिखें।

आपका

कृष्णकुमार जालान

• • •

इस पत्र के बाद, दिनांक 9.08.2004 के पत्र के साथ On The Absolute Tao की छाया प्रति भेजते हुए उन्होंने मेरे अनुरोध पर श्री राधेश्याम जी के घर का पता भी लिख कर भेजा और मुझे वाराणसी आने का पुनः निमंत्रण दिया।

उनके न बताने पर भी मैं अच्छी तरह समझ गया कि उन्हें रु. 11000/- देने वाले श्री पोद्दार जी ही हो सकते हैं जिन्होंने उससे एक फक्कड़ मसीहा ओशो की प्रतियां खरीद कर योग्य लोगों को उपहार स्वरूप देने की अनुरोध किया होगा।

यही भाव कुछ अन्य ओशो संन्यासियों का भी ओशो संसार में चर्चित रहा है। वे भी न कितनी ओशों की पुस्तकें और कैसेट लोगों को उपहार स्वरूप दे चुके हैं।

ऐसे ही लोग ओशो के समर्पित, कर्मठ और मौन प्रेमी हैं जो उनके सन्देश को योग्य लोगों तक पहुंचाने के लिए धन का सच्चा सदुपयोग कर रहे हैं। प्रतिदान में वह

अपना नाम भी नहीं चाहते। ओशो के स्वप्न-महल के ऐसे ही लोग नींव के पत्थर हैं। ऐसे सद्‌पुरुषों के नाम और चित्र पत्र-पत्रिकाओं में प्रकाशित नहीं होते। ऐसी उनकी कामना है ही नहीं। कहना चाहिए-ये लोग तो कामना मुक्त हैं।

इस अवसर भाई दिनेश कुशवाहा जी कुछ काव्य पंक्तियां याद आ रही हैं-

किसी को मैं अपना कलेजा निकाल कर दे देना चाहता हूं
मुद्दतों से मेरे सीने में भर गया है अपार मर्म
मैं चाहता हूं
कोई मेरे पास भूखे शिशु की तरह आए
कोई मथ डाले मेरे भीतर का समुद्र
और निकाल ले सारे रत्न।
बहुत दिनों से मैं
किसी ऐसे आदमी से मिलना चाहता हूं
ज़िसे देखते ही लगे
करोड़ों जन्मों के पाप कट गए
कट गए सारे बन्धन
और मोक्ष मिला इसी काया में

ये लोग ओशो जैसे आदमी से मिल चुके हैं और इसलिए ये वैसे नहीं रहे, जैसे प्रायः सभी होते हैं। यह बदल चुके हैं। रूपान्तरित हो चुके हैं। पारस के स्पर्श से लोहा सोना हो चुका है। और ये भी जरूरी नहीं कि ओशो की काया से मिलें हो ये लोग। यह मिलना तो ओशो की ज्योति से हुआ है। पर यह विवरण केवल कुछ पत्रों और फोन पर हुई बातचीत के आधार पर है। अभी आमने-सामने मिलना हुआ ही नहीं। हृदय से हृदय नहीं मिले। यह झांकी तो उनके एक अंश की है।

9

श्री ललित जालान

बम्बई में राधेश्याम पोद्दार ने ही श्री ललित जालान से मेरी फोन पर पहिली बार बात करवाई थी। पर नहीं, शायद मुझसे भूल हो रही है। वह तो उनसे फोन पर होने वाली दूसरी बातचीत थी। उससे पूर्व ही जब राधेश्याम के आग्रह पर मैंने उन्हें फोन पर अपने बम्बई आने की तारीख तथा ट्रेन के संबंध में सूचना दे रहा था तो राधेश्याम जी ने मुझसे कहा था–'मेरे पास बनारस के कृष्णकुमार जालान के चाचाजी ललित जी बैठे हैं। वह आपके फक्कड़ मसीहा ओशो के बहुत बड़े प्रशंसक हैं। आप उसने फोन पर बात कीजिए। पहिली बार एक अनजान व्यक्ति से फोन पर खुले हृदय से क्या बात हो सकती थी? पर फिर भी उनकी वाणी में घुले प्रेम और माधुर्य से मैं आनन्दित हुआ था।

दूसरी बार राधेश्याम जी के आग्रह पर मैंने ललित जी को प्रणाम करते हुए उन्हें चल ओशो के गांव में नवप्रकाशित पुस्तक के दो चेप्टर पढ़कर सुनाए। उन्होंने औपचारिक प्रंशसा भी की।

तीसरी बार पुन: राधेश्याम जी के ही आग्रह पर मुझे ललित जी को एक अन्य चेप्टर भी फोन पर पढ़कर सुनाना पड़ा।

राधेश्याम जी चाहते थे कि मेरी पुस्तक के जिस भाग को सुनकर वह रोमांचित और आनंदित हो रहे हैं उस रस और आनन्द से उनके मित्र भी वंचित न रहें और उसके लिए वह खुश-खुश टेलीफोन विभाग को सैकड़ों रुपयों का बिल चुकाने को तैयार थे।

क्योंकि 15-20 दिनों बाद मुझे प्रकाशक से मिलने दिल्ली जाना था अत: बम्बई से बिदा होते समय मैंने राधेश्याम जी से ललित जी का फोन नम्बर नोट कर लिया।

दिल्ली में मैं अपने समधी के यहां शालीमार बाग में ठहरा था। मैंने वहीं से ललित जी को फोन किया। वे हाल ही में वृंदावन से लौटे थे। उन्होंने शालीमार बाग का पता नोट करते हुए अगले दिन सुबह दस बजे आने का वायदा किया।

पता पूछते ढूंढ़ते वे साढ़े दस पर तशरीफ लाए। चाचाजी होने के बावजूद उनमें बुर्जुगियत या बड़प्पन का कहीं नामोनिशान भी न था। आंखों में छलक रहा था प्रेम। मेरे आग्रह पर वह अपना परिचय देते हुए बोले–'स्वामी जी! मैं गीताप्रेस गोरखपुर के श्री हनुमान प्रसाद पोद्दार के परिवार का हूं। हमारे परिवार की यह परम्परा है कि 50 वर्ष

पूरा होने पर परिवार का हर सदस्य वानाप्रस्थ हो जाता है। वह सारा व्यापार-धंधा पुत्रों को सौंपकर अध्यात्म के रंग में रंगकर साधु संतों के साथ सत्संग करता है अथवा कोई भी धर्म या समाज की सेवा का काम।

मैं वर्षों से गीताप्रेस में पुस्तकों के प्रकाशन के कार्यों की देखरेख के साथ जिज्ञासुओं और प्रेमी मित्रों के पत्रों के उत्तर देता हूं। यह कहते हुए उन्होंने हाल ही प्रकाशित गीता और रामायण के नए संस्करण मुझे भेंट में दिए।

राधेश्याम जी का जिक्र आने पर ललित जी हंसकर बोले–'भक्ति और प्रेम में पागल हो जाने की बात कही जाती है पर कितने भक्त हो पाते हैं दीवाने? अनजान अपात्र लोगों पर भी प्रेम के साथ धन लुटाने पर उसके परिवार वाले भी टीका टिप्पणी करते हैं पर वह प्राय: अचानक कुछ ऐसा कर बैठता है जिसे देख कर लोग हत्प्रभ रह जाते हैं। वह असम्भव दीखने वाले कार्य को चुटकियों में खेल खेल में सम्भव बना देता है। वह उन समस्याओं को पल भर में सुलझा देता है जिसे बुद्धि सुलझा सकने में असमर्थ है।'

फिर बात को दूसरी दिशा में मोड़ते हुए कहा उन्होंने–'अच्छा स्वामी जी! आप मुझे ध्यान के बारे में कुछ बताइये।'

मैने उत्तर दिया–'ललित जी! ध्यान के बारे में कुछ भी बताना ठीक इसी तरह है जैसे कोई तैरने की विधि पूछे। तैरने की विधि जानकर भी कोई पानी में तैर नहीं सकता। उसके लिए तो पानी में ही कूदना पड़ता है। ध्यान वस्तुत: क्रिया नहीं अक्रिया है। कुछ न करना ही ध्यान है। कुछ करने में करने वाला अर्थात् कर्ता मौजूद रहता है और वह 'मैं' ही सबसे बड़ी बाधा है। 'मैं' में मेरे का भाव गिरे तो ध्यान घटे। इसीलिए सद्‌गुरु के प्रति समर्पण आवश्यक है। सत्य के प्रति अभीप्सा और संकल्प जरूरी है। अंदर से खाली होना जरूरी है।

मन या अहंकार निर्मित करते हैं–परिवार, समाज और तथाकथित धर्म जो नैतिकता के पाठ के साथ सहज स्वाभाविक वृत्तियों का दमन सिखाते हैं। महत्वाकांक्षा का पाठ पढ़ाते हैं जिसे पूरा करने के लिए मनुष्य अपनी रुचि और स्वभाव के विरुद्ध उचित अनुचित सभी साधनों का प्रयोग करता है। इसीलिए ध्यानी के लिए आवश्यक है एक ऐसी जीवन शैली निर्मित करना जिससे शरीर शुद्धि, विचार शुद्धि और भाव शुद्धि हो। शरीर शुद्धि होती है–रेचन से। दमित मनोभावों को सचेतन रूप से बाहर उलीचने से। भाव शुद्धि और विचार शुद्धि के लिए आवश्यक है- सत्संग और प्रकृति के सान्निध्य में अधिक से अधिक रहना। सत्यम, शिवम् और सुन्दरम इन तीनों अनुभव करते हुए शुभ कर्म करना और सृजनात्मक होना। मैत्री साधना। सहज सरल और उत्सवपूर्ण होना। सजग और संवेदनशील होना। अधिक से अधिक मौन रंहना।

ध्यान की अति संक्षिप्त भूमिका बतलाते हुए मैंने कहा कि यदि आप ध्यान का कुछ स्वाद पाना ही चाहते हैं तो चलिए बाहर सामने वाले पार्क में वृक्ष तले एकान्त में चलें।

वह तुरन्त मेरे साथ सामने वाले पार्क में चलने के लिए उठ खड़े हुए। एक वृक्ष के नीचे बैठकर मैंने उन्हे शांत, थिर और दोनों नितम्बों पर समान भार डालते हुए दोनों नेत्रों से अंदर झांकते हुए पुतलियों को थिर हो जाने की धारणा के साथ सुखासन में बैठे। मैंने उन्हें विज्ञान-भैरव तंत्र की क्रोधनी मुद्रा से तनाव शिथिल करने को कहा। शरीर के पिघलने और अस्तित्व में घुल जाने की कल्पना या धारणा करने को कहा।

दो मिनट के प्रयोग के बाद वह बोले–स्वामी जी! मेरे अंदर क्रोध है ही नहीं, मैं कभी किसी पर नाराज होता ही नहीं। फिर इस मुद्रा या प्रयोग की आवश्यकता ही क्या? मैं चौंका। मैंने उनकी आंखों में झांका, जो दर्पण सी पारदर्शी थीं और बता रही थीं कि इस शख्स को कोई आंतरिक सम्पदा मिली है।

मैंने मुस्कराकर कहा–'यदि ऐसा है तो बहुत सुंदर है। पर आपके लिए फिर यह प्रयोग जानना और भी जरूरी है क्योंकि जो लोग क्रोध से भरे हैं वे आपको कभी भी क्रोध न करते देख, क्रोध से मुक्त होने का उपाय पूछने अवश्य आते होंगे। आप इस प्रयोग के द्वारा उन्हें दमित क्रोध को उलीचने का उपाय बतला सकते हैं।

समय कम होने और उनकी भाव दशा को देखकर मैंने विस्तार में यह बतलाना व्यर्थ समझा कि हम जन्म-जन्मों से हिंसा, क्रोध, घृणा को अपने अचेतन मस्तिष्क में दबाए बैठे हैं और हमें उनकी कोई खबर नहीं। फिर रोज रोज नए तनाव उत्पन्न होते हैं। बर्तन रूपी शरीर को रोज साफ करना अच्छा होता है।

मैंने उन्हें आती जाती श्वास को देखने और विपस्सना ध्यान के प्रयोग बतलाए। वह अपनी घड़ी की ओर देखने लगे और दस मिनट का यह सेशन समाप्त हुआ। पर उनकी सहजता, सरलता, ग्राह्यता और प्यास को मैंने अनुभव किया। मैंने उठते हुए कहा–'अभी आप व्यस्त हैं। यह प्रयोग कभी भविष्य में उचित अवसर पर निश्चिंतता से बताना और करना सम्भव है।'

चलते हुए मैंने उन्हें हृदय से लगाकर विदा किया। वे अचानक दण्डवत लेट कर मेरे चरण स्पर्श करने लगे। मैं संकुचित हुआ, उन्हें उठाकर फिर हृदय से लगाया। पर एक भक्त को जो सर्वत्र हर कहीं, हर किसी में उसी एक को देखता है, उसे रोक पाना, प्रपात से गिरते जल को रोकने के समान है।

❑❑❑

खण्ड दो

उन ओशो संन्यासियों और प्रेमी मित्रों के हृदयों में
उठने वाले भावों, अनुभवों की रोचक दास्तानें
जो उन्होंने ओशो से जुड़ने और मेरे द्वारा
प्रकाशित ओशो साहित्य पढ़ कर
मुझे अपने कई पत्रों की
श्रृंखला द्वारा
प्रेषित किए

अगर तुम दूसरों के द्वार, खटखटाते-खटखटाते
निराश हो चुके हो।
तो मेरी एक बात मानो
कभी अपना ही द्वार खटखटाओ

'कुंवर', मिठास भी होती है खारे पानी में,
तुम अपने अश्कों का सागर खंगाल कर देखो।
तुम्हारे दिल की चुभन भी जरूर कम होगी
किसी के पांव से कांटे निकाल कर देखो।

10

ओशो प्रेमी मित्रों के पत्र, उनके द्वारा ओशो को अर्पित श्रद्धा-सुमन हैं

जहां रिंद रहता है, वह स्थान खुद ब खुद एक मैखाना बन जाता है। और जब ओशो कीं ध्यान-प्रेम की शराब के बेशर्त खुम के खुम ढाले जा रहे हों तो प्यासों की क्या कमी?

एक ओशो प्रेमी दीवाना बहुत दिनों से खतों किताबत द्वारा मुझसे जुड़ा हुआ था। एक दिन अचानक वह घर पर मुझसे भेंट करने आ धमका।

कुछ मैंने कही, कुछ उसने सुनी
कुछ उसने कही, कुछ मैंने सुनी
आखिर बात कुछ बन ही गई।

मेरे सामने टेबिल पर दो ओशो प्रेमियों के हाल ही आए खत, उत्तर लिखने को पड़े थे। वह उत्सुकतावश उन्हें उठाकर पढ़ने लगा और कुछ देर बाद अचानक झूमने लगा। कुछ देर बाद बोला-'आपको तो ऐसे पचासों सैकड़ों खत मिलते होंगे। क्या आपने उन्हें सुरक्षित रखा है? यदि आपको आपत्ति न हो तो कृपया हम जैसे पागल प्रेमियों के पत्र मुझे दिखाने की कृपा करें।'

मैंने चुपचाप तीन फाइल कवरों में नत्थी किए पत्रों की फाइलें उसके सुपुर्द कर दीं और स्नान ध्यान करने नीचे उतर आया।

दो घंटे बाद जब हम लोग फिर साथ-साथ बैठे तो उस प्रेमी मित्र ने कहा-''स्वामी जी! मेरा एक नम्र अनुरोध है। आप इन सभी पत्रों को संपादित कर प्रकाशित क्यों नहीं करा देते? ओशो प्रेमी एक दूसरे से भावनात्मक तल पर जुड़ कर, इन्हें पढ़ते हुए एक दूसरे से प्रेरणा लेते हुए विकसित और आनंदित होंगे। संपादित करने की बात मैंने इसलिए कही कि पत्रों में यदि शुरू या अंत के औपचारिक पैरा जो अनेक पत्रों में लगभग एक जैसे ही है, यदि उन्हें हटा दिया जाए तो उन्हें पढ़कर ऊब भी नहीं होगी और रस की धारा का प्रवाह भी अविरल बना रहेगा।

ओशो साहित्य को पढ़कर ओशो प्रेमी व जागरूक पाठक क्या कैसा अनुभव करते हैं, क्या सोचते और करते हैं, उनकी क्या कैसी समस्याएं हैं, उनका निदान आपके पत्रों द्वारा जानकर और पाकर उन पर क्या कैसी प्रतिक्रिया होती है, यह सभी कुछ हम जैसे हजारों पाठकों के लिए बहुमूल्य होगा।

मेरी झिझक देखकर उसने कहा–'शायद आप यह समझते हैं कि इन पत्रों के प्रकाशन से कुछ मूर्ख लोग आप पर स्वयं ही को महिमामंडित करने का आरोप लगाते हुए आपको अहंकारी समझ सकते हैं, इसीलिए यह सोच कर मैं आपकी झिझक भली भांति समझ सकता हूं। पर आपको जब निंदा-प्रशंसा, मान-अपमान सभी कुछ सहज स्वीकार है तो फिर कुछ लोगों के कहने सुनने से विचलित होकर आप ऐसा करने में हिचक क्यों रहे हैं? यह कार्य औरों के विकसित होने के लिए बहुत जरूरी है। जो कुछ लोगों की समस्याएं हैं वही हजारों लाखों की समस्याएं हैं। हां! यदि साथ में आपके उन सभी को लिखे पत्र भी प्रकाशित होते हैं तो और भी सुंदर होता। आपके उन सभी को लिखे पत्रों को तो कालान्तर में संकलित कर कोई यह कार्य निकट भविष्य में स्वयं करेगा, पर तब तक आधा कार्य तो आप स्वयं कर सकते हैं। क्या पता, बाद में यह पत्र नष्ट हो जायें या खो जाएं।

उस समय तो मैंने यह कहकर बात टाल दी थी कि आपके सुझाव पर खुले हृदय से मैं विचार करूंगा। पर यह बात रह रहकर कुछ करने को उकसाने लगी। मैंने फाइलों में लगे कुछ पत्रों को इधर-उधर से पुनः पढ़ा और पाया–कुछ पत्र तो वाकई बेजोड़ हैं। उनमें तड़प, प्यास, जिज्ञासा और मुमुक्षा है। उनमें रस, माधुर्य और छलकते प्रेम की शराब है। वे लोग अपने वर्तमान जीवन और परिस्थितियों से ऊबे हुए हैं और ओशो से जुड़कर उनके जीवन में आशा की जो किरण आई है वे उस किरण के सहारे सूर्य तक उड़ान भरना चाहते हैं। इसके लिए उन्हें आश्वासन और साहस दिलाने के लिए कुछ प्रेरणा चाहिए। संबल चाहिए। उन्हें कुछ ऐसा चाहिए जो उन्हें ध्यान शिविरों से न मिल सका हो। ओशो को नमन करते हुए मैं इस कार्य का श्री गणेश कर रहा हूं। भाव यह है कि वह मात्र पत्रों का संकलन न होकर पाठकों और मेरे बीच की एक दास्तान और कहानी हो। मैंने उन्हें पत्रोत्तर में क्या लिखा था, स्मृति के आधार पर उसका संकेत भी हो।

पत्र शैली में वह एक आख्यान या पिबजपवद हो, जिसका सभी रस और आनन्द भी प्राप्त कर सकें।

हाल ही पढ़ी दो कविताएं, पाठक के पत्र और मेरे उत्तर जैसी ही है। आइए! बात इन्हीं कविताओं के माध्यम से शुरू की जाए।

पाठक प्रेमी मित्रों ने जो पत्र मुझे लिखे हैं, निम्न कविता कुछ सीमा तक उनका प्रतिनिधित्व करती हैं–

जाने कितना हो गया समय?
दरवाजों को मैंने अपने ही आप बंद कर रक्खा था
कमरे की भीतर की दुनिया तक सीमित हो
मैं ही अपने से कहा किया अपनी गाथा।

एक पत्र में किसी ने लिखा था... अचानक कहीं से हाथ लगे 'एक फक्कड़ मसीहा ओशो' के कुछ खण्ड पढ़ते हुए मैं हंसा, रोया और अचानक नृत्य करने लगा।

ओशो के जीवन के प्रेरक प्रसंग पढ़-पढ़ मैं कमरे की घुटन से बाहर आया, देखा–युक्त तारों भरे आकाश के तले आनन्द और रस बेहिसाब बरस रहा है और चारों ओर गमक रही है मधुमालती की मस्त सुवास।'

निम्न कविता मेरे भेजे उत्तरों को मुखर करती है–

गोते के बाद
मिल सकते हैं शंख
मुंह फटी सीपियां शंख या घोंघे।
भागते मरू में
तरस सकते हों कतरे के लिए
होगे तुम्हीं सीना फुलाए या चेहरा लटकाए
किसी का एवजी कैसे हो सकता है
दूसरा तीसरा।

पर इस कविता से बात अधूरी रह जाती है, इसलिए निम्न पंक्तियों से उसे मुखर और स्पष्ट कर रहा हूं।

अपने अंदर खुदाई करते हुए
पहिले कोयले की खान मिलती है
खोदते ही चले जाओ
फिर क्रमशः लोहे, तांबे, चांदी और सोने की खानें मिलती हैं
और गहरे मिलते हैं अनमोल हीरे
पर वहीं रूक मत जाना
उससे भी और गहरे परमात्मा छिपा है
जो तुम्हें परमात्मा ही बना देता है।

इन पत्रों के प्रकाशित होने की सार्थकता इसलिए है क्योंकि ओशो प्रेमियों ने ओशो के जीवन की इन्द्रधनुषी रोमांचक और बोधभरी घटनाएं पढ़कर उनमें डूबकर अपने निश्छल भावों को व्यक्त किया है। मुझे पत्र लिखकर मेरे माध्यम से ओशो को ही सम्बोधित उन्हें अपने भाव सुमन अर्पित किए हैं।

इन पत्रों का प्रकाशित होना मैं केवल इसीलिए जरूरी समझता हूं क्योंकि इनमें ओशो को अर्पित श्रद्धा सुमनों की मालाएं और गुलदस्ते हैं। हर गुलदस्ता और हार जुदा रंगों और सुवास के फूलों से गुंथा हुआ अपने आप में नायाब और बेजोड़ है। इन शब्द सुमनों को खिले देख औरों की भी बंद कलियां मुस्करा सकती हैं। उनके झिझकते पैर घुंघरू बांध कर थिरक सकते हैं। उदास चेहरे पर मुस्कान आ सकती है।

जिन मित्रों ने मुझे पत्रों की एक लम्बी श्रृंखला प्रेषित की है, पहिले मैं एक-एक कर उन मित्रों के पत्रों या उसके कुछ अंशों द्वारा उनकी दीवानी दास्तान का बयान करूंगा।

सच में यह पत्र नहीं–ओशो के दीवानों की दीवानगी की अजीब दास्तान है। इसमें जिज्ञासा, प्यास, मुमुक्षा, तड़प, समर्पण, मूर्च्छा-होश, प्रेम-विरह, हर्ष-आंसू, मुस्कान आदि सभी कुछ एक साथ हैं।

मेरी लेखनी ने नहीं, ओशो के जीवन-चरित्र ने प्रेमी मित्रों को आकर्षित और उद्वेलित किया

ओशो की जीवनी लिखना और ओशो साहित्य का सृजन मेरी अपनी मौज थी। यह मेरी अंतरात्मा की आवाज थी। अज्ञात रहस्यमय शक्तियों ने अनन्त ऊर्जा का जैसे मेरे अन्दर एक विस्फोट किया था। चारों ओर से बरसते आनन्द ने मुझे ऐसे रहस्यलोक में पहुंचा दिया था, जिसका वर्णन शब्दों द्वारा अभिव्यक्त करना असम्भव है। रोम-रोम से जैसे शीतल प्रकाश झर रहा था। मैं निर्भार होकर जैसे शून्य आकाश में उड़ा जा रहा था। भूख प्यास जैसे लगती ही नहीं थी। बिना कुछ खाए-पिए भी मैं पूर्ण तृप्त था। मैं बांस की खाली पोंगरी बन गया था। मैं मात्र माध्यम था। अनजानी रहस्यमयी शक्तियों की अनुकम्पा से बंद नेत्रों द्वारा अपने अंतर्पटल पर मैं जैसे ओशो के जीवन की पूरी फिल्म देख रहा था। जाने कब सुबह से रात हो जाती और रात दिन में बदल जाता। मैं जैसे समय के पार हो गया था।

वर्ष 1993 के मध्य से वर्ष 1995 तक का समय जैसे एक सुंदर स्वप्न रहस्य था। पर उसे स्वप्न भी कैसे कहूं? फुलस्केप साइज के रोज बीस-तीस पृष्ठ बिना सोच विचार, बिना चिंतन मुझे अपनी टेबिल पर लिखे मिलते थे। उस प्रयास रहित सृजन के आनन्द को व्यक्त करना बहुत मुश्किल है।

ऐसे सृजनात्मक साहित्य का क्या उद्देश्य है यह वही रहस्यमय शक्तियां जानें। हां! मैं केवल इतना कह सकता हूं कि सृजन में मुझे जो आनन्द मिला, संवेदनशील और सजग व्यक्ति इसे पढ़कर उस आनन्द की एक छोटी सी झलक पा सकते हैं।

किसी रहस्यदर्शी बुद्ध की जीवन कथा और अन्य प्रसिद्ध राजनीतिकों, समाज सुधारकों और चिंतकों की जीवनकथा में जमीन आसमान का अंतर है। बुद्ध कुछ करता नहीं, उसकी उपस्थिति मात्र से सब कुछ सहज रूप से घटता है। उसका बोलना भी कोई प्रयास नहीं है। बोलते हुए भी वह मन का उपयोग नहीं करता। शब्द जैसे सहज रूप में कहीं अज्ञात से झरने की तरह झरते हैं। वह प्रेम, आनन्द और शांति बांटता है। न बोलते हुए अपने मौन में भी वह निरन्तर सब कुछ सम्प्रेषित करता रहता है। वह उदास दुःखी और तनावग्रस्त मनुष्यता को प्रेम, प्रसन्नता, उत्सव और आनन्द बांटता है। वह कुछ सिखाता नहीं। कोई नीति, नियम और आचरण नहीं देता। पर उसका चलना-फिरना, उठना-बैठना, बोलना-मौन होना उसकी चितवन मुस्कान, भू-भंगिमा सभी एक सिखावन है। वह कुछ करने को नहीं कहता, केवल शांत मौन बैठकर अपने अंदर झांकने पर बल देता है। वह ध्यान और प्रेम का संदेश देता है। अंदर ध्यान घटता है तो फिर हिंसा, क्रोध, ईर्ष्या, परिग्रह और वासना कुछ बचती ही नहीं। सभी विधायक हो जाती हैं। सहज ही अहिंसा, क्षमा, प्रेम, अपरिग्रह और परम संतोष का अनुभव होता है।

ऐसे बुद्ध के जीवन चरित्र के सम्यक पाठ से मन विसर्जित होता है। आनन्द और अहोभाव से प्रेमाश्रु उमड़ने लगते हैं। अपने अंदर भी उसी चैतन्य के होने की याद जागती

है। बूंद का सागर में विसर्जित होने का भाव जागता है और फिर लगता है जैसे सागर ने बूंद को चारों ओर से घेर लिया हो।

ओशो की जीवन कथा पढ़कर जिन पाठकों ने किसी अज्ञात प्रेरणा से अपने अंदर उमड़ते भावों को शब्द दिए, वह अकारण नहीं है। उनकी वे भावाभिव्यक्तियां प्रकाशित होना इसलिए आवश्यक हैं क्योंकि दूसरे उन्हें पढ़कर आश्वस्त हो सकें। मीडिया और विरोधियों द्वारा फैलाए दुष्प्रचार के कारण ओशो और ओशो साहित्य बहुतों के लिए एक आतंक जैसा बन गया है। वह डरते हैं कि ओशो साहित्य कहीं उन्हें बदल न दे। ओशो और ओशो साहित्य के प्रति उनके अंदर उत्सुकता तो बहुत है पर उसे पढ़ने का साहस नहीं।

ऐसे व्यक्तियों की सम्मितियां पढ़कर जिनमें यूनीवर्सिटी और डिग्री कॉलेज के प्राध्यापक, संगीतकार, लेखक, शोधार्थी, डॉक्टर, छात्र, दुकानदार, सरकारी और प्राइवेट फर्मों में रत कर्मचारी और जनसामान्य सम्मलित हैं, उनकी हिचक स्वतः समाप्त होती है।

गुरुदेव रवीन्द्रनाथ बंग्ला में वर्षों लिखते रहे और बंगाल में साहित्यकारों और जनसामान्य द्वारा उन्हें कोई पहिचान न मिली। पर उन्हें नोवेल पुरस्कार मिलने पर तथा पश्चिम के कवियों और समालोचकों द्वारा उसकी प्रशंसा किए जाने पर, बंगला साहित्यकारों और जनसामान्य ने ही नहीं, पूरे भारत ने उनका महत्व समझते हुए उन्हें सम्मानित किया।

प्रचार और प्रसार के इस युग में निरर्थक और कम उपयोगी वस्तुएं और गलत तथा पाखण्डी लोग भी सुर्खियों में छा जाते हैं पर उनका मुलम्मा उतरते देर नहीं लगती। मेरा अपना ख्याल है कि सत्- साहित्य और बुद्धों की जीवनगाथा के भी प्रचार और प्रसार की महती आवश्यकता है जिससे अधिक से अधिक लोग उसकी ओर आकर्षित होकर रूपान्तरित हो सकें। उनकी क्षुद्र और संकुचित दृष्टि बदले। उन्हे स्वयं अपने होने का बोध हो। वह सजग और होशपूर्ण होकर उत्सवमय हो सकें। उनके तनाव, अशांति और अवसाद, विश्राम और परम आनन्द में रूपान्तरित हो सकें।

ओशो के बारे में जितना कुछ कहा जाए, कम है। विचारों से कम उन्हें भावों से ही अधिक समझा जा सकता है। इसीलिए निम्न कविता प्रस्तुत करते हुए मैं अपनी बात समाप्त करता हूं।

तुमने मुझे गूंगा बना दिया
एक सुनहरी आभा सी सभी चीजों पर छा गई
मैं और भी अकेला हो गया।
तुम्हारे साथ गहरे उतरने के बाद
मैं एक गार से निकला
अकेला, खोया हुआ और गूंगा
अपनी भाषा तो भूल ही गया जैसे
चारों तरफ की भाषा ऐसी हो गई

जैसे पेड़ पौधों की होती है
नदियों में लहरों की होती है।

यह समाधि जैसी स्थिति सृजन के बाद स्वत: मिलती ही है। किसी सुंदर कलाकृति या रचना को पढ़ने या सुनने पर भी जो संवेदनशील पाठक हैं, वे भी इस आनन्द की एक झलक तो पाते ही हैं। अधिकतर पढ़कर मौन हो जाते हैं। कुछ लोग दो चार मित्रों से उसकी चर्चा करते हैं। बहुत कम ऐसे हैं जो अपने अंदर उठे भावों को लिपिबद्ध करते हुए उसे लेखक तक पहुंचा कर अपना अहोभाव और कृतज्ञता व्यक्त करते हैं। ऐसे लोगों की अभिव्यक्तियां भी प्रकाशित होकर दूसरों का प्रेरणा स्रोत बनें और पाठकों में ओशो-साहित्य के प्रति और अनुराग और उछाह की एक तरंग उत्पन्न हो, यह प्रयास उसी की एक कड़ी है।

एक फक्कड़ मसीहा ओशो का प्रथम खण्ड 1997 में प्रकाशित हुआ था। उस पर पाठकों की प्रतिक्रिया जानने के लिए प्रकाशक ने स्वयं ही उनसे पत्र लिखने का अनुरोध किया था। कई पत्र उनके पास आए भी, पर ढेर सारी डाक में वह गुम हो गए। मेरे अनुरोध करने व प्रयास के बावजूद भी वे मुझे न मिल सके। फिर दूसरे खण्ड के प्रकाशित होने पर मैंने स्वयं पाठकों से सीधे पत्र व्यवहार करने का अनुरोध किया। 1998 के प्रारंभ से मेरे पास पत्रों के आने का सिलसिला शुरू हुआ। पहिले उन्हें मैंने एक अलग बड़े लिफाफे में रखा। कुछ पत्र तो खो भी गए। संभवत: 1999 में मैंने सभी पत्रों को एक फाइल कवर में रखना शुरू किया। पत्र का उत्तर, पत्र पाते ही मैं तुरन्त लिख देता था।

पाठकों ने पोस्टकार्ड, अंतर्देशीय पत्र और लिफाफों में क्रमश: संक्षेप, मध्यम विस्तार और अति विस्तार से अपने भावों को व्यक्त किया है। किसी दीवाने ने पत्र में चुभते शेर लिखे हैं। किसी ने तूलिका से चित्र उकेर कर भेजे हैं।

चार छ: मित्र ऐसे हैं जिन्होंने पत्रों की मुझे एक लम्बी शृंखला लिखी है। वह मेरी प्रत्येक प्रकाशित पुस्तक पर अपनी प्रतिक्रिया लिखते हुए अपने संदेहों का समाधान भी करते रहे हैं। इन चार छ: मित्रों के पत्रों का उल्लेख मैं पृथक अध्याय लिखते हुए अलग से जब तक पूरी कहानी के रूप में प्रस्तुत नहीं करूंगा तब तक आप उनका पूरा आनन्द प्राप्त न कर सकेंगे।

हममें से प्रत्येक अपने आप में सभी से जुदा और अलबेला है। उसका रूप, रंग, हंसना-बोलना, उठना-बैठना और चलना सभी एक दूसरे से भिन्न है। अस्तित्व कभी अपने आप को दोहराता नहीं। उसकी सृजनात्मकता और मौलिकता अनन्त और अव्याख्य है।

कोई रजस गुण प्रधान है तो कोई तामसी वृत्ति का तो कोई सात्विक है। सभी का अपना-अपना महत्व है। कोई अच्छा बुरा या ऊंचा नीचा नहीं। सतगुण प्रधान व्यक्ति भी अपने सुख और आनन्द में इतने लीन हो जाते हैं कि गुणातीत के शून्य अंतरिक्ष में उनकी छलांग नहीं लग जाती। लाओत्से और मेहरबाबा जैसे लोग कुछ भी न करते हुए परम आलस्य और विश्राम में सीधे मन के पार गुणातीत हो जाते हैं। ओशो कहते हैं—कुंजी एक ही है—प्रतिपल क्षण-क्षण जीते हुए सजग और होशपूर्ण होना।

रजस से भी सीधे छलांग लग जाती है। जीसस जैसे लोग सब कुछ करते हुए (यहां तक कि शराब भी पीते हुए), सीधे ही सारे व्यवधान एक साथ लांघ जाते हैं। कुंजी सभी की एक ही है। प्रतिपल सजग होशपूर्ण और साक्षी रहना। क्षण-क्षण वर्तमान में जीना। जो भी कृत्य हो उसे समग्रता से उसमें डूब कर करना।

अस्तित्व बहुत करूणामय है। जो जहां, जिस स्थिति में जैसा भी है, वहीं से उसका मार्ग है। वाल्मीकि और अंगुलिमाल दुर्दान्त डाकू थे। नारद और बुद्ध के सान्निध्य में उन्हें एक क्षण में सब कुछ घट गया।

ध्यान करने से घटता है और कुछ भी न करने से भी घटता है। नाचते गीत गाते उत्सव मनाते हुए भी घटता है और परम विश्राम में लेटे-लेटे और छत की कड़ियां देखते-देखते भी वह अनायास घट जाता है।

सत्संग करते हुए सद्‌गुरु के सान्निध्य में-गहन श्रद्धा और समर्पण के क्षणों में सद्‌गुरु की ज्योति बुझे दिए पर छलांग लग जाती है। उसे मात्र सुनते हुए केवल सम्यक श्रवण से भी लोग पहुंच जाते हैं और मैं तुमसे कहता हूं-परम श्रद्धा से उसके जीवन चरित्र को पढ़ते हुए भी घटना घट सकती हैं, जिन्हें कुछ घटा है, उनका जिक्र, उनकी चर्चा होशपूर्ण जीवन जीने की प्रेरणा देती है। पर कुछ घटे, कुछ हो... ऐसी कामना भी सबसे बड़ी बाधा बन जाती है। जो कुछ न होने में भी राजी है जो सर्व स्वीकार में जीता है, वह बुद्ध ही है।

आइए देखें-ओशो गाथा पढ़कर मस्त दीवानों पर क्या कैसी गुजरी?

❑❑❑

11

युवा ओशो-प्रेमी संजीव (स्वामी आनंद आलोक) की अनूठी दास्तान

ओशो का दीवाने प्रौढ़, वृद्ध और स्त्रियों पर ही नहीं, सर्वाधिक जादू तो युवा वर्ग पर हुआ है। केवल इसीलिए नहीं कि वह हास परिहास, नृत्य संगीत, गीत और उत्सव की बात करते हैं, इसका मुख्य कारण है कि वह सेक्स की सभी समस्याओं का हल सुझाते हुए उससे मुक्त होकर समाधि में जाने की कला सिखाते हैं। युवा वर्ग इसीलिए ओशो के बारे में अधिक से अधिक जानने को उत्सुक रहते हैं।

एक फक्कड़ मसीहा ओशो का प्रथम खण्ड प्रकाशित होने पर इसीलिए धूरी (पंजाब) से जब मुझे एक नवयुवक का पत्र मिला, तो मुझे कोई आश्चर्य नहीं हुआ। नवयुवकों में ओशो के प्रति कितनी उत्सुकता, जिज्ञासा और अधिक से अधिक जानने की प्यास है वह धूरी के इस युवक, संजय बन्सल के निम्न पत्र से स्पष्ट हो जाता है। इस युवा ने अभी ओशो का नवसंन्यास भी नहीं लिया है और यह केवल ओशो प्रेमी है।

अपने दिनांक 7.6.97 के पत्र में यह लिखता है–

आदरणीय स्वामी जी,

प्रेम!

एक फक्कड़ मसीहा ओशो पढ़ी। मैं बहुत कृतज्ञता से भर गया। जब किसी प्रेमी को कोई उसकी प्रेमिका के दर्शन करवा दे तो प्रेमी दर्शन करवाने वाले के प्रति कृतज्ञता से भर जाता है।

मैं चार महिनों से ओशो को पढ़ और सुन रहा हूं। जल्दी ही वीडियो फिल्म भी मंगवा कर देखूंगा। जिस पुस्तक और आडियो कैसेट की प्रशंसा में जब कोई भी मित्र मुझे सूचना भेजता है मैं उसे तुरन्त प्राप्त कर ही लेता हूं।

मैंने फक्कड़ मसीहा के दूसरे खण्ड के लिए अभी से आर्डर भेज दिया है। आप ओशो जीवन के लेखक हैं, अत: मेरे निम्नलिखित बिंदुओं पर मेरा मार्गदर्शन करें। मैं इन दिनों विकट मानसिक स्थिति में हूं। घर या दुकान कहीं भी मेरा मन नहीं लगता। ओशो की चर्चा के सिवा मुझे दुनिया की सारी बातें व्यर्थ लगती हैं।

मैं पूना कम्यून, जबलपुर आश्रम, कुचवाड़ा और गाडरवारा आदि सभी स्थान देखने के लिए बहुत उत्सुक हूं। आप शायद कहें–इसमें दिक्कत क्या, गाड़ी पकड़ो और

पहुंच जाओ। लेकिन मेरी आर्थिक स्थिति आज्ञा नहीं देती कि ओशो के प्रेम में पागल रहूं। फिर मेरी यह अभिलाषा कैसे पूरी हो?

मुझे ओशो प्रेम में ही डूबे रहना अच्छा लगता है और चाहता हूं कोई भी इसमें विघ्न न बने।

मैं ओशो के पूरे जीवन की पूरी कहानी जानने के लिए बहुत उत्सुक हूं जिसके लिए मैं फक्कड़ मसीहा तो पढ़ ही रहा हूं और उसके शेष सभी खण्ड भी प्रकाशित होने पर पढ़ूंगा। यदि अन्य कोई और पुस्तकें भी इस दिशा में सहयोगी हो सकती हैं तो उसकी भी सूची आप मुझे भेजने का कष्ट करें।

मैं ओशो पर स्वामी अगेह भारती की भी प्रकाशित पुस्तकें पढ़ चुका हूं पर उनसे मेरी तृप्ति नहीं हुई।

मैं ओशो के बारे में अधिक से अधिक जानना चाहता हूं। स्वामी जी! आप मेरी मदद करें। मैं इन दिनों बहुत अशांत हूं। इससे अच्छा था कि मैं ओशो-प्रेम में ही न पड़ता। पर अस्तित्व का धन्यवादी भी हूं जिसने मुझे ओशो प्रेम में डुबाया।

स्वामी जी! मैं एक बार फिर एक फक्कड़ मसीहा जैसी सुन्दर कृति के लिए हार्दिक धन्यवाद देता हूं।

पत्र का उत्तर शीघ्र देने का कष्ट करें।

मेरा पता–संजीव कुमार

द्वारा बंसल ट्रेडर्स पाठशाला रोड धूरी (पंजाब)

● ● ●

ओशो के प्रवचनों को पढ़कर, उन्हें सुनकर और ओशो के बारे में साहित्य पढ़कर ही यह युवक, ओशो को बिना देखे, उनके प्रेम में डूब गया है। ओशो तो देह से मुक्त हो चुके, पर यह उनके जन्म किशोरावस्था युवावस्था और उनके शेष जीवन में बिताए उन स्थानों को तीर्थ मानकर वहां जैसे उड़कर पहुंच जाना चाहता है।

ओशो प्रेम में स्वयं डूबकर कभी मैंने स्वयं एक कविता लिखी थी जिसका इस समय अनायास स्मरण हो आया।

केवल रूप रंग, आकृति से नहीं
प्रेम किया जाता है किसी के सम्पूर्ण व्यक्तित्व से
प्रेम किया जाता है उसके विचारों, भावों, वाणी और प्रज्ञा से
प्रेम हो जाता है उन सभी से–जो उसके संगी साथी और सहयोगी रहे हैं
प्रेम होता है–उन सभी स्थानों से, जहां वह जन्मा, पला, बढ़ा,
विकसित हुआ,
जहां जहां उसके चरण पड़े
ऐसा प्रेम अकारण और अनायास घटता है
और ऐसा लगता है जैसे वह हमारे आस पास,
हर वक्त रात दिन साथ रहता है

कभी-कभी ऐसा महसूस होता है
जैसे वह हमें हमारी अंधेरी, घुटन और सीलन भरी जिन्दगी से
मुक्त आकाश में अपने साथ हमें उड़ाये लिए जा रहा हो।
उसकी स्मृति मात्र से सूने जीवन की घाटी में जैसे इन्द्रधनुष उग आते हैं
जैसे हजारों लाखों फूल खिल उठते हैं
जैसे जीवन वीणा के तार-तार झंकृत हो उठते हैं
जैसे आत्मा की घाटियों में दिव्य घंटियां बज उठती हैं

इस युवक का दीवाना प्रेम शायद और भी गहरा है, जो उक्त पंक्तियों से भी अभिव्यक्त नहीं हो पा रहा है। किसी कवि ने लिखा है–

छन्द रचे मन ने मगर, मूक हो गये बैन।
लगे गुनगुनाने तभी, कजरारे दो नैन।
तन के गुलशन में खिले, नये-नये ये फूल।
गुन गुन करता है पवन, कर बैठूं ना भूल।
सिन्दूरी लगती सुबह, अंगूरी अब शाम।
नयन गुलाबी हो गए, पी नयनों के जाम।

● ● ●

मैंने उस युवक को पत्रोत्तर में क्या लिखा, उसका आभास इस युवक के दूसरे पत्र से आपको स्वयं हो जायेगा।

अपने दिनांक 30 जून 1997 के पत्र में यह लिखता है–

आदरणीय स्वामी जी,

प्रेम!

आपका पत्र मिला। अगर कहूं–प्रसन्नता हुई तो यह शब्द मेरे भाव अभिव्यक्त करने में असमर्थ हैं। असीम आनन्द हुआ कहना अधिक ठीक होगा। साथ ही, मैं आपका आभारी भी हो गया।

आम तौर से लेखक प्रत्युत्तर में दो चार शब्द कहकर अपना पिंड छुड़ा लेते हैं, लेकिन यहां तो बात ही उल्टी हो गई।

एक बड़े भाई ने प्रेम का लबालब जाम भेज दिया। इसने भगवान श्री की एक बात का स्मरण करा दिया कि पत्र केवल कागज का एक टुकड़ा नहीं होता वह तो दो प्रेमियों की अत्यंत गहरी अंर्तवार्ता होती है। बहुत बहुत धन्यवाद, क्योंकि भगवान श्री के बारे में प्राप्त लम्बे खत मुझे बहुत आनन्द देते हैं।

आपने मेरे बारे में विस्तार से पूछा है, उसे कैसे कहूं! आप, अगेह भारती जी, चैतन्य कीर्ति जी, नीलम जी व अन्य आप सभी अद्‌भुत हैं, जो लिखकर अपनी श्रद्धा के फूल हर समय भगवान श्री के चरणों में चढ़ाते रहते हैं।

मेरा बायोडेटा निम्न है–

सांसारिक नाम	–	संजीव कुमार (घर के कुल सदस्य पांच)
उम्र	–	21 वर्ष
व्यवसाय	–	धूरी में पुस्तकों की दुकान
शिक्षा	–	मैट्रिक तक ग्रामीण स्कूल में
विवाह	–	नहीं (इस वक्त तो मन विरोध में है/भविष्य का पता नहीं नहीं)
रुचि	–	ओशो को पढ़ने से पूर्व, पंजाबी भाषा में कहानियां गजलें, लेख आदि लिखा करता था। अब तो जैसे मन ही नहीं करता।

साहित्य के प्रति शुरू से ही प्रेम है। अब वह रुचि केवल ओशो-साहित्य में है।

प्रेम शायद किया नहीं। यदि किया होता तो मैं समझता हूं कि प्रेम ही पर्याप्त होता। सारा पागलपन गिर गया होता। प्रेम तो वही है जहां प्रेमी खो जाए। शेष जो रह जाता है–वही प्रेम है।

माफ करें–विषयांतर हो गया। मेरे साथ घटनाएं घटती रही हैं। पुरुष से हमेशा प्रभावित होता रहा हूं, अगर उसके विचार क्रांतिकारी होने के साथ-साथ अनुभव से आए हों। स्त्री के प्रति बहुत कामुक वृत्ति है। उसे देखते ही सोचने लगता हूं कि पूरे समाज से बदला लूं जिसने कामुकता का दमन सिखाकर, हमारी वासना को विकृत कर हमें कामुक बना दिया है। सोचता हूं–यदि मैंने विवाह किया तो अपनी पत्नी को प्रेम कभी भी नहीं कर पाऊंगा–सिर्फ काम-पिपासा शांत करने की वह साधन मात्र होगी। इसीलिए विवाह नहीं करता। क्यों किसी लड़की का जीवन व्यर्थ बरबाद करूं?

जिस दिन गाडरवारा, जबलपुर और पूना देखने और वहां ध्यान करने की मेरी प्रबल इच्छा पूरी हो गईं तब शायद मेरी स्थिति और होगी।

मुझे किसी से कोई शिकवा शिकायत नहीं। अस्तित्व में जो हो रहा है, सहज स्वीकार है। मुझे भली भांति यह भी मालूम है कि मेरी समस्या का समाधान केवल बातों से नहीं, सिर्फ ध्यान से होगा। केवल शब्दों से खेलने वाले चालाक और अहंकारी होते हैं।

मैंने संगरूर में होने वाले ध्यान शिविर में भाग लेने के लिए पत्र लिख दिया है क्योंकि मैं बहुत कामुक और कुंठित हो रहा हूं।

मुझे ओशो के सिवा इन दिनों कुछ और याद नहीं रहता। मेरे परिवार के लोग सोचते हैं–इस लड़के को क्या हो गया है? उनके बनाए नक्शे में इसकी फिटिंग क्यों उखड़ती जा रही है?

क्या मैं मात्र उनकी अपेक्षाएं पूरी करने के लिए ही हूं? वे सभी तो धन के पीछे पागल हैं।

मैंने आपके सामने अपना पूरा हृदय खोल कर रख दिया है/अंगीकार हो तो ठीक/न अंगीकार हो तो ठीक।

पिताजी ने सारे जीवन काम नहीं किया। घर की डांवाडोल आर्थिक स्थिति देखकर कभी संकल्प किया था कि मैं इतना धन कमाऊंगा कि माताजी ने पिछले 20-25 वर्षों में पिताजी के साये तले जो धन का अभाव महसूस किया है–उसे पूरा कर दूं।

सभी समस्याओं के लिए दोषी कोई और नहीं। यह सब मेरे मन की ही चालाकी है। मैं स्वयं कामुक हूं और दोष समाज पर मढ़ रहा हूं।

मैं ओशो प्रेम में हूं या केवल उनके प्रभाव में यह निर्णय नहीं कर पा रहा हूं। यदि प्रभाव में हूं तो वह तो वक्ती होता है।

धन पाने की प्रबल आकांक्षा है और इसे माता-पिता की अतृप्त इच्छाओं और अतीत की आर्थिक स्थिति के पीछे छिपा रहा हूं।

शायद पूरा कचरा आप पर उड़ेल दिया है, तभी इस समय खाली महसूस कर रहा हूं। क्या करता? डॉक्टर के सामने कोई भी बात छिपानी, मरीज के लिए खतरनाक हो सकती है।

मैं माताजी की आज्ञा के बिना पूना कम्यून भी नहीं जा सकता क्योंकि मैं उनके प्रेम को ठेस नहीं पहुंचाना चाहता। शायद मैं एक झूठे प्रेम की गुलामी का शिकार हूं।

प्रेम से आपका

संजीव

• • •

यह युवक भले ही मैट्रिक पास हो। पर संवेदनशील, भावुक और समझदार है। ओशो को इसने छककर पिया है और अब उन्हें जीना भी चाहता है। अपने मन की चालबाजियों से यह सतर्क है। ध्यान के लिए इसमें गहरी प्यास है। यह समझता है कि दमित कामुकता से मुक्ति ध्यान ही दिला सकता है।

मेरा संजीव से संवाद जुड़ चुका है। मैं उसे दो विस्तृत पत्र भेज चुका हूं। उसे उन पत्रों से कुछ ऐसा मिला है कि उसके विचारों ओर भावों में कुछ बदलाहट हुई। उसका पत्र लिखने का ढंग और सम्बोधन सभी कुछ बदल गया। सन्देहों का समाधान होकर उसके अन्दर सहज श्रद्धा का जन्म हुआ। दिनांक 28.11.97 के पत्र में वह लिखता है।

प्रिय भगवन,

प्रेम!

आपके प्रेम को महसूस करते हुए मैं आनन्दित और आपका अति आभारी हूं। आपने मेरी मानसिक स्थिति के अनुसार भगवान श्री के द्वारा बताए कुछ ध्यान प्रयोगों में डूबने के साथ कुछ तंत्र-विधियों की चर्चा भी की है। संभोग से समाधि पुस्तक और आडियो कैसेट मेरे पास पहिले से है। उन्हें मैंने पढ़ा और सुना है। अपने पत्रों में आपके द्वारा समय-समय पर ध्यान की सरल विधियां और प्रयोग लिखकर भेजने के लिए आभारी हूं। उनसे मेरे लिए जैसे स्वर्ग का द्वार खुल जाता है।

'ओशो ही ओशो' भाग एक मैंने मंगवा ली है। टाइटिल बहुत सुन्दर है।

"अगेह भारती जी पुस्तक लिखते समय जहां एक ओर ज्यादा भावुक हो जाते हैं, वहां दूसरी ओर आप पुस्तक में खुद मौजूद न रहकर प्रेम और श्रद्धा के सागर में गहरे उतरते चले जाते हैं। पाठक सिर्फ अपने को ओशो से जुड़ा महसूस करता है। भगवान श्री के प्रति आपके श्रद्धा प्रेम के यह पुष्प हम जैसे अपात्रों को भी भवसागर पार ले जाने वाले हैं।"

● ● ●

अपने विस्तृत पत्र में संजीव ने कुछ बिन्दुओं पर स्थिति स्पष्ट करने को तथा कुछ कागजों की फोटो कापी भेजने का अनुरोध किया है। मेरे शरीर छोड़ने से पूर्व एक बार मुझसे भेंट करने तथा गाडरवारा, पूना तथा जलबपुर जाने की उत्कट प्यास व्यक्त की है।

अंत में लिखा है–

'ओशो ही ओशो में आपने दृश्य चित्रण कमाल का किया है। सचमुच कवि गहरे अर्थों में चित्रकार होता है। 'पृथ्वी पर साकार स्वर्ग ओशो इंटरनेशनल कम्यून पूना, 'ऐश्वर्य कम्यून की जीवन शैली है' तथा पूना कम्यून में ओशो महोत्सव 96 का चित्रण इतना सजीव है कि पढ़ते समय मैंने स्वयं को कम्यून की गतिविधियों के बीच सम्मलित पाया और अन्य पाठकों की भी ऐसी ही दशा होगी, यह मैं दावे से कह सकता हूं। आपका प्रकृति चित्रण-प्रकृति के वास्तविक सौंदर्य को भी मात करता है।

ओशो ही ओशो भाग दो तो उन खोजियों के लिए वरदान है जो सद्‌गुरु के मैखाने में डूब जाना चाहते हैं।

आपका ही

संजीव धूरी

संजीव का अगला पत्र स्वामी अगेह भारती की 'एक ओशो शिष्य की डायरी' नामक प्रकाशित पुस्तक में, एक फक्कड़ मसीहा ओशो के संबंध में दी गई टिप्पणी से है। इससे पूर्व मैं उस पत्र को उद्धृत करूं, इसकी पृष्ठभूमि को स्पष्ट कर देना आवश्यक है।

'ओशो ही ओशो' पुस्तक में ओशो के संबंधियों बचपन के उनके बाल सखाओं, जीवन जागृति केन्द्र के समर्पित पुराने संन्यासियों एवं कुछ अन्य संन्यासियों के लिए साक्षात्कार प्रकाशित हैं। इन्हीं में एक साक्षात्कार स्व. अनन्त भारती (श्री भीखम चंद्र जैन) का भी है। वह जबलपुर जीवन जागृति केन्द्र के सक्रिय सदस्य थे।

उन्होंने साक्षात्कार देते हुए बताया था–जब हम लोग क्रांति दीदी व अन्य महिलाओं के साथ ओशो को ट्रेन पर छोड़ने या रिसीव करने जाते थे तो कभी-कभी स्टेशन पर श्री शिव प्रताप सिंह (स्वामी अगेह भारती) और उनके दोस्त श्री नारायण प्रसाद श्रीवास्तव जो रेलवे में काम करते थे, स्टेशन पर प्राय: मिल जाते थे और आचार्य श्री को महिलाओं के साथ देख कटाक्ष करते हुए गालियां सुनाते थे।

'ओशो ही ओशो' प्रकाशित होने पर सतना से स्व. अगेह भारती ने दिनांक 3.1. 1998 को मुझे एक विस्तृत पत्र लिखा जिसके कुछ अंश नमूने के लिए दृष्टव्य हैं।

प्रिय ज्ञानभेद जी,

प्रेम!

मुझे किसी ने 'ओशो ही ओशो' नामक पुस्तक के कुछ पृष्ठों की जीरोक्स कापी लाकर दी। देखकर मैं चकित रह गया हूं।

काश! भीखमचंद की एक भी बात सही होती जो तथाकथित भीखमचंद ने कही। बेशर्मी और धूर्तता के सारे मानदंड तोड़ दिए इस आदमी ने। मैं निंदक हो गया और यह बेईमान भक्त हो गया, जो कभी एक बार भी पूना नहीं गया। एक भी शिविर अटेन्ड नहीं किया। सेप्टिक टैंक बनाता रहा और सारा मल मूत्र उसकी खोपड़ी में जमा हो गया। वर्ना ऐसी झूठी बातें न करता। झूठ भी नहीं, केवल हरामीपन की बातें की हैं उसने। और मुझे आश्चर्य है कि आपने वैसा ही मान लिया। मेरा इतिहास जानने के लिए भीखमचंद को जन्म लेने पड़ेंगे अभी और तुम्हें भी। तुम्हारी समझ का दिवाला निकल गया है। तुम लोग ओशो को कूड़े-कचरे, झूठ-फरेब, मल-मूत्र से ढक दोगे।

वगैर: वगैर:।

श्री भीखमचंद्र द्वारा अपने साक्षात्कार में बताई बातों से श्री अगेह भारती की छवि धूमिल हुई। उन्हें चोट लगी। अत: उनका क्रोधित होना स्वाभाविक था।

इसीलिए 'एक ओशो शिष्य की डायरी' पुस्तक में स्वामी अगेह भारती ने एक फक्कड़ मसीहा ओशो खण्ड एक के संबंध में टिप्पणी करते हुए लिखा–मैंने ओशो पर लिखी सबसे रद्दी पुस्तक दयाल की व उसके बाद ज्ञानभेद की पाई है।

संजीव अपने दिनांक 2.5.98 के पत्र में लिखता है–

प्रिय भगवन,

प्रेम!

अगेह भारती जी की एक नई पुस्तक 'एक ओशो शिष्य की डायरी' मुझे इसलिए खरीदनी पड़ी क्योंकि उनकी पूर्व पुस्तकों पर मैंने उनकी प्रशंसा करते हुए जो पत्र लिखे थे, वे प्रकाशित हुए थे।

फिर संजीव ने विस्तार से स्व. अगेह भारती द्वारा मेरी पुस्तक को सबसे रद्दी घोषित किए जाने के संबंध में पूर्ण प्रसंग का उल्लेख करते हुए लिखा है–

इस संदर्भ में स्व. अगेह भारती को पांच पृष्ठों का पत्र लिख रहा हूं, उनके मन की साइक्लोजी समझने के लिए।

अगेह भारती जी की पूना कम्यून के स्वामी चैतन्य कीर्ति, मां नीलम, मां अमृत साधना जी, आपसे और पूना कम्यून की गतिविधियों से क्या रंजिश है?

(यह प्रसंग उन दिनों का है जब स्वामी अगेह भारती ने प्रभु जी का शिष्य होकर माला गाउन छोड़कर प्रभु जी का प्रचार करते हुए अलग आश्रम स्थापित कर, अपने नये निकाले पत्र में पूना कम्यून की आलोचना प्रकाशित की थी, जिसके फलस्वरूप ओशो टाइम्स में पूरा समाचार प्रकाशित हुआ था कि उन्हें कम्यून से निष्कासित कर दिया गया है।)

संजीव लिखता है–उनकी (स्व. अगेह भारती) सारी पुस्तकों का मैंने अध्ययन किया है जिसमें ज्यादातर वे अपनी स्वयं की प्रशंसा करते हैं या ओशो के प्रति प्रेम प्रकट कर रहे होते हैं। लेकिन आपकी पुस्तकों में हमें सिर्फ ओशो के ही विराट व्यक्तित्व की झलक मिलती है। आप खुद जाने कहां गायब हो जांते हैं।

फक्कड़ मसीहा के अगले भाग के प्रकाशित होते ही कृपया तुरन्त सूचना भेजें।

मैं गहरे आनन्द में हूं। घर में सभी को मेरे प्रणाम कहें। पत्र प्रतीक्षा में।

प्रार्थी–**संजीव कुमार**

मैंने संजीव को पत्र लिखते हुए उससे इस प्रंकरण को समाप्त समझ कर इस बारे में सिर न खपाने को लिखा था। मैंने अगेह भारती जी को कोई पत्र नहीं लिखा। पूना कम्यून से निष्कासन के बाद उनके प्रभु जी भी उन्हें छोड़ कहीं चले गए। उनकी महत्वाकांक्षाओं का महल ध्वस्त हो गया। वह क्षमा मांगकर फिर से शिविर-संचालक बन गए। फिर से उन्होंने ओशो की माला और गाउन पहिन लिए।

ओशो को जो छोड़ भी देते हैं और जब वे अपनी भूल स्वीकार कर लेते हैं तो ओशो और उनके आश्रम में क्षमादान के साथ स्वागत होता ही है, क्योंकि ओशो तो बेशर्त प्रेम और क्षमा ही लुटाते हैं।

इन्हीं दिनों संजीव को फक्कड़ मसीहा का दूसरा खण्ड मिला। उसे पढ़ने के बाद दिनांक 6.9.98 के पत्र में संजय ने लिखा–

प्रिय भगवन,

प्रेम!

कुछ लिखने को मन नहीं चाह रहा। फक्कड़ मसीहा का दूसरा भाग पढ़ा। मन करता है–पत्र खाली भेज दूं।

छल-छल बरस पड़ी आंखें
तेरी दीवानगी देखी जो ऐसी

दूसरे भाग में जो शराब पी, दुनिया की कोई शराब, कोई मैकदा उसके जोड़ का नहीं...।

भाग तीन के सम्बन्ध में मैंने दो तीन पत्र प्रकाशक को लिखे, पर कोई उत्तर नहीं आया।

प्रभु! अब मैं सिर्फ मौन में जानना चाहता हूं। सिर्फ मौन में। बहुत बोल चुका, थक चुका। बिना मौन के मैं अधूरा हूं। परमात्मा कैसे स्वीकार करेगा मुझे?

कृपया उत्तर दें।

संजीव धूरी

• • •

एक अन्य पत्र में वह लिखता है-

आदरणीय व मेरे प्रिय भगवन! (स्वामी ज्ञानभेद जी को)

असीम प्रेम!

प्रभु बहुत समय व्यतीत हो गया है आपसे पत्र का सम्बन्ध टूटे हुए। वैसे तो मेरे हृदय में आप सदा विराजमान हैं। ओशो और आप एक थे, एक हैं, एक रहेंगे। प्रेम और अस्तित्व में मैं शरीर का कोई मूल्य नहीं मानता। एक ऊर्जा है, महा ऊर्जा, जो स्वामी ज्ञानभेद जी या ओशो के रूप में आती जाती रहती है।

कृपया मेरे पत्र का उत्तर जरूर दें, मुझे हर पल उसकी प्रतीक्षा रहेगी।

मैं ओशो को सशरीर होते हुए देखने मिलने और उनके सामीप्य से तो चूक गया। परन्तु प्रभु आपसे नहीं चूकना चाहता क्योंकि एक पत्र में आपने लिखा था अपनी एक वर्ष की अंतिम यात्रा के संबंध में ... मैं तो हिम्मत नहीं जुटा पा रहा कानपुर आने की, क्या ऐसा नहीं हो सकता कि आप कैसे भी धूरी आयें और मेरा आतिथ्य स्वीकारें। आप जब तक मन चाहे तब तक मेरे पास रह सकते हैं। आपके एकांत की मैं पूरी परवाह करूंगा।

कृपया आप अपनी यात्रा के अन्त से पूर्व कैसे भी हो सके, मेरी अंतर्यात्रा शुरू करवा दें। सत्य की खोज, एक प्यास, एक अभीप्सा मुझे हर लम्हा पागल बनाए रखती है।

पत्र की प्रतीक्षा में पल पल

संजीव कुमार

मुझे अच्छी तरह याद है—मैंने लिखा था संजीव को—

–'मैं एक साधारण व्यक्ति हूं। कहां ओशो और कहां मुझ जैसा अपात्र। तुम तुलना करो ही न। कहां ओशो जैसा गौरीशंकर शिखर और कहां पृथ्वी पर चलता मैं एक अति साधारण व्यक्ति। हां! मैं अपनी संभावना जानता हूं। ओशो ही क्या परमात्मा भी होने की। पर वही सम्भावना तुममें और प्रत्येक में है।' आदि आदि। हां! तुम ध्यान करना शुरू करो कि ध्यान की विधि मैं लिख रहा हूं।

और संजीव की अंतर्यात्रा प्रारम्भ हो गई। उसने अपने दि. 3.12.98 के पत्र में लिखा–

–'आपको जानकर प्रसन्नता होगी कि इधर 5 दिनों से मैंने सक्रिय ध्यान करना शुरू कर दिया है। मुझे एक ओशो प्रेमी मिल गये जो पूना और चितवन (नेपाल) दोनों जगह गए थे। उन्हीं के घर हम दोनों सवेरे सक्रिय ध्यान करते हैं। इसके कई लाभदायक परिणाम भी देखने को मिले। जहां देर तक सोया रहता था, अब सुबह 5.30 पर उठ जाता हूं। भूख भी बढ़ गई है। शरीर भी हल्का हो गया है। नींद भी खूब गहरी आती है।

मैं सद्‌गुरु ओशो की अनुकम्पा से भरा जा रहा हूं।

एक फक्कड़ मसीहा ओशो भाग 3 पढ़ा। आनन्द मिला। आपने तो जैसे ओशो के आचार्य श्री होने के बाद का सारा समय साकार कर दिया। पढ़कर ऐसा लगता है जैसे आप हर जगह हर क्षण उनके निकट मौजूद थे और पढ़कर पाठक को भी लगता है कि वह उन क्षणों में स्वयं मौजूद है।

आपके चित्रण को पढ़ते हुए पाठक अपनी सुध-बुध खोकर पूरी तरह पुस्तक ही में डूब जाता है, जब तक कि वह समाप्त न हो जाए। मैं पूरे विश्वास के साथ कह सकता हूं कि अगर पाठक ओशो साहित्य न भी पढ़े और एक फक्कड़ मसीहा पूरा पढ़ जाये तो सब कुछ सार, तत्व रूप में जान जायेगा। आपके इस महान कार्य के लिए मैं आपको अपना आत्मिक धन्यवाद देता हूं।

पत्र का उत्तर शीघ्र दीजियेगा

ओशो प्रेम में

संजीव

यों बीच-बीच में संजीव के कई पत्र आते रहे पर उल्लेखनीय है दि. 2.3.99 का पत्र, जिससे स्पष्ट है कि उसके जीवन में ओशो के ध्यान और प्रेम के फूल खिले। वह लिखता है-

धूरी 2.3.99

प्रिय भगवन!

प्रेम!

आपके अपेक्षारहित प्रेम एवं पत्र के लिए बहुत-बहुत धन्यवाद। इस समय मैं इतना आनन्दित हूं जिसकी व्याख्या नहीं हो सकती और इसी स्थिति में आपके प्रेम भाव का पत्र मिलना उसे और भी लोमहर्षक व आनंदमय बना गया है।

मुझे न जाने क्यों यह आभास हो रहा है मेरे जून जुलाई के किताबों के सीजन के बाद आपसे जरूर मिलना होगा। शायद दिल्ली ही में हो जाये?

एक फक्कड़ मसीहा के पांचवें भाग का इंतजार है। 'ओशो ही ओशो' भाग 3 कब प्रकाशित होगा?

कृपया ओशो से संबंधित कुछ सामग्री, 'युक्रान्त' तथा 'ज्योतिशिखा' के कुछ अंक, आदि... मैं देखना और पढ़ना चाहता हूं। यदि वह सहज सुविधा से मेरे पास पहुंच सकें तो कृपा होगी और आपकी वे पुस्तकें भी जो आपने संन्यास लेने से पूर्व लिखी है।

संजीव

खतो-किताबत चलती रही। मेरी बेटी दामाद कालका में मुझे बहुत दिनों से बुला रहे थे। दिल्ली प्रकाशक से भी मिलना था। अतः संजीव की भावनाओं का ध्यान रखते हुए मैंने सितम्बर में धूरी चलने का कार्यक्रम बनाया। धूरी कालका से बहुत अधिक दूर नहीं था।

संजीव ने 2.7.99 के पत्र में सितम्बर में आने का ही अनुरोध किया था और लिखा था कि बरनाला के सभी संन्यासी मेरी आतुरता से प्रतीक्षा कर रहे हैं। इससे पूर्व वह अपने पत्र द्वारा संन्यास लेने और संन्यास का नया नाम स्वामी **आनन्द आलोक** मिलने की सूचना भी दे चुका था।

उसने एक अन्य पत्र में लिखा कि वह बरनाला के संन्यासियों, बुद्धिजीवियों, साहित्यकारों और ओशो प्रेमियों की एक सभा आयोजित कर मुझे शाल उढ़ाकर, स्मृति

चिन्ह देकर तथा प्रथम श्रेणी के आने जाने के किराये के साथ कुछ राशि भेंट करना चाहता है।

मैंने उसे स्पष्ट रूप से लिख दिया कि मान सम्मान में मेरी कोई रुचि नहीं। मैं कोई भी वस्तु या धन किसी भी दशा में स्वीकार नहीं करूंगा। मैं केवल प्रेम वश प्रेम बांटने ही आ रहा हूं। प्रेम बेचने नहीं।

वह किसी आयोजन को करने का विचार त्याग दे। 10-12 जो प्रेमी मित्र आ जाएं उन्हीं के साथ ध्यान-सत्संग और चर्चा-परिचर्चा हो जायेगी। न मुझे कुछ घटा है और न मैं बुद्ध हूं। केवल अंतर्यात्रा का एक पथिक हूं। वह मुझसे सभी अपेक्षाएं छोड़ दे अन्यथा मुझसे मिलकर उसे आघात लगेगा।

संजीव समझदार था। मेरा इशारा समझ गया। तभी उसने दि. 15.8.99 के पत्र में लिखा-

आदरणीय पिता जी,

प्रणाम!

आप सम्बोधन सुन कर चौंके नहीं। मेरा पत्र पाकर उसने मेरे प्रेम में पिता जैसे वात्सल्य का अनुभव किया, जो उसे अपने पिता से मिला न था। मैं इसलिए भी उसका पिता बन गया क्योंकि मैंने और मेरी पुस्तकों ने उसे ध्यान करने की प्रेरणा दी और उसका नया जन्म हुआ।

उसने लिखा-

अचानक आपका आशीर्वाद भरा प्रेम पत्र पाकर हर्षित हो उठा। मैं कुल्लू, मनाली और रोहतांग एक सप्ताह के लिए गया था।

हिमांचल पर्यटन से आज ही लौटा हूं।

मुझे आपके आने की प्रतीक्षा तो है पर मैंने आपके सम्बन्ध में कोई धारणा नहीं बनाई है, यह जानकर आप आनन्दित होंगे। स्वयं ओशो भी कहते हैं कि मेरे बारे में कोई धारणाएं या अपेक्षाएं बनाकर मत आओ। मैं तुम्हारी धारणाओं और अपेक्षाओं को पूरा करने यहां नहीं बैठा हूं। मैं भी तुम्हारी तरह एक साधारण मनुष्य हूं। अंतर केवल इतना है कि तुम सोए हुए हो और मैं जागा हुआ हूं।

मैं तो सिर्फ इतना जानता हूं कि जो ओशो बुद्ध, नानक, कबीर आदि को घटा है वह आपको भी घटा है। आपकी तलाश स्वयं की तलाश थी और आपने तलाश लिया। आप कवि, दार्शनिक, वैज्ञानिक और फकीर हैं और सबसे बढ़कर वो हैं जो हर कोई नहीं है। पिताजी, जिस दिन से आपको सम्मानित करने का पत्र डाला था, तब से आप अपने को असहज महसूस कर रहे हैं।

आपकी बात सही है, यह बात मेरे अन्दर इतनी प्रगाढ़ हो गई थी कि मेरे ध्यान में रूकावट बन गई थी।

पिताजी! आपका पत्र आने पर मैंने फैसला किया है कि आपके आने पर मैं आपके सान्निध्य का पूरा लाभ लूं। केवल प्रेमी मित्रों को फोन द्वारा सूचित कर दूंगा। जिसकी

हार्दिक इच्छा होगी वह आ जाएगा, चाहे कितनी भी बाधाएं हों।

इस पत्र के मिलने के बाद आशा है आप सहज हो जायेंगे।

आपका

संजीव कुमार

संभवतः कुछ पाठक समझें कि मैं अपने को हाईलाईट करने के लिए इन पत्रों का उल्लेख कर रहा हूं। पर मैं एक दूसरी ही बात कहने जा रहा हूं। अहं ब्रह्मास्मि की साधना, स्वयं को शरीर और मन के पार शुद्ध चैतन्य की धारणा, आत्म सम्मोहन का ही प्रयोग है। यह साधना का प्रथम चरण है जिससे शरीर और मन से तादात्म्य टूटे। पर ज्यों-ज्यों होश और सजगता बढ़ती है, सारी चर्चा सहज ब्रह्म (जागे हुए व्यक्ति की) होने लगती है।

संजीव को मैं हर पत्र में लिखता था–'पागल! मुझे कुछ घटा नहीं। तू इस गलतफहमी से मुक्त हो जा। पर मेरे इन्कार से उसकी धारणा और पुष्ट होती जाती थी क्योंकि वह समझता था कि जिसे घटता है वह न घटने की ही बात कहता है। उपाय केवल यही था कि मैं उससे मिलूं और उसकी धारणा स्वयं ध्वस्त हो जाये।

पर ऐसे पत्रों ने मेरी सजगता और होश को बढ़ाने में मुझे प्रेरणा दी। हालांकि यह बात सत्य है कि जबलपुर में मुझे बोधि वृक्ष के नीचे शक्तिपात का अनुभव हुआ था। मुझे सटोरी भी लगी थी। मेरी कामवासना सृजनात्मक ऊर्जा बन गई थी पर विस्फोट न हुआ था। पूरी समझ और प्रज्ञा विकसित नहीं हुई थी। मन पूरी तरह विसर्जित नहीं हुआ था। मैं मन का मालिक न बना था। जिसे अज्ञात बुद्धत्व का कोई अनुभव न हो उसके लिए संभवतः इतना होना भी किसी चमत्कार से कम न था। वह मुझमें यही चमत्कार देखना चाहता था और निराशा उसे होनी ही थी।

और आखिर कार्यक्रम अकस्मात बन गया। मुझे प्रकाशक से भेंट करने दिल्ली जाना ही था। मेरे दामाद भी उन दिनों कालका में थे और बेटी भी बहुत आग्रह से कालका बुला रही थी। अम्बाला से धूरी अधिक दूर नहीं था।

दिल्ली से शताब्दी एक्सप्रेस द्वारा मैं सायं लगभग सात-आठ बजे धूरी पहुंचा। स्टेशन पर संजीव के साथ सात-आठ उसके मित्र और ओशो-संन्यासी भी थे। उन सभी ने मेरे गले में पुष्पहार डाल कर मेरा स्वागत किया। उसने एक टाटा सूमो भी किराये पर ले रखी थी।

पहिले संजीव मुझे अपने घर ले गया जहां सभी मित्रों के साथ भोजन की व्यवस्था थी। एक फक्कड़ मसीहा ओशो के लेखन से न जाने क्यों संजीव मुझे बुद्ध-पुरुष समझने लगा था, जबकि उसकी इस गलतफहमी को मैं अपने प्रत्येक पत्र में दूर करने का प्रयास करता था, पर संजीव इसके बावजूद अपनी मान्यता छोड़ने को तैयार न था। उसकी इस गलतफहमी को मैं स्वयं मिलकर ही दूर कर देना चाहता था। इसीलिए भोजन करने के बाद वह मुझे अपने पड़ोसी के घर ले गया जहां कोई वृद्धा अंतिम सांसें भर रही थी। डाक्टर हर सम्भव उपाय करने के बाद निराश हो चुके थे और उसके घर परिवार के

सभी लोग उसके बिस्तरे के चारों ओर खड़े थे। शायद संजीव मन ही मन सोच रहा हो कि मैं उसे रोगमुक्त और स्वस्थ कर दूंगा।

मैंने उस मरणासन्न व्यक्ति से अनुरोध किया कि वह मोह, माया और कामनाओं से मुक्त होकर ओम् का जाप करते हुए शरीर छोड़ दे।

मैंने सभी मित्रों के साथ ओम् का सस्वर पाठ करते हुए रोगी की चारपाई की प्रदक्षिणा की और शांति पाठ के बाद वहां से चल पड़ा। सब कुछ बिना सोच विचार के अकस्मात हो गया। उसका क्या कैसा प्रभाव पड़ा उसे जानने की मैंने आवश्यकता महसूस ही नहीं की।

मेरे ठहरने की व्यवस्था बरनाला में की गई थी क्योंकि वहां ध्यान केन्द्र भी था और ओशो के भी कई संन्यासी वहां ही रहते थे।

एक मेटाडोर में हम छः सात मित्र मस्ती में ओशो के भजन गाते गुनगुनाते एक डेढ़ घंटे में बरनाला पहुंच गए। वहां एक होटल में रहने की मेरी व्यवस्था की गई थी।

उनमें से एक मित्र सुबह मुझे शहर से सात किलोमीटर दूर एक फार्म हाउस में ले गये, जहां पहिली मंजिल पर ध्यान केन्द्र स्थित था जिस पर बांस की सीढ़ी से पहुंचने की व्यवस्था थी। यह ध्यान केन्द्र एक सरदारजी चलाते थे जो कभी एक आतंकवादी थे इसीलिए उन्होंने पुलिस को पहुंच से दूर रखने के लिए ऊपर के कमरे पर पहुंचने के लिए सीढ़ियां नहीं बनवाई थीं। आपरेशन ब्लू स्टार के दौरान उन्हें गोली भी लगी थी। खूनखराबा और हिंसा से विरक्त होकर उन्होंने आत्म समर्पण करते हुए प्रेम और शांति का मार्ग अपना लिया और ओशो के समर्पित संन्यासी बन गए। उनके जीवन में 180 डिग्री का ऐसा मोड़ आया जिसने उनका जीवन ही बदल दिया।

सुबह 8-10 मित्र ध्यान करने आए। दस बजे संजीव के साथ वह मित्र, जो बरनाला में एक विद्यालय के अध्यापक थे, मुझे अपने साथ नाश्ता कराने ले गए। दही और आलू के परांठों का ठेठ पंजाबी नाश्ता। दोपहर का भोजन एक अन्य संन्यासी मित्र के यहां आयोजित था। वे मुझे बड़े प्रेम से अपने घर ले गए। उनकी पत्नी भी ओशो की संन्यासिन थीं। उस परिवार के प्रेमपूर्ण सान्निध्य में मैं यह पूरी तरह भूल गया कि मैं एक अनजान कस्बे में अजनबी लोगों के बीच हूं। मज़ा यह कि मेरा मेजबान संजीव बरनाला दूर धूरी में परिवार के अनुशासन का पालन करते हुए दुकान पर निश्चिंत बैठा था क्योंकि उसे अपने बरनाला के प्रेमी मित्रों और संन्यासियों पर पूरा विश्वास था कि वे मुझे उससे भी अधिक प्रेम और सम्मान देंगे। यह प्रेम और सम्मान वचनबद्धता के कारण विवशता में दिया प्रेम और सम्मान न होकर स्वत:स्फूर्ति सहज और स्वाभाविक प्रेम और सम्मान था, जिसे मैं शिद्दत से महसूस कर रहा था। दिन भर दुकान पर बैठकर वह शाम बरनाला आ जाता था। सायं के ध्यान में भाग लेते हुए एक दो रात वह बरनाला में ही रूका।

मैं पहुंचने के अगली सुबह ही होटल से सामान समेट कर फार्महाउस ध्यान केन्द्र में रहने आ गया था।

दूसरे ही दिन से ध्यान और सत्संग में मित्रों की संख्या निरन्तर बढ़ती ही जा रही थी। रविवार को तो 50-60 ओशो प्रेमी एक साथ आ गए और फार्महाउस की ग्राउन्ड पर फर्श बिछाकर कनात लगा दिए गए।

दोपहर में एक इन्टर कॉलेज के हाल में बरनाला के साहित्यकार, अध्यापक, बुद्धिजीवी और ओशोप्रेमियों ने मेरा फूल मालाओं से हार्दिक स्वागत किया। मैंने अपने एक घंटे के धारा प्रवाह प्रवचन में ओशो के संबंध में फैली भ्रान्त धारणाओं को मिटाते हुए उनके ध्यान, प्रेम और नष्ट होती पृथ्वी तथा मानवता को बचाने का सन्देश दिया। ओशो प्रेमियों और विरोधियों द्वारा पूछे गए प्रश्नों का भी सटीक उत्तर देते हुए उनके सभी सन्देहों का समाधान किया।

शाम के सत्संग में प्रेमी मित्रों की संख्या सौ से भी अधिक थी। तीसरे पहर पटियाला से संजीव की ही भांति तीन प्रेमी मित्र मुझे टाटा सूमो द्वारा पटियाला ले जाने को आ चुके थे। रात नौ बजे सत्संग समाप्त होने पर सभी प्रेमी मित्रों से विदा लेकर मैं पटियाला आ गया। रेलवे स्टेशन के पास मुझे संगम ध्यान केन्द्र में ठहराया गया जो एक ओशो संन्यासी का निवास स्थान भी था।

दूसरे दिन सुबह से पटियाला और नाभा के मित्रों के साथ ध्यान सत्संग का कार्यक्रम प्रारम्भ हुआ जो बरनाला से भी अधिक सफल रहा। दो दिन सत्संग के बाद एक प्रेमी मित्र ने कार द्वारा मुझे कालका अपने दामाद के घर छोड़ दिया।

पटियाला सत्संग में मैंने कहा था कि प्रकृति के सान्निध्य में ही ध्यान की गहराई में जाया जा सकता है। यह सुनते ही पंजाब कोओपरेटिव बैंक के चैयरमैन ने फोन करते हुए चैल में पी डब्ल्यू डी का डाकबंगला तीन दिनों के लिए बुक करा दिया था।

तीन दिनों बाद पटियाला नाभा के मित्रों ने टाटा सूमों में मुझे साथ लेकर चैल के लिए प्रस्थान किया। रास्ते में नदी किनारे 'बहना मिटना' का ध्यान कराते हुए हम लोग चैल पहुंचे जो महाराजा पटियाला की ग्रीष्म राजधानी था। छोटा सा सुंदर हिल स्टेशन। शांत, प्राकृतिक सुषमा से भरपूर।

तीन दिनों का ध्यान शिविर सम्पन्न कराने के बाद मैं कालका लौट आया।

बरनाला में संजीव के साहित्यकार मित्र पवन उनके परिवार तथा स्वामी अनादि भारती का नाम तो मुझे अब तक याद है। यद्यपि तीन अन्य संन्यासी परिवारों ने मुझे भरपूर प्रेम और सम्मान दिया। पटियाला कार्यक्रम सुभाष गर्ग ने स्वामी नवनीत की सहायता से आयोजित किया था।

मैं बरनाला या पटियाला ध्यान शिविर लेने गया ही नहीं था। केवल प्रेमी मित्रों से मिलने और सत्संग करने गया था। मित्रों के प्रेम भरे अनुरोध और अस्तित्व के किसी अदृश्य संकेत से ध्यान-शिविर के संचालन का कार्य स्वत: न जाने कैसे हो गया। इसे मित्रों ने न केवल सराहा बल्कि गहरे ध्यान में जाकर उन्होंने उनका भरपूर आनन्द लिया।

● ● ●

संजीव अर्थात स्वामी आनन्द आलोक ने मेरे बरनाला पटियाला से लौटने के बाद कई पत्र लिखे। उनमें से एक पत्र उल्लेखनीय है।

धूरी

आदरणीय प्रभु,

4.3.2000

प्रेम!

आपका पत्र मिला। धन्यभागी और धन्यवादी हूं। मैंने अपनी कल्पना में आपका कोई मॉडेल नहीं बनाया था। मुझे आपसे प्रेम है, आज भी है और रहेगा। यह क्यों, यह मैं नहीं जानता हूं। आपसे जो इतना लगाव महसूस करता हूं, इस रहस्य का पर्दा कुछ वर्षों बाद ही उठेगा।

पिताजी! मैं आपको अच्छे ढंग से एटेन्ड न कर सका, इसका मुझे खेद है और रहेगा। लेकिन आपको बुलाने और बरनाला से अंतिम दिन आपके जाने के समय मेरे उपस्थित न हो सकने में भी अस्तित्व का कुछ राज था, जो पूरा हो गया।

बुद्धत्व का असली अर्थ अब पता लगा। याद आती है आपकी निश्चल हंसी, प्रेम और अपनत्व से दी 'युक्रान्त' और 'ज्योतिशिखा' की भेंट।

अब फक्कड़ मसीहा के भाग सात की प्रतीक्षा है।

निवेदक

संजीव बन्सल

न मैं बुद्ध था और न मुझे बुद्धत्व घटा था। संजीव ने हृदय से मेरे लेखन से प्रभावित होकर यह धारणा हृदय में गहरी उतार ली थी कि मुझे बुद्धत्व घटा है। मैंने बोधिवृक्ष के नीचे शक्तिपात, कुंडलिनी ऊर्जा के ऊर्ध्वगमन का जिक्र जरूर किया था, पर वह सब कुछ अंतर्यात्रा के पड़ाव थे। सटोरी के कुछ अनुभव और झलकें थीं। पर मित्रों की इस धारणा ने मुझे अंर्तयात्रा पथ पर ध्यान करते हुए सतत् आगे बढ़ने की प्रेरण दी। किसी की अपेक्षाओं पर मात्र खरा उतरने के लिए नहीं। स्वयं अंदर का असंतोष ही मुझे गहरे...और गहरे ले जाने में सहायक हो रहा था। ओशो कहते हैं—साधक को बाहर जो कुछ संसार में मिले, उससे उसे संतुष्ट होना चाहिए, पर अंदर से सदा असंतुष्ट होना चाहिए क्योंकि तब तक धारा के साथ बहे जाना है जब तक धारा ही अस्तित्व के सागर में जाकर विलीन न हो जाए।

● ● ●

इसके बाद संजीव किसी तरह धन का जुगाड़ कर परिवार वालों के विरोध के बावजूद पूना गया। वहां पुराने संन्यासियों और आश्रम का असंवेदनशील व्यवहार पाकर उसे बहुत गहरा आघात लगा जबकि ओशो कहते हैं- नए आने वाले मित्रों को इतना प्रेम दो कि वे अजनबीपन महसूस न करें।

'ओशो ही ओशो' में उसने पृथ्वी पर साकार स्वर्ग पूना आश्रम का सुंदर वर्णन पढ़ा था। पर कल्पना और यथार्थ में अंतर होता ही है। उसको क्या, किसी को भी अपेक्षाएं

लेकर पूना आश्रम जाना ही नहीं चाहिए। तुम्हें सोचना चाहिए–यह उपेक्षा तुम्हारा अहंकार तोड़ने के लिए तो नहीं है।

फिर कई वर्षों तक संजीव से पत्र व्यवहार बंद रहा। मैं भली भांति समझ रहा था कि पूना जाकर उसे कटु अनुभव हुए हैं, उन्होंने उसके संवेदनशील हृदय पर गहरा प्रभाव डाला है। यह निष्क्रियता प्रायः सभी संन्यासियों के जीवन में आती है। भविष्य के सपने टूटना ही चाहिए। अपेक्षाएं ध्वस्त होना ही चाहिए। धीमे-धीमे विचारों की लहरें शांत होती हैं। जीवन में रजस और त्वरा कम होती जाती है। प्यास फिर अभीप्सा बनती है। अब संसार से सार्थक ऊब होने लगती है। पिंजरे खोल कर मुक्तकाश में उड़ने के लिए साधक पर तौलने लगता है।

प्रेमी मित्रों के पत्रों का उल्लेख करते हुए जब लिखना शुरू किया तो संजीव के पत्रों को उलटते-पुलटते उसका सच्चा प्रेम महसूस करते हुए मैंने उसे पत्र लिखा। उत्तर में उसने लिखा–

आदरणीय स्वामी जी, 29.9.2004

चरण स्पर्श! धूरी

सौभाग्यशाली हूं मैं। सौभाग्यशाली हूं क्योंकि आपका मुझे याद रखना, पत्र लिखना और अदृश्य प्रेम भेजना कितना रोमांचकारी है? लगभग एक वर्ष पूर्व मेरा विवाह हो चुका है।

आपकी कलम कभी शांत बैठ ही नहीं सकती। आप अब कवि नहीं रहे, बल्कि ऋषि होने की यात्रा पार कर रहे हैं। फक्कड़ मसीहा का खण्ड नौ पढ़ चुका हूं और पूरे के पूरे नौ सेट मंगवाकर संन्यासी मित्रों को भेंट भी कर चुका हूं।

आपका पत्र हमेशा मेरे लिए रोशनी, विकासमय पथ और मानसिक सहारा लेकर आता है। बहुत कुछ और भी है, जो शब्दों के पार है।

आभारी हूं आपका, कर्जदार हूं आपका, जो आपने मुझे इस योग्य समझा।

बहुत प्यार करता हूं मैं आपसे

आपका

स्वामी आनन्द आलोक

ओशो के अमृत वचनों ने लाखों के हृदयों में ध्यान और प्रेम के फूल ही नहीं पूरा नंदनकानन खिला दिया है। वे अपने प्रेम और आनन्द को बांटना चाहते हैं। चाहे यह बांटना–फक्कड़ मसीहा के खण्ड नौ का बांटना हो, या कुछ और बांटना हो। जल से भरा मेघ बिन बरसे चैन पाता ही नहीं। बरस कर ही वह निर्भार होता है।

कहां कानपुर और कहां पंजाब के एक कस्बे का भावुक संवेदनशील छात्र। उसने ओशो की जीवनी पढ़ी और ओशो का ही नहीं, उस जीवनी लेखक का भी दीवाना हो गया। उसने ध्यान करना शुरू किया। संन्यास लिया। विवाह किया। वह संसार से भागा नहीं। वह जागा है। होशपूर्ण हुआ है। उसकी अंतर्यात्रा भी पूरी होगी जब उसे अपने बुद्ध होने की याद आ जायेगी।

12

कुछ दीवानों के दीवाने ख़त

अब मैं उन ओशो प्रेमियों का जिक्र करना चाहूंगा, जिनसे मैं कभी मिला नहीं और न उनसे अधिक पत्रव्यवहार हुआ। 'एक फक्कड़ मसीहा ओशो' अथवा 'ओशो ही ओशो' पढ़कर वे अपने भावों को अभिव्यक्त करने से अपने को रोक न सके। पत्र द्वारा उन्होंने अपने ह्रदय को जो ओशो प्रेम से लबालब भरा था उड़ेलने का प्रयास किया है।

इन पत्र लेखकों में दुकानदार, छात्र और सरकारी नौकरी करने वाले तथा प्रत्येक वर्ग के सामान्य लोग हैं। पर यही सामान्य लोग वास्तव में असामान्य है। भौतिक सुख-सुविधाओं में रहते हुए, रोजी रोटी ओर विविध चिंताओं से मुक्त लोग तो, पैसे खर्च करके ओशो साहित्य के अलावा भी ओशो के बारे में लिखा साहित्य आसानी से खरीद कर पढ़ सकते हैं और समय की कमी न होने से इतमीनान से पत्र भी लिख सकते हैं। पर मध्य परिवार का व्यक्ति जिसे हर माह अपने घर के बजट को संतुलित करने के लिए बहुत माथापच्ची करनी होती है, उसके लिए आध्यात्मिक पुस्तकें खरीदना एक बहुत बड़ी लक्जरी ही है, विशेष रूप से जब परिवार की किसी भी व्यक्ति की उसमें दिलचस्पी न हो। ओशो प्रेम के कारण ओशो के प्रवचनों का संग्रह खरीदने की बात सहज और स्वाभाविक भी लगती है। पर जो शख्स ओशो के बारे में लिखी पुस्तक खरीदता है, निश्चित रूप से उसकी प्यास और तड़प सामान्य लोगों से कहीं अधिक है। मैंने इसीलिए उसे असामान्य अर्थात् असाधारण कहा। रोजी रोटी की फिक्र में व्यस्त वह ऐसी पुस्तकों को पढ़ने के लिए मुश्किल से समय निकाल पाता है। वह रोज भले ही चार-छः पृष्ठ ही पढ़े पर फिर भी पढ़ता है। उसे ओशो के बारे में अधिक से अधिक जानने की प्यास और तड़प है। उसकी प्यास कुनकुनी नहीं। वह गहरी अभीप्सा है।

ऐसे ही श्यामनगर आगरा के एक दीवाने राजेश वर्मा के पत्र का एक अंश देखें, जिसकी मुकेश जनरल स्टोर नाम से एक छोटी सी दुकान है। पर प्यास बड़ी और गहरी है। वह लिखते हैं–

पूज्य स्वामी ज्ञानभेद जी,

अभी कुछ दिन पहिले मुझ अज्ञानी के हाथों आपकी लिखी 'ओशो-ही-ओशो' भाग दो मिली। पढ़कर आपके शब्दों की जादूगरी, लेखन में सहज स्वाभाविकता व अंतर्प्रेरणा की जो महक मिली और ओशो के गूढ़ ज्ञान (सहज ज्ञान) की जो बारीक नक्काशी देखी उसने मुझे इतना प्रभावित कर दिया है कि इस पत्र को रात ढाई बजे न जाने क्यों आपको लिखने बैठ गया हूं।

यहां आगरा में मेरी एक छोटी सी दुकान है। ओशो को 1993 से पढ़ता हूं। एक-एक, दो-दो पेज रोज पढ़ पाता हूं। समय ही नहीं मिलता। रात को ही थोड़ा पढ़ता हूं। थकान की वजह से नींद आ जाती है। पिछले दो दिनों से बुखार आ रहा है, इसीलिए यह सुअवसर मिला और आपकी पुस्तक को पूरा पीने का समय मिल गया।

आपको पढ़कर ओशो के प्रति पहिले से बसा प्रेम इतना बढ़ गया है कि अब वह आंसूओं के रूप में झर रहा है। कृतज्ञतावश आपको पत्र लिखने बैठ गया हूं।

मेरे हृदय में आपसे पूछने को कई जिज्ञासाएं थीं परन्तु उन्हें पूछकर मैं आपके कार्य को सूचना केन्द्र नहीं बनाना चाहता। एक ध्यान-शिविर में भाग ले चुका हूं। संन्यास लेना शेष है।

अब कल से 'ओशो ही ओशो' का प्रथम खण्ड खोजूंगा।

ओशो प्रेम में आपका कृतज्ञ।

राजेश

मुकेश जनरल स्टोर

श्याम नगर खेरिया मोड़, आगरा

मेरा पत्र पाकर मुझे पत्र लिखते हुए मुकेश जनरल स्टोर श्यामनगर आगरा के मित्र राजेश जी ने डाक द्वारा 'एक फक्कड़ मसीहा' ओशो के तीन भाग मंगाए थे। उन्हें मैंने रजिस्टर्ड पोस्ट द्वारा भेजते हुए एक कार्ड द्वारा सूचित कर दिया कि वह 30 प्रतिशत कमीशन काटकर उनका लागत मूल्य मनीआर्डर द्वारा भेज दें।

इसके प्रत्युत्तर में राजेशजी का दि. 2.8.99 का पत्र द्रष्टव्य है।

पूज्नीय ज्ञानभेद जी,

सादर चरण स्पर्श!

आपके द्वारा भेजी गई अमूल्य पुस्तकें प्राप्त हुईं। इन्हें पाकर मैं इतना भावविभोर हो गया कि अपने आंसू नहीं रोक पाया। इन्हें पाकर न जाने क्यों ओशो की प्रेम पूर्ण ऊर्जा का आभास हुआ। यह आभास निरन्तर बना हुआ है। आपने VPP के बिना सीधे ही पुस्तकें भेजकर उस अज्ञात में परम विश्वास का सुबूत दिया है और अपना प्रेम रस इस तरह मुझ पर पहुंचाया है।

मुझे सक्रिय ध्यान अच्छा लगता है परन्तु घर में यह ध्यान करने के लिए उचित स्थान नहीं है। कोई ऐसा ध्यान बताइये जो आसानी से कर सकूं। मेरी कमी है कि मैं कामुक और क्रोधी दोनों हूं। जानता हूं बिना ध्यान के कुछ सम्भव नहीं।

● ● ●

मैं ओशो प्रेमियों को पुस्तकें कभी VPP से न भेजकर रजिस्ट्री से सीधे ही भेज देता हूं। मैं चाहता हूं। उन्हें वे लागत मूल्य पर मिल जायें। रजिस्ट्री का खर्चा व अन्य खर्चे 10 प्रतिशत में पूरे हो जाते हैं। फिर भी कुछ मित्र ऐसे भी हैं, जो इसका अनुचित लाभ लेने से नहीं चूकते, जिनमें पत्र सम्पादक आदि कई लोग सम्मलित हैं।

मैं उन्हें पत्र में सुदर्शन जी की कहानी बाबा भारती के घोड़ा का संदर्भ देते हुए यह निवेदन करता हूं कि वे यह बात किसी दूसरे को कृपया न बताएं क्योंकि लोग विश्वास करना ही छोड़ देंगे। बाबा भारती के पास एक सुन्दर घोड़ा था। डाकू खड़गसिंह का मन उस घोड़े पर रीझ गया। उसने वह घोड़ा कुछ देर की सवारी के लिए बाबा से मांगा। बाबा ने उसे सहर्ष घोड़ा दे दिया। वह घोड़े को भगाकर अपने अड्डे पर ले आया और संदेश भेज दिया कि वह घोड़े को वापस नहीं करेगा। प्रत्युत्तर में बाबा ने उसे संदेश भेजा–'अब यह बात तू किसी दूसरे से मत कहना, नहीं लोग विश्वास करना ही छोड़ देंगे।'

मुझे अस्तित्व पर पूरा विश्वास है। जिन्होंने पुस्तकों का मूल्य नहीं भेजा और पुस्तकें दबा कर बैठ गये उनकी कुछ विवशता रही होगी। मैं उन्हें कभी का क्षमा कर चुका हूं। जिन्हें भेजता हूं उनमें से अधिकतर मित्र राजेश जी की तरह ओशो की प्रेमपूर्ण ऊर्जा का आभास पाकर आनंदित होते हैं।

जाने कितने मित्रों ने 'एक फक्कड़ मसीहा ओशो' तथा 'ओशो ही ओशो' पढ़कर संन्यास लिया? वे जबलपुर तथा पूना आश्रम गए। ऐसे कई मित्र हैं जिन्होंने पूना कम्यून के संबंध में मुझसे फोन पर पूरी जानकारी मांगी और ध्यान शिविरों में भाग लेकर नियमित ध्यान करना प्रारम्भ कर दिया। यह मेरे लिए पुस्तकों का मूल्य प्राप्त होने से भी अधिक मूल्यवान है।

● ● ●

अपने अगले पत्र में राजेश जी ने सूचित किया कि ग्वालियर में होने वाले शिविर में उन्होंने संन्यास भी ले लिया और अब वह घर ही में सक्रिय ध्यान कर रहे हैं जिसकी व्यवस्था ओशो ने बना दी है और अब वह तीन माह निरन्तर नियमित रूप से ध्यान करेंगे।

पत्र के अंतिम दौर में वह लिखते हैं।

''आनन्द चारों ओर से बरस रहा है। ध्यान का आनन्द मिल रहा है। दिन भर आनन्द में निकल जाता है। यह सभी प्रेरणा आपके द्वारा लिखी ओशो पुस्तकों के कारण ही है।''

आपका

राजेश

कुछ और ऐसे ही छोटे-छोटे पत्रों की बानगी देखें।

आदरणीय स्वामी ज्ञानभेद जी,

'एक फक्कड़ मसीहा ओशो' जैसी श्रेष्ठ पुस्तक लिखने के लिए मेरी बधाई स्वीकार कीजिए। आपके परिश्रम और आपकी कलम को मैं नमन करता हूं।

वास्तव में आपने गागर में सागर भर दिया। इस पुस्तक को लिखकर आपने ओशो को अपनी सच्ची श्रद्धांजलि अर्पित कर दी। लाखों नए लोग ओशो को जानने के इच्छुक हैं। यह पुस्तक उनकी जिज्ञासा को काफी हद तक शांत करेगी।

भविष्य ओशो का है पर पुस्तक को देखते हुए मूल्य कुछ अधिक है जो मध्य

वर्गीय पाठकों के लिए ज्यादा है। इसके लिए मैंने प्रकाशक को भी पत्र लिखा है।

मेरी शुभकामनाएं और हार्दिक प्यार

के.के. त्यागी, एमए, बीएड
ग्राम चौबली जिला मेरठ

● ● ●

सागर, दिनांक 8.6.97

आदरणीय स्वामी जी प्रणाम!

आपकी नवप्रकाशित पुस्तक 'एक फक्कड़ मसीहा ओशो' आते ही पढ़ी। हम हिन्दी भाषियों पर आपने जो उपकार किया है... वह ...। इसे पढ़कर मैं झूम-झूम उठा। आगे के खण्ड जब भी हमें प्राप्त होंगे वह दिन हमारे लिए उत्सव का दिन होगा। आपका सागर में स्वागत है।

धन्यवाद

स्वामी बोध कामरान
वैराइटी बुक कार्नर, परकोटा रोड, सागर म.प्र.

● ● ●

स्वामी शिवम् भारती (एस के सिंह)
शिवाजी नगर आईटीआई, रायबरेली, उप्र

प्रिय स्वामी जी,

प्रेम!

आपके यहां से लाई गई 'ओशो ही ओशो भाग 2' तथा 'एक फक्कड़ मसीहा ओशो' के भाग 2 व 3 मैंने पढ़े। पुस्तकों की प्रशंसा में आपके पास बहुत से पत्र आए होंगे। वास्तव में पुस्तकें प्रशंसनीय हैं ही।

मैं मन में जैसी कामना करता था, वैसा ही पाया। खण्ड 4 कब तक मिल सकेगा? मैं फक्कड़ मसीहा के सभी भागों की बेसब्री से प्रतीक्षा कर रहा हूं। आप अपनी कुशलता का समाचार पत्रों में कभी-कभी अवश्य देते रहें।

आपका ही

शिवम् भारती

● ● ●

आदरणीय स्वामी जी,

सादर प्रणाम!

आपकी रचना एक फक्कड़ मसीहा ओशो के सभी नौ खण्ड पढ़े। जगह-जगह बिखरे हीरे मोतियों को इकट्ठा कर एक अमूल्य माला गूंथना हर किसी के बस की बात नहीं। ये एक विकट और असम्भव कार्य था जिसे आप जैसा समर्पित भक्त ही

अंजाम दे सकता था। वास्तव में यह कृति आपने-अपने रक्त से लिखी है जो बेजोड़ है। बधाई हो सर! धन्यवाद।

ओशो के शरीर छोड़ने का प्रसंग तो रोंगटे खड़े कर देनेवाला है। ओशो जैसे बुद्ध ही अंतिम क्षण तक होश रख सकते हैं। आम आदमी तो मौत के नाम से ही बेहोश हो जाता है। ओशो जैसा विवादित संत शायद न पहिले कभी हुआ है और न शायद आगे हो। ऐसे प्रज्ञा पुरुष को नमन, जो जिन्दगी भर अपनी शर्तों पर जिया।

धन्यवाद सर!

आपको हमारा प्रेम प्रणाम

राजवीर सिंह-ओम प्रकाश
कार्यालय अधि. अभियन्ता विद्युत वि.
संगरिया, ज़ि. हनुमानगढ़, राजस्थान

● ● ●

दिनांक 10.9.99

स्वामी ज्ञानभेद जी,

आपको मेरा नमन!

आपने तो कमाल कर दिया। भगवान श्री की पूरी जानकारी और उनकी देशना आपने एक फक्कड़ मसीहा ओशो में उड़ेल दी। आपका आभारी हूं।

मैंने प्रथम दो भाग बम्बई में उपलब्ध न होते हुए भी तीसरा, चौथा और पांचवा भाग खरीद लिया। पढ़ते ही आनन्दित हो गया। इसीलिए आपको पत्र लिखने सहज भाव से बैठ गया हूं।

मैं भगवान श्री को 1972 से सुनता आया हूं और उनको जिस रूप में देखा है, वैसा ही आपने उन्हें चित्रित किया है।

मेरे पास प्रभु श्री (ओशो) की करीब 400 पुस्तकें हैं और हर रोज उनका एक प्रवचन पढ़ता या टेप पर सुनता हूं। भगवान श्री को बम्बई और पूना में बहुत बार देख और सुन चुका हूं। उनकी वाणी का जादू बहुत प्रभावित करता है।

आप भावनगर (गुजरात) सेंटर पर सम्पर्क करें तो वहां से आपको भगवान श्री के फोटो मिल सकते हैं।

आपका आभारी

दिनेश (भावनगर, गुजरात)

● ● ●

प्रेषक–सी.के. शिंदे
मेरी टाईप C-3/24 मेरी कॉलोनी नासिक (महाराष्ट्र)
दिनांक 7.5.99

मा. स्वामी ज्ञानभेद जी,

प्रेमपूर्वक नमस्कार!

आपकी लिखी 'एक फक्कड़ मसीहा ओशो' भाग एक तथा ओशो ही ओशो के दोनों खण्ड पढ़े हैं। फक्कड़ मसीहा के खण्ड 2, 3, 4 व 5 कहां मिलेंगे और उनका क्या मूल्य है?

कृपया मुझे सूचित करें, यह विनती है।

एक ओशो प्रेमी

● ● ●

एक पत्र अत्यंत बेबूझ और रहस्यमय है। पत्र लेखक ने अपना नाम और पता नहीं दिया। वह कहता है कि वह वही है जो OSHO थे।

उस पत्र को ज्यों का त्यों उद्धृत कर रहा हूं।

Osho

पुस्तक अच्छी लगी। इसके लिए आपको धन्यवाद।

मैं कभी आपसे मिलूंगा क्योंकि मैं वही हूं जो OSHO थे

OSHO
Binod Kr. Singh
16-02-99 Morning Patna

● ● ●

चौंकिए मत। हम सभी ओशो होने की सम्भावना लेकर ही जन्मे हैं। ओशो का अर्थ है–बूंद का समुद्र में समाहित जो जाना। चेतना का बहुआयामी विस्तार और चारों से बरसता अस्तित्व अर्थात सागर का उमड़ कर बूंद को अपने में लीन कर लेना। खण्ड से अखण्ड हो जाना। B. Kr. Singh की घोषणा या सूचना पर हमें कतई चौंकना नहीं चाहिए। क्या मालूम वह सचमुच ओशो हो ही गया हो।

तुम भी हो सकते हो ओशो। तुम जन्म से ही बीज रूप में परमात्मा होने की संभावना लेकर जन्मे हो। बीज को साहस कर पृथ्वी के अज्ञात अंधकार में टूटना, गलना ओर पिघलना होगा। तभी अंकुरित होगा वह। उस नये उगे पौधे की रक्षा करनी होगी। बाड़ लगानी होगी उसके चारों ओर। फिर पुष्ट होकर वृक्ष बिना सुरक्षा चारों ओर फैलेगा। फल फूल और सुरभि देगा।

● ● ●

बी.ए. द्वितीय वर्ष के ओशो प्रेमी एक छात्र की हार्दिक और अनोखी अभिव्यक्ति पर जरा गौर करें।

– स्वामी जी! आपका राजा (ओशो के बचपन का नाम) तो मेरे दिल की धड़कनों में बस गया है।
– और आचार्य रजनीश सांस-सांस में।
– और प्यारे ओशो, पूरे अस्तित्व में।
– 'एक फक्कड़ मसीहा, ओशो जीवन-दर्शन की अभूतपूर्व मनोरम झांकी है।
– मैं आपका अनुगृहीत हूं जो आपने अस्तित्व की इस महान घटना का इस कृति में निर्वाह किया।
– साधना के सूत्र...।
– संवेदनात्मक अभिव्यक्ति...।
– कृपया मुझे पत्र अवश्य लिखें, ताकि आपसे व्यक्तिगत सम्पर्क कर सकूं।
– ओशो...
– मेरा पता–श्री लक्ष्मण सिंह राजपूत, ग्राम खेजरा माफी पो. बिलहारा राजा जिला सागर, म.प्र
– मेरा नाम–जितेन्द्र जुलाई सन् 2000

● ● ●

स्वामी आनन्द प्रेम अधिक शिक्षित नहीं हैं पर उन्होंने प्रेम के ढाई आखरों को, सुशिक्षितों से भी कहीं अधिक पढ़ा और पिया है। वह दिल्ली में एक जूस कार्नर चलाते हैं। उनके दो पत्र मेरे हृदय को छू गए।

ॐ

10.1.2001
दिल्ली

आदरणीय श्री स्वामी ज्ञानभेद जी सप्रेम!

आपके द्वारा लिखा हुआ 'एक फक्कड़ मसीहा' पढ़कर अपने अन्दर की ऊर्जा को पहिचान पा रहा हूं। मैंने ओशो का नवसंन्यास 2000 में स्वामी देवेन्द्र भारती से लिया लेकिन मैं आपसे बहुत प्रभावित हूं। जवाब जरूर दीजियेगा।

मैं इंतजार करूंगा

स्वामी आनन्द प्रेम
भगवान जूस कार्नर CE-3
हरी नगर, घंटाघर, नई दिल्ली

दिनांक 5.5.2001 को लिखे पत्र में स्वामी आनन्द प्रेम ने लिखा–

मैं आपके फक्कड़ मसीहा से बहुत प्रभावित हूं और आपसे मिलना चाहता हूं। मैं आपके पत्र का इंतजार करूंगा।

आपका मित्र स्वामी आनन्द प्रेम

● ● ●

मैंने स्वामी जी को पत्र लिखते हुए उनसे अनुरोध किया कि उनको खर्च कर कानपुर आने की कोई ज़रूरत नहीं। मैं आपकी ही तरह हाड़ मांस का एक साधारण व्यक्ति हूं। आपके प्रेम, समर्पण और उमड़ते भावों को मैं बखूबी महसूस कह रहा हूं। मेरा जब दिल्ली आना हुआ तो आपसे अवश्य मिलूंगा।

इसके बाद दिल्ली में तीन बार गया। पर यह सच है कि भागदौड़ में स्वामाजी से नहीं मिल सका। उनसे मैं क्षमा याचना करता ,हूं।

❑❑❑

13

ओशो और मेरी रचनाओं के दीवाने स्वामी ज्ञान अर्पितम, जिनकी याद कर नेत्र नम हो जाते हैं

सच्चे प्रेमी भक्त वही होते हैं जो अपने भगवान के चरित्र, उनकी लीलाएं और उनका नाम सुनते हुए तृप्त होते ही नहीं। वह चाहते हैं कि बस दिन भर अपने प्यारे का जिक्र सुनते ही रहें।

बड़ी हथाई गंगापुर जिला भीलवाड़ा के श्री भंवरलाल दुबे अर्थात् स्वामी ज्ञान अर्पितम, भक्तों की इसी कोटि में आते हैं।

उनके मुझे सात पत्र प्राप्त हुए। फिर उनके पत्रों का जिस दिन से आना बंद हुआ, मैं समझ गया प्यारे ओशो का नाम रटते-रटते स्वामी जी ओशो ही हो गए। अर्थात् बूंद समुद्र में विलीन हो गई।

ओशो के बारे में जहां भी जो कुछ नया छपा हो वह उसे पढ़ने को आतुर रहते थे। जब मैंने खण्ड पांच में यह घोषणा की थी कि मैं ओशो की कथा को आगामी दो खण्डों में समाप्त कर रहा हूं तो तड़पते हुए स्वामी जी ने लिखा था–'इस देवोपम गाथा को सात भागों तक सीमित रहना चाहिए या सात सौ वें भाग तक परोसते रहा जाना चाहिए।'

सच्चा भक्त, भगवान से प्यास और तड़प ही मांगता है। वह दर्शन और मिलन भी नहीं चाहता। गुरुदेव टेगौर ने एक गीत लिखा है उसका यही भाव है। भक्त खोजते-खोजते जब भगवान के द्वार पर पहुंच गया और दरवाजे की कुंडी खटखटाने के लिए हाथ ऊपर उठा तभी उसे ख्याल आया–भगवान से यदि भेंट भी हो गई तो उनसे कहूंगा क्या? उनसे मिलने के बाद फिर आखिर करूंगा क्या? तड़प और प्यास ही मिट गई, फिर जीवन में रहा ही क्या? और वह अलबेला भक्त बिना भगवान से मिले ही उनके दरवाजे से वापस लौट आया।

स्वामी जी का पहिला पत्र मुझे जवाबी पोस्ट कार्ड के रूप में 31 मई, 97 मिला जो उन्होंने दि. 27.5.97 को प्रेषित किया था।

गंगापुर दि. 27.5.77

ॐ

स्वामी जी महाभाग,

प्रेम प्रणाम!

इसके पूर्व मैंने आपको एक पत्र इसी आशय का लिखा था पर प्रत्युत्तर की अब तक प्रतीक्षा करता रहा। अब कृपया संलग्न पत्र द्वारा सूचित करने का अनुग्रह करें कि ओशो के जीवन से संबंधित जो लेख आपने ज्योतिष योग पत्रिका में दिया है वह सम्पूर्ण रूप से मुझे कहां से प्राप्त हो सकता है?

"ग्लिम्पसेज ऑफ गोल्डेन चाइल्डहुड", "दि बुक्स आई हैव लव्ड" तथा "नोट्स ऑफ ए मैड मैन" इन तीनों दुर्लभ कृतियों का हिन्दी संस्करण कहां से और कब तक सुलभ हो सकता है?

आप धन्य हैं कि ओशो का आनन्द जी रहे हैं और पिला रहे हैं।

स्नेहाधीन

स्वामी ज्ञान अर्पितम

● ● ●

बड़ी हथाई गंगापुर
दि. 27.5.77

आनन्द स्वरूप,

स्वामी जी, महाभाग!

प्रेम प्रणाम!

आपकी संजीवनी सुरा युक्त कृतियां (ओशो ही ओशो दोनों भाग) एवं काव्य उपनिषद की वीपी छुड़ाकर प्रसन्नता है। साधुवाद।

हां! कृपया सूचित करें–फक्कड़ मसीहा का अगला भाग कब तक तैयार होकर पाठकों के पास पहुंच सकेगा?

स्नेहाधीन

स्वामी ज्ञान अर्पितम

● ● ●

13.5.98 गंगापुर

आदरणीय स्वामीजी महाभाग,

प्रेम प्रणाम!

ओशो के लाड़लों की अग्रिम पंक्ति में आप धन्यभागी हैं। एक फक्कड़ मसीहा ओशो के दो भाग तो VPP द्वारा डायमण्ड प्रकाशन से मंगवा लिए पर तीसरा, चौथा

और पांचवें भाग के लिए उन्हें जवाबी पत्र देने पर भी वहां से प्रत्युत्तर नहीं मिला है। आतुरता चैन से नहीं बैठने देती, अतः बार-बार आपको ही लिखने की घृष्टता कर बैठने के सिवाय और क्या करूं?

कृपया बताएं, आगे के फक्कड़ मसीहा के दो भाग, सद्‌गुरु मेरा सूरमा एवं भारत एक सनातन यात्रा यह कृतियां कहां से सुलभ हो सकेंगी? आप आनन्द मग्न होकर आनन्द बांटने का काम, सोमपान कराने जैसा महत्तम अनुष्ठान करने के लिए साधुवाद स्वीकारें।

आप धन्य हैं कि ओशो का आनन्द जी रहे हैं और पिला रहे हैं।

स्नेहाधीन

स्वामी ज्ञान अर्पितम

● ● ●

बड़ी हथाई, गंगापुर दि. 23.7.99

स्वामी जी महाभाग,

प्रेम प्रणाम!

फक्कड़ मसीहा ओशो के पांच भागों का अकल्पित प्रसाद पाने पर दो भागों के लिए डायमण्ड प्रकाशन से पत्राचार द्वारा समर्पित हूं। ओशो की अनन्य कृपा-किरणें आप पर किस घनत्व से बरस रही हैं कि ओशो दर्शन का इतने सरस, सारगर्भित एवं सुललित रूप में यह अमृत कलश हिन्दी पाठकों को अपने सुलभ कराने का महा उपकार किया है। इस लोकोत्तर देन के लिए साभार धन्यवाद।

आधुनिक वेदव्यास महाभाग! इस देवोपम सामग्री को केवल सात भागों तक सीमित रहना चाहिए? या सात सौ वें भाग तक परोसते रहा जाना चाहिए? क्षमा करें। शतशः साधुवाद।

स्नेहाधीन

स्वामी ज्ञान अर्पितम

● ● ●

यह स्वामी जी से प्राप्त अंतिम पत्र था। शेष चार खण्ड प्राप्त करने से पूर्व ही, वह ओशो ही हो गए। बूंद समुद्र में मिल गई। उनकी शीघ्रताशीघ्र सभी खण्डों को पाने की ललक और तड़पन मैं अब भली भांति समझ पा रहा हूं। व्यक्ति यदि ध्यानी है तो उसे छः माह पूर्व ही अपने शरीर छोड़ने की खबर हो जाती है।

स्वामी जी जैसे दीवाने प्रेमी भक्त और मुमुक्ष बहुत कम हैं। मैं स्वामी जी की ऊर्जा को हृदय से नमन करता हूं।

❑❑❑

14

देखन में छोटे लगै घाव करें गम्भीर

कई दीवाने ऐसे हैं जो पत्र लिखते हुए अपना नाम या पता नहीं लिखते, अथवा नाम तो देते हैं, पर पता नहीं देते। ऐसा जानबूझकर भी हो सकता है और भावदशा में डूबने पर भी।

कुछ सोचते हैं—पत्र लिख दिए, अपने भाव अभिव्यक्त कर दिए, अब नाम पता लिखकर होगा क्या? नाम पते से नए बन्धन निर्मित होंगे। फिर हम तो जग में अनाम आए थे। नाम तो शरीर और मन को एक सीमा से बांध देता है। अथवा वे इतने अधिक डूब जाते हैं भावों में कि 'तू' के सिवा 'मैं' खो ही जाता है।

ऐसे ही एक जबलपुर के प्रेमी दीवाने का पत्र मिला।

● ● ●

जबलपुर, दि. 13.6.02

आदरणीय स्वामी जी,

प्रेम प्रणाम!

यहां लाइब्रेरी में आपकी लिखी ओशो ही ओशो (संशोधित संबर्द्धित संस्करण) देखने को मिली। उसे लाइब्रेरी में बैठकर ही पूरा पढ़ा। प्रभु श्री के बपचपन के मित्रों की दास्तान तो बहुत प्यारी है। उसे बस मैं पढ़ते ही रहा, पढ़ते ही रहा।

एक फक्कड़ मसीहा ओशो के मैंने सभी खण्ड खरीद लिए हैं। आपसे अनुरोध है कि ओशो ही ओशो की प्रति मुझे रजिस्टर्ड डाक से भेजने का कष्ट करें। मैं पुस्तक मूल्य का मनीआर्डर भेज रहा हूं। आप प्रभु श्री के बालसखा व परमभक्त सोनी जी पर एक अलग से पुस्तक लिखने का कष्ट करें। सोनी जी के बारे में विस्तार से सारी दुनिया को मालूम होना चाहिए। उन पर तो वीडियो फिल्म बननी चाहिए। आप एक सिद्धहस्त लेखक हैं। आप प्रभु श्री के शिष्य श्री नरेन्द्र बोधिसत्व, दिल्ली के स्वामी ओमप्रकाश, स्वामी ब्रह्मवेदान्त जैसे संन्यासियों के साक्षात्कार लेकर प्रकाशित करें।

आपका

(नाम अपठनीय)

● ● ●

11/72 सुभाष नगर, नई दिल्ली के श्री विनोद बजाज के पत्र से जैसे प्रेम रस छलकता जा रहा है। वह लिखते हैं–

स्वामी ज्ञानभेद जी,

यूं तो आपकी एक फक्कड़ मसीहा ओशो पढ़कर मैं उसकी तारीफ में 100 पृष्ठ भरकर भेज सकता हूं लेकिन ओशो के माध्यम से मैं यह भी जान गया हूं कि जो काम तार के थोड़े से चुने शब्द कर सकते हैं, वह पत्र नहीं। मैं अब तक इसके छः भाग पढ़ चुका हूं। मैंने पहिला खण्ड पूरा करने के बाद आपसे फोन पर बात कर ली थी। अब तो चाहता हूं कि कुछ दिन आपके चरणों में ही बिताये जायें, क्योंकि आपने ओशो जीवनी की रचना कर पूरी पृथ्वी पर जो कृपा की है उसके लिए सभी ऋणी रहेंगे। मुझे इस बात का गर्व है कि मेरे पास इस पुस्तक को लेने वालों की कतार लग गई है। वो भी उन लोगों की, जिन्होंने ओशो पर कभी कोई ध्यान नहीं दिया।

सच स्वामी जी! इसे पढ़ते-पढ़ते कभी तो छतफाड़ ठहाका स्वयं ही लग जाता है और कहीं-कहीं आंखें पानी के झरने के समान हो जाती हैं। साथ ही साथ–ज्ञान का इतना बड़ा भंडार जैसे समुद्र की अथाह गहराई।

मेरी भगवान से यही प्रार्थना है कि आप जैसे महान व्यक्ति की कभी मन की कोई कामना अधूरी न रहे। हजारों वर्ष आपकी आयु हो। परमात्मा ने चाहा तो एक बार मैं आपके दर्शन जरूर करूंगा।

कोई त्रुटि हो तो क्षमा करना।

ओशो प्रेमी

विनोद बजाज

11/72, सुभाष नगर/नई दिल्ली

फोन 9811181482

ओशो धर्मदीप ध्यान केन्द्र, अकिवाट जिला कोल्हापुर (महाराष्ट्र) के संचालक स्वामी जयपाल भारती लिखते हैं–

दिनांक 25.12.2001

परम प्रिय स्वामी ज्ञानभेद,

प्रेम!

क्या लिखूं और क्या बोलूं? आपने तो ओशो के साथ हमको उनका लंगोटिया यार बना दिया। चार या छः माह पूर्व एक साथ एक फक्कड़ मसीहा ओशो के सभी नौ खण्ड मंगा लिए और उन्हें पढ़ते हुए ओशो के साथ सत्संग में रसविभोर होकर, सारी सुधि-बुधि खो बैठा हूं। ओशो की गाथा लिखते समय जरूर ओशो ही आपके साथ बात करते रहे होंगे।

• • •

ओशो कहते हैं–मैं तुम्हारा गुरु नहीं–कल्याण मित्र हूं। तुम्हारे मन का वैद्य हूं। गुरु बनकर मैं तुम्हारी सेवा नहीं चाहता। मैं तुम्हारे व्यक्तित्व को दबाना नहीं, उसे उभारना चाहता हूं। अस्तित्व में प्रति पल चल रहे महोत्सव के रस रंग में तुम्हें डुबोना चाहता हूं।

ओशो कथा का रस रंग और ओशो के जीवन की घटनाएं हैं ही इतनी विस्मयजनक कि वाणी रूद्ध हो जाती है। पलकें झपकना बंद कर देती हैं। एक मस्ती और सजग निष्क्रियता छा जाती है। तभी तो स्वामी जी की स्थिति–'क्या लिखूं या क्या बोलूं?' जैसी हो गई। वह रसविभोर होकर सुधि-बुधि खो बैठे। सुधि-बुधि खोने का स्पष्ट अर्थ है–विश्लेषण करने वाली बुद्धि विसर्जित हो गई। मन रहा ही नहीं।

सद्‌गुरु के दर्शन और श्रवण से, श्रद्धा भरा हृदय अमन में डूबता है। पर एक ओशो हैं, जिनकी कथा पढ़ते हुए भी उनके प्यारे, सहज ही मन के पार हो जाते हैं।

मेरे हृदय में प्रेमी मित्रों की इन 'प्रेम पातियों' को प्रस्तुत करने का भाव अज्ञात अस्तित्व के संकेत से ही उठा है। इन्हें पढ़कर भी बहुत से प्रेमी मित्र अपनी सुध-बुध खो बैठेंगे, यह मुझे बखूबी मालूम है। कुछ थोड़े से मित्र ऐसे भी होंगे, जिन्हें लगेगा–ज्ञानभेद अपने आप को महिमामंडित करने के लिए यह नाटक रच रहा है। लोक लाज-खोकर मैंने तो यह सोचना ही छोड़ दिया है कि लोग क्या कहेंगे? क्या सोचेंगे?

कुछ तो लोग कहेंगे
लोगों का काम है कहना

जिस दिन श्रीवल्लभ मिटा था और ज्ञानभेद का जन्म हुआ था, मैंने उस दिन भी लोगों के कहने की चिंता नहीं की। रिटायरमेंट की बिदाई पार्टी में मैरून गाउन और सद्‌गुरु की माला लटका कर सहज भाव से चला गया। कुछ लोग हंसे, ताने व्यंग्य और टीका टिप्पणियां भी हुईं। एक मित्र ने कहा–'नौ सौ चूहे खाय बिल्ली हज को चली।' मैंने हंसकर उन मित्र से कहा था–नौ सौ चूहे खाने के बाद ही चूहे खाने से ऊब हो गई है। सचमुच अपनी हज यानी ओशो आश्रम ही जा रहा हूं। चलो, तुम भी साथ चलो। तुम्हारा भी स्वाद बदल जायेगा।

एक पत्र है कि एक गांव में रहने वाले साधारण व्यक्ति का जिसने समाचार पत्रों में ओशो के बारे में थोड़ा बहुत पढ़ा है। ओशो-गाथा पढ़कर उसमें क्या परिवर्तन हुआ यह आप उसके पत्र से ही समझने का यत्न करें।

जोधपुर दि. 26.4.2004

पूज्य स्वामी जी!

सादर चरण स्पर्श!

मैंने पहिले ओशो के बारे में सिर्फ अखबारों में थोड़ा बहुत पढ़ा था। कुछ ही महीनों पहिले जोधपुर में लगे स्वेदशी-मेले में ओशो की कुछ किताबें सामने आईं। दुकानदार के आग्रह पर मैंने आपकी एक फक्कड़ मसीहा ओशो का 9वां खण्ड खरीदा। घर लाकर पढ़ने लगा और ज्यों-ज्यों आगे बढ़ा त्यों-त्यों ओशो के रस और रंग में डूबने लगा। मैं विज्ञान का विद्यार्थी हूं अत: इस किताब को पढ़ने का अवसर कम ही मिलता था लेकिन

आखिरकार एक बार पूरी पढ़कर ही दम लिया। अब इसे पुन: धैयपूर्वक पढ़ूंगा और इसमें बाकी के खण्ड प्राप्त करने के लिए प्रकाशक को पत्र लिख रहा हूं।

जब इसका अंतिम खण्ड इतना आनन्ददायक है तो पहिले के खण्डों में क्या-क्या होगा, यह सोचकर ही रोमांचित हो जाता हूं। यह सब ओशो की चेतना और आपकी विलक्षण प्रतिभा का ही परिणाम है, जो हम जैसे अभागों को आपके माध्यम से ओशो के आशीष प्राप्त हुए। इसके लिए मैं सदा आपका आभारी रहूंगा।

ओशो की महिमा का कैसे गुणगान करूं, समझ में नहीं आता है। जो भी शब्द सोचता हूं, उनकी भगवत्ता के आगे गौण लगता है। आपके दर्शनों और पूना कम्यून देखने की इच्छा बलवती होती जा रही है। लेकिन यह कब पूरी होगी, इसे आने वाला समय बताएगा।

ओशो साहित्य के बारे में मैंने अनुभव किया कि अभी तक समाज का बहुत बड़ा वर्ग इससे वंचित है। ओशो प्रेमियों को इसके बारे में सोचना चाहिए। मैंने अपने एक दो दोस्तों को यह किताब उपहार में दी है और उनसे कहा कि अगर यह तुम्हें पसन्द आए तो तुम भी आगे इसी तरह यह श्रृंखला चलाते रहना। अगर हम ओशो प्रेमी थोड़ा सा भी प्रयास अपनी तरफ से करें तो बहुत बड़ा परिवर्तन हो सकता है।

ओशो साहित्य के लेखन पर आपके इस भागीरथी प्रयास के लिए आपको हार्दिक साधुवाद।

आपकी लेखनी को मेरा शत-शत प्रणाम।

दि. 26.4.2004

सुरेन्द्र दुग्स्तावा

ग्राम पोस्ट पून्दलु तहसील मेहता सिटी

जि. नागौर, राजस्थान

• • •

रेंगलपाली (उड़ीसा) के परदेसी बारिक का खत

हिंदी भाषी क्षेत्र में ही नहीं, ओशो सुदूर उड़ीसा के छोटे नगरों और कस्बों में भी लोकप्रिय हो रहे हैं। इसका प्रमाण है उड़ीसा के सरसरा (बरगढ़) में रहने वाले परदेसी बारिक का पत्र

रेंगालपाली

दिनांक 16.6.2000

आदरणीय स्वामी जी,

सादर प्रेम!

आपके द्वारा लिखित ओशो रजनीश की जीवनी 'एक फक्कड़ मसीहा ओशो' पढ़ने को मिली। ओशो के जीवन की हर घटना जितनी रोमांचक है उतनी ही प्रेरणादायक भी। अपने जीवन में पढ़े गए सभी जीवनी ग्रंथों में से इस ग्रंथ ने मुझे सबसे अधिक प्रभावित किया। ग्रंथ पढ़ते समय ऐसा अनुभव होता है मानो रूपहले पर्दे पर छाया-चित्र दिखाए जा रहे हों।

यदि आपके साथ साक्षात्कार करने की इच्छा हो तो यह कब और कैसे सम्भव होगा, कृपया लिखें। मेरे अंदर उक्त ग्रंथ का उड़िया में अनुवाद करने का भाव उठ रहा है।

आपका एक गुणमुग्ध पाठक
परदेसी बारिक, रेंगलपाली
सरसरा जि. बरगढ़ उड़ीसा

ज्ञानभेद होकर अतीत की जैसे होली जला दी मैंने। ज्ञानभेद नाम का पूना आश्रम ने जो रहस्य उद्घाटित किया था पर वह धीमे-धीमे अस्तित्व की अनुकम्पा से मूर्तिमान होता गया। WISDOM IS MYSTRY (ज्ञान एक रहस्य है) सबसे अधिक रहस्यमय तो हमारे ओशो हैं, जो एक साथ कई स्थानों पर अपने भक्तों को अलग-अलग रूपों में दर्शन देते हैं। किसी के साथ नाचते हैं तो किसी के साथ बोलते-बतियाते हैं। किसी को होठों पर उगुली रखकर मौन बने रहने का संकेत करते हैं।

पूरा अस्तित्व ही रहस्यमय है। असंख्य सितारे जो औंधे रखे थाल में भरे मोतियों की तरह परिभ्रमण कर रहे हैं, और इनमें से कभी कोई गिरता नहीं। यह बेला चमेली, जूही, रजनीगंधा, मधुमालती और मधुयामिनी के श्वेत सुवासित पुष्प, सिर्फ रात में ही खिलते हैं और थके क्लांत शरीरों को परम विश्राम में ले जाते हैं। कौन इनको भिन्न-भिन्न सुवास और रूप और रंग देता है? कौन सिखाता है पक्षियों को गीत गाना और कोयल को कुहकना। किसने नदियों को बहना और झरनों को गुनगुनाना सिखाया?

यह सब कुछ रहस्य था, रहस्य है और रहस्य रहेगा। जो इस रहस्य को रहस्य समझकर विस्मय विमुग्ध हुआ वह स्वयं रहस्यमय हो जाता है।

● ● ●

इस संसार में प्रत्येक व्यक्ति अजनबी है। भीड़ के नीचे खड़ा भी वह अकेला है। जो जरा ठहरकर, रूक कर अपनी चेतना को एक मिनट तक ही थिर करके चिंतन करता है उसे जीवन के निरर्थक और असार होने का बोध होता है। उसे सारे रागरंग फीके लगने लगते हैं। उसे अपनी उपलब्धियों पर भी निराशा होती है। किसी कामना के पूरी होने का वह पूरी तरह स्वाद और रस भी नहीं ले पाता कि कई कामनाएं उसे अशांत और उद्विग्न कर देती हैं।

लगभग ऐसी ही मनोदशा वाले F-27, गांधी नगर, ग्वालियर के श्री गिरीशचन्द्र पाण्डेय का दि. 2.4.2001 का पत्र है। वह लिखते हैं।

आदरणीय स्वामी जी,

सादर चरण स्पर्श!

मैंने आपकी पुस्तक 'ओशो ही ओशो' पढ़ी। पढ़कर आनन्द मिला। पहिले मैं विवेकानंद और अन्य संतों का साहित्य पढ़ा करता था। उनके अनुसार ढलने की भी कोशिश की परन्तु किसी को अपना न सका। फिर ओशो को पढ़ने लगा। कुछ पाने की अभीप्सा अभी भी बनी हुई है।

दिन भर प्रसन्न रहने के बावजूद भी दिन में एक समय ऐसा भी आ जाता है कि मैं कुछ चीजों पर सोचने पर विवश हो जाता है।

– जैसे कि मेरा पृथ्वी पर जन्म क्यों हुआ?

– मेरी आत्मा, अजन्मी, अनन्त और शाश्वत है। अर्थात् इस संसार के मायाजाल से पहिले भी मैं स्वतंत्र था और मुक्त होने के बाद भी स्वतंत्र ही रहूंगा तो उस ईश्वर ने मुझे इस जाल में डाला ही क्यों? उसे ऐसी आवश्यकता ही क्यों पड़ी?

इस सृष्टि की रचना ही क्यों हुई? सारे मामले बिना सृष्टि के भी चल ही रहे थे।

मेरे चारों ओर सब कुछ घटता ही चला जा रहा है और मैं मूक दर्शक की तरह चुपचाप खड़ा देख पा रहा हूं। ध्यान कुछ दिन पहिले किया करता था, परन्तु अच्छे परिणाम ही नहीं मिले इसीलिए छोड़ दिया।

आप ऐसी कोई युक्ति लगाएं ताकि मैं भगवान ओशो के सूक्ष्म शरीर से मिल सकूं। आप तो उनके सान्निध्य में रहे हैं।

● ● ●

ऐसा ही बहुत कुछ पाण्डेजी जी ने लिखा है। अध्यात्म के क्षेत्र में बहुत से नवप्रवेशी उन अति प्रश्नों से जूझते रहते हैं जिनमें सदियों से दार्शनिक पोथे के पोथे भरकर किसी भी एक निष्कर्ष पर नहीं पहुंच पाये हैं। उनके मन में चमत्कार घटित होने की भी कई कामनाएं होती हैं। मैंने उन मित्र को संक्षेप में ओशो देशना स्पष्ट करते हुए ध्यान में डूबने को कहा। किसी भी ध्यान शिविर में भाग लेकर 'ध्यान, प्रथम और अंतिम मुक्ति' सर्वसार उपनिषद व अन्य कुछ ओशो की पुस्तकें पढ़ने का सुझाव दिया। चमत्कारों और अति प्रश्नों को छोड़कर बुद्धि तल से हृदय तल पर उतरने का सुझाव दिया। ऐसे नवप्रवेशियों को सही पथ निर्देशन ही उनकी अंतर्यात्रा को सुगम बना देता है।

श्री संजय सावंत फौज में नौकरी करते हैं। अपने पत्र में वह क्या लिखते हैं जरा हृदय से उसे पढ़ने का प्रयास करें।

दि. 30.1.99

प्रभु!

चरण स्पर्श और प्रणाम!

मैं आर्मी में सर्विस कर रहा हूं। 1994 में जब मैं सिकन्दराबाद में था तब मेरे एक मित्र ने मुझे ओशो की एक पुस्तक पढ़ने को दी। उसके बाद मैं स्वयं ओशो की पुस्तकें खरीद कर पढ़ने लगा।

दिल्ली में मैंने पहिली पुस्तक 'संभावनाओं की आहट' पढ़ी और उसने मुझे ओशो का दीवाना बना दिया। ओशो नाम की मदिरा पीकर मैं मस्त हो गया हूं। मैं ओशो की अब तक अनगिनत पुस्तकें खरीद कर पढ़ चुका हूं और प्यास बढ़ती ही जाती है।

'एक फक्कड़ मसीहा ओशो' का तीसरा भाग मेरे हाथों में है और चौथे भाग का इंतजार है। मैं महाराष्ट्र के रत्नागिरी जिले का रहने वाला हूं और सर्विस के तीन साल

बाकी हैं। फिर मैं पूना के ओशो आश्रम में जाकर सन्यास लेना चाहता हूं। जब आप मेरी पुस्तकें भेजें तो उसके साथ कृपया मार्ग दर्शन दें कि संन्यास लेने के लिए मुझे क्या करना होगा। किताबें मिलने पर पैसे तुरन्त भेज दूंगा। आप कहें तो पैसे पहिले भेज दूं।

कृपाभिलाषी

संजय सावंत

4 NK/DVR/MT No. 692161 F

36-सेक्टर, OMP c/o 56 APO कालका

● ● ●

ओशो का सन्यास कहां नहीं पहुंचा? दिल्ली तीस हजारी कोर्ट का टाइपिस्ट भी उनका संन्यासी है। दिल्ली के फुटपाथ पर जूस बेचने वाला भी उनका संन्यासी है। डाक्टर, वकील, इंजीनियर, जज, दुकानदार, कृषक, आर्मीमैन, कवि, लेखक, विचारक, प्रोफेसर, अध्यापक आदि प्रत्येक वर्ग में उनके संन्यासी मौजूद हैं। लोगों में तड़प और प्यास है। खुद को बदलने का जुनून और साहस है।

उन्हें सही दिशा और निर्देशन ओशो आश्रम और उनके संचालक ही दे सकते हैं। उनका प्रेम, करुणा और सौहार्दभरा स्वागत उन्हें 'नया मनुष्य' बना सकता है, यदि ओशो के आश्रमों का यांत्रिक व्यवहार शालीन मधुर और साहस दिलानेवाला हो और वह उनकी सजोई- भावनाओं का खण्डित न करे।

ओशो ने प्रेम गंगा प्रवचन में यही बात कहा है–आश्रम के सन्यासी नये आये लोगों को भरपूर प्रेम दें। उन्हें यह महसूस न होने दें कि वे अकेले और निःसहाय हैं।

ओशो का एक ही सन्देश है–ध्यान और प्रेम। आश्रमों के संचालक तो प्रेमपूर्ण हो सकते हैं पर वे यह भी देखें और परखें कि उन्होंने रिसैप्शन पर जो संन्यासी रख छोड़े हैं वे प्रेमपूर्ण हैं अथवा नहीं?

तो अब आप तीस हजारी कोर्ट दिल्ली में चैम्बर नं. 67 सिविल साइड के टाइपिस्ट ब्लॉक में बैठने वाले श्री धर्मेन्द्र सिंह राणा (स्वामी शान्तम जश्न) के पत्र का मुलाहिजा लें। जो पेशे से आर्किटेक्ट हैं।

4.7.2000

मेरे प्यारे स्वामी ज्ञानभेद,

आपको बहुत बहुत प्रणाम।

मैं एक छोटा सा ओशो संन्यासी हूं। ओशो की किताबें तो सन् 92 से पढ़ रहा हूं पर ध्यान करते हुए सिर्फ तीन वर्ष हुए। जब दो साल पहिले मुझे पता चला कि ओशो के जीवन पर आधारित एक पुस्तक फक्कड़ मसीहा ओशो छपी है तो मैंने सोचा कि ओशो के विषय में तकरीबन सारा कुछ तो पढ़ा हुआ है फिर रु. 100=00 खर्च कर पुस्तक खरीदने से लाभ क्या? मुझे उनके जीवन की सभी घटनाएं तो पता ही हैं फिर क्या करना फक्कड़ मसीहा पढ़कर?

फिर पिछले महीने मैं एक ओशो मित्र के घर गया। वह फक्कड़ मसीहा का भाग तीन पढ़ रहा था। मैं उस पुस्तक को उत्सुकतावश उठा कर देखने लगा कि इसमें क्या सामग्री है? उलटते-पलटते मैं उसे पढ़ने लगा और कुछ ही देर में मुझे वह शांति और आनन्द मिला जो आज तक किसी दूसरी पुस्तक को पढ़ने में नहीं मिला था। मैंने इसके बारे में जब अपने मित्र से और जानकारी मांगी तो उसने बताया कि मैं इसके भाग एक और दो तो पहिले ही पढ़ चुका हूं। यह तीसरा भाग है। इसके जितने भी भाग छपेंगे मैं प्रत्येक को पढ़ूंगा।

मैं उससे मांगकर भाग एक और दो घर ले आया। बस मजा आ गया। कितना आया-यह मैं आपको बता नहीं सकता। आज तीसरा भाग समाप्त किया है और उसी में आपका पता देखकर यह पत्र लिख रहा हूं।

स्वामी जी! बहुत बहुत धन्यवाद।

कृपया आप पत्र का उत्तर आफिस वाले पते पर दीजियेगा। मेरा सादर चरण स्पर्श स्वीकार करें।

आपका एक छोटा सा हितैषी

स्वामी शान्तम जश्न

● ● ●

ऐसे ही मित्रों का प्रेम और प्यास देखकर मुझे बशीरबद्र साहब के निम्न शेर याद आ रहे हैं।

तेरे हाथ से मेरे होंठ तक, वो ही इंतजार की प्यास है
मेरे नाम की जो शराब थी, कहीं रास्ते में छलक गई।
तुझे भूल जाने की कोशिशें, कभी कामयाब न हो सकी
तेरी याद शाखे गुलाब हैं, जो हवा चली तो लचक गई
कोई दर्द जाँ का बताए क्या, कोई चोट दिल की दिखाए क्या
ये बहार कितनी अजीब है, मेरे जख्म फूलों से ढक गई

ओशो के दीवाने भक्त, ओशो को अपने प्रियतम के रूप में इसी तरह याद करते हैं। और मजा यह कि उनके प्रेमी दीवानों में आपस में कोई ईर्ष्या न होकर जबर्दस्त प्रेम है। ऐसा सर्व के प्रति प्रेम ही तो प्रार्थना बनता है।

● ● ●

अस्तित्व ने ओशो की प्रामाणिक जीवन गाथा लिखने का मुझे जो माध्यम बनाया, इसलिए नहीं कि ओशो का नाम और यश फैले। वह तो विश्व के कोने-कोने में पहिले से ही सूर्य के प्रकाश की तरह फैला हुआ, लोगों के हृदयों के अंधकारको दूर कर रहा है। माध्यम इसलिए बनाया जिससे लोगों की मूर्च्छा टूटे। वे जागें। वे होशपूर्ण, सजग, सृजनात्मक और सम्यक बनें। उनका बेशर्त प्रेम प्रार्थना बने। ध्यान उन्हें पूरी मानवता के प्रति दायित्व का बोध कराये। उन्हें पूरी पृथ्वी को आनन्द, उत्सव, प्रेम और होश से भर देना है जहां कोई व्यक्ति दुखी और उदास न रहे। जहां युद्ध, हिंसा और आतंक न हो।

हमें किस तरह की पुस्तकें पढ़नी चाहिए इस संबंध में फ्रांस का महान साहित्यकार काफ्का सुझाव देते हुए कहता है–

I think we ought to read only those books that bite & sting us. If the books we are reading do not shake us awake like a blow on the skull, why brother reading it in the first place? A book must be the axe for the frozen sea with us, that is what I believe.

[मेरे विचार से हमें वही सिर्फ वही पुस्तक पढ़ना चाहिए हमें अपने में बांध ले, हम जिसका दंश और चुभन महसूस करें। यदि कोई पुस्तक ऐसी नहीं है तो उसे हमारी खोपड़ी पर चोट कर उसे कंपाती और जगाती नहीं तो उसे पढ़ने की जरूरत क्या है? पुस्तक तो इस कुदाली की तरह है, जिसे पढ़कर हमारे अंदर के जमे समुद्र की बर्फ टूटती है। यही मेरा विश्वास और मान्यता है।]

ओशो के सभी प्रवचन-ग्रंथों के लिए काफ्का का यह कथन कितना अर्थपूर्ण है। पाठकों से प्राप्त पत्र भी मुझे यह विश्वास दिलाते हैं कि एक फक्कड़ मसीहा ओशो भी अस्तित्व की अनुकम्पा से ऐसी ही पुस्तक है जिसका जिक्र ऊपर काफ्का कर रहा है।

ओशो का संदेश विश्व के कोने-कोने में पहुंचा है। उन देशों में, जहां लोग आस्तिक हैं, उन देशों में भी जहां लोग नास्तिक हैं। केवल मुस्लिम देशों में ही उनकी कट्टर धर्मांधता के कारण ओशो लोकप्रिय नहीं हुए पर वहां भी चोरी छिपे कुछ उदार मुसलमान जो विशेष रूप से सूफी विचारधारा से प्रभावित हैं ओशो की पुस्तकें चोरी-छिपे पढ़ते हुए ध्यान भी करते हैं।

भारत में बंगाल, आसाम, उड़ीसा तथा पूर्वोत्तर राज्यों में भी ओशो की धर्म रहित धार्मिकता अभी अधिक नहीं फैली। बंगाली स्वाभिमान यह स्वीकार ही करने को तैयार नहीं कि रामकृष्ण परमहंस और चैतन्य महाप्रभु के बाद कोई दूसरा बुद्ध भी हुआ है। पर वहां मारवाड़ी तथा जैन समाज में ओशो लोकप्रिय हैं। पूर्वोत्तर भारत के राज्यों में कैथोलिक मिशनरी की कट्टरता, और अमरीकी प्रभाव लोगों को यथासम्भव ओशो से जुड़ने से रोके हुए हैं।

इसीलिए जब जोरहाट आसाम से एक मुस्लिम ओशो प्रेमी का मुझे पत्र मिला तो मुझे सुखद आश्चर्य हुआ। कट्टर पंथियों के भय के कारण वह अपनी डाक राजेश के नाम से मंगवाता है पर उसका नाम है रहमतुल्लाह अंसारी। उनके मेरे पास कई खत आए।

एक पत्र में श्री आर० अंसारी लिखते हैं–

प्रिय स्वामी ज्ञानभेद जी,

प्रेम!

मैंने आपके फक्कड़ मसीहा ओशो के एक से पांच भाग तक पढ़े। पढ़कर अच्छा लगा। आपने भाग पांच में जिस तरह ओशो के महत्त्वपूर्ण प्रवचनों के चुने अंश तिथिवार दिए हैं वह अत्यंत कलात्मक, ऐतिहासिक तथा अध्यात्म परक हैं। मेरा ख्याल है कि पहली बार ही किसी बुद्ध-पुरुष की जीवनी इतने विस्तार और सूक्ष्म रूप से चित्रित की गई है। इसके लिए आप बधाई के पात्र हैं।

मेरी सलाह है कि ओशो की जीवनी पर इसी तरह कई खंडों में चित्रकथा कॉमिक्स के रूप में शृंखला बद्ध निकलनी चाहिए जिससे बच्चों को शुरू से ही ओशो के जीवन और उनकी देशना का बोध हो। आशा है कि आप इस दिशा में अवश्य प्रयास करेंगे।

अपने नवीनतम प्रकाशन की कृपया सूचना देते रहें। इसी बुद्ध पूर्णिमा पर मैंने दो बार ओशो को स्वप्न में देखा। क्या यह केवल स्वप्न था या इसमें किसी रहस्य का संकेत है? इस बाबत मैं आपके विचार जानना चाहता हूं।

यह पत्र मैं बाएं हाथ से लिख रहा हूं जो हृदय केन्द्र से जुड़ा है। बाल्यावस्था में मैं बाएं हाथ से लिखता था, पर पिता की प्रताड़ना से दाएं हाथ से लिखना पड़ा।

इस पत्र में मेरे पूर्व पत्रों की अपेक्षा आप मेरे भावों में भी बदलाहट का अनुभव करेंगे।

शुभकामनाओं सहित।

राजेश (आर अंसारी) **रहमतुल्लाह अंसारी**

सरस्वती ठाकुरिया, नकारी रोडं,

जोरहाट 785001 (आसाम)

● ● ●

अन्सारी जी ने ओशो की चित्र कथा कामिक्स के रूप में निकालने की एक मौलिक सूझ दी है। ओशो टाइम्स, ओशो वर्ल्ड तथा ओशो साहित्य के प्रकाशन इस पर गंभीरता से विचार कर इसे क्रियान्वित करें। बच्चे ही कल होने वाले युवक हैं। यदि वे बचपन से ही ओशो की देशना समझें, ध्यान प्रयोगों में भाग लें तो उनका चित्त दमित न होगा। उनमें अंदर से आत्मअनुशासन जागृत होगा। वह एक सजग और होशपूर्ण नागरिक और विकसित होकर 'नये मनुष्य' बनेंगे।

अन्सारी जी ने ही अपने दूसरे पत्र में दि. 9.2.99 के पत्र में लिखा–

... और अधिक क्या लिखूं? आप अपने बारे में तो कभी कुछ लिखते ही नहीं। आपने न जाने कितने ओशो प्रेमियों का इंटरव्यू लेकर उनके आध्यात्मिक अनुभव लिखे किंतु आप अपने अनुभवों के बारे में कुछ भी नहीं लिखते?

हम ओशो प्रेमियों की बहुत इच्छा है कि आपके भी आध्यात्मिक जीवन के अनुभव पढ़ने को मिलें जिससे हम सभी लाभान्वित हो सकें। आपसे प्रार्थना है कि आप उन्हें जरूर लिखें।

आपका ही ओशो प्रेमी

राजेश (आर अंसारी)

सरस्वती ठाकुरिया, नकारी रोड,

जोरहात (आसाम)

एक अकेले रहमतुल्नलाह अंसारी ही नहीं, दो तीन मुस्लिम नवयुवक मेरे घर बहुत बार ओशो सत्संग के लिए आए हैं। उनमें से एक ने मां-बाप के लाख विरोध के बावजूद भी संन्यास लिया है।

यह हजरत हैं नूर एन अशरफ सिद्दीकी। संन्यास लेने से पूर्व एक ध्यान शिविर के बुक स्टाल पर इन्होंने एक फक्कड़ मसीहा ओशो पुस्तक देखी ओर वहीं उसे पढ़ने लगे। बस से घर लौटते हुए रास्ते भर उसे पढ़ने में इतने खो गए कि उनकी अटैची लेकर कोई साहब चलते बने। फक्कड़ मसीहा के अगले खण्ड की खोज उन्हें मेरे घर ले आई।

एक दूसरे मुस्लिम पत्रकार बंधु प्रायः सत्संग के लिए घर आ जाते थे। एक मोटर मैकेनिक भी ध्यान सीखने प्रायः मेरे घर आता रहा है।

नूर एन अशरफ ने एक फक्कड़ मसीहा पर अपने भाव प्रकट करते हुए एक पत्र में लिखा–

एक फक्कड़ मसीहा ओशो के खण्ड एक से पांच तक बहुत प्रेम, रोमांच और उत्सुकता से पढ़े।

ओशो जन्म के रूप में कुचवाड़ा से जो गंगोत्री निकली, उस ओशो जीवन की गंगा को आपने इन पांच खण्डों में ओशो के बम्बई प्रवास तक समेटने का बहुत सुन्दर प्रयास रहित प्रयास किया है।

इससे न सिर्फ मुझे बल्कि अनेक सत्य के दीवानों को युग-युगों तक गंगा स्नान का परम सौभाग्य मिलता रहेगा।

आपकी पुस्तक वह दीपक है, जिसने सूर्य का परिचय कराया। इन्हें पढ़कर ऐसा अनुभव हुआ कि यह सभी घटनाक्रम मेरे सामने ही घट रहा है। कभी पढ़ते-पढ़ते हंस पड़ता था, तो कभी आंखें सावन भादों की तरह बरस उठती थीं।''

देश भर में फैले ओशो प्रेमियों ने फक्कड़ मसीहा ओशो के विभिन्न खण्डों में डूबकर, अपने-अपने ढंग और स्वभाव के अनुसार उसमें वर्णित विभिन्न घटनाओं पर अपने विचारों और भावों को अभिव्यक्त किया है। वे उनका जीवन चरित्र पढ़कर हंसे और रोए हैं। विकसित और रूपान्तरित हुए हैं और उनकी जीवन शैली में एक परिवर्तन हुआ है। यह जादू हुआ है–ओशो के जादू भरे व्यक्तित्व और उनकी देशना के कारण। मैं उसे प्रस्तुत करने वाला माध्यम अवश्य हूं। सारा खेल ओशो का ही है। यह सारा मेला उन्हीं का जोड़ा गया है।

नागपुर के स्वामी जुगुल किशोर भारती ने अत्यंत संक्षिप्त पत्र में सब कुछ कह दिया है जो लोग 2-3 पृष्ठों में भी अभिव्यक्त नहीं कर पाए। उनके पत्र का एक-एक अक्षर ध्यान देने योग्य है।

26.10.2000

स्वामी जुगल किशोर भारती ओशोबा (OSMC)

राठी लेआउट, थंतोली AT काटोला (44132)

प्रिय स्वामी जी,

प्रेम प्रणाम!

एक फक्कड़ मसीहा के लिए आपको बार-बार किस तरह से धन्यवाद दूं। जिस ढंग से आपने पुष्पमाला बनाई है-वह अद्‌भुत है। जीवन के सभी रस इन फूल स्वरूप जीवन प्रसंगों से झरते हैं।

कुछ प्रसंग तो ऐसे हैं जिन्हें पढ़ते-पढ़ते आंख आंसुओं से डबडबा जाती है। एक फक्कड़ मसीहा प्रकाशित करके आपने प्रभु श्री के प्रेमियों के तृषित हृदय को तृप्त किया है। बहुत-बहुत धन्यवाद।

आपका अपना

जुगुल किशोर भारती

एक फक्कड़ मसीहा के सभी प्रेमी मित्रों के पते देते हुए मेरा भाव है कि वे खुलकर एक दूसरे तक अपने भाव और अनुभव सम्प्रेषित करें। पत्रों में व्यक्त भावोदगार पढ़ते हुए वे अपने भावों से लयबद्ध हो जाने वाले ओशो प्रेमियों को पेन फ्रेंड बना सकते हैं। अपने प्रेम को बांट और लुटा सकते हैं। ध्यान में विकसित हो सकते हैं। पुस्तक पर लेख लिख सकते हैं। ओशो टाइम्स और ओशो वर्ल्ड के सम्पादकों को पत्र लिखकर आसाम के मित्र के सुझावानुसार बच्चों के लिए ओशो के जीवन को चित्रमय कहानी कॉमिक्स के रूप में प्रस्तुत करने का अनुरोध कर सकते हैं। सार की बात यह कि वे ओशो के कार्य को गति दे सकते हैं।

सिवनी मालवा जि. होशंगाबद से स्टेट बैंक कालोनी में रहने वाले श्री आर के मुसेर लिखते हैं-

प्रिय स्वामी जी,

सादर प्रणाम!

एक फक्कड़ मसीहा ओशो के रसास्वादन का सौभाग्य मिला। इतना सजीव वर्णन है कि लगता है ओशो एक-एक शब्द में समा गये हों। पढ़ते-पढ़ते यों लगता है कि जैसे प्रत्येक घटना मेरे सामने अभी घट रही हो और मैं उनको साक्षी बना देख रहा हूं। यह पुस्तक प्रत्येक ओशो प्रेमी के दिल की आरजू है।

आपने न जाने कितना प्रयास और परिश्रम किया होगा, न जाने कहां-कहां कितना भटके होंगे, किस किस से भेंट करने के लिए न जाने कितने पापड़ बेले होंगे, और न जाने कितने खट्टे मीठे अनुभव हुए होंगे, फिर भी अथाह सागर की गहराइयों में जाकर जो मूल्यवान मोती निकालकर इस पुस्तक में संजोए हैं आपने, उसके लिए मात्र अहोभाव व्यक्त करने के अलावा मेरे पास शब्द ही नहीं है।

ओशो की पूरी कथा पढ़कर ही जाना कि उन्होंने हम लोगों के लिए जाने कितने कष्ट उठाए हैं? भारतभर में महीने में 20-22 दिन भ्रमण करते हुए, एक दिन में 5-6 सभाओं को सम्बोधित करते हुए उन्होंने अपना उत्तम स्वास्थ्य खराब कर लिया। अमरीका की जेल में उन्हें धीमा जहर दिया गया, रेडियो एक्टीविटी से गुजारा गया, जिससे असह्य यंत्रणा सहते हुए उन्हें अपनी देह त्यागनी पड़ी। उनका जीवन त्याग, तपस्या और कष्ट सहने का पूरा इतिहास है। उन्हें बुद्धत्व सहज ही घटित न हुआ। देवताल पहाड़ियों और नर्मदा तट पर उन्होंने ध्यान और तंत्र के न जाने कितने प्रयोग किए?

हम लोग साल दो साल ध्यान करके ही समझते हैं कि हमने बुद्धत्व की पात्रता अर्जित कर ली। इस पुस्तक से प्रेरणा मिलती है कि जीवन भर प्रयास करते हुए भी यदि कुछ भी न घटे तो भी उद्विग्न नहीं होना चाहिए। अनन्त धैर्य धारण करने की प्रेरणा मिलती है इस पुस्तक से।

मैं अपने विचारों को शब्दों में बांधने में अक्षम हूं। आप मेरी भावनाओं को मौन में ही महसूस कर लीजियेगा।

सप्रेम

आर के मुसरे
ग्रा. कृ. वि. अ.
स्टेट बैंक कालानी, सिवनी मालवा,
होशंगाबाद

❑❑❑

15

समग्र जीवन में अहिंसक विद्रोह का उद्घोषक-ओशो-साहित्य और साहित्य के आचार्यों द्वारा उसकी उपेक्षा

ओशो-साहित्य ने एक नया पाठक वर्ग उत्पन्न किया है। ओशो साहित्य की लाखों की संख्या के आंकड़े और पुनःपुनः प्रकाशित होते पुस्तकों के नये-नये संस्करण इसके साक्षी हैं। हिन्दी साहित्यकार, पाठकों में साहित्यिक अभिरूचि के न होने का आरोप लगाते हुए अपनी पुस्तक के प्रथम संस्करण को जो मात्र 500 या 1000 पुस्तकों का ही प्रकाशित होता है, वर्षों समाप्त न होने के कारण दुःखी होते रहते हैं, जब कि बंग्ला, मराठी, गुजराती और दक्षिण की भाषाओं में छपने वाले साहित्य की खपत कहीं अधिक है। हिन्दी भाषी राज्यों में शिक्षा का औसत कम होने का भी यह कारण बताया जाता है कि हिन्दी साहित्यिक पुस्तकों को यदि राज्य और केन्द्र की सरकारें अपने पुस्तकालयों के लिए न खरीदें तो स्थिति और दयनीय हो जाये।

इस तथ्य का सही विश्लेषण हिन्दी साहित्यकार करने में हिचकिचाते हैं। इसका मुख्य कारण है साहित्य संसार में धड़ेबाजी और राजनीति। एक अखाड़ा प्रगतिशील लेखक संघ का है जो केवल राजनीतिक चश्मे से ही साहित्य का सृजन करता है। उनका उद्देश्य है साम्यवादी विचारधारा का प्रचार। रूस में जिस तरह स्वतंत्र और निष्पक्ष साहित्यकारों का दमन किया गया और जहां की राजनीतिक दमन व्यवस्था को जनता ने नकार दिया, उस एकांगी विचारधारा के संकुचित साहित्य को हिन्दी भाषी नकार रहे हैं। दूसरा साहित्य कला, कला के लिए सिद्धान्त पर आधारित है। इस वर्ग के हिन्दी साहित्यकार संस्कृत निष्ठ हिन्दी का प्रयोग करते हुए, प्रतीकों, बिंबों तथा बोझिल चिंतन से भाषा को इतना दुरूह और बोझिल बना देते हैं कि आम हिंदी पाठक उसे खरीदने में हिचकता है। धर्मयुग, साप्ताहिक हिन्दुस्तान और सारिका जैसी पत्रिकाएं जो बहुत अधिक लोकप्रिय थीं और जिनकी प्रसारण संख्या भी अधिक थी, साहित्य में चलने वाली राजनीति के कारण प्रभावित होकर और बंद भी हो गई हैं। कुछ साहित्यकार जो इन अखाड़ों से अलग स्वतंत्र रूप से लिखते रहे हैं–जैसे फणीश्वरनाथ रेणु, अमृतलाल नागर, निर्मल वर्मा, मनोहरश्याम जोशी, शैलेश मटियानी, भगवती चरण वर्मा आदि...

उनके साहित्य की मांग है। जनता के बीच रहकर उसके दु:ख दर्द को भोगते हुए उनकी पीड़ाओं और समस्याओं को निष्पक्ष रूप से प्रस्तुत करने वाली साहित्य को जनता सिर आंखों पर बिठाती है।

ओशो साहित्य की मांग का प्रमुख कारण है कि ओशो ने तनावपूर्ण, दुखी, अशांत और उद्विग्न मनुष्य के जीवन को शांत उत्सवपूर्ण और सुखी बनाने के लिए, भटकती मनुष्यता को जागरूक बनाने के लिए ध्यान और प्रेम का एक नया मार्ग दिया। उन्होंने सभी समस्याओं के लिए उत्तरदायी सम्प्रदायों के तथाकथित पुरोहितों, पंडितों, मौलवियों और पादरियों के शोषण का भंडाफोड़ करते हुए सभी दलों के राजनीतिज्ञों के भ्रष्टाचार और वोट बैंक की घृणित चालों का पर्दाफाश किया। उन्होंने कोई समझौता न करते हुए निर्भीकता से सत्य की घोषणा की। उन्होंने अतीत में हुए बुद्धों के वचनों में जमी धूल धमास झाड़ते हुए उसे आज को मनुष्य की आवश्यकता के अनुसार संशोधित व परिष्कृत करते हुए सरल, सुबोध और रसमय ढंग से प्रस्तुत किया। उन्होंने नष्ट होती पृथ्वी और मनुष्यता को बचाने का आह्वान किया और वे कारण निर्भीकता से बताए जो बिगड़े पर्यावरण प्रदूषण ओर आतंकवाद के जिम्मेदार हैं। उन्होंने जीवन के प्रत्येक क्षेत्र में एक अहिंसक विद्रोह और बदलाव की आवाज बुलन्द की जो विश्व से भूख, गरीबी, शोषण और अन्याय मिटाते हुए न्यायपूर्ण गुणतंत्र की स्थापना करें जहां प्रत्येक व्यक्ति को गुणों और उसकी क्षमता के अनुसार विकसित होने का अवसर मिल सके।

उन्होंने जाति, सम्प्रदाय, देश, रंग रूप, स्त्री, पुरुष के सभी भेदभावों को समाप्त कर केवल मनुष्य की बात की कि वह कैसे दिव्य हो सकता है? उन्होंने प्रेम की सर्वाधिक गरिमा को महत्व दिया। मनुष्य की बुनियादी समस्या सेक्स के मनोवैज्ञानिक उदात्तीकरण का हल प्रस्तुत किया।

इसीलिए साहित्य के पुरोधा साहित्यकार, आचार्य और आलोचक, ओशो-साहित्य को साहित्य के अंतर्गत रखने से घबड़ाते और हिचकते हैं क्योंकि उनकी दादागिरी और महन्ती खतरे में है। वह मसि कागद न छूने वाले कबीर, सूर और रैदास को धार्मिक रचना करने वाले तुलसीदास को जब महाकवि मान सकते हैं तो ओशो को महान साहित्यकार मानने में उनकी हिचक क्या है? उनकी हिचक स्पष्ट है उनका धंधा समाप्त हो जाना। सरकार में उनकी पूछ मिट जाना। रेडियो, टेलीविजन और सरकारी संस्थाओं में उनका वर्चस्व मिटने से पुरस्कारों और सम्मानों का न मिल पाना और विदेश जाने के सपने ध्वस्त हो जाना।

निर्मल वर्मा, सुश्री अमृता प्रीतम, नीरज, खुशवंत सिंह, प्रीतिश नंदी जैसे स्वतंत्र साहित्यकार और पत्रकार इस सत्य को महसूस करते हुए ही ओशो से प्रभावित और अनुप्राणित होकर उनके महत्व को स्वीकार कर रहे हैं।

पूरी मनुष्यता को सुखी, आनंदित और विकसित करने वाली ओशो देशना ही, वैज्ञानिकों, मनोवैज्ञानिकों, समाज, शिक्षा और अर्थशास्त्रियों के साथ-साथ साहित्यकारों का भी आह्वान कर रही है कि वह उनके ध्यान, प्रेम गुणतंत्र और नये मनुष्य की

अवधारणा के स्वप्न को अपने ईमानदार स्वतंत्र निष्पक्ष विचारों और भावों द्वारा अभिव्यक्त करते हुए साकार करें।

नया आदमी, नई चेतना लायेगा
गड़ देगा फिर से नया चमन
कुछ धीरज धर, मर जायेगा पोला चिंतन
थम जाएगा खण्डित प्रतिमाओं का पूजन।

रोशनाई का अर्थ स्याही भी होता है ओर रोशनी की लकीर भी। तभी शिव ओम् अंबर लिखते हैं–

हम फकीरों ने जहां धूनी रमाई है
भागवत गाथा बगावत की सुनाई है
एक मुद्दत से तिमिर की सख्त मुट्ठी में
रौशनी की कंज फलियों की कलाई है।
संग्रहालय में रखो इस शख्स को यारों
आज भी इसके बयानों में सचाई है।
फड़फड़ाए पंख फिर जख्मी परिन्दे ने
पींजरे की अर्गला फिर खिलखिलाई है
अभी लफ्जों में लपट अंगड़ाइयां लेगी
अभी अंबर की कलम में रौशनाई है।

❑❑❑

16

एक मनमौजी मस्त जोरबा स्वामी जीवन नवीन जो होशपूर्वक रहना चाहता है

47-नागरडेरा प्रतापगढ़ (राजस्थान) स्टूडियो रजनीशी के प्रो. स्वामी जीवन नवीन मुझे पत्र लिखने वालों में सबसे मस्त, फिकरनॉट अजीबो गरीब अक्खड़, फक्कड़ अलबेले और शेरो शायरी के शौकीन रसिया तथा ओशो के दीवाने संन्यासी हैं। प्राय: वे पत्रों में तारीख लिखने के पाबन्द नहीं क्योंकि ओशो का संन्यासी तो समय के पार होता है। पर कभी-कभी वह तारीख के साथ-साथ समय और उस स्थान का भी पूरा उल्लेख भी करते हैं, जहां बैठ कर वह पत्र लिख रहे हैं।

कभी-कभी मूड आने पर वे अपने घर का नाम प्रीतम का उपवन रख लेते हैं। कभी उनका रजनीशी स्टूडियो, पिकासो स्टूडियो में बदल जाता है। प्राय: वे अपने भावों को प्रसिद्ध शायरों के प्रसिद्ध कलाम से अभिव्यक्त करना अधिक पसन्द करते हैं। इस मामले में स्वामीजी को दाद देनी होगी कि वह उर्दू साहित्य के नायाब और चुने मोती ही पत्रों द्वारा प्रेषित करते हैं।

स्वामी जी का अंतिम पत्र से पूर्व जो पत्र मुझे मिला, उसमें ही रजनीशी स्टूडियो का बदला नाम पिकासो स्टूडियो अंकित था। स्वामी जी ने अपना पिकासो प्रेम प्रदर्शित करते हुए पत्र पर स्याही गिराकर उसे चारों ओर से उठाकर सभी दिशाओं में फैल जाने दिया। कहीं गहरी और कहीं हल्की स्याही से पिकासो टाइप कला कृति उभार कर उन्होंने झेन पहेली मुझे उलझाने या सुलझाने के लिए सप्रेम प्रेषित कर दी।

स्वामी जी को कैलीग्राफी का भी शौक है। वे पत्र में ओशो के अक्षरों को विभिन्न कलाकृति के रूप में उकेरते हैं।

उन्होंने एक पत्र किसी शायर के हिन्दी में प्रकाशित पुस्तक के एक पृष्ठ की फोटो कापी कराकर उसके पृष्ठ भाग में लिखा कर भेजा। नक्श साहब का कलाम और उनके शेर पत्र का ही एक अंश है। इस शायरी के ऊपर खाली स्थान में Lovely Osho शब्द स्वामी जी ने अपनी कैलियोग्राफी की कलाकारी दिखाते हुए बहुत सुंदर रूप में आंके हैं। शायर के नाम की जगह स्वामी जी ने लिखा है-''लेखक-महेश चन्द्र 'नक्श'।'' वह शायर और लेखक में अंतर बखूबी जानते हैं पर चूंकि वह मेरे ओशो लेखन को सम्मान देते हैं, अत: वह शायर को लेखक लिखकर उसे अपनी ओर से एक्सट्रा संम्मान से नवाज रहे हैं।

यह तो हुई मजाक की बात, पर नक्श साहब के बेहतरीन शायरी का आप भी

आनन्द जरूर लें।

मौजों[1] ने दिया है, सहारा कभी-कभी
तूफां में भी मिला है, कनारा कभी-कभी
दिल खुद से बेनियाज[2] रहा, तेरी याद में
ऐसा भी वक्त हमने गुजारा कभी-कभी
दिल में सुलग उठी है, गमे जिन्दगी की आग
भड़का है आरजू का शरारा[3] कभी-कभी
क्या पूछते हो मुझसे, तर्जे-खिराम उसका
जिसने कदम-कदम पर जादू नये जगाए
यूं जागती है अक्सर इस दिल में याद तेरी
सावन में जैसे कोई कमसिन मल्हार गाए।

दो पृष्ठों में मुद्रित शेरों में से मैं केवल अंडरलाइन किए पांच शेरों को ही उद्धृत कर रहा हूं। यह नायाब शेर जैसे ओशो को ही सम्बोधित कर लिखे गए हों। यह शेर ओशो प्रेम को जागृत करते हैं। उनके प्रति श्रद्धा और समर्पण से सिर स्वत: नत हो जाता है।

ओशो प्रेम को अभिव्यक्त करने का स्वामी जी का यह अंदाजे बयां बेमिसाल है। इस कागज के पिछवाड़े कोरे कागज पर पत्र लिखते हुए उन्होंने अपनी स्थिति को निम्न दो शेरों में अभिव्यक्त किया है।

अपनी हस्ती के सबूतों को मिटाने के लिए
तुझको याद करता हूं, खुद को भुलाने के लिए
हम पै क्या गुजरी हमने तो दो चार कहे
उन पर क्या गुजरी जिसने शेर हजार कहे?

इसके नीचे ओशो के प्रसिद्ध वचन उद्धृत किए गए हैं–

आकाश को जानना हो, तो खुले आकाश के नीचे आ जाओ, अपनी-अपनी खिड़कियों को छलांगकर। और शब्द को जानना हो तो निशब्द में लीन हो जाओ, अपने-अपने शब्दों को त्यागकर।

–ओशो

अब पृष्ठ के बचे 3/4 भाग में स्वामी जी ने निम्न पत्र लिखा है–

माननीय मित्र स्वामी ज्ञानभेद जी,

समस्त कानपुर (बर्रा) के ओशो प्रेमियों को प्रेम प्रणाम सम्प्रेषित करें।

आपका भेजा हुआ नव वर्ष का नवीन ढंग से भेजा हुआ शुभ कामनाओं का पत्र मिला। आपके द्वारा मिले पत्र से मुझे फिर से ओशो पेन फ्रेण्ड क्लब चलाने का इशारा किया। आपके भेजे शुभकामना संदेश की फोटो-स्टेट कापी कारोबरी प्रियजनों को पूरे वर्ष एक माह में दो प्रतियां भेंट करूंगा।

ओशो के श्री चरणों में बारम्बार प्रणाम। अभी 18 जनवरी को संन्यास की दीक्षा के सातवें वर्ष में प्रवेश किया है। आप आशीष दें कि मेरा संन्यास फले फूले। क्रांति बीज

---

1. लहरों, 2. लापरवाह 3. चिन्गारी, 4. धीरे-धीरे चलने का ढंग

बनकर वृक्ष बने और लहलहा उठे। जिसकी डालों पर पक्षी बैठकर गीत गायें।

आमीन

स्नेहाकांक्षी जीवन नवीन

ओशो संन्यास लेकर कितने ऐसे हैं जिनके अंदर संन्यास का क्रांति बीज अंकुरित होकर वृक्ष बना, जिस पर बैठकर दूसरे पक्षियों ने गीत गाए? कितने प्रेरक वाक्यों को जिनमें ओशो की देशना, बोध और जीवन रूपान्तरण का आमंत्रण है, उसकी फोटो कापी कराकर अपने प्रियजनों को भेजते हैं?

स्वामी जी अधिक शिक्षित नहीं हैं। उनकी भाषा में कई त्रुटियां भी हैं। पर इस शख्स के भावों में एक शुचिता और पवित्रता है। कुछ करने की आग है। इसके हृदय में किसी गीत की ऐसी मधुरिमा घुली है जिसे यह दूसरे को बांटना चाहता है।

जाने कितने खत भेजे हैं इस कम्बख्त जीवन-नवीन ने? सोचता हूं उसकी पूरी दास्तान लिख दी अब कलम आगे बढ़ाऊं। दूसरे प्रेमी मित्रों के खत उलटते पलटते फिर जीवन नवीन का खत सामने आकर कहने लगता है–क्यों स्वामी जी! क्या हमारा जिक्र छोड़ देंगे? जरा गौर से पढ़ो, हम सभी से अलग और नवीन हैं।

लीजिए इन हजरत का एक और खत पेशे नजर है।

कमल स्टूडियो Osho 6.20 दि. 14.6.1998
शाह मार्केट, माणक चौक प्रतापगढ़ भाई साहब की दुकान

चूं इन्सां रो न बाजत फजलो अस्सा तै फरकज
आदमी तां नक्श दिवार (हजरत शेख सादी)

बादल आसमान में उमड़ घुमड़ रहे हैं। दिमाग थक गया है। मैं इस दूसरे स्टूडियो में नाममात्र को ही बैठता हूं और प्रार्थना करता रहता हूं कि जब तक मैं स्टूडियो में बैठूं कोई ग्राहक न आए। अस्तु!

आपकी फक्कड़ मसीहा ओशो पूरे विश्व की अनेक भाषाओं में छपे, ऐसी मेरी मनोकामना है। सद्गुरु कृपा पर ही सब निर्भर है।

प्रात: 11.5 बजे, 22.6.98

दादू दावा मत करियो, झूठा है संसार।
कई पन्सेरी आए गए, छोड़ गए घर बार।

पत्र देरी से पोस्ट करने पर क्षमा प्रार्थी हूं।

पुन: नमन के साथ। आवारा आसमान के प्रणाम।

आपने देखी इनकी हिमाकत? नया स्टूडियो भी खोला और दुआ कर रहे हैं कि जब तक दुकान पर बैठूं कोई ग्राहक न आए। वरना इनके महान चिन्तन और ध्यान में खलल पड़ेगा। कुछ लोग दुकान पर बैठने के लिए बने ही नहीं होते। ठोंक पीट कर बिठाये भी जाते हैं तो दुकान समेटने का साधन बन जाते हैं।

आप जनाब शेख सादी का फारसी का शेर कोट कर रहे हैं। पर अर्थ नहीं दे रहे।

जहां से शेर उड़ाया है, वहां अर्थ लिखा ही न होगा। शायद समझ रहे हों—ज्ञानभेद को अरबी फारसी सभी भाषाएं जानना ही चाहिए।

पत्र में और भी बहुत कुछ अल्लम बल्लम लिखा है। पर मैंने सार की बात लिख दी।

सार बात यही कि यह शख्स आवारा है। फक्कड़ है। हाई-स्कूल करने के बाद जब ओशो ने जबलपुर जाकर मनोविज्ञान और दर्शनशास्त्र पढ़ने का आग्रह किया था तो दद्दा जी ने कहा था—फिलासफी में एम.ए. कर लोग बेकार बने सड़कों पर चप्पलें पीटते हैं। विज्ञान पढ़ो जिससे डाक्टर और इंजीनियर बनकर कुछ कमा सको। तब ओशो ने कहा था—मैं आवारा ही बनूंगा।

दद्दा जी के चौंकने पर उन्होंने स्पष्टीकरण दिया था—घबड़ाइए मत! ऐसा आवारा नहीं जिसके लिए आपको शर्मिन्दा होना पड़े। मैं एक ऐसा अलबेला आवारा बनूंगा जिस पर एक दिन आपको गर्व होगा। पर कुछ करके मैं धन उपार्जित करूंगा ऐसी आशा आप मुझसे हरगिज मत कीजिए।

यह शख्स जीवन नवीन भी फक्कड़ और आवारा है। एक दिन इसकी अवारगी रंग लाएगी, यह मैं भली भांति जानता हूं।

किसी ने ठीक ही लिखा है—

बेसबब ही उदास हो जाना
किसने दिल के मिजाज को जाना?
वो मिरा ढूंढ़ना तुझे हर सूं
वो तिरा इस जहां में खो जाना।
और क्या काम है समुन्दर का
आस की कश्तियां डुबो जाना।

पर इस अध्यात्म की दुनिया का अजीब राज है कि जो डूब जाता है, वही पार हो जाता है और जो पार हो जाता है वह कुछ नहीं पाता।

स्वामी जी के 4.3.99 को लिखे एक अन्य पत्र की बानगी देखिए।

दोपहर 12 बजे केशवराय मंदिर के नीचे
बैठकर लिखना शुरू किया।

ओशो की मुहब्बत में जो पाया है
फकत वही तो हम जैसों का सरमाया है

स्वामी जी का तारीख, समय और स्थान लिखना, इस बात का सबूत है कि वे जो कुछ लिख रहे हैं अपने पूरे होशो हवास में लिख रहे हैं। इस बार वह सर्वथा नवीन संबोधन का प्रयोग करते हैं—

प्रिय बुजुर्गवार मित्र स्वामी ज्ञानभेद जी!

प्रेम प्रणाम स्वीकृत होवे।

वह प्रेम प्रणाम ही लिखकर छुटटी नहीं पाते। वह उसे स्वीकृत करने का भी अनुरोध कर रहे हैं। मेरे भेजे गए पत्रों को वह कितना अधिक सम्मान देते हैं वह उनकी निम्न पंक्ति से स्पष्ट है–

आपने प्रेम सागर की दावात में डुबोकर जो खत लिखे हैं वो मेरे लिए गीता, कुरान शरीफ और बाइबिल के समकक्ष ही नहीं, उनसे भी आगे है, क्योंकि रोशनी की एक लकीर तेरे घर से मेरे घर तक...(ओशो साथ हैं)

प्रेम वही है जब प्रियपात्र के वचन अमूल्य हो जायें, क्योंकि प्रेम तो परमात्मा होता है। गीता, कुरान और बाइबिल भले ही मूल्यवान हों पर शब्द तो मुर्दा हैं। उन पर समय की धूल जम गई है। शब्द, रूपान्तरण नहीं करते। रूपान्तरण तो प्रेम के एक आखर से होता है। स्वामी जी कबीर की ही बात दोहरा रहे हैं

पोथी पढ़ पढ़ जग मुया, पंडित भया न कोय।
ढाई आखर प्रेम का, पढ़ै सो पंडित होय।

पर स्वामी जी की अभिव्यक्ति जुदा है। मैं पढ़कर गर्व से फूला नहीं कि स्वामी जी ने मेरे वचनों को गीता, कुरान और बाइबिल से मूल्यवान समझा। मैं उनका भाव भली भांति समझ गया कि स्वामी जी के लिए प्रेम ही सर्वोपरि है। ओशो की रोशनी की लकीर से जब दो जुड़ जाते हैं तो उनमें एक आंतरिक संवाद स्थापित हो जाता है।

आगे पत्र में स्वामी जी लिखते हैं–

''मैं यदि कभी ओशो के किसी ग्रन्थ से कोई सूत्र लिख दूं तो आप ये कतई न समझें कि आपको ज्ञान...''

'दे रहा हूं' शब्द वह लिखना चाहते थे पर ऐसा लिखना धृष्टता लगा। यह उनकी विनम्रता की इन्तहा है कि ज्ञान लिखकर उन्होंने... लगा दिया।

उन्होंने आगे जो कुछ लिखा, आधुनिक युग के शिक्षित पाठक उसकी कल्पना ही नहीं कर सकते। पहिले गांव में किसी महत्वपूर्ण व्यक्ति का कोई पत्र आता था तो पूरा गांव और पूरा परिवार उसे सुनता था।

भगवान के भक्त को, भगवान से कम सम्मान नहीं दिया जाता क्योंकि भगवान तो अव्यक्त अरूप और अनाम है। भक्त के द्वारा ही उसकी खबर मिलती है। स्वामी जी आगे लिखते हैं–

''आपके पत्र पाकर मैं और मेरा परिवार मेरी मां, दोस्त और ओशो प्रेमी भी बड़े चाव से उसे पढ़ते हैं और खत मुझ तक आखिर में पहुंचता है। थोड़े ही दिनों में वो आदमी ओशो को पढ़ने और सुनने लगता है और ओशो अपना काम कैसे करते हैं, यह देख मैं दंग रह जाता हूं।''

ओशो ने एक प्रवचन में कहा है–मेरा प्रत्येक संन्यासी ही मेरा संदेशवाहक और धर्मदूत है। ऐसे पागल दीवाने और प्रभु प्रेम में प्यासे लोग ही ओशो के सच्चे संन्यासी हैं।

अब कोई टीका टिप्पणी न करते हुए मैं स्वामी जी के पत्र के शेष भाग को ज्यों का त्यों उद्धृत कर रहा हूं–

और हां! पत्र के शुरूआत में जो भाव व्यक्त करना चाहता था वह शेर इस तरह है–

देखता हूं बे-सख्त-बाहों को पर बनते हुए
एक मैं कि घबराया था, उनका हमसफर बनते हुए

21 मार्च संबोधि दिवस है। सभी को मेरी शुभकामनाएं। यह जरा ज्यादती तो नहीं क्योंकि आप सदा शुभ में जीते हैं।

आपका यह चिर परिचित पत्र मित्र (ओशो प्रेमी)

अनुगृहीत हूं सद्गुरु ओशो का कि वह पत्र के माध्यम से कितना प्रेम और मौजूदगी का एहसास एक साथ करवाते रहते हैं।

शेष साधुवाद
स्वामी जीवन नवीन
पत्र समाप्त किया 2.37 मिनट पर
5.3.1991 को पोस्ट किया

यह पत्र भी किसी पत्रिका में छपी दो गजलों की छाया-प्रति कराते हुए उसके पृष्ठ भाग में लिखा गया है। इन दो गजलों में एक व्यर्थ समझ काट दी गई है। दूसरी गजल प्रियदर्शी खैरा की निम्न प्रकार है–

आल्मारी में सजा कर जो दीवान रखा है
उसके हर सफे पर उनका नाम लिखा है।
क्यों छा गया नशा इस कदर अभी से
पी नहीं, बस लब से लगाया तो देखो यारो,
खुद को साकी और हमें खैय्याम लिखा है।
खैरा के दिल को खिलौना न समझना यारो,
दिल में जज्ब कर उसने तूफान रखा है

इस गजल के नीचे स्वामी जी ने तीन शेर अपनी कलम से लिखे हैं–

साकी पिला शराब वो जिसका सरूर राज हो
रक्स हो या झूमना, लेकिन सभी नमाज हो
इतनी पिला दे साकिया कि बेखबरी की खबर रहे।
और कदमों में तेरे साकिया, ये मेरा सर रहे।
ऐसा न हो कि पीके बहक जाऊं साकिया
बस मिरे हाले जार पर इतनी नजर रहे

"गुमनामी" आमीन, अस्तु।

सूफी काव्य में परमात्मा को माशूक, भक्त को आशिक और सद्गुरु को साकी कहा गया है। सद्गुरु, परमात्मा प्रेम के वचनों की शराब पिलाकर दीवाना मदमस्त बना देता है। स्वामी जी ओशो को परमात्मा और मुझे साकी मानकर ही अपने भावों को व्यक्त कर रहे हैं। प्रेमियों के शब्दों को बुद्धिवादी प्राय: नहीं समझ पाते।

उनका भाव उनके लिए अबूझ रहता है। वह तो हर शब्दों की शल्यक्रिया और विश्लेषण करते हैं। उस पर सोच विचार और तर्क वितर्क करते हैं। शब्द की वे जैसे शल्यक्रिया कर देते हैं और उसमें छिपे प्रेम से वंचित रह जाते हैं। तभी एक बैंक मैनेजर ने अपने मायके गई नवविवाहिता पत्नी का पत्र पाकर उसका परीक्षण कर उस पर लिखा–लिखावट और हस्ताक्षर मूल लिखावट से मेल नहीं खाते। अत: उसे बिना पढ़े ही उन्होंने वापस भेज दिया। अक्षर क्या, सच्चे प्रेमी तो मौन की भाषा भली भांति समझते हैं।

इनके दो पत्रों से ही आप इन जनाब के बारे में कुछ और विस्तार से जानने को उत्सुक हो गए होंगे। मैं भी हो गया था। मैंने उन्हें अपने पत्र द्वारा उनके स्वयं के ओशो से जुड़ने की ओर जीवन की प्रमुख घटनाओं के बारे में जानने का अनुरोध किया था। अब उनकी कहानी आप उनकी ही जबानी सुनिये, जो उन्होंने पत्र में व्यक्त की है। उनकी कहानी में सरलता, रोचकता और निश्छलता है।

OSHO

[तुमने खरीद कर मुझे अनमोल कर दिया गुरु-पूर्णिमा पर मंगल कामनाएं]

स्टूडियो रजनीशी

किरण सिंह छायाकार

नागरडेरा, प्रतापगढ़ (राज.)

प्रिय अंतरंग,

स्वामी ज्ञानभेद जी प्रणाम स्वीकृत होवे।

जब मैं क्लास तीन में पढ़ता था, मामाजी परिवार के ही साथ रहते थे। वे बहुत कठोर थे और अब भी हैं। घर में वे कई कैसेट सुनते थे पर रजनीश जी के कैसेट से उन्हें चिढ़ थी। पर मुझे वे अच्छे लगते थे।

तो यह है मेरे बचपन का सीन। फिर मुझे संगीत का शौक लगा और संगीत सीखा। फोटोग्राफी का शौक चढ़ा तो छायाकार भी बन गया। पर संगीत सीखते-सीखते सोहबत ने नशा करना भी सिखा दिया।

एक दिन चम्पानाथ महादेव में मैं अपने नये खरीदे रेडियो या ट्रांजेस्टर पर मुहम्मद रफी का वो गाना सुन रहा था–जिन्दगी का साथ निभाता चला गया, तभी वहां रजनीशजी के दो सन्यासी आए और मुझसे ट्रांजिस्टर का वोल्युम कम करने को कहा। थोड़ी सी बहस और हुज्जत के बाद मैंने वोल्यूम कम किया। फिर उनसे बातें होने लगीं और वे दोनों बहुत जल्द मुझसे घी, शक्कर हो गए। मैंने भंग छानकर दोनों को पिलाई। सोने चांदी का चिलम में दम भी लगवाया। वे दोनों मस्त होकर नाचने लगे और मुझे संभोग से समाधि पुस्तक पढ़ने को दी। उसी दिन शाम मैं उनमें से एक सन्यासी की बहिन सरोज से मिला जिसने मुझे ओशो के संन्यास के बारे में बतलाया और ओशो टाइम्स के अंक पढ़ने को दिए। मैंने अपनी जन्मपत्री देखकर जाना कि मैं संन्यास सन् 84 से 91 के बीच अवश्य लूंगा।

'पग घुंघुरू बांध मीरा नाची' का प्रवचन पढ़ने के बाद मैंने न जाने किस झोंक में अपनी डायरी में लिखा–अपुन हर हालत में दस तारीख को पूना में होंगे, भले ही किराए के लिए मुझे अपना कैमरा और सब कुछ ही क्यों न बेचना पड़े।

मेरी उसी मुंहबोली बहिन सरोज ने मुझे पैसे देकर पूना ओशो से संन्यास लेने भेजा। साधुओं की तरह भीख मांगता और ओशो को मन ही मन सलाम करता पूना पहुंचा।

स्वामी जी! आपने बहुत कुछ लिखवा लिया। फिर भी बहुत कुछ छूट गया है जिसे मैं नहीं लिख पा रहा हूं। हर एक के जीवन में एक बार आत्महत्या करने का ख्याल जरूर आता है। आखिर मैंने भी कर ही ली हाराकीरी। ... अब कुछ भी नहीं लिख पा रहा हूं। पर आपके स्वस्थ, व्यस्त और मस्त होने की कामना करता हूं। आपको जिस चित्र को रंगने का कार्य सद्‌गुरु की कृपा से मिला है उस (एक फक्कड़ मसीहा) में आप बूढ़े या वृद्ध क्यों न हो जायें, पर आपकी कलम की रवानी व जवानी बनी रहे और वह धाराप्रवाह लिखती ही रहे।

मेरे घर में पांच सदस्य हैं। मेरे पिताजी स्व. गिरवर सिंह जी 'भ्रमर' कवि थे ओर वीर तथा श्रृंगार रस में कविता लिखते थे। वह मालवी बोली के भीष्म पितामह कहे जाते थे। मेरी मां एक नेकदिल नर्स की सर्विस से रिटायर हो चुकी हैं। किसी बात की कमी नहीं है। मेरी एक दूसरी मां भी है, जिनके पांच बेटे हैं।

मेरा नगर, साहित्यकार मन्नालाल परदेसी का अनुपम नगर है।

प्रतापगढ़ से सिर्फ पूना जा सकता हूं और कहीं नहीं। आजकल सिर्फ अपने कमरे में ही बंद रहता हूं। अगरबत्तियां जलती रहती हैं और मैं ओशो के कैसेट सुनता रहता हूं। कभी रोता हंसता हूं तो कभी चीखता चिल्लाता हूं। हर बात के मजे ले रहा हूं।

आपने मुझसे अपनी बात बताने को कही थी सो मैंने इसीलिए राई रत्ती बता दी।

18 जनवरी, 1992 को मेरा संन्यास घटित हुआ। संन्यास के शरीर की उम्र अब छः वर्ष की है और मेरी उम्र 35 वर्ष। जन्म तिथि 10.11.63। स्कूल में सन् 64 में पैदा होना लिखवाया गया था।

अब बस।

हर आदमी में छिपे हैं दस बीस आदमी
जिसको भी देखना हो, कई बार देखना।

सभी को प्रणाम! ओशो के चरणों में नमन।

शेष अगले अंक में।

आपका ही

स्वामी जीवन नवीन

नागरखेड़ा, प्रतापगढ़–312605

मैंने स्वामी जी के पत्र की अशुद्धियां सुधार कर लिखी हैं अन्यथा पाठकों के लिए उनका पत्र दुर्बोध हो जाता। पर मुख्य बात भाषा नहीं भाव है। वे जीवन के शेष राज अगले अंक में खोलने की घोषणा कर रहे हैं। गोया पत्र न लिखकर वह किसी रिसाले

का कोई अंक निकालने जा रहे हों। पर पत्र समाप्त करते-करते उन्होंने जो शेर लिखा है, उसमें ओशो की पूरी देशना समाहित है।

ओशो यही तो कहते हैं—आज का मनुष्य बहुचित्तवादी है। उसके एक नहीं कई मन हैं। वह समाज में कई मुखौटे लगाकर नकली ज़िन्दगी जी रहा है। दफ्तर में बॉस के सामने वह विनम्रता ओढ़कर घें घें करता है। अधीनस्थ स्टाफ से वह रूआब से बात करता है। चपरासी को देखकर उसका मुखौटा फिर बदलता है और वह गाली गलौज करने लगता है। घर में मां, पत्नी, बच्चों और पड़ोसियों के सामने वह बार-बार नए-नए मुखौटे लगाकर बात करता है। आज का आदमी अंदर से कुछ और, और बाहर से कुछ और है। वह प्रामाणिक नहीं है। वह जैसे एक नकली जिन्दगी जी रहा है। वह किसी और को नहीं; स्वयं को ही धोखा दे रहा है। ऐसा व्यक्ति हमेशा तनावग्रस्त, बेचैन और दु:खी ही रहेगा।

स्वामी जी ने बड़ी सादगी और सरलता से पत्र में अपने सारे मुखौटे अलग कर अपनी वास्तविक जिंदगी से रूबरू करा दिया। ओशो को पढ़ सुन कर जिसने उन्हें जीवन में जीया नहीं जिसकी जीवन शैली नहीं बदली, उनका संन्यास लेना ही व्यर्थ है। संन्यास का अर्थ है—द्विज होना हाराकीरी कर नया जीवन प्राप्त कर उसे जीना।

दीपावली 2000 को नवीन जी ने अपने अति संक्षिप्त पत्र में लिखा—

प्रिय स्वामी जी,

नव वर्ष की शुभकामनाएं स्वीकृत करें।

कुछ लिखने की इच्छा नहीं हो रही है। सोचा था पत्र कोरा ही पोस्ट कर दूं। उसे भी पढ़ लेते, यह मेरा विश्वास है। वहां स्वा-धर्म वेदान्त जी को मेरे प्रणाम कहें।

शेष साधुवाद।

स्वामी जीवन नवीन

स्वामी नवीन ने नववर्ष शुभकामनाएं मोटे स्कैच पैन से लिख कर भेजीं जिससे प्राप्त सभी शुभ कामना संदेशों में वे अलग से चमकती ध्यान आकर्षित करती रहें। प्रेम और अहोभाव प्रकट करने का हर एक का अंदाज निराला है। जरा मुलाहिजा फरमाइये—उनकी शुभकामनाओं का।

प्रात: 9 बजे — OSHO — स्वामी जीवन नवीन
अपने रूम में — 21.12.1999

प्रिय स्वामी ज्ञानभेद जी,

प्रणाम,

11 दिसम्बर—ओशो जन्मोत्सव पर आप जरूर पूना पर या जहां कहीं भी रहे होंगे, आप स्वस्थ, व्यस्त और मस्त रहे होंगे—अस्तु।

आप द्वारा प्रदत्त शुभ कामनाएं सत्य होने जा रही हैं। सद्गुरु कृपा से कहां-कहां से सही मायने में खबर आ रही है और वह भी ओशो प्रेमियों द्वारा। अपने आपको धन्यभागी नहीं, तो क्या समझूं?

एक फक्कड़ मसीहा ओशो शीघ्र ही अनेकानेक भाषाओं में प्रकाशित होगी। चलचित्र निर्माता आपके हमेशा उपकृत रहेंगे।

आपका नवीन

स्वामी जी पत्र में नायाब शेर या गजल लिखकर न भेजें यह कैसे सम्भव है? इस बार अलग पृष्ठ पर उन्होंने कुंवर बैचेन की गजल लिख भेजी। बहुत सुघड़ अक्षरों में।

ओशो

रहेंगे सामने लेकिन, अधर अपने ना खोलेंगे।
हरूफ हैं हम किताबों के, चुप रह-रह के बोलेंगे।
हमारी रेशमी मुस्कान, एक रंगीन धागा है
गिरेंगे आंख से मोती तो दामन में पिरो लेंगे।
किसी के सामने रोये तो हैं रूसवाई आंसू की
हमें रोना अगर आया, तो हम छुप-छुप के रो लेंगे।
खिले थे फूल गुलशन में, संवरने और महकने को
किसे मालूम था वह अश्क से पलकें भिंगो लेंगे।
भले ही लाख कोशिश कीजिए, मैं मर नहीं सकता
'कुंवर' सांसों के झोंके, जब तलक इस दिल में डोलेंगे।

इस गजल को स्वामीजी ने चुनकर इसलिए लिख कर भेजा जिससे वह उनकी अपनी दशा को अभिव्यक्त कर सके।

प्रत्येक मनुष्य का कोई कार्य अकारण नहीं होता। उसका चेतन या अचेतन उसके पीछे कार्य करता रहता है।

प्रेम की भावदशा मौन आंसू बहाने की है। मुझे मालूम है स्वामी जी ने इस गजल को लिखने से पूर्व, लिखते हुए और लिखने के बाद आंसू जरूर बहाए होंगे।

स्वामी जी ने दि. 11.11.99 को पत्र लिखते हुए फक्कड़ मसीहा का भाग 3, 4 और 5 भेजने का अनुरोध किया था और मय डाकखर्च धनराशि मनीआर्डर द्वारा भेजने का वायदा किया था। मैंने उन्हें रजिस्टर्ड डाक से पुस्तकें भेज दीं और 40 कमीशन काटकर धनराशि भेजने को कहा।

दि. 3.12.99 को स्वामी जी के लिए लिखे पत्र का मुलाहिजा फरमायें।

47-नागरडेरा　　　　OSHO　　　　3.12.99
स्टूडियो रजनीशी प्रतापगढ़　　　　दोपहर 3 बजे
(कल सोमवार को मनीआर्डर करूंगा)

मेरा तो जो कदम है, वो तेरी राह में है।
कि तू कहीं भी रहे, तू मेरी निगाह में है।
छिपा हुआ है तू मुझमें कहीं ए दोस्त।
मेरी हंसी में नहीं है, तो मेरी आह में है।

प्रिय स्वामी ज्ञानभेद जी,

प्रेम प्रणाम!

आपके द्वारा भेजा मेरे लिए इस सदी का सबसे कीमती उपहार प्राप्त हुआ। मेरे निवेदन को आदेशात्मक जामा पहिनाकर आपने मुझे पुन: पुन: अहोभाव के आंसू बहाने का मौका दिया है। मैं कोई ध्यानस्थ व्यक्ति तो हूं नहीं, अपितु आंसू का खजाना मेरे पास है।

पार बैठा हुआ जाने, जो ओशो को नाखुदा जाने
जिसने पिला दी शराब मुर्शिद की वो बिस्मिल का माजरा जाने।

आपका स्नेहाकांक्षी

स्वामी जीवन नवीन

दिनांक 29.1.2000 के पत्र में स्वामी जी लिखते हैं—आपकी इन पुस्तकों ने मुझे पुन: पुन: सद्‌गुरु के पास बैठने की कला में माहिर किया है। मैं जिन अनुभवों को भूल चुका था, इन किताबों ने 'झरत दसहुं दिस मोती' जैसी हालत कर दी है।

फक्कड़ मसीहा के भाग 7, 8 व 9 का इंतजार है। ये सारी पुस्तकें आप ड्राफ्ट या मनीआर्डर मिलने पर ही भेजें। एक छोटा सा पुस्तकालय मैं सरोज बहिन के घर शुरू करूंगा। और उसे कैसे संचालित करना है, ओशो जैसे सद्‌गुरु मुझे समझा देंगे। आप भी पास नहीं, पर साथ तो हैं।

आपका

जीवन नवीन

जनवरी 2000 के पत्र में हजरत लिखते हैं—

माननीय ज्ञानभेद जी!

आज मेरा जन्म दिन है, सातवां संन्यास दीक्षा का। सुबह से ढूंढ़ रहा हूं मित्रों को कि मेरे साथ कोई पीनेवाला हो, पर होशपूर्ण। मगर ऐसा कोई नहीं मिला। दो टेलीफोन संन्यासी मित्रों के आए थे, पर वे पीते नहीं हैं।

अब पुस्तकालय में जाकर बैठूंगा। एक पैग आपके नाम से पिऊंगा, क्योंकि मैंने छोड़ दी है। पर ज्ञानभेद जी मुझे बिना बोतल की शराब पिलाते हैं, क्या मैं उन्हें बोतल नहीं पिलाऊं?

पिलाना है तो खुम से मुंह लगा दे साकी
कब तक पिलाती रहेगी मुझे पैमाने से?

शेष साधुवाद

स्वामी जी एक अन्य पत्र मुझे उज्जैन के महाकाल मंदिर में बैठ कर लिखते हुए फरमाते हैं—

प्रवास में—उज्जैन

प्रात: 7 बजे

प्रिय स्वामीजी,

प्रेम प्रणाम!

तन्त्र के आराध्य महाकाल के इस नगर में आज जैसे तांत्रिकों की आत्माएं मुझसे कह रही हैं कि कृष्ण की आराधना और राधा भाव को साधना बहुत मुश्किल है। इसी नगर ने हमें भृतिहरि दिए और उन्होंने दिए–शृंगार शतक तथा वैराग्य शतक। राजा भोज ने न जाने कितने तांत्रिकों की हत्याएं की।

आज यहां सभी क्रिया काण्ड में डूबे हैं। मैं एक फक्कड़ मसीहा ओशो का ही पारायण करने यहां आया हूं। पर रात्रि में पुस्तक एक मित्र ने पढ़ने के लिए ले ली है।

मैं खुद भी स्वयं को नहीं समझ पाया। मेरे पत्र लिखते-लिखते रोंगटे खड़े हो गए हैं।

ओशो के चरणों में नमन के साथ। उसके प्रेमी जो वाकई ज्ञान के भेद को पहिचान कर अभेद में प्रवेश कर चुके हैं, उन्हें मेरे प्रणाम कहना।

सभी को स्नेह

नवीन

एक फक्कड़ मसीहा ओशो के विभिन्न खण्ड पाकर स्वामीजी ने एक बिना तारीख की चिट्ठी में लिखा–

ओशो

Lovely

दोपहर 3.30

प्रतापगढ़, नागरडेरा

प्रिय स्वामी जी,

प्रणाम!

अभी-अभी आपकी भेजी हुई चार पुस्तकें मिली हैं। जिस बहिन से इन पुस्तकों की पार्सल खुलवाता हूं वो भी खुशबू पाकर तुरन्त आ गईं। दो पुस्तकें उसे दीं और दो पुस्तकें मेरे हाथ में आ गईं, यानी कि पूरे मयकदे की चाबियां मेरे हाथ में हैं।

ऊर्जा से ओत प्रोत हो गया हूं, इसलिए राइटिंग गड़बड़ा गई।

बन्दगी अरज किया, बन्दा कर दिया
और तारा मेरे नसीब का ताबिन्दा कर दिया।
मैं गुनाहगार था, बदअमल था
मगर मुस्तफा ने मुझे जन्नती कर दिया।
इस करम का करूं शुक्र कैसे अदा?
जो करम मुझपै मेरे नबी कर दिया।

इसी के बाद एक बिना तारीख के पत्र में जनाब फरमाते हैं–संबोधि दिवस पर–ओशो के उन नींव के पत्थरों के श्री चरणों में नमन।

स्वामी ज्ञानभेद जी, इच्छा थी कि पत्र कोरा ही भेज दूं। पर जब तक पुराना न मरे, नवीन का नवीन जन्म न होगा। वह समय भी आएगा कि मैं कोरा कागज हो जाऊं।

-:- शर्मसार -:-

रहमत का तेरे उम्मीदवार आया हूं
मुंह ढांके कफन मैं शर्मसार आया हूं।
चलने न दिया बार-ए गुनाह ने पैदल
कांधों पै होके सवार आया हूं।

(ओशो की पुस्तकों के बाबत)

मर गये हम फिर भी ताल्लुक है मयखाने से।
मेरे हिस्से की छलक ही जाती है मैखाने से।

जिस पत्र में मैंने उन्हें होशपूर्ण होकर नशे न करने और जागने की बात लिखी थी, उसके प्रत्युत्तर में नवीन स्वामी का लिखा भावपूर्ण पत्र बेजोड़ है। उसे मैं ज्यूं का त्यूं उद्धृत कर रहा हूं।

किरण सिंह जी छायाकर के एक और कार्ड की बानगी देखे–

स्वामी नवीन, नागरडोरा ॐ 1 जनवरी, 2000
केशवराय मंदिर, धीरज का होटल

प्रिय स्वामी ज्ञानभेद जी,

प्रेम, प्रणाम सहित नव वर्ष की शुभ कामनाएं। स्वीकृत कर कृतज्ञ करें। आपके मनोभंजन के लिए डॉ. मनोहर प्रभाकर की रचना (पेश कर रहा हूं)।

जिन्दगी बेहतर बनाने के लिए
संत, कवि, शायर सभी शिल्पी जिए।
बांटते वो अमरित जीवन भर रहे।
स्वयं ने मगर विष के प्याले पिए।
जिन्दगी बेहतर बनाने के लिए
सृजनधर्मी समय ने हमको दिए।
संत, कवि, विद्वान, शायर और शिल्पी
यह सभी इस हेतु दुनिया में जिए।

आपके समस्त प्रेमी मित्रों को प्रणाम। मैं भी कैसा बेबकूफ हूं कि बिना आपका पता लिखे ही अभी पोस्ट करने जा रहा था। पर अब पता लिखूंगा।

पुनः पुनः सद्‌गुरु के चरणों में प्रणाम सहित। आपका प्रतापगढ़ में स्वागत है।

स्वामी जीवन नवीन के प्रणाम।

अब इन नवीन महाशय के पोस्टकार्ड का जरा मुलाहिजा फरमाइये। उन्होंने जिस तरह कुम जैसे शब्द सजाए हैं, उन्हें यथा संभव उसी रूप में प्रस्तुत कर रहा हूं।

स्वामी जीवन नवीन ॐ शरद् पूर्णिमा दोपहर
प्रतापगढ़, 2000

प्रिय स्वामी जी आप इसे अपने मित्रों को भी पढ़कर सुनाइएगा।

प्रेम प्रणाम।

वक्ते सफर करीब है, बिस्तर समेट लूं
बिखरा हुआ ध्यान का, दफ्तर समेट लूं।
फिर शायद हम मिलें ना मिलें इक जरा रूको
मैं दिल के आईने में ये मंजर समेट लूं।
गैरों ने जो सुलूक किया उसका क्या गिला?
फेंकें है दोस्तों ने वह पत्थर समेट लूं
कल जाने कैसे होंगे, कहां होंगे घर के लोग
आंखों में इक बार पूरा घर समेट लूं।
सैले नजर भी गम की तमाजत से खुश्क हो
वह प्यास है–मिले तो समुन्दर समेट लूं।
हर एक घड़ी मुझसे उलझता मुकद्दर मेरा
मेरी कश्ती में खुद है समुन्दर मेरा

– निदा फाजली

मंसूर को जब सारे लोग पत्थर मार रहे थे तो उनका एक मित्र, भली भांति यह जानते हुए कि मंसूर बेकसूर है और उसने स्वयं को जाना है उसने मंसूर पर एक फूल फेंक कर मारा। मंसूर उस फूल की चोट से रो पड़े। वही दर्द तीसरे शेर में है जिसे मैं अभी भी महसूस कर रहा हूं।

आपने मुझे समझने की कोशिश की
वरना परिचित तो बहुत हैं–नवीन स्वामी

मैं इस खत को औरों को पढ़कर तो न सुना सका पर सभी खतों को पुस्तक में गूंथ रहा हूं जिसे दो चार मित्र नहीं हजारों मित्र पढ़ेंगे। नवीन जी की मुराद अस्तित्व और ओशो किस तरह पूरी कर रहे हैं, यह किसी चमत्कार से कम नहीं है।

● ● ●

9.10.2000 को दोपहर 3 बजे

फिर एक नया खत लिखा स्वामी जी ने।

अंतरंग स्वामी जी,

प्रेम प्रणाम।

अपराध बोध इस बात का नहीं है कि मैंने मनीआर्डर नहीं भेजा। इरादे अप्रत्याशित रूप से मिलने का है। आमीन। शेष सद्गुरु कृपा।

साकी ने पिलाने की हर रस्म उठा ली है
रिंदों की खताओं पर प्यासों को सजा दी है।
मैंने जो तुझे देखा सौ दुआ दी है।
मैंने तेरे जलवों की कीमत भी चुका दी है।

प्यारे स्वामी!

पुस्तकें कल फिर से हाथों में उठा ली है। सबसे पहिले तो समस्त पुस्तकों की भूमिकाएं पढ़ रहा हूं। पर हां! एक बात यह कि मुझे अगेह भारती की हालत दयाजनक लगती है। बचपन के नाम पर बचकानी हरकतें करते रहते हैं।

वहां सभी को प्रणाम!

स्नेहाकांक्षी

नवीन

अपने दि. 28.01.2000 के पत्र में स्वामी जीवन नवीन लिखते हैं–

एक फक्कड़ मसीहा ओशो मुझे यायावर बनाकर अन्दर बाहर दोनों ओर यात्रा करने में और आंसू बहाने में सहयोगी बन रही है। इस पुस्तक ने यहां पर सभी को हृदय-तंत्री के तारों को संगीत से भर दिया है।

दिनांक 8.2.2000 के पत्र में नवीन जी लिखते हैं–

प्रिय स्वामी जी,

प्रणाम!

आपको मैंने अभी तक मनीआर्डर नहीं किया है क्योंकि पोस्ट आफिस में मनीआर्डर फार्म ही नहीं है। बैंक ड्राफ्ट भेजना मुझें समझ में नहीं आता। मैं आपको पुस्तकों का लागत मूल्य तक नहीं भेज पाता और आप मेरा पत्र पाते ही उत्तर और पुस्तकें तुरन्त भेज देते हैं।

मैं थोड़ा आलसी प्रवृत्ति का हूं और फिर मेरा स्वास्थ्य भी ठीक नहीं रहता। अभी आपको जो पत्र लिख रहा हूं, वह न जाने कब पोस्ट हो? इन मुर्दा लोगों के बीच में भी मुर्दा या पागल हो जाता, अगर मुझे ओशो न मिलते।

कभी-कभी इतने व्यसन कर लेता हूं कि अब मुझे नशे में भी नींद नहीं आती और रोज सुबह तीन बजे ही उठ जाता है। साइकिल पर अगरबत्ती लगाकर नगर के बाहर श्मशान या कब्रिस्तान चला जाता हूं। रात में गश्त लगाती पुलिस भी मुझे जान गई है और वे मेरे साथ सत्संग करते हैं और मैं तालाब में स्नान कर वापस आ जाता हूं।

अभी तो यहां की धरती में अफीम के पौधों में चीरे लग रहे हैं और खेत में बैठने मात्र से ही आदमी को नशा हो जाता है। पर ओशो को पाने के बाद न मुझे संपत्ति अच्छी लगती है और न बुरी। बस मुझे ओशो के कार्य के लिए ही जीना है। मेरे गले में पहिले से ही ओशो का मंगलसूत्र पड़ा है। अब मैं डबल मंगलसूत्र नहीं पहनूंगा।

आमीन

नवीन

इन पत्रों को पढ़कर आप इस व्यक्ति के बारे में यही धारणा तो बनायेंगे कि यह शख्स नशेबाज, बातूनी और लंतरानी हांकने वाला बहुत चालू चीज है। पर मुझे यह शख्स

ईमानदार अपने ओशो के प्रति सजग और होशपूर्ण दिखाई देता है। वह ईमानदार इसलिए है क्योंकि वह कोई मुखौटा नहीं ओढ़ता। जैसा भी है अपने दोषों को स्वीकार करता है। उसमें उनसे उबरने की छटपटाहट है।

जनाब के जरा दि. 4.12.2000 के पत्र का मुलाहिजा भी फरमाएँ।

ओशो

शिव लहरी भागू की गंगा 3
मारुति मार्केट में बैठकर लिखी
4.12.2000, प्रातः 11.30

परमप्रिय स्वामी ज्ञानभेद जी,

आपको अहोभाव सहित नमन।

उधर आपके पांव के पैर का फ्रेक्चर हुआ और इधर साइकिल से गिरने के कारण और कान के पीछे कंकण चुभ जाने से मैं बेहोश हो गया। उदयपुर ले जाया गया। सीटी स्कैन करवाया। महीने भर तक मेरी कनपटी की नसें फड़कती रहीं। ओशो की देशना ने ही मुझे ठीक किया है। वह शायद मुझसे कुछ करवाना चाहते हैं। उनके तरीके बड़े बेबूझ हैं।

मेरा शरीर तो अब ठीक है। आप दोनों पुस्तकें (भाग 8 व 9) भेज दीजियेगा। आपके रु. 325/- पहिले के और रु. 200/- अभी के भेजूंगा।

आपका स्नेहाकांक्षी

नवीन

मैंने उनके आत्म सम्मान और स्वाभिमान को जगाते हुए लिखा था—मित्र! ओशो मुफ्तखोरी के विरुद्ध हैं। उन्होंने समाचारपत्र कार्यालय में कार्य करते हुए पूरे महीने का वेतन आस्पेंस्की की टरशियम-आरगेनम पुस्तक खरीदने में खर्च कर दिया और मकान किराया न चुका पाने के कारण उन्हें मकान मालिक ने जाड़ों भरी रात में घर से बाहर निकाल दिया। आपके पास उज्जैन घूमने और नशा करने के लिए पैसा है पर मनचाही पुस्तक खरीदने को नहीं। स्वामी जी जागें। होश में आयें। होश में आने के लिए जरूरी है—नियमित रूप से ध्यान करें।

कुछ और भी लिखा हो मैंने, ऐसा मुझे याद नहीं। पर जो कुछ भी लिखा था—स्वामी जी के आत्मसम्मान को जगाने के लिए लिखा था। नशा छोड़कर श्रम से धन अर्जित कर स्वाभिमान से रहने को लिखा था। उन्होंने उत्तर में लिखा-

मकर संक्रांति को पोस्ट करी
सुबह 6.45, दि. 14.1.2001

ओशो

2001 अमीर खुसरो साब का
पहिला उर्स मुबारक
(636वां उर्स)

प्रिय स्वामी जी,

प्रेम प्रणाम!

आपका पत्र पाकर जो आनन्द आज आ रहा है वह आनन्द कैक्टस के वन

से आती मीठी चुभन है। मैं महेश भट्ट नहीं हूं कि ओशो ने एक बार मिलने से इन्कार कर दिया तो उन्होंने ओशो की माला को इमामदस्ते में कूट कर नाली में बहा दिया। नहीं, मैंने आपकी गालियों वाले पत्र को नहीं झाड़ा क्योंकि यह मेरा ही निवेदन था कि आप मेरी पिटाई करें। आपने वही किया। अभी एक लिफाफा चिपका कर रखा है, उसे कल पोस्ट करूंगा। उसमें जो कुछ मिले, एक दीवाने नशेबाज का नजराना समझना। मुझे आपसे जो जो चाहिए, ओशो उसे पूरा करेंगे, मुझे पूर्ण विश्वास है। मैं खराब आदमी हूं। तीन चार आदमियों को पीट कर आ रहा हूं। पर आपके पत्र ने झेन स्टिक का काम किया। कड़वी दवा के लिए आपको बारम्बार प्रणाम। आपने मुझे नहीं इस मुर्दा समाज को जो दिया है, इसलिए आप सान्ताक्रूज हैं।

आपका

दुष्ट नवीन

● ● ●

फिर उनका एक अन्य पत्र मिला।

जीवन नवीन, दोपहर 3.20 ओशो स्टूडियो रजनीशी

मोती-ए-मुफलीस

दरअसल हम खुद ही से बातें करते रहते हैं, पर आवाज ऊंची होने से लोग हमें सुन लेते हैं। (खलील जिब्रान)

जिन पत्थरों को हमने अता की थी धड़कनें
जब बोलने लगे तो हमीं पर बरस पड़े।
साकी ने पिलाने की हर रस्म उठा ली है
रिंदों की खताओं पर प्यासों को सजा दी है।

नोट–वाह स्वामी जी! मजा आ गया मार खाने का। 50/- के डाक टिकट भेज रहा हूं और जब तक भेजता रहूंगा। आमीन।

प्रिय स्वामी ज्ञानभेद जी! धन्यवाद। आपमें और मुझमें पत्र व्यवहार बंद न हो इसलिए अपनी जेब फाड़ रहा हूं।

और आपने सही लिखा है–मैं नशा करके जड़ समाधि में छह माह से हूं। 13 जनवरी को मैं ओशो कम्यून द्वार पर वर्षों पहिले जहां प्रवेश कर खड़ा हुआ था, अब भी वहीं पर हूं। मैं एक साल से आपकी पुस्तकों का पैसा नहीं भेज सका हूं, जो मेरी मूर्खता है। ऐसा नहीं कि पैसे लौटाने पर मैं बेवकूफ से समझदार हो जाऊंगा। और आपका यह पत्र तो मैं दिल से लगाकर रखूंगा। जब-जब अपने आप पर चोट करती होगी उसका प्रयोग करूंगा।

न धन का अभाव है न समय का। पुस्तकें लोगों को पढ़वा रहा हूं। मुझे सिर्फ वे ही पुस्तकें याद हैं जिनकी मैंने अनुग्रह राशि लौटाई पर अब मुझे शेष पुस्तकें भी याद रहेंगी।

आपकी इस झेन-चोट का बुरा नहीं माना है, बल्कि आनंदित हुआ हूं। स्थान की दूरी होने के बावजूद आप मुझे ठीक से जानने लगे हैं, पर मेरे निकट रहने वाले सिर्फ मेरे नाम से परिचित हैं।

हां! मेरी संकल्प शक्ति कमजोर है। पैसे पर पकड़ नहीं है पर पैसा गलत दिशा में बहा दिया था। धन के तीन उपयोग हैं–रस, भोग और नशा–ऐसी लोक-कहावत है। मैंने अपने धन का और अपना नशा करने के आदत से अपने प्रियजनों का दिल दुखाया है। मैं स्वयं को टार्चर कर रहा हूं।

ओशो ने पूरे माह का वेतन 70/- चुकाकर पुस्तक खरीदी थी, आपकी लेखनी द्वारा उस वर्णन को बार-बार पढ़कर, अपराध बोध से ग्रस्त होकर न चाहते हुए भी नशा करने चल पड़ता हूं।

आपने अपने पत्रों द्वारा मुझे होश में आने के जो उपाय बताए, मैं सदा उनका अनुगृहीत रहूंगा। हमी जैसे लोगों को देखकर और लोग ओशो से न जुड़ पाए तो यह दोष मेरा होगा।

कश्ती का फकत हाफिज नाखुदा नहीं
कश्ती में बैठने का सलीका भी चाहिए।

आपका दुष्ट मित्र

जीवन नवीन उर्फ किरन सिंह

मैंने स्वामी जी को अपराध बोध से मुक्त होने और फिकर नॉट होकर रहने के बाबत दो पत्र लिखे। कुछ देर के लिए स्वामी जी का पत्र पढ़कर पैसे की बात लिखने से मैं स्वयं को अपराधी समझने लगा। उनसे 50/- के डाक टिकट पाकर मैंने उन्हें पूरा मूल्य प्राप्त होने का आश्वासन भी लिख भेजा।

ओशो सन्यासी की यही विशेषता है कि वह कोई बात दिल में नहीं रखता। वह संवेदनशील है। ठोकरें खाकर लड़खड़ाता है और फिर चल पड़ता है। वह बार-बार मूर्च्छित होने पर भी अपनी मूर्च्छा के प्रति सजग रहता है और फिर होशपूर्ण होने का संकल्प कर चल पड़ता है।

प्रत्युत्तर में नवीन स्वामी ने एक लिफाफे में रु. 50/- के डाक टिकट जरूर भेजे। निश्चित ही वह उन्होंने नशा न करके ही खरीदे होंगे। गनीमत हुई कि डाक विभाग उन्हें सूंघ न सका और वे मुझे मिल गए।

एक बिना तारीख के खत में अपने अज्ञात प्रवास से नवीन स्वामी ने स्वामी रामतीर्थ की पुस्तक 'रामवर्षा' के कुछ शेर भेजे।

जो दिल को तुम पर मिटा चुके हैं
मजाक-ए-उल्फत उठा चुके हैं।
वो खुद हस्ती अपनी मिटा चुके हैं
जो खुदा को खुद ही में पा चुके हैं।

न सूए काना झुकाते सर
न जाते बुतकदे के दर
उन्हें दैरो हरम बराबर
जो तुमको किबला बना चुके हैं।
सुना रही है ये दिल की मस्ती,
मिटा के अपना वजूद-ए-हस्ती,
मरेंगे यारो तलब में हक की
जो नामे तालिब लिखा चुके हैं।

ओशो ने एक प्रवचन में निम्न शेर कोट किए थे।

भीड़ में कैसे कोई इन्सान की बातें करे,
जैसे पत्थर की बुतों में, जान की बातें करे।
जो स्वयं चल पाए, कांधे पै लिए अपनी सलीब
इक-ब-जानिब है, वही ईमान की बातें करे।

ओशो के ऊपर कितनी सही बैठती है, आखिरी शेर की बात। वह अपने कंधों पर सलीब ढोते हुए (अमरीकी जेल में थेलियम विष के प्रभाव से तिल-तिल समाप्त होते, दर्द सहते) सत्य और ईमानदारी से, होशपूर्वक रहते और हंसते-हंसते दर्दों का साक्षी बने उन्हें देखते रहने का संदेश देते रहे।

● ● ●

एक अन्य खत में स्वामी जी लिखते हैं-

स्वामी ज्ञानभेद जी ओशो 22.12.2000
18 एमआईजी, बर्रा-6, कानपुर शुक्रवार प्रात: 8.30
'प्रीतम का उपवन'

प्रिय स्वामी जी,

प्रेम प्रणाम स्वीकृत करें। आप देख रहे हैं मेरी दीवानी हालत? ऊपर मैंने अपने नाम की जगह, आपका नाम लिख दिया। ऐसा क्यों हुआ, मैं विस्मय में हूं। कलम को विराम देकर सोचता हूं कि मेरा दिमाग कहां चला गया? आपको मैंने सान्ता क्लाज नाम क्यों दिया? (उसकी कहानी सुनें।)

एक दिन मैं एक फक्कड़ मसीहा ओशो पुस्तक पर कवर चढ़ा रहा था तो कवर चढ़ाने वाले अखबार पर सांताक्लाज का रंगीन चित्र छपा था और साथ ही ईद मुबारिक के अवसर पर इबादत में झुकी एक महिला का चित्र भी था। मैंने उस कवर को इस तरह चढ़ाया कि आपकी पुस्तक को कवर करने वाला सान्ता क्लाज का चित्र मुख पृष्ठ पर और उसके पीछे ईद मुबारक में इबादत में झुकी महिला का चित्र आ गया।

मैं तो मूर्ख हूं। कुछ भी लिखता रहता हूं। आपका शुक्रिया अदा करता हूं कि आपने मेरे भीतर सोई सृजन और कल्पना शक्ति को उभार कर जागृत किया। आपको मैं

बार-बार प्रणाम करता हूं कि आपने पत्रों द्वारा लेखन की हर विधा से मुझे परिचित करवाया।

आज 24 तारीख की स्थानीय पत्रिका अर्जन-सर्जन में मेरी वर्ष 97 में लिखी तीन रचनाएं प्रकाशित हुईं। दीवाली की सफाई में वह तीनों कविताएं कूड़े से उठाकर जेब में रख ली थीं। तभी उक्त पत्रिका का सम्पादक आजाद सामने दिखाई दिया तो उसे बुलाकर वह तीनों पुर्जे उसे थमा दिए, और उसने उन्हें छाप भी दिया।

ये सभी साहित्य प्रेमी मुझे मेरे विनाश से बचाने के लिए ही जर्बदस्ती मुझसे कविता सुनाने का आग्रह कर मुझे सृजन से जोड़ते हैं। मैं अपनी सुनाता हूं और उनकी सुनता हूं।

अब तो ओशो का कार्य विस्तार पा चुका है। धार्मिक प्रवचन देने वाले 85 प्रतिशत ओशो के ही वचन दोहरा रहे हैं। ओशो ने इस संबंध में पूछे जाने पर एक बार कहा था-वे मेरे शब्द ही नहीं, सत्य भी चुरा रहे हैं, जो बहुत बड़े साहस का काम है। पर अनुभव जन्य सत्य और उधार सत्य समझ में बहुत जल्द आ जाता है।

और अंत में उन्होंने कहा था-जो मेरे पास है मैं लुटा रहा हूं। यदि कोई मेरे शब्दों की स्मग्लिंग करता है, तो उसमें उसकी सहायता करो। वह मेरे विचारों को प्रसारित ही तो कर रहा है। कई जैन, ईसाई, बौद्ध और मुस्लिम महात्मा हैं जो मेरे पास आने से डरते हैं। मेरी पुस्तकें चोरी छिपे पढ़ते हैं। मेरे संन्यासी उन लोगों को मेरी पुस्तकें स्वयं भेंट करें। उनको मुझसे जोड़ने का काम करें। सत्य मेरा अपना नहीं, सभी का है।

स्वामी जीवन नवीन के प्रणाम।

अपने पत्र में शेरो शायरी की झड़ी लगाने वाले इस भावुक दीवाने की दास्तान उसके एक छोटे से शायरी भरे खत का उल्लेख करते हुए ही मैं पूरा करना चाहूंगा।

आदरणीय स्वामी जी   ओशो   आज तारीख, वार, महीना
सब कुछ भूल गया हूं।

स्वामी जीवन नवीन के प्रणाम। सभी प्रामाणिक संन्यासियों को प्रणाम।

जिनके चेहरे पै नूर होता है, उनको कितना गरूर होता है
बेसबब डूबती नहीं किश्ती, कुछ न कुछ इशारा जरूर होता है

यह शेर मैंने इसलिए लिखा कि परसों आपको पत्र लिखते हुए मैंने अपने शेरों में मौत का जिक्र किया था, जैसे मुझे मृत्युगंध आ रही थी। ठीक उसी समय बार माधवराज सिंधिया की प्लेन क्रैश में मृत्यु का समाचार सुना।

मैं बिस्तर पर नहीं मरना चाहता। लिखते हुए, फाइटिंग करते हुए ही मैं मरना चाहता हूं। बाकी भगवान ने स्वेच्छा से मृत्यु का जो तरीका बतलाया, वह सही है।

पर मुझ जैसे मूढ़ को क्या कभी समझ आएगी? उत्तर में आप मुझे झेन स्टिक से खूब पीटिए, धुनिए-

आपका

जीवन नवीन

मुझे आपका पत्र किसी भी उपनिषद से कम नहीं लगता।

वही है मरकज़े काबा, वही है राहे बुतखाना
जहां पर दो दीवाने मिलकर, सनम की बात करते हैं।

● ● ●

पर यह दास्तान ही क्या, जो पूरी हो जाय? फिर एक दीवाने की दास्तान। उनके कुछ अन्य अलबेले खत मुझसे पुकार-पुकार कर कह रहे हैं—मुझे क्यों छोड़े जा रहे हैं? मैं भी किसी से कम नहीं हूं। लीजिए, इन पत्रों का भी आप रसास्वादन करें।

स्वामीजी के शेरो शायरी से लबरेज एक अन्य पत्र पर भी गौर फरमायें जिसमें शेरों के द्वारा ही उन्होंने अपनी भावनाएं व्यक्त की हैं।

प्रिय स्वामी ज्ञानभेद जी!

आपके मनोभंजन हेतु कुछ शेर भेज़ रहा हूं।

खातिर तेरे लिहाज के मैं मान तो गया।
झूठी कसम से आपका (यानी मेरा) ईमान तो गया।

● ● ●

रिश्ते जो थे अजीज दिलो जान की तरह।
टूटे हैं तेरे शहर में मेरे ईमान की तरह।
कितनी शीरीं है तेरे लब कि रकीब की
गालियां खाकर भी बेमजा न हुआ
वह कौन हैं जिनको तौबा की मिल गई फुरसत
हमें तो गुनाह करने दो कि जिन्दगी कम है।

दिनांक 15.1.2001 के पत्र में नवीन जी ने निम्न शेर लिख भेजे।

जब खामोशी की मदद लेनी पड़ी, गुफ्तगू में वह मुकाम आ ही गया।

● ● ●

तेरे पास बैठ कर मैंने हाले दिल सुना दिया।
तू मुझे अपना मान न मान—
मैने तुझे अपना बना लिया।
मेरे पास न होती बेखुदी तो भटक गया होता मैं
मेरी लगजिशों ने कदम-कदम मुझे गुमराही से बचा लिया।
कहां बाकी रहा था जीने का हौसला मुझमें
वो गम हो, मसर्रत हो, मरना हो कि जीना
मुझे हर हाल में अपनी जरूरत बक्श दी तूने

शेष फिर

आपका
नवीन

● ● ●

स्वामी जी की साफगोई, सरलता और निश्छलता से प्रभावित होकर पास से डाक खर्च लगाकर भी मैंने उन्हें एक दो पुस्तकें फिर भेजी जिसके लिए वे कृतज्ञता व्यक्त करते हैं। यह सच है–पुस्तकें मैंने नहीं भेजीं, किसी अदृश्य शक्ति ने ही मुझे भेजने के लिए प्रेरित किया।

इस पुनः भेजी पुस्तक का आभार स्वामी जी ने निम्न पत्र में एक गजल द्वारा व्यक्त किया।

ओशो

प्रात: 10 बजे सोमवार
28-5-2001
प्रतापगढ़

स्वामी नवीन, नागरडेरा
प्रिय स्वामी ज्ञानभेद जी!

यह रहस्य बना ही रहना चाहिए कि मुझे स्वप्न में किताबे ए मीरदाद आई और साथ ही दूसरे दिन सचमुच फक्कड़ मसीहा का भाग 7 व 8 मिला। ओह स्वामीजी.. आपकी करूणा... नमन। किताबे मीरदाद और आपके बारे में, आपकी पुस्तक में भूमिका लेखक ने जो लिखा है वह आपको नजदीक से जानने के कारण है। शायर मीर के निम्न शेरों से आप मेरी भावना को भली भांति समझ जायेंगे।

पढ़ लिख गए तो हम भी कमाने निकल गए।
घर लौटने में फिर तो जमाने निकल गए।
घिर आई शाम, हम भी चले अपने घर की ओर
पंछी भी अपने-अपने ठिकाने निकल गए।
पहिले तो हम बुझाते रहे अपने घर की आग
फिर बस्तियों में आग लगाने निकल गए।
खुद मछलियां पुकार रही, जाल है कहां?
तीरों की आरजू में, निशाने निकल गए
शाहिद हमारी आंख का आया उन्हें ख्याल
जब सारे मोतियों के खजाने निकल गए।

अपने एक पत्र के साथ स्वामी नवीन ने पोस्टकार्ड साइज की एक फोटो भेजी जिसमें ओशो के आठ विभिन्न पोज हैं। उसको उन्होंने टेबिल पर कांच के नीचे रखने का अनुरोध किया है। अब मेरी मेज पर कांच तो रहता नहीं, मैंने उस फोटो को अपनी चुनी कविताओं वाली डायरी में चिपका लिया है। उसे खोलते ही ओशो की आठ छवियों के दर्शन कर आनन्दित हो लेता हूं।

स्वामी नवीन का निम्न पत्र एक नई कविता लिए हुए है। जरा इसका भी मुलाहिजा फरमाइये।

● ● ●

सदगुरु कृपा ही केवलम
LOVELY-OSHO

अंतरंग मित्र स्वामी ज्ञानभेद जी,

प्रेम प्रणाम।

जो ओशो की फोटो प्रेषित कर रहा हूं वह तो अनुग्रह की एक किश्त है। देखते हैं ओशो मुझसे क्या-क्या करवाते हैं?

जो विवेकानन्द को रामकृष्ण के पास नहीं हुआ वह घटना एक वेश्या के साथ...। अमरीका जाने के पहिले विवेकानन्द खेतड़ी के महाराजा के मेहमान थे। कुछ ऐसी घटना घटी कि महाराज के यहां जो तवायफ थी, अपनी उपेक्षा पर उसने विवेकानन्द से कुछ ऐसा कह दिया जिससे उनके ब्रह्मज्ञान का अहंकार टूटा और उन्होंने उससे क्षमा मांगते हुए उसके चरण पकड़ लिए।

'एक फक्कड़ मसीहा ओशो' भी कुछ ऐसी ही कृति है। जो अपनी प्रतिभा को भूल चुका होगा, यह पुस्तक उसे उसके मूल स्वभाव की याद दिला देगी।

मैंने पुस्तकों को कहते और सुनते हुए सुना और देखा है। मेरे कमरे में जो पुस्तकें हैं वे आपस में बतियाती हैं।

एक दिन फक्कड़ मसीहा ओशो पुस्तक में से आवाज आई–

अपना तेज सम्भालो आपे
तीन लोक एक हांक तै कांपे

वह कही रही थी–स्वामी जीवन नवीन! कुछ सृजन कर। धन उपार्जन के लिए न सही पर स्वान्त: सुखाय ही सृजन में लीन हो जा।

पता नहीं किस ओर मोड़ देगा मुझे?
कहां घटाएगा और किसमें जोड़ देगा मुझे।
पहिले तो पतंगों की माफिक उड़ाएगा ऊंचा
और उसके बाद धागे से तोड़ देगा मुझे।
अमीर-ए शहर की बरकस तन गया था मैं
कि अब कमान की मानिन्द मोड़ देगा मुझे।
मैं एक अब हूं खाली, मेरा करेगा क्या?
कि अपनी कैद से एक रोज छोड़ देगा मुझे।

अपने प्रियतम के उपवन में लिफाफा आने तक लिखी दोपहर 1.20 दि. 21.01. 2001 शनिवार

ए मौत तू ही आ के किस्सा तमाम कर जा
जिन्दगी के हाथों हम किश्तों में मर रहे हैं।

● ● ●

हम में से अधिकांश जो जिन्दगी जी रहे हैं वह वस्तुत: किश्तों में मरने जैसी जिन्दगी है। इस जिन्दगी में उल्लास, उमंग, गीत, संगीत, नृत्य और मस्ती नहीं, जीवन का सहज प्रवाह और उन्मुक्तता नहीं। जैसे हम मात्र यंत्र हो गए हैं। हम करते कुछ हैं और सोचते कुछ और हैं। समग्रता से डूब कर हम कुछ करना जानते ही नहीं।

संन्यासी मृत्यु से डरता नहीं। मृत्यु उसके लिए नए जीवन का द्वार है। उसके लिए मैं की मृत्यु अहंकार या मन की मृत्यु ही रूपान्तरण करने वाली मृत्यु है।

कौन कहता है, नवीन स्वामी रूपान्तरित नहीं हुआ। जब भगवान ने जीवन नवीन नाम दिया था तो इसका जीवन नवीन होना ही था। पुराना नष्ट होना ही था। पर इसी जन्म की नहीं, जन्म-जन्मों की मूर्च्छा है। राजस्थान के ठाकुर कभी वीर बांके, योद्धा थे। उन्हीं में महाराणा प्रताप, राणा कुम्भा, दुर्गादास गोरा और बादल हुए। अन्याय और अनाचार के विरुद्ध और निर्बलों की रक्षा के लिए उन्होंने हाथों में तलवार थामी थी। एक वक्त ऐसा आया कि रस विलास, शराब और अफीम में पूरा राजपूत समाज मदहोश हो गया। हिंसा से ऊब कर राजस्थान के ही सर्वाधिक लोग महावीर स्वामी के अहिंसक अनुयायी बने। जो शेष रह गए, उनको ओशो ने निबटा दिया।

काफी समय बाद एक दिन अचानक स्वामी जी का पत्र मिला। लिखा था–

स्वामीजी! आपकी मेहनत रंग लाएगी
एक फक्कड़ मसीहा बहुतों को दीवाना बनाएगी
जो पहिले से ही दीवाने हैं
उनकी दीवानगी और बढ़ायेगी।

आमीन!

आपका प्रेमी पत्र–स्वामी जीवन नवीन

इस भविष्यवाणी के बाद स्वामी जी ने अपनी स्थिति से अवगत कराते हुए लिखा–'सद्‌गुरु से विमुख भया, तासे भया उदास' वाली स्थिति निकल चुकी है। उदयपुर की तीन दिनों की यात्रा में नितान्त मौन और अकेला था। जंगल में से प्रातः गुजरते हुए और जंगली फूलों की अजीबोगरीब गंध में डूबते हुए प्यारे सद्‌गुरु और आपका स्मरण प्रतिपल बना रहा। ऐसा लगा जैसे मुझे नई आंख और नई नाक मिली हो। नई आंख अपनी गफलत और मूर्च्छा देख रही थी और नई नाक में नए जीवन की नई सुवास थी।

कल उदयपुर के गुलाब बाग में उस जगह बैठा था, जहां स्वामी दयानंद सरस्वती ने सत्यार्थ प्रकाश लिखी थी। पर वहां जानकारी के सिवा कुछ न था। कोई भी अनुभव न हुआ।

सद्‌गुरु का ख्याल आते ही अंदर जलतरंग क्यों बजने लगती है?

मैं जो लिखना चाहता हूं, उसके लिए शब्द नहीं मिलते। इसलिए चुनी कविताओं और गजलों को अपना माध्यम बनाता हूं।

हुक्मरा मुझको बहारों का बनाया जाये।
ताज कांटों का मेरे सिर पर सजाया जाये।
हर कोई अब तो गुनाहगार बना बैठा है–
पारसाई का हुनर मुझको सिखाया जाये।

● ● ●

मैं बताऊंगा उसे जख्म की लज़्ज़त क्या है
फूल का मुझसे तआरुफ कराया जाये।

उनकी कथा पूरी करने के बाद और प्रकाशक को पाण्डुलिपि भेजने से पूर्व फिर उनका एक धमाकेदार पत्र आ गया। अब यदि उसका मैं उल्लेख न करूं तो उनके व्यक्तित्व में आ रहे बदलाव से आप अपरिचित रह जायेंगे।

सद्‌गुरु कृपा ही केवलम	9.11.2004 दोपहर (कृपण सिंह कंजूस सिंह)
दिवाली और जैमतुल बिदा–	'इकराम राजस्थानी'
के अविस्मरणीय अवसर पर	[कल इस शरीर का जन्म दिन है, इस दिन से मैंने सभी को दु:खी किया]

आदरणीय स्वामी ज्ञानभेद जी,

प्रेम प्रणाम स्वीकृत होवे।

जिनका मनोभंजन हो चुका है, उनके मनोरंजन करने की यह धृष्टता कर रहा हूं। आशा ही नहीं विश्वास भी है कि क्षमा करेंगे और समय मिलने पर प्रत्युत्तर देंगे।

(कडुवी खुराक)

● ● ●

पुन:–रात्रि 10.15 पर (काश ऐसा होता) मग़रिब की नमाज पर–

हिन्दू मुस्लिम मिल गए, लिए हाथ में हाथ।
आज जमैतुल विदा, है दीवाली के साथ
कुदरत ने हमको दिया, प्रीत भरा पैगाम।
दोनों में अंतर नहीं, अल्लाह हो या राम।
मस्जिद में गीता रखें, मंदिर में कुरआन।
दिखलायें संसार को, ये है हिन्दुस्तान।
दीवाली के दीप से, आई यह आवाज
गले मिल गई आज फिर पूजा और नमाज।

● ● ●

स्वामी जीवन नवीन के प्रणाम	ओशो लवली (धनतेरस जन्मदिन)	मंगलवार, 9.10.2004 रात्रि 10.45

परम प्रिय आदरणीय अनुभवी बुजुर्गवार,

स्वामी ज्ञानभेद जी, प्रेम!

तहे दिल से आपने मुझ फकीर को जो नि:स्वार्थ प्रेम दिया, उसके लिए शुक्रगुजार होना ही काफी नहीं है। जीवन रूपी फिल्म में मुझे जो खेल मिला है, वहां अभिनय सही नहीं कर पा रहा हूं। फिर भी प्रयास जारी है। ओशो ने मुझ पर विश्वास किया, इसलिए

जीवन से हिम्मत नहीं हारी है, क्योकि वह विश्वास एक सद्‌गुरु का है। अपार करुणावान सद्‌गुरु का प्रेम चारों ओर बरस रहा है। मेरा संन्यास ही मेरी आत्मकथा है।

पत्रोत्तर की प्रतीक्षा के साथ

फिर एक शेर पेशे खिदमत है–

हम फकीरों से जो चाहे दुआ ले जाए

फिर ना जाने किधर हमको हवा ले जाए?

आप शायद समझें कि यह दो या तीन पत्र हैं। हकीकत में यह सारी इबारत एक पोस्टकार्ड में लिखी गई है। यह पत्र तीन बैठकों और तीन भिन्न-भिन्न भावदशाओं में लिखा गया है।

इस शख्स ने ढेर सारे संघर्षों और असफलताओं के बाद ओशो पर श्रद्धा नहीं छोड़ी, साहस नहीं खोया, अपनी मस्ती और हास्य नहीं खोया और जिसमें आज भी हिन्दू मुस्लिम भाईचारे की मशाल साम्प्रदायिकता के विषैले धुंवे के बावजूद रौशन है, यह कुछ कम सफलता नहीं है।

यह शख्स एक ऐसा मनोरोगी है जिसने ध्यान और प्रेम द्वारा स्वयं अपने रोग का निदान कर लिया है। सही निदान हो जाना ही आधा इलाज पूरा हो जाना है। इसकी मूर्छा धीमे-धीमे टूट रही है। यह जन्म-जन्मों की मूर्च्छा है।

जीवन नवीन जैसों के जीवन में अचानक बिजली की कौंध की तरह सब कुछ घटित हो जाता है, बिना कुछ किए। करना ही बाधा बन जाता है। सोचने विचारने वाले कभी आग का दरिया नहीं फलांग सकते। इसके लिए एक दीवानगी और जीवन को दांव पर लगाने का साहस चाहिए। सद्‌गुरु पर अटल श्रद्धा चाहिए और वह जीवन नवीन में है।

मैं देख रहा हूं उसके जीवन में एक सौ अस्सी डिग्री का टर्न आने में अब अधिक देर नहीं है। पर उसे प्रति पल सजग और होशपूर्ण रहना है।

पर स्वामी जीवन नवीन की कहानी पढ़कर हंसे नहीं। उस जैसी कमोबेश आपकी भी स्थिति है। उसने सारे मुखौटे हटाकर जो कुछ उसके अन्दर था बाहर उड़ेल दिया है। वह खाली और भारमुक्त हो गया। तुम अपने अंदर हजारों घाव लिए उन्हें छिपाए हुए हो। तुमने मुखौटे ओढ़ रखे हैं। हंसना है तो स्वयं पर हंसो। तुम भी साहस करो, अंदर के कूड़े कर्कट को बाहर फेंकने का। मुखौटे उतार कर सहज सरल बनने का। यह अंतर्यात्रा के पथ पर पहिला महत्वपूर्ण उठाया गया कदम है। पहिला कदम उठाना ही मंजिल मिल जाने की गारंटी है, जो सोचता, विचारता और झिझकता है, वह कदम उठाता ही नहीं, मंजिल उसके लिए एक सपना भर है।

पुनश्चः–

इस शख्स किरण सिंह छायाकार उर्फ स्वामी जीवन नवीन की कहानी दो तीन बार पूरी कर चुका और उसके कुछ और पत्र फाइलें उलटते-पलटते हाथ आने पर उसे दो तीन बार संशोधित भी किया। इस बार इन हजरत के चार पत्र एक साथ एक सप्ताह में प्राप्त हुए हैं और इन पत्रों का उल्लेख उनकी जीवन-कहानी में दर्ज न करना उन

पत्रों के साथ-साथ इस प्यारे शख्स के साथ भी नाइंसाफी होगी, जो बहुत बेबाकी और साहस के साथ अपनी जिंदगी के उन बर्कों को जगजाहिर कर रहा है जिन्हें लोग बड़े जतन से छिपा कर रखते हैं।

लीजिये आप उनके पत्र खुद पढ़िए और समझिए। उसे ज्यों का त्यों सिर्फ भाषा दुरुस्त कर पेश कर रहा हूं क्योंकि बेखुदी में लिखे पत्र में प्रायः उनकी भाषा में क्रिया, सर्वनाम आदि प्रायः गड़बड़ा जाते हैं और आपको यह बेबूझ लग सकती है।

पत्र इस बार उन्होंने सम्बोधन से नहीं, शेर से ही शुरु किया है-

जो हैं तकदीर वाले, बस वही कुर्बान होते हैं
वहां ले जाते हैं किश्ती, जहां तूफान होते हैं
जमाने में अजी कहीं, नादान होते हैं?
दाग होने से कहीं अच्छा है-
सद्गुरु कृपा से नादान रह जाना।
ॐ, अस्तु, आमीन।

-'मुझे आप अपने सद्गुरु की माला दे दो किरण भाई! चाहे मुझसे पैसे ले लो-यह वाक्य मुझसे एक तवायफ ने कहे थे, जो मीरा बनी दीवानगी से नाचती है। मैं उस कमला बहिन की एक सती औरत से भी अधिक इज्जत करता हूं। उसने मुझे बुलाकर ओशो के प्रवचनों की कैसेट सुनाई और फिर मुझसे ओशो के चित्र की माला मांगी।

नवीन आगे लिखता है-वह जीसस के मेग्दालीन जैसी है।

मेरा भी क्या परिवार है? मां, कटाक्ष करने में माहिर। पिता वीर और श्रृंगार रस के कवि, जिन पर अब उनकी मृत्यु के बाद दया आती है जिन्होंने दो पत्नियों से नौ संतानें उत्पन्न कीं। वे घर-गृहस्थी का तो संचालन न कर सके पर कवि सम्मेलनों में मंच का संचालन करने में प्रवीण थे।

निम्न पंक्तियां-जो लिख रहा हूं, पोस्टकार्ड में पूरी होगी या नहीं, नहीं कह सकता।

एक दिन तो मैं नाकाम मोहब्बत में ट्रेन के नीचे लेट गया और लेटने से पहिले अपनी चांदी का कड़ा उतार कर बस कंडक्टर के द्वारा घर पहुंचा दिया।

आज रोकर इश्क से बेबाक हो गए, काफी है
आप चाहे जो कहें, मगर उनका करम काफी है
अब शीघ्र करो तैयारी मेरे जाने की,
रथ जाने को बाहर तैयार खड़ा मेरा।
है मंजिल मेरी दूर बहुत, पथ दुर्गम है
हर एक दिशा पर डाला तुम ने डेरा

● ● ●

मरा नहीं हूं गमे नबी मैं
लिबासे हस्ती बदल गया हूं।

मेरे कान सदा उसके सुरीले वचन सुनते रहें
और आंख सदा उसके ग्रंथ पढ़ते रहे।

पत्र के अंत में उन्होंने अपना नाम भी नहीं लिखा। मैं महसूस करता हूं यह पत्र उन्होंने अपनी व्यक्तिगत जिंदगी के बारे में ही लिखा है। पिता उन्हें एक बड़े परिवार का दायित्व सौंप गये और पूंजी के नाम पर लगभग कुछ भी नहीं। पूंजी के रूप में उन्होंने उसे अपने व्यसन दिए। अफीम और शराब के नशे और दिए। उनसे किसी से मुहब्बत नहीं मिली हुई। आर्थिक दशा दीवार बन गई। नाकाम मोहब्बत में उसने आत्महत्या का प्रयास किया। देवदास की तरह नशे में गाफिल रहते हुए उसने उसे भूल जाने की कोशिश की। वेश्याओं के कोठों पर जाना शुरू किया। नशे करते हुए मिल गया ओशो संन्यासियों का साथ। ओशो के प्रवचन सुनकर उसे शांति, सुकून और नई रोशनी मिली। जीने की ललक जागी। कमला बहिन जैसी वेश्या को भी उसने ओशो के कैसेट सुनते देखा। एक नई मीरा और मेग्देलीन के दर्शन हुए उसे कमला बाई में।

यदि इस शख्स को ओशो न मिलते तो यह आदमी या तो आत्महत्या कर चुका होता या पागलखाने में होता। यह अपने दोष, अपनी कमियां बखूबी जानता है। मर्ज का निदान उसने स्वयं कर लिया है। पर वह नियमित ध्यान नहीं करता। यदि यह नियमित ध्यान करने लगे तो इसके जीवन में 180^0 का मोड़ आ सकता है।

मैंने उसे पत्र के प्रत्युत्तर में नियमित ध्यान करने के साथ-साथ लिखा था–ओशो कहते हैं–प्रत्येक व्यक्ति का विकास उन्हीं परिस्थितियों में होता है जैसी अस्तित्व उसके लिए निर्मित करता है। उन्हें सादर स्वीकार करते हुए होशपूर्वक जीने से सारी स्थितियां स्वयं बदल जाती हैं।

उक्त पत्र तो उसने नशे में लिखा था। पर दूसरा पोस्टकार्ड उसने होश में लिखा। मैं जानता हूं उसके पास पांच रुपयों का भी टोटा है। यदि ऐसा न होता तो वह लिफाफे में विस्तृत पत्र भेजता। मैं उसकी विवशता से अब भली भांति परिचित हो गया हूं।

अब इस जनाब के दि. 18.12.2004 के पत्र का जायका लें।

● ● ●

ओशो लवली
सद्‌गुरु कृपा ही केवलम्
शिष्यस्थ परम मंगलम्

प्रेषक–स्वामी जीवन नवीन	सायंकाल 3 बजे
उर्फ किरण सिंह 'छायाकार'	दि. 18.12.2004 को शनिवार
नागर डेरा–प्रतापगढ़ (राजस्थान)	दोपहर को गुड्डी बहिन के घर बैठ कर
अभूतपूर्व स्टूडियो रजनीशी	लिखना शुरू किया। पर लिखूं क्या?

● ● ●

किरण सिंह राव : प्रीतम का उपवन 19.12.2004

दूसरे दिन प्रात: 5 बजे।

आदरणीय स्वामी ज्ञानभेद जी,

प्रेम प्रणाम!

मैंने डूबना सीखा स्वामी जी! तैरना नहीं। स्वामी जी, आपके दीपावली के अवसर पर भेजे पत्र में शब्दों की एक धधकती हुई बगावत है, जो तथाकथित शुभकामना भेजने वालों की नींद हराम कर देगी।

आपने सही लिखा धर्म की दुकान चलाने वालों के पास, ओशो के यह शब्द और उनको स्मरण दिलाने वाले आग उगलते शब्द पढ़ने का वक्त ही नहीं। वे जितनी देर पढ़ने में खर्च करेंगे उतनी देर में वे लाखों कमा लेंगे। ऐसा मैं महसूस करता हूं।

समस्त ओशो प्रेमियों के मनोभंजन हेतु एक काव्यांजलि प्रस्तुत करता हूं। हजरत गुमनामी बाबा का कलाम है–

गुमनामी अछूता राज़ हूं मैं
है कोई मेरा हमराज़ नहीं।
वह राज़ मेरा, मुझ तक है
मैं इस मारे मशहूर नहीं।
हूं रिंद सिर्फ रिन्द हूं मैं।
पीने की अज़ल से आदत है
पी डाले हज़ारों मयखाने
मैं फिर भी नशे में चूर नहीं।

● ● ●

जिस दिन मय बंटी थी यारो, कुछ ऐसा बंटवारा था
आधी पल्ले पड़ी हमारे, आधी में जग सारा था।

शेष साधुवाद

और हां–(फक्कड़ मसीहा का) मैं ही एपीसोड बनाऊंगा।

● ● ●

यह हजरत गुमनामी बाबा स्वयं जनाब स्वामी जीवन नवीन ही हैं। खाली जेब होने पर भी यह हजरत फक्कड़ मसीहा पर टीवी एपीसोड बनाने की दम ठोंक रहे हैं। इन्होंने ओशो की वह कहानी पढ़ी है जिसमें इंग्लैंड के गांव की एक बुढ़िया एक शिलिंग पा लेने पर गांव में भव्य चर्च बनाने का संकल्प करती है और सचमुच उसके संकल्प से भीख मांग कर ही भव्य चर्च बन भी जाता है। एक के हृदय में उठी भावतरंग, अनेक प्रेमियों के हृदयों में भी ऐसी ही भावतरंगें उत्पन्न कर सब कुछ कर सकती है।

● ● ●

मकर संक्रान्ति को स्वामी जी ने दो पोस्टकार्ड एक साथ लिखे क्योंकि एक कार्ड में वह पूरी बात नहीं लिख सके। इन्हें उन्होंने कार्ड नं. 1 तथा कार्ड नं. 2 की संज्ञा दी।

पहिले देखिए कार्ड नं. वन
I LOVE OSHO
(मकर संक्रान्ति के नगमे गा रहा हूं)

पोरवालों के मंदिर में धूप में
बैठकर प्रात: 1 बजे लिखा पत्र।

स्वामी जीवन नवीन के प्रणाम

आप 17 पृष्ठों का लेख भेजें, वरना मर जाऊंगा

यह चित्र ओशो की प्रेरणा से एक अन्धे कैदी ने बनाकर भेजा जो जेलर की लापरवाही से सरदार होने की सजा पा रहा था। दस साल पूर्व उसके जीवन में ओशो आए।

वह टाडा जेल में बंद कैदी मुझे ओशो-मित्र-संघ चलाने की हिम्मत देता है। मैं भी जिस्म के पिंजर में कैद कैदी ही हूं।

● ● ●

यह अंधा कैदी स्वयं जीवन नवीन है जो अपना भला बुरा न देखकर नशे में हमेशा धुत्त रहता है पर तांत्रिक की तरह शराब पीकर भी होश नहीं खोता। उसे अपने अंधे होने, कैदी होने का भली भांति बोध है।

तभी वह आगे लिखता है–

ओशो की करूणा अपरम्पार है। वह सभी जगह पहुंच ही जाते हैं। चाहे मैं व्यसन ही कर रहा हूं तब भी आकर जगा जाते हैं।

मैं यह चित्र (ओशो का डॉट पैन से उकेरे गया) किसी अंधे सरदार कैदी का ही समझने की भूल न कर बैठूं। इसलिए स्वामी जी घूंघट का थोड़ा सा पट उघाड़ते हुए आगे लिखते हैं–

यह चित्र अपने दस साल के अभ्यास के बाद मुझसे बन पड़ा। मुझे यह पिकासो, वानगाग आदि वही बनायेगा, जो मैं होने के लिए पैदा हुआ हूं। हर बीज, वृक्ष बने यही अस्तित्व चाहता है।

दिल और दिमाग अपने तू सजग रखना
आसमां पै उड़े तो धरा पै नजर रखना

यह छायाकार, कवि और चित्रकार अंदर से कुछ होने के लिए कसमसा रहा है। प्रसव पीड़ा से गुजर रहा है। पर नशा उसे किसी भी होशपूर्ण कृत्य में समग्रता से डुबोता नहीं। अभाव है इसीलिए चाहें हैं। अधूरी अतृप्त वासनाएं हैं। पर कुछ होशपूर्वक करने से ही धन अर्जित होगा। स्टूडियो में बैठकर यह जाप करने से नहीं, कि कोई ग्राहक डिस्टर्ब करने आये ही नहीं।

एक प्रवचन में इसीलिए ओशो करुणा कर कहते हैं–मैं जानता हूं, तुम्हारे लिए चाह को छोड़ना बहुत कठिन है। चाह करना कोई बहुत बुरी बात नहीं। यह सहज और स्वाभाविक है। संसार में रहकर सामान्य आदमी बिना चाह के रह भी नहीं सकता। तुम

जो चाहते हो, वही हो जाते हो। हर सच्ची चाह जिसके पीछे संकल्प और समर्पण हो, एक दिन पूरी हो जाती है। यह और बात कि वह दो चार दस या बीस बरस बाद पूरी हो। जीवन की आखिरी सांस या अगले जन्म में पूरी हो। पर एक दिन वह पूरी होती जरूर है। इसलिए कभी तुच्छ की चाह मत करना। तुच्छ की चाह की तो विराट से चूक जाओगे। अधिकतर लोग सुंदर पत्नी, अच्छी नौकरी और सुंदर मकान की चाह करते हैं। कोई धन कमाने या चुनाव में जीत जाने की चाह में ही पूरी जिन्दगी गंवा देता है। उसे प्राप्त भी कर लेता है पर फिर भी अशांत, चिड़चिड़ा, दुखी और तनावग्रस्त रहता है।

इसलिए चाह करना तो सीधे परमात्मा होने की। हजार चाहों में भटकता मन एक चाह को लक्ष्य बनाकर चलने से सही दिशा में गतिशील हो जाता है। चाह भी करते रहो और ध्यान भी। ध्यान करते-करते एक दिन ऐसी समझ विकसित होती ही है कि चाह स्वत: अचाह बन जाती है।

इस शख्स ने वानगॉग का पूरा जीवन चरित्र पढ़ा नहीं। यह वान गाग को उतना ही जानता है जितना अपने प्रवचनो में ओशो ने उसका जिक्र किया है। वॉन गाग घोर दरिद्रता में जिया। रंग न होने से कभी-कभी कोयले से दीवारों पर चित्र बनाया करता था। भूखे रहकर रंग और ब्रुश खरीदता था। लाल रंग की कमी हुई तो अपनी नस काटकर अपने खून से पेंटिंग पूरी करता था। उसके जीवन भर उसका कोई चित्र बिका नहीं। वह इतना कुरूप था कि कभी किसी ने उसे प्रेम नहीं किया। एक बार एक वेश्या ने उससे कहा-वॉन तुम्हारे कान बहुत सुंदर हैं। यह सुनते ही घर जाकर उसने अस्तुरे से अपने काट काटकर उन्हें एक पैकेट में लपेट कर उस वेश्या को वह भेंट कर दिए।

हां! पिकासो को जीवन में प्रसिद्धि, धन और अनेक सुंदरियों का सान्निध्य मिला। पर वह भी अशांत और तनावग्रस्त रहता था।

यह हजरत अपने स्टूडियो का भी नाम भी पिकासो स्टूडियो रख चुके हैं। पर नाम रखने से क्या होता है, यह जमकर बैठकर कुछ करें तब न...

पिकासो, वानगॉग जैसा होना मूर्खता है। कोई किसी जैसा, अनुकरण कर बन ही नहीं सकता। वह वही बन सकता है, अस्तित्व ने जिसके बीज में जो होने की सम्भावना उड़ेली है। पर चैतन्य तो सभी का स्वभाव है।

मैंने उसे पत्र का उत्तर देते हुए लिखा-'तू परमात्मा क्यों नहीं होना चाहता? तेरे अंदर तो अस्तित्व ने परमात्मा प्रतिष्ठित कर तुझे इस पृथ्वी पर भेजा ही है।'

● ● ●

पोस्टकार्ड नम्बर दो, चूंकि नंबर एक के ही तारतम्य में लिखा गया अत: बिना किसी सम्बोधन स्वामी जी लिखते हैं-

ओशो, स्वामी ज्ञानभेद को 'सब टीवी' पर पहुंचा देवें ताकि जो अनपढ़ मगर ज्ञानी और मुझ जैसे पढ़े लिखे पर कम अक्ल लोग भी आपके ऊर्जावान मुखारविंद से निकले शब्दों को सुनकर जो जिगर के आर-पार हो जाते हैं, विकसित हो सकें।

और हां स्वामीजी! कौन कहता है कि एक फक्कड़ मसीहा ओशो महज किस्से कहानियों की पुस्तक या उपन्यास है। कोई अगर ऐसा कहता है तो वह ओशो से चूक रहा है या आपके प्रति पूर्वग्रह या दुराग्रह से भरा है।

मैं कहता हूं–चित्र बनाना आसान है। मगर चित्र के हजार टुकड़ों को जोड़ कर फिर से चित्र पूरा करना एक दुसाध्य कर्म है। आपने फक्कड़ मसीहा द्वारा ओशो की सैकड़ों प्रवचन पुस्तकें जिन्हें हम लोग कभी पढ़ भी नहीं पाते, उन सभी का हमें सार और स्वाद दे दिया। ओशो के जीवन की बिखरी सभी घटनाओं और प्रमुख प्रसंगों को एक धागे में पुष्पहार की तरह गूंथ दिया।'

आगे जनाब अपने असली रंग में आते हुए एक लतीफा कम कहानी लिखते हैं–

'हां! तो एक बार फिर किसी पंडित से एक भिखारी ने ईश्वर का पता पूछा। हिन्दुओं के पंडितों ने उसका पता मंदिर, ईसाइयों के पादरियों ने उसका पता गिरजाघर और पेशइमाम या मौलवी ने उसे मस्जिद में होना बतलाया।

भिखारी ने मंदिर, मस्जिद और चर्च तीनों स्थानों में ईश्वर को पुकारते हुए भीख मांगी पर उसके हट्टे-कट्टे स्वस्थ होने के कारण उसे कहीं भी भीख नहीं मिली। कहीं भी ईश्वर ने उसकी फरियाद सुनी नहीं।

गमगीन, निराश और उदास होकर वह शराबखाने पहुंचा। पिछले दिन मिली भीख में से बचे दो रुपये उसकी जेब में पड़े थे। ईश्वर की खोज की बात भूलकर वह जैसे ही शराब खरीदने काउन्टर की ओर बढ़ा, तो शराबखाने से बाहर निकलते हुए एक शराबी ने उसके फटे पुराने गंदे कपड़े देख उसके कोट की जेब में पांच सौ के नोट ठूंस दिए और आगे बढ़ गया। भिखारी ने नोट गिनते हुए कहा–'यह खुदा भी अजीब शै है। अपना पता देता कुछ और है और रहता कहीं और है।'

आमीन

जीवन नवीन

● ● ●

पाण्डुलिपि को प्रेस भेजने तक....

इस शख्स के और भी कुछ ऐसे पत्र प्राप्त हो सकते हैं जो मुझे पुनश्चः पुनः लिखने के लिए बाध्य करें, तो कोई आश्चर्य नहीं, क्योंकि यह एक ऐसी शख्सियत है जो अनायास अपनी ओर आकर्षित करती है और यह जिज्ञासा बलवती होती है कि यह जानें कि यह शख्स आखिर चीज क्या है? यह है कौन?

यों संसार में प्रत्येक व्यक्ति अनूठा और अपनी तरह का एक ही है। परमात्मा के अदृश्य कारखाने में अनंत रूप रंग, स्वभाव और फिंगर प्रिंट्स हैं और अनंत गर्भों से अनंत जीव जन्म लेते हैं और अपने को जाने बिना ही इस पृथ्वी से बिदा हो जाते हैं।

जिन प्राणों में स्वयं को जानने और अपने पूर्ण चैतन्य स्वरूप को महसूसने की अभीप्सा जागृत होती है, और जो स्वयं को जानकर उस परम सत्य को अभिव्यक्ति भी दे सकने में सक्षम होते हैं, क्योंकि सत्य को शब्दों द्वारा व्यक्त करना लगभग असम्भव

जैसा है, वही व्यक्ति पृथ्वी पर अनूठे और बेजोड़ हैं। वही पृथ्वी के नायक और अमृत हैं जो करूणावश ही दु:खी पीड़ित मनुष्यता को उत्सव आनन्द बांटने, उनका संताप हरने बुद्ध, लाओत्से और ओशो के रूप में अवतरित होते हैं। उनसे प्रेरणा और साहस लेकर हजारों के हृदय में भी स्वयं को जानने की प्यास उद्दीप्त होती है। उन हजारों में दस बीस पचास ही सफल होते हैं। पर जो सफल नहीं भी होते उनकी इस जनम की असफलता अगला जन्म लेकर फिर सफल होने का प्रयासरहित प्रयास करती है।

यह स्वामी जीवन नवीन भी उन हजारों असफल लोगों में से एक है जिसके संबंध में पूरा विश्वास है कि एक दिन अकस्मात इसके जीवन में 180^0 का घुमाव इसके पूरे जीवन को बदल देगा। छलांग तमस से भी लग सकती है। पर चाहिए अभीप्सा और संकल्प। जिसे अपने रोग का बोध है, आधा इलाज उसका समझो हो गया। जिसने पहिला कदम उठा दिया। उससे मंजिल दूर कभी होती ही नहीं। वह एक कदम कम दूर हो जाती है।

❑❑❑

17

“एक फक्कड़ मसीहा ओशो”–यूनीवर्सिटी तथा महाविद्यालयों के प्राध्यापकों तथा प्रेमी मित्रों की दृष्टि में

आदरणीय स्वामी जी!

प्रणाम!

एक फक्कड़ मसीहा ओशो की किन शब्दों में सराहना करूं, मेरी समझ में नहीं आता।

ओशो का ऐसा जीवन्त और रोचक चित्रण मेरे देखने में अब तक नहीं आया है। ओशो के बारे में आज तक जो कुछ भी लिखा गया है, वह आपकी पुस्तक के सामने बहुत फीका लगता है। आपकी अकेली पुस्तक ही ओशो को चिरस्मरणीय और लोकप्रिय बनाने के लिए पर्याप्त है।

मैं इसके आगामी खण्डों की बेसब्री से प्रतीक्षा कर रहा हूं।

शुभकामनाओं के साथ

सप्रेम

डा. महेशसिंह कुशवाहा पीएच. डी.

विभागाध्यक्ष, अंग्रेजी व अन्य योरोपीय भाषाएं
लखनऊ विश्वविद्यालय लखनऊ

नोट–डॉ. कुशवाहा ने लखनऊ में ओशो साहित्य की प्रथम लाइब्रेरी खोली थी एवं लखनऊ में ओशो कार्य के प्रचार और प्रसार में उनका उल्लेखनीय योगदान रहा है। वे ओशो साहित्य के मर्मज्ञ हैं।

• • •

प्रेषक
लक्ष्मीचन्द्र चितारा
प्राध्यापक प्राणीशास्त्र,
राजकीय महाविद्यालय
बाडमेर (राजस्थान)
दि. 14.3.98

आदरणीय स्वामी ज्ञानभेद जी,

सादर अभिवादन!

सर्वप्रथम अपना संक्षिप्त परिचय दे दूं। बाड़मेर जिले का निवासी, शिक्षा एमएससी (प्राणिशास्त्र)। गत 27 वर्षों से राजकीय महाविद्यालयों में सरकारी सेवा में प्राध्यापक हूं। थोड़ा बहुत साहित्य-प्रेमी भी हूं। बाड़मेर स्थित 5-6 ओशो प्रेमियों और संन्यासियों के सम्पर्क में हूं।

पहिले तो आपको 'एक फक्कड़ मसीहा ओशो' जैसी बहुआयामी व्यक्तित्व धनी पर पुस्तक लिखने व ओशो प्रेमियों को उपलब्ध कराने हेतु कोटि-कोटि साधुवाद व आभार।

आपने अनन्त को शब्दों में बांधने का जो भागीरथ प्रयास किया है वह इस युग की तो थाती है ही साथ में भविष्य के लिए भी एक काल-पात्र संहिता होगी। ऐसा ही प्रयास अनुत्तर योगी को लिख कर डा. वीरेन्द्र जैन ने किया था।

प्रस्तुत पुस्तक में आपने ओशो के जीवन के वे अनछुए अनुपलब्ध प्रसंग उद्घाटित और अनावृत्त किए हैं जिनको जाने बिना उन्हें समझना असम्भव व अपूर्ण है। आपने इस साहित्य निधि में दो लेखकों या महामनीषियों को एक साथ पिरोया है।

जैसे कि कृष्ण की बाललीलाओं को सूरदास जी ने और श्रीकृष्ण के विराट रूप को वेदव्यास जी ने महाभारत (गीता) में व्यक्त किया है।

आपने असीम को ससीम अमृत सागर के गागर में भरकर हर घट को संतृप्त करने हेतु पुण्य प्रयास किया है। आपने ओशो रूपी महासागर के मंथन हेतु अनेक कष्ट उठाए किन्तु आपने संसार को जो अमृत घट दि्या है, वह ओशो प्रेमियों को अन्यथा नहीं मिलता।

अतः पुनः आपके प्रति आभार प्रकट करता हुआ आपके नवीनतम व अन्य साहित्य-कृतियों की प्रतीक्षा में।

आपका सप्रेम
लक्ष्मीचन्द्र

● ● ●

प्रेषक

डा. आरएस यादव–प्राध्यापक गणित
राजकीय विज्ञान, पीजी कालेज
बिलासपुर मप्र

आदरणीय स्वामी जी,

प्रेम प्रणाम!

एक फक्कड़ मसीहा ओशो कभी-कभी पढ़ता हूं और कभी-कभी नहीं भी पढ़ता हूं। आप उपन्यासकार कवि और लेखक रहे हैं। आपके पास भाषा है, कल्पना है और ओशो की कृपा है।

यह पुस्तकें सभी के लिए लाभकारी हैं। उनमें प्रभु की लीला है, देशना है और आपकी भाषा का सहज प्रवाह है। मैं मित्रों को देता हूं पढ़ने को, जो ओशो के शिष्य नहीं हैं।

[1]यदि ऐसा हो सकता कि लीला कथाओं तथा देशनाओं के लिए नीचे संदर्भ पुस्तकों का नाम लिखा होता तो प्रामाणिकता और हो जाती।

शेष फिर कभी।

प्रेम प्रणाम सहित

डा आर एस यादव

(स्वामी कृष्ण चैतन्य)

● ● ●

डा. आर एस यादव का दूसरा पत्र

आदरणीय स्वामी जी,

प्रेम प्रणाम!

ओशो ने आपको माध्यम बनाकर ओशो ही ओशो लिखवाया। आप बहुत धन्यभागी हैं। ओशो के आप पर सदा आशीष बरसाते रहें।

ऐसी पुस्तक मैं दो साल से चाह रहा था कि ओशो भक्तों के अनुभव की कोई पुस्तक आए। उसमें हम सभी को लाभ होगा और ओशो ने कृपा कर दी।

आपके आशीष की आशा में

स्वामी कृष्ण चैतन्य

(डा. आर.एस. यादव)

---

1. नोट–एक फक्कड़ मसीहा ओशो के खण्ड एक से पांच खण्डों तक मैंने प्रत्येक चेप्टर की कथा, ओशो की किस प्रवचन पुस्तक अथवा ज्योतिशिखा युक्रान्त, संन्यास, ओशो न्यूज लेटर रजनीश टाइम्स या ओशो टाइम्स आदि पत्रिकाओं के किस अंक (पृष्ठ संख्या सहित) से ली, अथवा ओशो के किस मित्र या संबंधी से साक्षात्कार लेते हुई सुनी, इसका पूरा संदर्भ दिया था। ओशो पर रिसर्च करने वाले शोधार्थी यह सूची मुझसे ले चुके हैं। प्रकाशक से भी यह सूची फक्कड़ मसीहा के अंत में प्रकाशित करने का अनुरोध दिया था पर वह उसे प्रकाशित करने को तैयार नहीं हुए। यह सूची अभी भी मेरे पास है।

औरंगाबाद के स्वामी योगानंद सरस्वती का भावपूर्ण पत्र तो बेजोड़ है। बेजोड़ इसलिए नहीं है क्योंकि उसमें मेरी प्रशंसा की गई है। बेजोड़ इसलिए है क्योंकि ओशो के इन्द्रधनुषी जीवन के सप्तरंगों ने उसके अन्दर एक ऐसी रंगोली चित्रित कर दी जिसके रंग उनके निम्न पत्र में छलक रहे हैं। उसमें मात्र रंग ही नहीं, प्रेम की सुवास और एक गैबी गंध है। स्वामीजी ने पत्र के प्रथम पैरा में फक्कड़ मसीहा के नौ भाग उन्हें किस तरह मिले, इसका जिक्र किया है। अत: उनके द्वितीय पैरा से मैं उनके पत्र को उद्धृत कर रहा हूं।

औरंगाबाद (महाराष्ट्र)
दि. 3.9.2002

प्रिय स्वामी जी,

सादर प्रणाम!

एक फक्कड़ मसीहा ओशो के भाग 1 से 9 पढ़ने के बाद मुझे आपने ओशो प्रभु की नित्य नूतन घटना क्रम को जानने का सौभाग्य प्रदान किया, इसके लिए आपको बहुत-बहुत धन्यवाद।

इस पुस्तक को पढ़ने के लिए मैंने अपने अनेक मित्रों को प्रेरित किया है और आगे भी करता रहूंगा।

जिस प्रकार हजरत मुहम्मद द्वारा आयतें उतरीं और कुरान का जन्म हुआ इसी प्रकार आप पर ओशो प्रभु ने अनन्य आशीष वर्षा कर एक महान गाथा आपके द्वारा निर्मित करवा दी। इसका जितना भी गुणगान करूं उतना कम है।

इसके बावजूद मुझे आपसे कुछ शिकायतें (आक्षेप) भी हैं।

1. आपने जिस प्रकार ओशो-गाथा लिखी, वह ग्रंथ, महान काव्य गीताजंलि, कुरान, बाइबिल और अन्य आध्यात्मिक ग्रंथों से कम नहीं हो सकता है, लेकिन आपने इसे उपन्यास कहकर इसकी महत्ता कम कर दी।
2. आपको इन पुस्तकों को ग्रंथ रूप नाम देना था। आपने समुद्र मंथन कर अमृत गाथा को प्रवाहित किया है। पर आपने इसका नाम जो एक फक्कड़ मसीहा दिया वह मेरी समझ से, इस महान ग्रंथ पर अन्याय हुआ है। आपने अपनी प्रस्तावना में (इसके बारे में कुछ गुफ्तगू) इसे स्वयं ग्रंथ रूप में स्वीकारा है फिर यह उपन्यास कैसे हुआ? इससे ओशो की महिमा का सही मूल्यांकन नहीं हुआ है, ऐसी मेरी धारणा है।

मेरे जो आंतरिक भाव थे उन्हें मैंने प्रकट कर दिया। यह किस हद तक सही है, यह निर्णय आप करें।

आपके पत्रोत्तर का याचक

स्वा. योगानंद सरस्वती
(एसएस भंडारी)
501, दर्जी बाजार,
छावनी ए. औरंगाबाद

भाई योगानंद सरस्वती की ही भांति अनेक मित्रों ने फक्कड़ मसीहा को उपन्यास लिखने पर आपत्ति प्रकट करते हुए मुझे अनेक पत्र लिखे। फोन पर भी अपने भाव व्यक्त किए।

एक फक्कड़ मसीहा के प्रथम दो खण्डों में उपन्यास शब्द का उल्लेख नहीं है। इसे ओशो की प्रामाणिक जीवनी लिखा गया है।

इसे प्रकाशित करने से पूर्व प्रकाशक की शर्त थी कि मैं इसकी पाण्डुलिपि ओशो आश्रम पूना में दिखाते हुए उनकी सहमति उन्हें लाकर दूं। वह तभी इसे प्रकाशित करेंगे। अत: मैंने फक्कड़ मसीहा ओशो की पाण्डुलिपि पूना आश्रम को सौंपते हुए एक परिशिष्ट भी प्रस्तुत किया था। जिसमें इस बात का उल्लेख था कि किस खण्ड के किस अध्याय की घटना ओशो के किस प्रवचन, युक्रान्त, ज्योतिशिखा, संन्यास, रजनीश न्यूज लेटर या ओशो टाइम्स के किस तारीख के किस अंक से अथवा ओशो के परिवार के सदस्यों उनके बाल सखाओं अथवा जीवन जागृति केन्द्र के किन व्यक्तियों से साक्षात्कार के दौरान ली गई है। इसी के आधार पर मैंने इसे ओशो की प्रामाणिक जीवन गाथा कहा था।

खण्ड एक तथा दो कवर पर ओशो के चित्रों के साथ प्रकाशित हुए और उसमें उपन्यास शब्द अंकित नहीं था। उसके प्रथम खण्ड की भूमिका मां अमृत साधना ने लिखी थी जो उस समय ओशो टाइम्स की फीचर एडीटर थीं।

एक फक्कड़ मसीहा ओशो के खण्ड एक तथा दो प्रकाशित होने के बाद अचानक मुझे पूना आश्रम से निम्न पत्र प्राप्त हुआ।

ओशो इंटरनेशनल फाउंडेशन पूना

दि. 7.8.97

प्रिय स्वामी ज्ञानभेद,

प्रेम!

आपके द्वारा लिखा गया ओशो की जीवनी पर आधारित उपन्यास एक फक्कड़ मसीहा ओशो की कुछ प्रतियां डायमण्ड पॉकेट बुक्स से हमें प्राप्त हुईं। इस पुस्तक से ओशो प्रेमियों में कुछ गलतफहमियां हो रही हैं। हम चाहेंगे कि आप इन्हें आने वाली रिप्रिंट में सुधार लें। जो सुधार करने हैं, वे इस प्रकार हैं–

1. आप पुस्तक के कवर पर तथा प्रिलिम पेजेस में ओशो की जीवनी पर आधारित एक उपन्यास यह पंक्ति लिखें।

शेष आनन्द।

सप्रेम

स्वामी तथागत

प्रतिलिपि–श्री नरेन्द्र कुमार, डायमण्ड पॉकेट बुक्स नई दिल्ली। पूना आश्रम के आदेश का पालन करना ही था। इस आदेश में अस्तित्व की ही अदृश्य भूमिका है।

कथा, कहानियों और उपन्यास में साधारण पाठक की स्वाभाविक रुचि होती है। इसे उपन्यास समझ कर कौतुक और कौतूहल से इसे अनेक ओशो विरोधियों ने भी पढ़ा और पढ़कर वे ओशो प्रेमी बन गए। कहानी उपन्यास में स्त्रियां और बच्चों को विशेष रस मिलता है। अत: इस वर्ग द्वारा भी इसे पढ़ा गया।

फिर उपन्यास एक लम्बी कहानी है। हम सभी का जीवन एक कहानी ही तो है। कहानी सच्ची भी होती है और झूठी भी। पर सच्ची कहानियों में सबसे जीवित पात्र और तिथियां भी होती हैं पर झूठी कहानियों में इनका अभाव होता है। उपन्यास लिखे होने के बावजूद जो भी ओशो को जानते हैं, वे भली भांति जानते ही हैं कि यह उपन्यास न होकर सद्‌गुरु की प्रामाणिक जीवन गाथा है।

वो नज़र जो मुझे देखती रह गई
एक कहानी सी दिल पर लिखी रह गई
वो तो कमरे से उठकर चला भी गया
बात करती हुई खामोशी रह गई।

'अमिय हलाहल मद भरे, स्वेत श्याम रतनार' जैसे ओशो के जिन नयनों में करूणा का सागर लहराता था, जिनकी अतल गहराइयों में देखने वाला डूब ही जाता था, उनकी एक तिरछी चितवन और नजर देखने और सुनने वाले के हृदय पर एक अमिट कहानी अंकित कर देती थी उनकी जीवन की एक-एक घटना एक अमर कहानी ही तो है। एक क्रम और एक लड़ी में पिरोई अनेक कहानियां ही उपन्यास बन जाती हैं। उपन्यास एक लम्बी कहानी है।

वस्तुत: ओशो का बहुआयामी व्यक्तित्व, काव्य की किसी शैली में आबद्ध किया ही नहीं जा सकता। उनकी जीवन गाथा एक काव्य भी है और कहानी भी। वह उपन्यास भी है और जीवनी भी। वह सब कुछ होकर भी कुछ भी नहीं है। 'नो बाडी' (No Body) या शून्य की कोई कहानी हो भी कैसे सकती है। नि:शब्द को शब्द में आबद्ध किया भी कैसे जा सकता है? उनका जीवन सांसारिक व्यक्तियों के लिए एक कहानी और उपन्यास की तरह है। ध्यानियों के लिए वह मात्र शून्य है। भक्तों के लिए एक सरस काव्य है। प्यासों के लिए अमृत सरोवर है। खोजियों के लिए सागर का अतल तल या एक सघन वन है।

हो के खुशबू की तरह फैला था मेरे चार सूं
मैं उसे महसूस कर सकता था छू सकता न था।

खुशबू पर काव्य रचा जा सकता है। उसकी कहानी लिखी जा सकती है। काव्य कितना भी सरस हो, कहानी कितनी भी जीवंत हो पर उसमें खुशबू नहीं हो सकती। उसके इशारे हो सकते हैं। सत्य और सद्‌गुरु का रस और सुबास व्यक्त किया ही नहीं जा सकता। उसके संकेत मात्र दिए जा सकते हैं। संकेतों को फिर चाहे जीवनी कहो, काव्य, कहानी या उपन्यास कहो, उससे क्या फर्क पड़ता है? सद्‌गुरु तो विशेषण रहित निर्विशेष है। उसे विशेषण से आभूषित करना तो भाषा की मजबूरी है।

रही 'एक फक्कड़ मसीहा ओशो' पुस्तक का शीर्षक देने की बात, तो आप 'चल ओशो के गांव में' पुस्तक में 'आप ओशो को फक्कड़ क्यों कहते हैं?' अध्याय पढ़ लीजिए आपकी शंका का समाधान स्वयं हो जाएगा।

● ● ●

कहानी स्वामी कृष्ण कबीर की

तथागत जी का पत्र खोजते हुए स्वामी कृष्ण कबीर का पत्र भी हाथ लग गया। स्वामी कृष्ण कबीर को आप सभी प्रेमी पाठक भली भांति जानते हैं। शायद उनका नाम भूल गए हों पर याद दिलाने पर आप उन्हें एक क्षण में पहिचान लेंगे।

एक फक्कड़ मसीहा ओशो के प्रथम खण्ड का पहिला पृष्ठ उलटते ही जिनकी ओशो पर लिखी निम्न अमर काव्य पंक्तियां–

धरती की चिलम में
जीवन की चरस भरकर
दम लगा रहा है
यह जाने
कौन फक्कड़?

–स्वामी कृष्ण कबीर

दृष्टिगत होती हैं, उन्हीं काव्य पंक्तियों के सृजक हैं–स्वामी कृष्ण कबीर। उनसे मेरी पहिली मुलाकात अमृतधाम ओशो संन्यास आश्रम जबलपुर में हुई थी। वहीं उन्होंने अप्रकाशित फक्कड़ मसीहा की पाण्डुलिपि के मुझसे कुछ अंश सुनते हुए अपनी ओशो पर लिखी काव्य पंक्तियां मुझे सौंपी थी। जब मैंने उन्हें एक फक्कड़ मसीहा ओशो शीघ्र प्रकाशित होने की सूचना देते हुए पत्र लिखा तो प्रत्युत्तर में उनका निम्न पत्र प्राप्त हुआ।

● ● ●

प्रिय स्वामी ज्ञानभेद,

प्रेम प्रणाम!

जबलपुर में आपके साथ बिताए गए प्रसाद-पल मुझे बहुत दूर तक याद आते रहे। यहां पहुंच कर देखा–आपका पता कहीं खो चुका था। अब केवल मौन प्रतीक्षा का ही भरोसा था और जब कल अचानक स्वामी नभराज ने कहा कि स्वामीजी! आपका प्रेमपत्र आया है तो मैंने उनसे छूटते ही कहा–कानपुर से आया होगा। वे बोले–पत्र को देखे बिना आपने कैसे जान लिया? मैंने उत्तर दिया–

ओशो के प्यारों की सुगंध
छिपाये से कहां छिपती है

अपनी काव्य पुस्तक 'बूंद बूंद सूरज' भेज रहा हूं।

कविताएं कैसी लगीं आपकी पाठकीय प्रतिक्रिया की प्रतीक्षा रहेगी।

शेष शुभ।

बात एक
राज की
निकली
जिन्दगी बियर
मौत
शराब निकली।
उन द्वारों को
दीवारों को
गलियों चौबारों को
उन हवाओं को
चहचहाते पंछियों को
वृक्षों को, फूलों को
और उन सब मस्तों को
जो तुम्हें
हर तरफ से
घेरे हुए हैं

–कृष्ण कबीर के

प्रेम प्रणाम
दि. 30.9.95
बाड़मेर

एक फक्कड़ मसीहा ओशो का प्रथम भाग प्रकाशित होने पर उन्होंने वह प्रति अपने मित्र श्री लक्ष्मी चन्द्र चितारा, प्राध्यापक प्राणिशास्त्र राजकीय महाविद्यालय बाड़मेर को दे दी, जिनके पत्र का उल्लेख मैं पृथक से कर रहा हूं।

● ● ●

इंजीनियरिंग का फाइनल करने वाले अम्बाला सिटी के तरुण कुमार करीर के मुझे पत्र कम फोन अधिक मिले हैं। यह हजरत भी एक फक्कड़ मसीहा ओशो के दीवाने हैं। यह पत्र अंग्रेजी में ही लिखते हैं। इनके एक पत्र की बानगी देखिए–

Tarun Kumar Karir
H.No. 804, Urban Estate
Sector-7, Ambala City
21 Dec. 2002

Respected Swami Gyanbhed ji,

Namaste!

If you remember, I talked to you over phone on 2nd Dec. at 9.45PM. I have read your books एक फक्कड़ मसीहा ओशो Vol. 7, 8 and 9. I derived lot of peace, inspiration, insight and intellectual thrill from your books. Your way of expression is very poetic and captivating.

Right now I am sending Rs. 170/-by M.O. for एक फक्कड़ मसीहा vol. second and third.... I want to meet you some time, if God permits, as I had some strange experiences concerning Meditation. Please send the books by registered post as fast as possible. I am trying to read them.

May Osho's grace be with you, all the time.

Your's

Tarun

● ● ●

यह पत्र नहीं, प्यासे पपीहे की पुकार है। तृषित हृदय की आकुल चीख है। अंग्रेजी न जानने वाले मित्रों के लिए इसका अनुवाद भी प्रस्तुत कर रहा हूं।

तरूण कुमार करीर

मकान नं. 804ए अरबन एस्टेट

सेक्टर-सात, अम्बाला सिटी

22.2.2002

आदरणीय स्वामी ज्ञानभेद जी,

नमस्ते!

यदि आपको स्मरण हो तो मैंने आज 2 दिसम्बर की रात्रि को 9.45 पर फोन पर बात की थी। मैंने आपके एक फक्कड़ मसीहा ओशो के खण्ड 7, 8 व 9 पढ़े हैं, जिनसे मुझे शांति, प्रेरणा, अंर्तदृष्टि और बौद्धिक रोमांच तथा आनन्द प्राप्त हुआ। आपकी अभिव्यक्ति काव्यात्मक और सम्मोहक है।

मैं एक फक्कड़ मसीहा ओशो के खंड दो व तीन के लिए रु. 170/- का मनीऑर्डर भेज रहा हूं। मैं किसी दिन आपसे मिलना भी चाहता हूं यदि परमात्मा ने मिलाया तो। मुझे भी ध्यान के कुछ अजीब अनुभव हुए हैं।

प्रिय स्वामी जी! कृपया पुस्तकें जितना शीघ्र हो सकें भेजने की कृपा करें। मैं उन्हें पढ़ने के लिए मरा जा रहा हूं।

आपका

तरूण

● ● ●

तरूण की ही तरह विद्यार्थियों में ही ओशो के हजार दीवाने हैं। दीवाने इसलिए हैं क्योंकि ओशो ने उनकी मूल समस्या सेक्स पर समझ और अंर्तदृष्टि देते हुए उससे अतिक्रमण करने का मार्ग सुझाया है। उन्होंने अंधविश्वास, रूढ़ियों और मृत परम्पराओं से मुक्त होकर समग्र जीवन में अहिंसक क्रांति का मार्ग प्रशस्त किया है।

लखनऊ विश्वविद्यालय में एम.फिल. (हिन्दी) के शोधार्थी श्री पवन कुमार सिंह लिखते हैं–

लखनऊ, दि. 5.1.2001

पूज्य स्वामी ज्ञानभेद जी,

चरण स्पर्श!

ओशो रूपी महासूर्य का दर्शन जो आपने कराया है, उससे मेरा जैसा अभागा जो इस महासूर्य की किरण से वंचित रह गया था, उसका जीवन आपके इस महान कार्य से संस्कारित तथा जीवित हुआ है।

हे ऋषि वेदव्यास! मैं आपको किन शब्दों में धन्यवाद दूं? अपनी कृतज्ञता कैसे व्यक्त करूं? मेरे जैसे अज्ञानी के पास इस महान कार्य की प्रशंसा के लिए कोई शब्द नहीं हैं। मैं अपनी अज्ञानता पर लज्जित हूं।

आशा करता हूं कि आप मेरी अज्ञानता को समझते हुए मुझे क्षमा करेंगे।

आपका

पवन कुमार सिंह

शोधार्थी एमफिल (हिन्दी)

डी–2/344, सेक्टर–सी,

जानकीपुरम, लखनऊ

पुनश्च–एक फक्कड़ मसीहा ओशो के खण्ड नौ के लिए मन में बहुत बेचैनी है। बहुत अधीरता से उसकी प्रतीक्षा कर रहा हूं।

मैंने संभवत: उसे लिखा था–तुम न अपने को अभागा समझो और न अज्ञानी। ओशो ने पूरी मनुष्यता को अपराध बोध से मुक्त कर क्षण-क्षण उत्सव आनन्द से जीने का महामंत्र दिया है। जो भी हुआ वह मूर्च्छा में हुआ। मूर्च्छा में किया गया कृत्य पाप नहीं है। अब होशपूर्वक सजगता से वर्तमान में जीना सीखो।

तुम बड़भागी हो जो अज्ञानी समझते हो अपने आप को। ज्ञानी का आज अर्थ है–जिसने बहुत ग्रंथ पढ़े हैं। जिसकी जानकारी बहुत अधिक है। सच्चा ज्ञान स्वानुभव से जन्मता है। जो अपने को अज्ञानी समझता है वही सच्चे ज्ञान को उपलब्ध होता है क्योंकि जानने का अहंकार ही एकमात्र बाधा है।

मुझे वेदव्यास की उपाधि कई मित्रों ने दी और इसलिए दी क्योंकि व्यास ने कृष्ण की जीवनगाथा लिखी और मैंने ओशो की। पर मैं अपनी औकात भली भांति जानता और समझता हूं। मैं एक साधारण लेखक था। ओशो ने ही मुझे पत्थर से पारस बना दिया।

तेरी बन्दगी से पहले मुझे कौन जानता था?

तेरे नाम ने बना दी मेरी जिन्दगी फसाना।

वेदव्यास क्या, हम सभी पूरे के पूरे परमात्मा हैं। स्वयं का जानना स्वयं होने का स्मरण जागना ही साधना है। यह बोध गुरु वचनों के सम्यक श्रवण से भी हो सकता है। श्रवण से न हो तो फिर मन और शरीर का भी उपयोग कर मनन, ध्यान और भक्ति से वह प्राप्त हो सकता है।

मैं भली भांति जानता हूं जहां प्रशंसा है, वहां निंदा भी दूर नहीं है। सम्मान के साथ अपमान और सुख के साथ दुख भी जुड़ा है। दोनों एक ही सिक्के के दो पहलू हैं।

स्वामी अगेह भारती ने अपनी पुस्तक एक ओशो शिष्य की डायरी में एक फक्कड़ मसीहा ओशो प्रथम भाग के संबंध में लिखा–

मैंने ओशो पर लिखी सबसे रद्दी पुस्तक दयाल की व उसके बाद ज्ञानभेद की पाई है।

यह अगेह भारती जी ने कब, क्यों, किन स्थितियों में लिखा इसका विस्तृत उल्लेख मैं युवा ओशो-प्रेमी संजीव की कहानी में विस्तार से कर चुका हूं। ओशो के साथ गुजारे जीवन के संस्मरण सबसे पहिले अगेह जी ने ही लिपिबद्ध किए। ओशो को जानने के लिए, पाठकों के पास एकमात्र साधन अगेह जी की पुस्तकें थीं। ईर्ष्या, लेखकीय प्रतिद्वंद्वता और अहंकार ही इसका एकमात्र कारण है। ओशो को छोड़कर वह प्रभु जी के शिष्य बने। पूना कम्यून से निष्कासित किए गए। अपना पृथक आश्रम भी बनाया। पत्रिका भी निकाली, पर प्रभुजी उनसे रूष्ट होकर आश्रम छोड़ कहीं चले गए। अगेह भारती जी पूना आश्रम से क्षमा याचना कर फिर ओशो संसार में वापस लौट आए। सभी ओशो प्रेमी उनके बारे में सभी कुछ जानते हैं। इसलिए अंग्रेजी कवि शैली ने लिखा है–style is the man himself. प्रत्येक की जीवन शैली ही मनुष्य का व्यक्तित्व है। हम जो कुछ अभिव्यक्त करना चाहते हैं, वाणी के साथ उसे नेत्रों से, हाथों के संचालन और मुद्राओं से भी अभिव्यक्त करते हैं। लेखनी के द्वारा प्रेमी पाठक शब्दों द्वारा अभिव्यक्ति के साथ लिखावट और चित्रों द्वारा भी प्रकट करते हैं।

बीए द्वितीय वर्ष का एक छात्र जो भावुक और संवेदनशील है, जिसे स्वयं को जानने की प्यास है, उसने फक्कड़ मसीहा का पांचवां खण्ड पढ़ने के बाद अपनी अभिव्यक्ति निम्न भांति प्रकट की।

स्थान–खेजरा माफी पोस्ट बिलहरा
जिला–सागर, मप्र

प्रिय स्वामी ज्ञानभेद जी,

प्रणाम (With love)

- एक फक्कड़ मसीहा ओशो का पांचवां भाग पढ़ा। अनिवर्चनीय एवं अद्भुत आनंद मिला।
- रजनीश चन्द्र का शीतल प्रकाश एवं अपने स्वभाव से सागर में ज्वार-भाटे लाने वाले और प्रेम की झील में अनुग्रह के फूल बिखेरने वाले कोयले से हीरे की यात्रा पर ले जाने वाले, क्षुद्र को विराट में समाहित करने वाले, राजा से रजनीश एवं अब ओशो की जीवन-लीला की मधुरतम झांकी दिखलाने वाली स्वामी ज्ञानभेद की बुद्धस्त-चेतना को कोटि-कोटि धन्यवाद।
- एक फक्कड़ मसीहा : ओशो पढ़ते हुए लगा कि जैसे साक्षात किसी ऋषि से उपनिषद सुन रहा होऊं। तब मुझे लगा कि यह ग्रंथ तो साक्षात ओशो-उपनिषद बन गया, क्योंकि यह उपनिषद की तरह पाठकों को अंतर्यात्रा की ओर ले जाता है।

– पांचवें भाग में प्रकाशित पत्र तो जैसे सभी के लिए अंतर्यात्रा में पाथेय हैं और वास्तव में बुद्धों का प्रत्येक कार्य सर्व के हिताय होता है।

– मैंने सुना सहस्रार में खिलते सहस्त्र पद्म
अन्तर में बिखेरते अजस्त्र गंध।
अब तो उसी की आस है
उसी हेतु चल रही श्वांस है
कभी तो होगी खत्म प्रतीक्षा
कभी तो मिलेगी प्रेम की दीक्षा
आशीर्वाद इतना बस चाहता हूं
चलता रहूं पथ पर साधना हो ना भंग
सहस्रार में खिलें सहस्त्र पद्म
अन्तर में बिखेरते अजस्त्र गंध।
–आनन्द मंगल के साथ जितेन्द्र

जितेन्द्र ने पुस्तक पर प्रकाशित सूर्योदय के चित्र के बाबत भी बहुत कुछ लिखा है। फूल और पत्ते चित्रित किए हैं। पत्र को प्रेम का सरोवर बनाकर ही प्रेषित किया है।

ओशो की इस पावन जीवन कथा की जो पाठक वृंद वंदना कर रहे हैं, उसका स्वागत सत्कार कर रहे हैं, उनके स्वर को भी सबके सामने आना चाहिए। यह न्याय और सत्य का तकाजा है। ऐसे जागरूक पाठकों को मैं नमन करता हूं। वह बिना कहे अपने अंतस के स्वर से, उसे उपहार स्वरूप मित्रों और प्रेमियों को भेंट करते हुए अप्रत्यक्ष रूप से ओशो की देशना के प्रचार प्रसार में महत्वपूर्ण योगदान दे रहे हैं।

ओशो की देशना का प्रचार प्रसार कोई राजनीतिक संकुचित विचारधारा या साम्प्रदायिक विद्वेष का प्रचार प्रसार न होकर सत्य, न्याय और प्रेम का प्रचार और प्रसार है। वह मनुष्य मात्र के तनावों, दु:खों, पीड़ाओं, अवसाद, निराशा और मूर्च्छा को दूर करने वाली संजीवनी है। वह मनुष्यता और नष्ट होती पृथ्वी को बचाने की एक पुकार है। वह जीवन को मस्ती, नृत्य, संगीत उत्सव और प्रेम से झंकृत तथा सराबोर कर देने वाली दिव्य हाला है। वह अपराधियों तथा माफिया से गठजोड़ करने वाले राजनीतिकों और प्रेम व सत्य के हत्यारे शोषक धर्माचार्यों के विरुद्ध खुली बगावत है।

उन लोगों से अपना कोई वास्ता नहीं
जो कहते हैं–
किसी तरह जी लेने के अलावा
और कोई रास्ता नही।
ठीक है, यह जीवन जीने के लिए है
किंतु बहती यह गर्म हवा भी पीने के लिए है।

● ● ●

यह पागल जितेन्द्र जुलाई 2000 के पत्र में लिखता है–

– फक्कड़ मसीहा का राजा तो मेरे दिल की धड़कनों में बस गया है,
– और आचार्य रजनीश मेरी सांस-सांस में
– और प्यारे ओशो पूरे अस्तित्व में।
– एक फक्कड़ मसीहा में ओशो के जीवन-दर्शन की मनोरम झांकी है।
– इसमें साधना के सभी सूत्र और संवेदनात्मक अभिव्यक्ति है।

मैं सम्पूर्ण जीवन के लिए आशावादी हूं और ओशो के अधूरे सपने को पूरा करने के प्रयास में पूरा जीवन लगाना चाहता हूं।

एक छोटे से गांव में जन्म लेकर अपने अंदर की प्यास और समझ से, ओशो कथा को पढ़कर यह युवक रूढ़ियों, मूढ़ परम्पराओं और अंधविश्वासों से मुक्त होकर ओशो के अधूरे स्वप्न को पूरा करने के शुभ कार्य में अपने जीवन को दांव पर लगाने को तैयार है।

जितेन्द्र अकेला ही नहीं, उस जैसे हजारों युवक हैं, जिनके अंधकारमय जीवन में ओशो के महासूर्य ने बोध का नव प्रकाश दिया है।

❑❑❑

18

पगली शोभा खन्ना जिसके प्रेमाश्रुओं की झील में ओशो प्रेम के कंवल खिले

वर्षों से अकेलेपन की पीड़ा भोगती एक पचपन वर्षीय महिला जो एक संवेदनशील कवियित्री और हिन्दी साहित्य में पीएचडी भी है मेरठ में अपनी एकमात्र पुत्री से मिलकर फिरोजाबाद की गाड़ी पकड़ने के लिए रेलवे बुक स्टाल के सामने खड़ी होकर सफर को रसमय बनाने के लिए पुस्तकें उलट पलट कर देख रही है। हजारों पुस्तकों में एक हरी जिल्द की पुस्तक पर उसकी दृष्टि थमती है। जिन पर चमकते और उभरे अक्षरों में 'ओशो ही ओशो' लिखा है। वह पुस्तक को पलट कर देखती है जिस पर लेखक के चित्र के नीचे उसका संक्षिप्त परिचय प्रकाशित है। उसे लेखक के चित्र की आंखों में कुछ ऐसा लगता है जैसे वे उसके अन्दर गहरे प्रविष्ट होती जा रही हों। वह अपने अन्दर एक अजीब पुलकन, सिहरन और रोमांच का अनुभव करती है। लेखक का परिचय भी उसे आकर्षित करता है। वह तुरन्त पुस्तक खरीद कर अपने डिब्बे की आरक्षित कूपे में चली जाती है, उसके पृष्ठ भाग में प्रकाशित लेखक के चित्र को अपने हृदय से लगा लेती है। उसे पुस्तक को हृदय से लगाने में बड़ा सुकून, चैन और आनन्द मिल रहा है।

वह स्वयं से पूछ रही है–इस ढलती आयु में क्या उसे इस लेखक से प्रेम हो गया है? यह कैसा प्रेम है? जिसमें न तो उसने सशरीर किसी को देखा, न उससे बात की, लेकिन फिर भी वह उसकी अशरीरी निकटता को क्यों और कैसे महसूस कर रही है? क्या उसके ओशो संन्यासी होने अथवा उसके द्वारा पहिने मैरून रंग के लबादे में छिपे व्यक्तित्व ने उसे मोह लिया है।

उसका सपना था–उसका पति उसकी ही तरह शिक्षित कवि हृदय, संवेदनशील, साहित्यकार और अद्‌भुत प्रज्ञा का मालिक हो। उसके पहिले पति इतने अधिक शिक्षित या साहित्यकार तो न थे, पर थे प्रेमपूर्ण और आकर्षक। उनके साथ उसने जीवन का सभी सुख भोगा। पर गोद में एक बच्ची देकर उनकी अकाल मृत्यु हो गई। उसका जीवन सूखा तपता रेगिस्तान बन गया। उसने बच्ची के पालन पोषण के लिए राजकीय कन्या इण्टर कालेज में अध्यापिका होना स्वीकार भी कर लिया। मित्रों और भाई के समझाने बुझाने पर उसने दूसरा विवाह एक विधुर से किया जिसकी पहिली पत्नी से एक पुत्र

था। पर वह बहुत ठंडे स्वभाव के थे। रूखे, नीरस, अरसिक और हिसाब किताब में दिलचस्पी रखने वाले एक साधारण सांसारिक एकाउन्टेंट उनमें उत्साह, उमंग, उछाह, आनन्द कुछ भी तो नहीं था। उन्हें पत्नी नहीं, घर की देखभाल करने के लिए एक आया की जरूरत थी। कई वर्ष उनके साथ वह एक घुटन और पीड़ा में जीती रही। पंख कटी चिड़िया की तरह वह बेबस बनी रात-रात भर रोती सिसकती रहती और वे निरासक्त बने करवट बदल कर सो जाते थे।

जब तनाव बहुत अधिक बढ़ गया तो उनका घर छोड़कर वह अपनी पुत्री के साथ एक अलग घर में रहने लगी। उनके बीच तलाक तो नहीं हुआ पर वह जीवन तलाकशुदा पत्नी की ही भांति व्यतीत कर रही थी।

वह पूरे सफर में 'ओशो ही ओशो' पढ़ती रही और उसके लेखक का चित्र ही बार-बार देखती रही। घर जाकर लेखक को पत्र में क्या कुछ लिखना है वह रास्ते भर उसकी योजना बनाती रही।

और उसने उस लेखक को एक लम्बा पत्र लिखा भी। वह पत्र में ज्यों का त्यों उद्धृत कर रहा हूं–

14. . 2000

परम आदरणीय स्वामी श्री ज्ञानभेद जी,

सादर सप्रेम अभिवादन

मैं पिछले तीन वर्षों से चाह रही थी कि प्यारे ओशो के किन्हीं प्रिय शिष्य सेवक, मित्र या सखा किसी को पत्र लिखूं और मन की जिज्ञासा को शांत करूं। मैंने दि. 12.1.2000 को मेरठ रेलवे स्टेशन पर आपकी पुस्तक ओशो ही ओशो खरीदी व अक्षर-अक्षर पढ़ी। बुक स्टाल पर पुस्तकें कई थीं परन्तु आपके विषय में यह पढ़कर (अंतिम पृष्ठ पर) कि आप हिंदी साहित्य में एमए हैं तथा प्रबुद्ध लेखक, संपादक तथा कवि हैं, मैंने आपकी कृति को वरीयता दी। दूसरी बात यह है कि आपके चित्र में विशेष प्रफुल्लता, जीवंतता तथा ऊर्जा के दर्शन हुए (जो कि आज के युग में सुलभ नहीं) अत: यह पुस्तक खरीदना ही भला लगा। आपकी पुस्तक में मुझे सबसे सुंदर, सबसे मधुर और दिलकश दो संस्मरण स्वामी धर्मवेदान्त जी की जीवन की झलकें तथा स्वामी प्रेम निशीथ वाली एक दोपहरी ... लगे हैं। इतने सुन्दर व मधुर व्यक्तित्व (ओशो जी) पर इतनी सुन्दर व तटस्थ कृति (संस्मरण) प्रस्तुत करने के लिए आपको बहुत-बहुत साधुवाद, शुभकामनाएं।

आदरणीय स्वामी जी! मैंने प्यारे ओशो जी को मात्र पौने दो वर्ष पूर्व से ही पढ़ना प्रारम्भ किया है। वर्ष 1998 में एक मित्र ने ओशो टाइम्स पत्रिका (अप्रैल, 1998) पढ़ने को दी। कैसे जियें जीवन–कि हृदय पर न कोई बेड़ियां हों, न कोई बंधन। शीर्षक अत्यन्त आकर्षक लगा और जब पत्रिका पढ़ना शुरू की तो मेरा हृदय झंकृत होने लगा। मैं वह गीत–तुम्हें अब गुनगुनाना आ गया है, मेरा प्रिय गीत है, जिसे लयबद्ध कर अक्सर गाती हूं। गीत मेरी जिन्दगी है। गीत की मैं पूजा करती हूं। लेकिन मैंने अभी ओशो-साहित्य

को पढ़ा नहीं है। पढ़ने की उत्कट इच्छा है, पढ़ूंगी अब। एक बात अपने दिवंगत पिताजी की याद आती है, वे कहा करते थे–हिंदुस्तान का आदमी 500 वर्ष के बाद ओशो को समझ पाएगा। मुझे नहीं पता कि इस कथन में कितनी सत्यता है, लेकिन यह देखती हूं कि लोग बिना पढ़े, बिना जाने, बिना समझे, बिना गहराई में उतरे, बिना परखे, बिना तौले, बिना वजह अकारण ही विद्रूप से मुस्करा (क्यों) देते हैं, जबकि मेरे हाथों में ओशो जी की कोई पत्रिका देखते हैं।

मान्यवर! अध्यात्म या धर्म या परम साधना के मार्ग पर ले जाने की कोई भी पुस्तक हो, उसमें ध्यान या Meditation शब्द अवश्य आता है। क्या आप कृपा करके बताएंगे कि यह ध्यान क्या है? कैसे करें ध्यान? क्या यह अनायास होता है? मुझसे तो होता ही नहीं ध्यान। जब आंखें बंद कर बैठती हूं तो मन जाने कहां-कहां दौड़ता है, उड़-उड़ जाता है। 15-20 साल पुरानी घटनाएं याद आती हैं। चित्त चलायमान हो जाता है। तो कृपया बताइयेगा कि कैसे करूं ध्यान?

आपने अपनी पुस्तक में स्थान-स्थान पर अपने ध्यान की बाबत लिखा है जो लोग ध्यान कर लेते हैं, डूब जाते हैं, मस्त हो जाते हैं, कितने Great हैं वो?

मेरी उम्र काफी हो चुकी है। सन् 1945 जनवरी का जन्म है। लम्बा जीवन व्यर्थ चला गया... किश्तों-किश्तों में जिन्दगी बरबाद होती रही।

तो कृपया बताएं कि ध्यान किस विधि से करूं कि हो जाए, डूब जाऊं, अपने से दूर जो जाऊं, मगन हो जाऊं। कैसे होगा यह? कृपा कर मुझ मूर्ख, जड़मति को अवश्य उत्तर दीजियेगा। क्योंकि आप ज्ञानी-ध्यानी लोग उत्तर ही नहीं देते। मुझे तो यह भी नहीं पता कि यह पत्र आपके हाथों में पहुंचेगा भी या बीच में गोलमाल न कर दिया जाये। यह भी बताएं कि सगुण (साकार) या निगुर्ण (निराकार) ध्यान किस तरह होता है? पहले ही बता दूं कि निर्गुण का ध्यान बेहद जटिल, कठिन, दुष्कर प्रतीत होता है। कोई सरल विधि बताने की मेहरबानी कीजियेगा। ध्यान की कितनी परिस्थितियां हैं?

बातें तो बहुत हैं पर आपका उत्तर आने पर चंद पंक्तियां अर्पित करती हूं सादर।

तन का अर्पण यहां एक व्यवहार है
देह का हर धरम लोकाचार है
बेबसी में कई स्वांग करने पड़े
नाम के वास्ते नाम धरने पड़े
आंख में है नमी, लव पे मुस्कान है
बेजुबां हैं मगर एक तूफान है
तृप्त जलती हुई इक घटा की तरह
जो तरसती सदा उस धरा की तरह

(–अपूर्ण)

त्रुटियों के वास्ते क्षमा-दान की चाह में

नाचीज

शोभा खन्ना

प्रेमी पाठकों के पत्र किस लेखक को प्यारे नहीं लगते?

यदि वह किसी महिला का पत्र हो, फिर वह शिक्षित और संवेदनशील भी हो तो आनन्द कई गुना बढ़ जाता है। मैंने उस पत्र का विस्तृत उत्तर दिया। ध्यान के बारे में जितना जो कुछ जानता था, उसे सम्प्रेषित किया। बाद में यह भी जोड़ा-पत्र पढ़ने या विधि जान लेने से ध्यान करना कठिन है। इसे तो किसी ध्यान-शिविर में भाग लेकर ही किया जा सकता है। फिर भी मैंने विपस्सना और शिथिल ध्यान प्रयोगों के साथ नो माइन्ड ध्यान करने का परामर्श दिया।

पत्र-व्यवहार एक बार शुरू हुआ तो डेढ़ वर्ष तक निरन्तर चलता ही रहा। उसने पत्रों में अपने विगत दुःखी जीवन की पूरी दास्तान बयान की। उससे मालूम हुआ कि अलीगढ़ के एक ओशो-प्रेमी ने ओशो टाइम्स के कई अंक देकर उसके हृदय में ओशो के प्रति प्रेम और श्रद्धा उत्पन्न की पर उसके ही साथ वह अपनी आर्थिक स्थिति का रोना रोते हुए उनसे कभी सौ और कभी दो सौ रुपया उधार ले जाता था। वह शीघ्र समझ गई कि उधार तो एक बहाना है वह उससे मात्र धनराशि ऐंठ रहा है। रुपये न देने पर वह उसके ही सामने जहर खाने की धमकी देता और बताता कि इससे तुम्हारी न केवल सामाजिक प्रतिष्ठा नष्ट होगी बल्कि पुलिस तुमसे हजारों ऐंठ लेगी। कभी वह बाजार में मुंह पर तेजाब फेंकने की धमकी देता।

मैंने उसे भरसक समझाया-तुम निर्भय होकर पुलिस अधीक्षक से मिलकर उसके विरुद्ध ब्लैक मेलिंग की एफआईआर दर्ज कर दो। पर वह उससे बहुत आंतकित और डरी हुई थी। उसे सुरक्षा की जरूरत थी। वह चाहती थी कोई उसे साहस दे, सहारा दे। एक शिक्षित स्वावलम्बी स्त्री भी अन्याय, अत्याचार को मूक बनी सहती, घुटती और भोगती रही। इससे अधिक बड़ी त्रासदी और क्या हो सकती है।

उसने अपनी सुरक्षा के लिए एक कुत्ता पाल रखा था। वह किराये के जिस मकान में रहती थी, उसके नीचे ही मकान मालिक रहते थे। ऐसा घर उसने इसीलिए पसन्द किया था जिससे आवश्यकता पड़ने पर आवाज देने पर मकान मालिक उसकी सहायता कर सकें।

इटावा में स्वामी ज्ञान आशु ओशो आरजू ध्यान केन्द्र के नाम से ओशो के कार्य का संचालन कर रहे थे। अपनी प्रिया कलर लैब में ही वह फोटोग्राफी के काम के साथ ओशो की पुस्तकों और कैसेट की बिक्री भी करते थे और लाइब्रेरी भी चलाते थे। इटावा में वर्ष में एक दो बार जब मैं अपने भाई साहब तथा उनके परिवार के यहां जाता था, आरजू ध्यान केन्द्र जाकर सभी संन्यासियों से भेंट करता था। उन्हें ध्यान करवाता था। एक दिन वहीं यह योजना बनी कि चम्बल नदी के किनारे स्वामी शरणानंदजी के आश्रम में एक तीन दिन का ध्यान शिविर आयोजित किया जाये।

मैंने शोभा को भी उस शिविर में भाग लेने का आमंत्रण भेज दिया जिससे वह ध्यान के सम्बन्ध में सारे भ्रम दूर कर ध्यान प्रयोगों में भाग ले सके और ओशो की देशना से भली भांति परिचित हो सके।

मैं बहुत दिनों से सोच रहा था कि एक ध्यान शिविर ऐसा होना चाहिए जिसमें

आडम्बर, प्रदर्शन और बाह्य साज सज्जा न होकर सादगी और शुचिता हो। जिसमें वर्क मेडीटेशन करते हए संन्यासी तथा ओशो प्रेमी स्वयं ध्यान मंदिर को झाड़ पोंछ कर स्वच्छ करें, स्वयं भोजन बनायें और बर्तन भी साफ करें।

उसके लिए किसी से न तो आर्थिक सहायता ली जाए और न संन्यासियों को ही अधिक सहयोग धनराशि खर्च करनी पड़े। मैंने तीन दिनों के शिविर के लिए शुल्क मात्र रु. 100/- रखा।

टैम्पो, जीप और बस से हम सोलह लोग उदी की ओर चल पड़े। वह स्थान इटावा से लग्भग बीस किलोमीटर दूर था। मेरे भाई साहब तथा अन्य कई लोगों ने हम लोगों को वहां शिविर लगाने से बहुत रोका और समझाया कि जमुना चम्बल के बीच वह पूरा डकैतों का इलाका है। अपहरण कर फिरौती वसूलना वहां के लोगों का पेशा है। पर ओशो ने हम संन्यासियों को जो अभय का मंत्र दिया था, असुरक्षा में छलांग लगाने की जो प्रेरणा दी थी, हम दीवानों ने उठाई गई सभी शंकाओं की सुनी अनसुनी कर दी। मैं एक भयभीत स्त्री को भी वहां आने का आमंत्रण दे चुका था।

हम लोग सुबह 9.30 पर रवाना हुए। तब तक वह इटावा नहीं आई थी। आश्रम में एक बड़ा कमरा तथा उससे जुड़ा एक छोटा कमरा था। तीन गुफाओं में 4-6 लोग रह सकते थे। आश्रम में रहने वाले लोगों के लिए कमरे अलग बने हुए थे। आश्रम में बिजली थी पर उसकी सप्लाई काफी कम समय के लिए होती थी। आशू अपने साथ बैट्री तथा पूरा साउंड सिस्टम साथ लेकर आया था। नाश्ता करने के बाद हम लोगों ने टीले से नीच उतर कर चम्बल में स्नान किया और नदी किनारे रेत पर ही सक्रिय ध्यान किया। ऊपर हाल में दो छोटे-छोटे ध्यान प्रयोग करने के बाद हम लोग भोजन बनाने में जुट गए।

तभी शोभा आई। सभी उसे देखकर आश्चर्य चकित थे, हालांकि मैं उसके बारे में आशू को पहिले ही बता चुका था। शोभा ने बतया कि गाड़ी लेट हो जाने से वह इटावा ग्यारह बजे पहुंची। मेरे घर का पता लगाकर वह मेरे भाईसाहब और भाभी से मिली। वहां नाश्ता कर उसने उदी जाने वाली बस पकड़ी। बस ने उसे सड़क किनारे छोड़ दिया जहां से सेल्स टैक्स चैक पोस्ट का चपरासी अटैची लेकर उसे आश्रम छोड़ गया। शोभा का साहस देखकर मुझे आंतरिक प्रसन्नता हुई। जिससे एक दो महिने से निरन्तर पत्र व्यवहार चल रहा था उसे रूबरू सामने पाकर हम दोनों ही आनंदित थे।

शोभा ने भोजन तैयार करने में भरपूर सहयोग दिया। कुछ ही देर की बातचीत में वह आशु की मां की धर्म बेटी और आशु धर्म भाई बन गया। उनका प्रेम पाकर शोभा तो निहाल हो गई।

ध्यान उत्सव आनन्द में तीन दिन तीन क्षणों की जगह न जाने कब बीत गए, पता ही न चला। सन्ध्या सत्संग में उदी के कई गांव वाले भी आते थे और ओशो का पूरा प्रवचन बड़े भक्तिभाव से सुनते थे। भजन कीर्तन में भी मुक्त रूप से सक्रिय योगदान करते थे। सुबह मट्ठा और दूध भी भेंट स्वरूप दे जाते थे। बाद में पता चला कि उन्हीं में कुछ लोग डकैत भी थे। पर शरणानन्द जी के आश्रम में सभी भाई बन्धु और मित्र

बांधव बनकर ही रहे। चलते समय गांव वालों ने पूछा–आप लोग फिर कब आ रहे हैं? आपके सत्संग में हम लोगों को बहुत आनन्द आया।

शोभा की उपस्थित मात्र से शिविर जैसे जीवन्त हो उठा। स्त्री में सुंदता, कोमलता, प्रेम, संवेदनशीलता और समर्पण होता है और उसकी स्त्रैण ऊर्जा ही, पुरुष की सक्रिय ऊर्जा से मिलकर सघन ऊर्जा का एक वर्त्तुल उत्पन्न करती है। इटावा जैसे पिछड़े शहर में एक पचपन वर्ष की स्त्री का नाचना, गाना और जिसने ध्यान शिविरों में कभी भाग नहीं लिया था, एक अजूबी बात थी। एक कवियित्री होने के नाते शिविर में सुनाने के लिए वह कुछ गीत और भजन अपने साथ लाई थी। रात में उसने उनका पाठ भी किया। उसका गला और स्वर बहुत मधुर और मीठा था। चूंकि उसने सुनाए गए गीत की एक प्रति मुझे भेंट की थी अतः उसे मैं ज्यों का त्यों प्रस्तुत कर रहा हूं।

सद्‌गुरु समर्पण

मेरे प्रेम को जो सद्‌गुरु तुमने, प्रार्थना बना डाला
करूणामय की करूणा का, इतिहास रचा डाला
तू मुझमें, मैं तुझमें हूं, तू ही ओम् तू ही अल्ला है।
बिखरा जर्रे जर्रे में, तेरी रहमत का जादू,
पल-पल मेरे जीवन को, बन्दगी बना डाला।
मेरे प्रेम को तुमने प्रार्थना बना डाला।
जन्म-जन्म की मूर्च्छा तोड़ी, जगमग जग दीप जलाए
मन की बंजर धरती पै, आनन्द मेघ बरसाए
कण कण मुझको प्रीतम का दीदार करा डाला।
पोथी पंडित सब भूली, मैं प्रेम हिंडोला झूली
मुझे प्रेम का पाठ पढ़ाया, प्रभु का दर्बार दिखाया
दिल के कोरे कागज को दिलरुबा बना डाला॥
अब कोई गिला न शिकवा, जब जागे तभी सवेरा
बेशर्त समर्पण हो, तो मिट जाए सभी अंधेरा
सद्‌गुरु ने जीवन मेरा, त्यौहार बना डाला।
मेरे प्रेम को सद्‌गुरु तुमने प्रार्थना बना डाला।

शोभा ने तो उस शिविर से ही मुझे गुरुदेव पुकारना शुरू कर दिया। मैंने उसे बहुत समझाया। मैं गुरु-उरु कुछ नहीं, तेरा हमसफर, सहयोगी यात्री या अधिक से अधिक कल्याण मित्र हूं। तू मुझे गुरुदेव मत पुकारा कर। पर त्रिया हठ से कौन पार पा सका है? शिविर में क्या, मेरे दो पत्र पाकर ही वह मुझे गुरुदेव के सम्बोधन से ही पत्र लिखने लगी थी।

तीसरे दिन शाम शिविर समाप्त हो जाने पर हम लोग इटावा लौट आए। शिविर में भाग लेने वाले ओशो प्रेमी शर्माजी और उनकी पत्नी ने शोभा को एक रात अपने घर रुकने का आग्रह किया। उस दिन शर्माजी के ही यहां रात बारह बजे तक सत्संग होता रहा।

शोभा एक अच्छी और प्रतिभा सम्पन्न कवियित्री है। उसका एक कविता-संग्रह कई वर्ष पूर्व प्रकाशित हो चुका था जिसकी एक प्रति डाक से उसने मेरे पास भेजी थी। उसका प्रारम्भ निम्न मुक्तक से होता है

जिन्दगी इक फर्ज है, इसको निभाते जाइए।
जिन्दगी एक कर्ज है इसको चुकाते जाइए।
जिन्दगी है दर्द तो दिल में छिपाना सीखिए।
आंसुओं को पीजिए औ मुस्कराते जाइए।

शोभा के जीवन में अगर कुछ नहीं था तो वह था प्यार। प्यार पहिले पति से मिला था उसे, पर वह अधिक समय तक जीवित न रह सके। दूसरे पति से उसे प्यार क्या, सहानुभूति तक न मिली। मिली उपेक्षा अपमान और ताने। एकाकी जीवन और समय की ठोकरों ने उसे अन्दर से बुरी तरह तोड़ दिया। तभी उसने लिखा–

प्यार है तो जिन्दगी त्यौहार है
प्यार बिन फीका सभी श्रृंगार है
प्यार बिन होली-दीवाली कुछ नहीं
प्यार बिन सूना सकल संसार है

उस रात के सत्संग में भी उसने अपने काव्य संकलन से कुछ मुक्तक सुनाए।

जिन्दगी की हर खुशी को मैं लगाकर दांव पर
आ गई हूं आज अपने आखिरी पड़ाव पर
जिन्दगी के दर्द को दिल में छुपाए जा रही हूं
आंसुओं को पी रही हूं, मुस्काए जा रही हूं
दर्द जितना भी मिले, मैं गीत गाए जा रही हूं
पत्थरों के शहर में कलियां बिछाए जा रही हूं।

शायद आप सोचें कि स्वामी जी तो ओशो दीवानों की दीवानगी की दास्तान उनके लिखे पत्रों के माध्यम से समझा रहे थे, और कहां वह शोभा जी की जिन्दगी के पन्ने बांचने लगे। यह मेरे लिए इसलिए आवश्यक है क्योंकि शोभा द्वारा लिखे लगभग सारे पत्र किसी विशिष्ट भाव दशा में मैं उसे वापस कर चुका हूं। चार-छः जो पत्र रह गए हैं, उन्हें तभी उद्धृत करना अधिक उचित होगा, जब आप शोभा की जिन्दगी के उस मुकाम तक पहुंच जायें।

हम लगभग सभी भारतीय अत्यधिक दमित हैं। समाज के ढांचे के कारण जहां किशोरावस्था से ही लड़के और लड़कियों को अलग कर दिया जाता है, कामवासना का दमन करना एक अनिवार्य नियति बन चुकी है। इस ही जन्म का नहीं, यह दमन जन्म-जन्मों का है। कुछ अति सम्पन्न शिक्षित परिवारों तथा निम्न श्रेणी के परिवारों में इतना दमन भले ही न हो पर सेक्स की विकृतियां वहां भी हैं। एक अकेली निराश्रित

युवा नारी को जैसा पूरा समाज भेड़िये की तरह नोंच लेना चाहता है।

इटावा शिविर के बाद भेजे पत्रों में शोभा ने लिखा–

स्वामी जी!

उदी शिविर में मुझसे तीन लोगों ने प्रणय निवेदन किया। एक साहब तो मुझ से विवाह तक करने का प्रस्ताव दे बैठे। जब युवा थी तो कवि सम्मेलनों और काव्य गोष्ठियों में भी बड़े आग्रह से बुलाया जाता था। पर यौवन के बिदा होते ही कवि सम्मेलनों के निमंत्रण आने बंद हो गए। जैसे वहां काव्य और मधुर कंठ की नहीं, रूप और यौवन की मांग सर्वोपरि है। कैसा कुरूप है हमारा समाज? पीड़ा तो तब होती है जब शिक्षित सम्मानित लोग भी गुपचुप प्रणय का प्रस्ताव करते हैं। क्या नारी की नियति मात्र पुरुष की अंकशायिनी बनना ही है?

भावना का अर्घ्य लेकर प्राण में
गीत तेरी अर्चना में रत हूं मैं
कवि बहा दे प्रीति की पीयूष गंगा
तृषित उर-चातक लिए नत-प्रणत हूं मैं।

● ● ●

मैंने प्रत्युत्तर में नारी के सम्बन्ध में ओशो का दृष्टिकोण और उनके प्रवचन की फोटो कापी उसे प्रेषित की थी।

गर्मियों की छुट्टियों में वह तीन दिन मेरे घर आकर भी रही। श्रीमतीजी को उसने अपनी कई कविताएं और भजन सुनाए। मैंने उसे म्यूजीकल फाउंटेन और मोती झील की सैर कारवाई।

गुरु पूर्णिमा या ओशो के जन्मदिवस के उत्सव पर वह दो तीन बार आरजू ओशो ध्यान केन्द्र इटावा में आई। दिल्ली बुलन्दशहर जाते हुए कुछ समय के लिए मैं उसके घर भी गया। उसकी आल्मारी में कृष्ण, शिव गणेश और देवी सभी के चित्र और मूर्तियां थीं। वह थोड़ी बहुत पूजा पाठ भी करती थी।

एक दिन वह कहने लगी–'गुरुदेव! मेरा मार्ग ध्यान नहीं प्रेम है। ओशो कहते हैं कि प्रेम भी प्रभु तक पहुंचा देता है।'

मैंने उत्तर दिया–ओशो जिस प्रेम की बात कहते हैं वह ध्यान के बाद ही जन्मता है, अपेक्षा रहित और बेशर्त प्रेम जो एक दूसरे को बांधता नहीं मुक्त करता है। जिसमें ईर्ष्या और मालकियत नहीं होती। वही प्रेम सर्व के प्रति प्रेम और प्रार्थना बनता है। प्रेम करने वाले समर्पण ही नहीं कर पाते। उनका 'मैं' और 'मेरे का' भाव ही कब मिटता है?

वह अपनी पुत्री और नातिन के प्रेम और मोह में बुरी तरह जकड़ी हुई थी। चूंकि उसका रिटायरमेंट दो वर्ष बाद होना था, अत: वह मकान बनाने का मंसूबा बना रही थी। मैंने उसे इस बाबत बहुत हतोत्साहित किया क्योंकि किराये के मकान में रहते हुए शिविरों में आना जाना और स्वतंत्र होकर घूमना सरल हो जाता है क्योंकि मकान मालिक घर

की सुरक्षा करता ही है। घर बनाना एक ऐसी सनक है जो जीवन का सुख चैन नष्ट कर देती है। आस पड़ोस अनुकूल न होने पर किराये का मकान क्या शहर तक छोड़ा जा सकता है पर अपना घर बनाने के बाद घर का बन्धन सारी स्वतंत्रता छीन लेता है।

मैंने उसे शिकोहाबाद में रहने वाले हाल ही में विधुर हुए एक संवेदनशील ओशो-संन्यासी से मिलने का अनुरोध किया जो फक्कड़ मसीहा का प्रेमी था और मुझे प्रेम और अहोभाव में डूबे कई पत्र लिख चुका था। मेरा ख्याल था वह संन्यासी शोभा को ब्लैक मेलिंग करने वाले कथित ओशो प्रेमी से उनकी मुक्ति कराने में सहायक सिद्ध होगा।

उन्हीं दिनों मुझे शोभा का एक काव्यात्मक निम्न पत्र मिला।

मेरे प्यारे गुरुदेव!
कहां से लिखना शुरू करूं
लिखना मैं भूल गई हूं
कोई शब्द नहीं जो अभिव्यक्ति दे सकें
शब्दों की चुक गई है उम्र
खाली कारतूस बन गए हैं शब्द
कितना बहुमूल्य है खाली हो जाना
सद्‌गुरु ने यही तो सिखाया है
कि हम अंतःकरण से
अन्तर के अंतर्मन से भी
एकदम रिक्त, खाली बांस की पोंगरी ही बन जाएं
काश! मैं बन सकूं खाली पोंगरी
मेरा पात्र हो जाए खाली
तब समाविष्ट हो जाए मुझमें मेरे प्यारे सद्‌गुरु
मेरे मनभावन सद्‌गुरु, पूर्ण रूपेण, पराकाष्ठा में
आखिरी हद तक
बल्कि गुजर जायें वे सारी हदों के पार
काश! मैं हो जाऊं खाली पोंगरी
और भर जाए महक दिव्य गुलाबों की
गुलाब, जो सद्‌गुरु के सान्निध्य में
हर मौसम और हर ऋतु में खिलते और महकते हैं
शिष्य के खाली सूने पात्र को
वे भर देते हैं दिव्य उजास से।
उजास भी पूर्णमासी के चन्द्रमा सा
जो शिष्य के तप्त हृदय को
उसके मन प्रांतर और रोम-रोम को

बना देता है शीतल
प्रकाशित, सुवासित
पुलकित, रोमांचित
प्रमुदित और तृप्त,
और कुछ ऐसा
जो शब्दों में व्यक्त कर पाना असंभव है।
जो शब्द की सीमा से भी पार
तलवार की धार
या उससे भी पैना और सूक्ष्म
अति रहस्यमय
मिस्टीरियस
जिसे सिर्फ सद्गुरु ही जाने
वही पहिचाने।
काश! मैं हो जाऊं बांस की पोंगरी
और गूंजने लगे अनाहद नाद
ओम् अल्लाह
ओम् मणी पद्मे हुम
थम जाएं विचारों की आंधियां और अंधड़
ईर्ष्या और भ्रम का कूड़ा
धुल कर बह जाए साथ ही कपट का कचरा
मर जाए मैं और मेरा
सिर्फ रह जाए तू ही तू
और चारों ओर गूंजता रहा केवल ओम्
एक जीवन्त मौन
और मैं हो जाऊं खाली पोंगरी मात्र।
काश...

इसके ही साथ सद्गुरु का प्रेम, शीर्षक से उसने एक तीन पृष्ठों को लम्बी कविता प्रेषित की थी। मैं अच्छी तरह समझ रहा था उसके भावों को। उसके दु:खी तृषित जीवन में ओशो के ध्यान और प्रेम का सन्देश सुनाने वाला मैं जैसे मसीहा बन गया था उसके लिए। वह मुझे प्रेम करने लगी थी। पर यह प्रेम वासनामय नहीं, हृदय का सच्चा प्रेम था। जिसे काव्यात्मक अतिशयोक्ति से उसने और अधिक दिव्य बना दिया था।

बीच-बीच में उसके फोन भी आते रहते थे। प्रकाशक से मिलने दिल्ली जाते हुए अथवा बुलन्दशहर अपने बहिन के पास जाते हुए मैं समय निकाल कर कभी-कभी चंद घंटे उससे मिलने फिरोजाबाद भी चला जाता था। वह निहाल होकर स्वागत में पलक पांवड़े बिछा देती थी।

प्रत्येक व्यक्ति का अपना-अपना दृष्टिकोण होता है, जीवन के प्रति और सम्बन्धों के प्रति। यह दृष्टिकोण बनता है संस्कारों और शिक्षा से। जीवन भर की आदतों से। यह निर्मित होता है अपने स्वभाव से। जो लोग संवेदनशील और भावुक होते हैं उनमें एक तरह का सौंदर्य बोध होता है। जो लोग सामान्य बुद्धि के कामकाजी और व्यवहार कुशल होते हैं वे हर चीज और व्यक्ति को उपयोगिता और लाभ के आधार पर आंकते हैं। बुद्धिवादी और तर्कनिष्ठ व्यक्ति प्रत्येक वस्तु या व्यक्ति का विश्लेषण और विचार कर कोई निर्णय लेता है।

शोभा खन्ना ने अपने विगत जीवन के जो पृष्ठ खोले उनसे ज्ञात हुआ कि उसे अपनी मां से प्रताड़ना, उपेक्षा, डाटडपट और कठोर अनुशासन मिला जबकि पिता से प्रेम, प्रोत्साहन और दुलार। उसे अपने पहिले पति में पिता की अनुकृति मिली। पर उनकी असामयिक मृत्यु से वह बुरी तरह टूट गई। पिता ने उसे उच्चशिक्षा दिलवाई थी। अत: वह इंटरकालेज में लेक्चरार बनने में सफल हुई। अपनी बेटी पर अपना पूरा प्यार निछावर करते हुए उन्होंने उसका पालन पोषण किया। सृजनात्मकता ने उसे कवियित्री बना दिया। उसका कुंठित प्रेम, बेटी के विवाह के बाद कविताओं में प्रकट हुआ। एकान्त से घबड़ा कर और सुरक्षा की दृष्टि से उसने एक विधुर से विवाह तो किया पर पति का स्वभाव शुष्क, रसहीन और बहुत ठंडा था। उनसे उसे सेक्स संतुष्टि तो दूर अतृप्ति और अवसाद ही मिला। जब उसने अच्छी तरह यह अनुभव कर लिया कि वह उसका आर्थिक शोषण करते हुए उसका इस्तेमाल कर रहे हैं, उसने अलग घर लेकर रहना शुरू कर दिया। विधिवत उनमें तलाक तो नहीं हुआ पर दूरियां बहुत बढ़ गईं। उसके एक दो पुरुष-मित्र भी बने पर उन्होंने भी उसका शोषण किया। स्त्री के संबंध में उसे ओशो का दृष्टिकोण और देशना बहुत क्रांतिकारी लगी, इसलिए वह ओशो से जुड़ी।

उसने मुझसे ध्यान प्रयोग तो सीखे और वह ध्यान करती भी थी पर निरन्तर कहती यही थी कि उसका मार्ग तो प्रेम और भक्ति है। मैं ओशो की देशना स्पष्ट करते हुए कहता था—तुम जिसे प्रेम कहती हो, ओशो उस प्रेम की बात कर ही नहीं रहे। ओशो जिस प्रेम की बात कर रहे हैं वह ईर्ष्या मुक्त, मालकियत मुक्त और अपेक्षारहित है और ऐसा प्रेम बिना ध्यान किए विकसित नहीं होता। प्रेम और भक्ति के मार्ग में सम्पूर्ण समर्पण कर 'मैं मिटाना होता है', मीरा की तरह बाबरी बन लोकलाज त्याग सारे राजसुख छोड़ कर संतों के साथ सत्संग करना होता है।

उसने भावुक होकर मेरे चरण पकड़ते हुए कहा था—'मैंने तो आपको सम्पूर्ण समर्पण कर दिया। मुझे संसार और लोकलाज की जरा भी फिक्र नहीं। आप मुझे संन्यासिनी बनाकर मेरा उद्धार करें।'

मैंने उसे समझाते हुए कहा था—'तुम मेरे में अपना पिता खोज रही हो। अपना पहिले पति का खोया प्रेम तलाश रही हो। सुरक्षा और सुकून खोज रही हो। पर दूर रहने के कारण न मैं तुम्हें सुरक्षा दे सकता हूं और न पति का खोया प्रेम। मैं अब प्रौढ़ हुआ। पत्नी और बच्चों का दायित्व निभाते हुए मैं तुम्हें वह सब कुछ नहीं दे सकता, जिसकी

तुम्हें जरूरत है। फिर मेरे जीवन का क्या ठिकाना? दो चार वर्ष बाद शरीर छोड़ूं या उससे भी पूर्व किसी भी क्षण। मैं तुम्हें ध्यान दे सकता हूं। तुम्हारे प्रेम को प्रार्थना की ओर उन्मुख कर सकता हूं।

पर प्रेम में खोया दीवाना दूसरे की सुनता कब है?

उसने एक पत्र में लिखा–

परम श्रद्धेय गुरुदेव,

सप्रेम चरण स्पर्श!

कई दिनों से पत्र लिखने का भाव था...लेकिन लिखने को शब्द नहीं मिल रहे थे।

चुक गई है उम्र शब्दों की
कुछ लिख नहीं सकती

फिर मैं किस भाव से लिखती हूं और किस भाव से ग्रहण करता हूं? कोई भी तो मेरे दर्द को पूरी तरह नहीं समझ पाता

कौन समझा है कभी जिन्दगी के गहरे राज
देखते रह गए हम छूटे किनारों की तरह

कल 19 जनवरी को इटावा ओशो निर्वाण दिवस के उपलक्ष्य में आयोजित उत्सव में गई थी। परन्तु आपके न आने से सब फीका ही लगा। सभी के मध्य में अकेली थी।

Stand alone in the crowd भीड़ में अकेला रहना ही मेरे पूरे जीवन दर्शन का रहस्य है।

अब और क्या लिखूं?... आप तो मेरे मनोभावों को बखूबी जानते हैं।

कभी–कभी लगता है यह शहरी जीवन मेरा असली मुकाम नहीं और कहीं ओशो मुझे बुला रहे हैं। पता नहीं कहां?

मुझको भाते नहीं ये ऐशो इशरत आराम
दिल के उस पार एक हूक उठा करती है

आपकी शिष्या
मां शोभा

पुनश्च–

कुछ दोहे लिखे हैं कल ही। आप तक पहुंचाने का भाव है। लिखें, कैसे लगे?

अब रूकना मुमकिन नहीं, डोला है तैयार
घूंघट मुख पै डारि दे, आए द्वार कहार।

पागल प्राण संभाल ले, काहे करे मलाल?
यह जग का दस्तूर है, मत होवे बेहाल।

नख सिख लौं सिंगार कर सखी सजावें देह
राजकुंवरि रूखसत करो, अब बाबुल के गेह।

नाते रिश्तेदार सब करन लगे त्यौहार
दर्द बना ही जिन्दगी सब के सब गद्दार।

सोन चिरैया रो रही, रो-रो भई अधीर
रतन रमैया उड़ गया, पाछे ढोल सरीर।

फिरोजाबाद के ही एक संन्यासी, मुझे एक फक्कड़ मसीहा ओशो की प्रशंसा में प्राय: पत्र लिखते थे। मैंने शोभा को उनका पता देते हुए उनसे भेंट करने को कहा, जिससे वह उनसे ओशो साहित्य और कैसेट प्राप्त करती रहे। मैंने उन संन्यासी को भी शोभा के सम्बन्ध में लिखते हुए ब्लैकमेलिंग करने वाले ओशो प्रेमी से भी उसकी सुरक्षा करने को कहा।

वह संन्यासी भी विधुर थे। उनकी अच्छी खासी आलीशान कोठी थी। बेटा और बहू भी थी पर पिता पुत्र में अनबन रहती थी।

उनसे भेंट करने के बाद शोभा ने मुझे पत्र में लिखा–

परम श्रद्धेय गुरुदेव,

सादर चरण स्पर्श!

आशा है आप स्वस्थ तथा आनन्दित होंगे।

इतना तो मैं समझ गई हूं कि ध्यान और प्रेम के पथ अलग-अलग हैं पर मंजिल एक।

परसों आपके निर्देशानुसार स्वामी प्रेम भारती से फोन पर बात की। उन्होंने अपने घर का पता समझाते हुए मुझे सादर आमंत्रित किया। उनके घर दिए पते पर पहुंची तो एकदम श्वेत मार्बल की कोठी पर बड़ा हाल देखते ही ओशो की देशना रोमांचित करने लगी। उनके पुत्र तथा पुत्रवधु बहुत प्रेम भाव से मिले। उनका पुत्र भी ओशो का संन्यासी है।

स्वामी प्रेम भारती से बहुत सौहार्दपूर्ण भेंट हुई। उनके आग्रह पर रात वहीं रूक गई। स्वामी जी का परिवार सरल, आडम्बर रहित और स्नेहपूर्ण लगा।

मैं स्वामी प्रेम भारती के साथ घंटों आप श्री के अनूठे कृतित्व, सशक्त प्रभावोत्पादक शैली और सरल निश्छल व्यवहार के बाबत बातें करते रहे। खुली छत पर बादलों के बीच लुकाछिपी करते चलते चांद की छांव तले आप श्री की चर्चा के अनमोल लम्हों को आपने भी कुछ-कुछ महसूस अवश्य किया होगा।

स्वामी जी ने मुझे 'कृष्ण स्मृति' पढ़ने को दी और उनसे मैंने ओशो वर्ल्ड के दो अंक खरीदे।

प्यारे सद्गुरु! यह अस्तित्व और उसके खेल क्षण-क्षण कितने रहस्यपूर्ण हैं?

जिस दुष्ट ने ओशो प्रेमी कहते हुए मेरा धन ब्लैक मेलर की तरह ऐंठा, स्वामी जी से ज्ञात हुआ कि उसी के पुत्र ने ओशो लाइब्रेरी से ढेरों पुस्तकें लेकर वापस ही नहीं की। उन दिनों पिता पुत्र की धूर्तता और ठगी के बाबत स्वामी जी ने विस्तार में बतलाया कि वे दोनों पूरे शहर में बदनाम है। उन्होंने हर सम्भव सहायता देने का आश्वासन दिया।

स्वामी प्रेम भारती एक सप्ताह के लिए देहरादून शिविर में जा रहे हैं। उन्होंने मुझे भी साथ चलने को कहा है यदि मेरा भाव बन गया तो मै भी शिविर में भाग लेकर वहीं से बेटी दामाद से मिलने रूक जाऊंगी।

आपके स्वास्थ्य की मंगल कामनाओं के साथ नि:शब्द अनुग्रह से भरी मैं बारम्बार आपके श्री चरणारबिंद में अपने श्रद्धापूर्ण प्रीति प्रणाम अर्पित करती हूं तथा आपके आशीर्वाद की अभीप्सा में।

मेरी स्थिति उस नौसिखिया बालक जैसी है जो अभी उंगली पकड़ कर चलना सीखता है, गिरता है, फिर चलता है और फिर गिरता है। उसे डंडे की जरूरत है।

अपने शिष्यों को डंडे से वंचित न करें। झेन सद्‌गुरु वचनों के डंडे के प्रहार से जगाते हैं।

एक गीत की कुछ पंक्तियां आपको अर्पित करते हुए पत्र समाप्त करती हूं।

देह की दीवार भंगुर एक दिन ढह जाएगी
जाएंगे जीवन-जलधि के पार हम।
जगमगाता प्रेम का दीपक अनश्वर।
ध्यान की लौ अमन द्रष्टाभाव सुन्दर
सुरभि, शाश्वत प्राण में भर जाएगी
सुरति की डोर में बंध जाएगी
चेतना के शिखर से आवाज देना
मैं अगर भूलूं मुझे पहिचान लेना।

प्रणाम सहित

शोभा

● ● ●

शोभा, स्वामी प्रेम भारती के साथ बस द्वारा देहरादून गई। वहां से बेटी दामाद के यहां से उसने मुझे निम्न पत्र लिखा–

परम श्रद्धेय गुरुदेव,

विनम्र प्रणाम, सादर चरण स्पर्श,

मैं तीन दिनों के लिए स्वामी प्रेम भारती के साथ देहरादून गई थी। स्वामी नरेन्द्र बोधिसत्व तो अन्यत्र शिविर लेने गए हुए थे। यह तीन दिन मेरे और स्वामी प्रेम भारती के कठोर तथा विकट परीक्षा के क्षण थे। मैंने पाया कि यदि मेरे अन्दर सचमुच हिमालय है–शांत व थिर तो चाहे कितने झंझावात आएं वह अचल ही रहेगा। स्वामीजी भी परीक्षा में खरे उतरे। स्वामी प्रेम भारती जी एक ग्रेट इन्सान हैं। शेष घटनाक्रम आपके दर्शन होने पर बताऊंगी। उनके सान्निध्य और सत्संग में रह रह कर आपश्री की चर्चा से अमृत अनुभूतियों की झलक मिली। सद्‌गुरु के प्रति अहोभाव से भरी हुई हूं मैं।

आभार सहित।

प्रेम प्रणाम

आपकी शिष्या

शोभा

पुनश्च–

आज सुबह ही नई कविता लिखी है। शायद आपको अच्छी लगे।

शिशु के हास का क्या नाम है और क्या जाति है उसके मुस्कान की?
आंसुओं का कौन सा मजहब है?
किस मर्यादा में बांधोगे तुम सावन की झड़ी को?
सारे तट बंध-तोड़कर नदी दौड़ी चली जाती है
विराट सागर से मिलने को
इस मिलन का नाम क्या है?
जाति या पहचान क्या है?
शब्दों के पार कुछ है, जो सिर्फ महसूस होता है
बस इसी अहसास को मैं इधर महसूस करती हूं
शायद महसूस करते होंगे उधर तुम भी...
और चली जाऊंगी मैं पार जीवन सिंधु के
या कि तुम जाओगे नश्वर के
देह के उस पार
तब अपरिभाषित उन क्षणों में
हममें से कोई महसूस करता रहेगा
हर पल, हर घड़ी हर मोड़ पर
उस अनश्वर को
जो चिरन्तन है, शाश्वत है
जन्मता है, न मरता है
नित्य, अनन्त, सत्य अखण्ड है वो
अमृत अहसास है
महसूस होता रहेगा अंदर बहुत गहरे में
प्रार्थना के क्षणों में और प्राणों के स्वन्दन में
महसूस होता रहेगा... महसूस होता रहेगा

मेरे भाव प्रणाम!

श्रद्धासिक्त प्रणाम।

शोभा

● ● ●

मैं सदा शोभा से यही कहता रहा–शोभा। सरिता के दो तट कभी मिलते नहीं पर उनके मध्य प्रेम की रसधार बहती रहती है। दूरी ही में प्रेम परिपक्व होता है। हृदय

का यही शुद्ध प्रेम प्रार्थना बनता है। सिर्फ यह अहसास कि कोई तुम्हें प्रेम करता है, तुम्हारे जीवन में उमंग, तरंग, उछाह और आनन्द भरता है। तुम्हें निखारता और विकसित करता है।

गुरु शिष्या का प्रेम अजीब रिश्ता है। गुरु पिता भी है, भाई और प्रेमी भी और साथ ही एक सच्चा मित्र भी। एक कल्याण मित्र।

कुछ दिनों बाद स्वामी प्रेम भारती का पत्र आया। वे कृतज्ञ और अनुग्रहीत थे कि मैंने शोभा का उनसे परिचय करवाया। वह उसका प्रेम पाकर आनंदित और कृतज्ञ हैं। उसके सान्निध्य में उनका जीवन धन्य हो उठा। उन्हें पत्नी से तो प्रेम मिला ही नहीं उल्टे दंश और घाव मिले। शोभा से मिलकर वह परम तृप्त और आनंदित है। उन्होंने मुझे फिरोजाबाद आने का आमंत्रण दिया।

कुछ समय पश्चात मैं फिरोजाबाद जाकर उन दोनों से मिला। शोभा से संबंधों के कारण स्वामी प्रेम भारती के प्रति उनके पुत्र और पुत्रवधु का व्यवहार बहुत कटु और तनावपूर्ण हो चुका था। उन दोनों को भय था कि स्वामीजी शोभा से विवाह कर उस कोठी की उन्हें स्वामिनी न बना दें।

शोभा तीन चार वर्ष बाद सेवानिवृत्त होने जा रही थी। उसने नया मकान खरीदने की पूरी स्कीम तैयार कर ली थी। वह किराये के मकानों में रहते ऊब चुकी थी। वह चाहती थी उसका अपना घर हो।

मैंने उसे बहुत समझाया–'किसके घर बस पाए हैं आज तक? और जहां घर बनते हैं उस जमीन के नीचे सैकड़ों वर्ष पहिले न जाने कितने उजड़े घर दबे हैं? न जाने कितनी कब्रें दबी हैं?

फिर घर बनाकर अपने लिए एक पिंजरा और कारागृह तैयार करना है। मेरा घर, मेरा अपना घर, यह भाव ही आसक्ति उत्पन्न करता है। संन्यास लेना है तो मैं मेरे के भाव से ही मुक्ति पानी है। पुरुष का मैं और स्त्री का मेरा का भाव ही अहंकार है। फिर जहां अहंकार है वहां कैसा प्रेम और कैसी भक्ति?

बेवकूफ लोग मकान बनवाते हैं और समझदार लोग किराया देकर उसका उपभोग करते हैं।

मैंने शोभा को सांसारिक और आर्थिक पहलू बतलाते हुए कहा था–तुम्हें एलआईजी का मकान दो ढाई लाख में मिल रहा है। पहिले तो तुम जैसी विदुषी और शिक्षित नारी एलआईजी कालोनी के समाज में घुटन महसूस करेगी। एमआईजी मकान सात आठ लाख से कम में नहीं मिलेगा और उतनी पूंजी तुम्हारे पास है नहीं। दो ढाई लाख रुपया यदि बैंक में जमा भी करा दो, ढाई लाख तो साल में पच्चीस हजार ब्याज मिलेगा जबकि पन्द्रह हजार साल किराए पर मजे से मकान मिल सकता है। आश्रमों या शिविर में जाने पर मकान मालिक घर की सुरक्षा सेंत मेंत में करता है जबकि अपना घर छोड़कर कहीं बाहर जाना तुम्हारे लिए एक समस्या बन जायेगा।'

पर स्त्री हठ किसकी कब सुनता है? मकान के लिए स्वामी प्रेम भारती ने ही सारी दौड़ धूप की थी। वह चाहते थे कि वह उनके घर के निकट ही बस जाए जिससे

उनका मिलना होता रहे। उन्हें भय था कि रिटायरमेंट के बाद वह कहीं बेटी दामाद के साथ रहने दिल्ली न चली जाए।

शोभा ने हिचकते हुए मुझसे भी मकान के लिए कर्ज मांगा। पर सब कुछ तो पत्नी के सुपुर्द कर चुका था मैं। मेरी ना से वह आहत भी हुई। मैं वापस कानपुर लौट आया।

● ● ●

इस बार पन्द्रह दिनों बाद मुझे शोभा का पत्र मिला।

परम पूज्य गुरुदेव,

सादर प्रेम प्रणाम, चरण स्पर्श

मकान मेरी मंजिल नहीं है, यह मुकाम हो सकता है। मन में गहन मौन छा गया है। विचित्र स्थिति है। अनजाने ही आंखों में अश्रु भर आते हैं।

स्वामी प्रेम भारती के पुत्र और पुत्रवधू को मेरा स्वामी जी से मेरा सम्पर्क और मिलना किंचिंत भी पसन्द नहीं। मुझे उन लोगों की मूढ़तापूर्ण सोच कर हंसी आती है और रोना भी। अपने पर, अपने हालात पर भी हंसी और रोना दोनों आते हैं।

दम भर के लिए बैठे जिस छांव में ए दोस्त
ऐसी चली हवा कि वो दरख्त ही उखड़ गया।

मकान के चक्कर में अंधाधुंध पैसा खर्च हो गया है। संन्यास का क्षण बीच में ही रह गया।

दिसम्बर में आगरा में शिविर होगा परन्तु उस शिविर में मेरा वहां जाने का भाव नहीं। आगरा के कई संन्यासियों को जानती हूं। ओशो के नाम पर शिविर में एक दूसरे की धर-पटक और पिकनिक मनाने जैसा उनका मूड रहता है। मुझे अच्छा नहीं लगता।

ओशो वर्ल्ड पत्रिका बहुत प्यारी है।

अधिक क्या खतरे की घंटी बज रही है।

आपकी शिष्या
शोभा

लगभग एक महीने बाद उसने पत्र द्वारा सूचना दी कि वह स्वामी प्रेम भारती के साथ कुचवाड़ा गई थी और वहां उससे संन्यास ले लिया। उसने पत्र में लिखा–

मैंने आठ दिसम्बर को रात्रि 10.45 पर संन्यास ग्रहण किया। आपके स्नेह, आनन्द और ऊर्जा को मन ही मन महसूस करते हुए।

यह अपने प्रकार का एक अद्‌भुत शिविर था। स्वामी निम्बू महाराज कुचवाड़ा की भूमि और भगवान के जन्म स्थान को स्वर्ग बनाने में जुटे हैं। इसी क्रम में निर्गुणी भजन संध्या और कवि सम्मेलन का भी आयोजन हुआ। मेरी कविताएं सभी ने बहुत सराहीं।

आपकी शिष्या
मां शोभा

अब शोभा के पत्रों का अंतराल और बढ़ता गया। मैं अपने में मस्त था और उसका भी अब अपना घर संसार हो गया था। जब अकेली थी तो अपनी एकान्त की घुटन कम

करने के लिए जल्दी जल्दी लम्बे-लम्बे पत्र लिखती थी। अब पत्र भी संक्षिप्त होते गए।

एक पत्र में उसने लिखा-

परम श्रद्धेय गुरुदेव,

सादर चरण स्पर्श, विनम्र प्रणाम!

कल गुरु पूर्णिमा के अवसर पर आत्मिक नमन और भाव-प्रेम को स्वीकारें। आगरा के शीराज होटल में होने वाले शिविर में स्वामी प्रेम भारती और मैं आपकी प्रतीक्षा में पलकें बिछाए बैठे हैं। मैं कल्पना करती हूं उस मधुर, अपूर्व व अद्भुत क्षणों की जब दो ओशो के प्यारे गले मिलेंगे। एक बेमिसाल पूर्णमासी घट जाएगी।

स्वामी प्रेमभारती के पुत्र और पुत्रवधू को कतई प्रीतिकर नहीं लगता, मेरा स्वामीजी से मिलने घर आना। अपने पिता के प्रति उन दोनों ने कटाक्षबाजी करते हुए घोर विरोध, आक्रोश और क्रोध व्यक्त किया।

एक दिन तो उन दोनों ने मुझे अपमानित ही नहीं किया, अत्यंत खेदजनक, पीड़ादायक और अकल्पनीय दृश्य प्रस्तुत कर दिया।

मैं गरीब हूं पर बेगैरत नहीं। मैं नहीं चाहती कि लोग समझें कि स्वामी प्रेम भारती की आर्थिक स्थिति और कोठी ने मुझे प्रभावित किया है। छि: यह स्थिति मेरे लिए डूब मरने जैसी होगी।

लिए जिन्दगी ने इम्तहां कैसे कैसे?
छोड़े जिगर पर निशां कैसे कैसे?

पर स्वामी प्रेम भारती पूर्ण मस्त, प्रसन्न और आनंदित हैं। वे घर में ऐसे रहते हैं जैसे कुछ हुआ ही नहीं। मुझे भी उन्होंने निश्चिंत रहने को कहा है। लेकिन स्त्री होने के नाते क्या यह सम्भव है। सच तो यह है कि उन्हें पता ही नहीं कि उनके परिवार में क्या घट रहा है?

यह सब आप अपने तक ही रखियेगा।

आपकी शिष्या
शोभा

एक मास पश्चात् शोभा ने लिखा-

परम पूज्य परम श्रद्धेय गुरुदेव,

सप्रेम चरण स्पर्श!

ठीक दस दिनों बाद पारवारिक एवं सामाजिक रूढ़ियों का ख्याल करके नई बनी कुटी में पर्दापण करना है। दिल्ली से बेटी दामाद तथा पौत्री सभी आ रहे हैं। उस अवसर पर भेंट, शगुन, हवन, भोजन स्वागत सत्कार वगैर : सभी कुछ होगा।

लेकिन सच तो यह है कि भौतिक उपलब्धि या किसी समारोह में मुझे गहन आत्मिक प्रसन्न्ता रंचमात्र भी नहीं होती। मकान, सम्पदा, वस्त्राभूषण और सामाजिक मान-सम्मान में परमानंद है कहां? बस यह छोटी सी कुटिया एक सुरक्षा कवच है जो शायद जरूरी भी था। यद्यपि इसमें तमाम समस्याएं भी हैं।

आप श्री की मेरे प्रति इतनी चिंता, आपके प्रेम, आशीष, स्नेह, अपनत्व और आत्मीयता की द्योतक है। मेरे नेत्रों में आंसू भर आते हैं।

हिरणी, चाल न जाने जग की
फंसी बधिर के जाल...

पूज्यवर!

आपके सघन आशीर्वाद के बल पर मैं द्रष्टा बनी अपने को और इस तमाशे को स्वयं ही देख रही हूं।

अधिक क्या कहूं? मेरी प्रार्थना है कि आप भी मेरी इस कुटी को अपने चरणारबिन्द से पवित्र व स्नेहासिक्त कर दें।

आपकी शिष्या
शोभा

● ● ●

मैं उस समारोह में सम्मलित नहीं ही हुआ। मैं जानता था शोभा ने यह मकान नहीं अपने लिए नर्क कुण्ड ही निर्मित किया है।

लगभग तीन या चार माह बाद शोभा का पत्र मिला।

● ● ●

परम श्रद्धेय गुरुदेव,

प्रेम प्रणाम!

अगर मैं यह कहूं कि एक लम्बे अर्से से मैं आपको पत्र ही नहीं लिख पाई तो यह अतिशयोक्ति न होगी। अभी भी कई दिनों से लगातार सोच में डूबी हूं—क्या लिखूं और क्या न लिखूं?

मैंने तो डाल दी है कश्ती तूफान में...

बस मिलने पर ही बता सकूंगी। फिर भी कुछ तो लिख ही दूं, वरना आप क्या सोचेंगे?

गुरुदेव! आपके स्वामी जी मुझे प्रसन्न देखने के लिए ही इस स्थान पर लाए। मकान की व्यवस्था की और काफी दायित्व यानी बिजली फोन का बिल जमा कराना घर का सभी सामान लाना आदि-आदि में बहुत सहयोग देते हैं। प्रतिदिन एक बार अवश्य आते हैं—यह देखने के लिए कि कहीं कोई समस्या तो नहीं है? Really he is great (वास्तव में वह महान है)।

पता नहीं, फिर भी मैं क्या चाहती हूं? जहां मैं रहती हूं वह एलआईजी कालोनी जेल की बैरकनुमा एक बिल्डिंग है। एक कतार में बने हुए साथ सटे हुए मकान। इस तरह की दीवारें और दरवाजे कि कहीं कोई प्राइवेसी नहीं।

प्रतिदिन इन मकानों में रहने वाली स्त्रियों में किसी न किसी बात पर रोज ही झगड़ा फसाद, झांय-झांय और कहासुनी होती ही रहती है। एक तरफ मैं अकेली हूं तो दूसरी ओर कालोनी की स्त्रियों का पूरा ग्रुप।

अनचाहे ही सब कुछ घटित हो गया है। स्वामी जी के साथ देख कर सभी महिलाएं स्वयं को परम पवित्र सती सावित्री और मुझे अवगुणों की खान समझती हैं। ऐसा उनकी चुभती हुई निगाहें और आपस में किए गए व्यंग्य सब कुछ कह जाते हैं।

मैं अपने कमरे में कारावास की तरह घुटते हुए रह रही हूं। मानवीय संवेदनाओं के लिए यहां कोई स्थान नहीं। स्वामी जी अपने व्यवसाय में बेहद व्यस्त रहते हैं।

पता नहीं क्यों दिल चाहता हूं मैं आयु पूरी होने से पूर्व ही रिटायरमेंट ले लूं।

यह मकान क्या, लंकानगरी का एक कोना है।

गुरुदेव!

मुझे खुली छत और आकाश के तले बैठे और लेटे हुए एक अर्सा हो गया। मुझे पता ही नहीं चलता कि कब शुल्क पक्ष आता है और चला जाता है।

मेरी कोई बात बुरी लगी हो तो क्षमा चाहती हूं। पता नहीं क्या लिखना था और क्या लिख दिया। आपने तो पहिले ही कहा था...।

आपकी अभागी

शोभा

मैंने लिखा था शोभा को–तूने हथकड़ी बेड़ियों को स्वर्ण आभूषण समझ कर स्वयं पहिन लिया है और स्वयं ही गुहार लगा रही है कि कोई मुझे इन बंधनों से छुड़ाए। तू चाहे तो एक क्षण में इनसे मुक्त हो सकती है। तू समझती है कि तू अहंकार मुक्त है, समर्पित है। पर स्त्री के सूक्ष्म अहंकार का रूप है–मेरे का भाव। मेरा घर, मेरी पुत्री, मेरा प्रेमी, मेरी प्रतिष्ठा। समर्पण का अर्थ है–मैं और मेरे का विसर्जन। मेरा कुछ रहा ही नहीं, सब तेरा है अर्थात् परमात्मा का है। तू न कर्ता है और न भोक्ता, मात्र द्रष्टा है।

तू कहा करती थी कि मेरा मार्ग ध्यान नहीं प्रेम है। पर प्रेम तो स्व का मैं मेरे का विसर्जन चाहता है। उसमें कोई उपेक्षा या चाह बचती ही नहीं। लेना नहीं, मात्र देना ही देना होता है। कोई ईर्ष्या या मालकियत नहीं होती। और ऐसा प्रेम ध्यान से ही जन्मता है। प्रेम में तूने दूसरे पति से और संसार से खूब धोखे खाए। वह प्रेम था ही नहीं। तुझे सम्पत्ति समझ दूसरे उसका उपयोग कर रहे थे। तू स्वतंत्र थी ही नहीं। तुझे भोग की व्यर्थता का बोध हो जाना चाहिए थ। नहीं हुआ तो उसका मलाल मत कर। अपराधबोध से मुक्त हो जा। अब भी होश में आ। जब जागे तभी सवेरा। अब तेरी मुक्ति के दो उपाय हैं।

जैसी है, जहां है, उसे स्वीकार कर ले। तू शिक्षित पीएचडी है और तेरे आस-पास की स्त्रियां अशिक्षित या अर्द्धशिक्षित और दीनहीन हैं यह बात भूल कर उनके साथ मैत्री साध। अपने यहां कीर्तन सत्संग का कार्यक्रम आयोजित कर उन्हें निमंत्रित कर। उनसे बहिनापा जोड़। धीरे-धीरे वे तुझे समझने लगेंगी। जो घर तुझे पिंजरा लग रहा है वही खुला-खुला मुक्ति का द्वार लगने लगेगा। तू समाज में रह रही है तो सामाजिक नियम मानने ही होंगे। किसी वकील से सलाह कर अपने दूसरे पति से तलाक लेकर तू स्वामी जी से विवाह कर ले। स्वामी जी भी विधुर हैं। यदि वे विवाह से इन्कार करते हैं तो

समझ–वे तुझे सम्पत्ति बनाकर तेरा मात्र उपयोग करना चाहते हैं। इसमें अड़चनें झंझटें आयेंगी। पर प्रेम कोई बन्धन स्वीकार नहीं करता।

दूसरा मार्ग है–तू वर्किंग वीमेन्स हास्टेल में एक कमरा किराए पर लेकर यह मकान ही छोड़ दे। स्वयं किसी प्रापर्टी एजेन्ट से बात कर उसे बिकवाने की व्यवस्था कर। इसमें स्वामीजी का सहयोग लेना ही मत। उन्होंने ही तेरा उपयोग करने के लिए यह घर तुझ पर थोपा है। तुझे सुरक्षा और स्थाई ठिकाने का लोभ दिखाकर तुझे पिंजरे में कैद किया है। यूथ हॉस्टेल में जगह न मिले तो नरेन्द्र जी की देहरादून कम्यून में तू रु. 4000-5000/- मासिक शुल्क देकर एक कमरे में मजे से रह सकती है। वहां कार्य करेगी तो यह शुल्क और कम हो जायेगा। यह राशि तेरी पेंशन मजे में चुका सकती है। और समय पूर्व रिटायरमेंट का विचार बिल्कुल छोड़ दे। जो समय कॉलेज में और कालेज आते-आते बीत जाता है, उतने समय तुझे और घर की घुटन में गुजारना होगा।

शायद यह पत्र स्वामी जी के हाथ लग गया। तभी उन्होंने मुझे खीज और आक्रोश में एक तीखा पत्र लिखा और शोभा को शायद फटकारा भी। उस पर नियंत्रण और कड़ा कर दिया। उसके बाद मुझे शोभा का कोई पत्र नहीं मिला। स्वामी जी ने सख्ती से शोभा को निर्देश दे रखे हैं कि शोभा अपना मकान का पता या टेलीफोन नम्बर मुझे हर्गिज न दे। पर शोभा को तो मेरा घर का पता और फोन नम्बर मालूम ही हैं।

एक शिक्षित, स्वावलम्बी नारी इतनी कमजोर हो सकती है, मैं यह स्वीकार नहीं कर सकता, जब कि उसने संन्यास भी लिया हो।

अज्ञात में छलांग लगाने का साहस तो बटोरना ही होगा। जंजीरें तो तोड़नी ही होंगी। लोकलाज की झूठी प्रतिष्ठा का त्याग तो करना ही होगा। सार को पाने के लिए कंकड़ पत्थर छोड़ने ही होते हैं।

मैंने शोभा का वास्तविक नाम और उसके नगर का असली नाम न दे कर, उसके ही शब्दों में उसकी प्रतिष्ठा बचाने का प्रयास किया है जिससे उसके जीवन में अनावश्यक गतिरोध न हो। जो स्वयं कुंवे से बाहर न आना चाहे तो उसे बचाने से लाभ क्या? वह कुंवे से बाहर आकर फिर कुवें में कूद पड़ेगा। प्रत्येक को अपनी मर्जी से जीने का पूरा हक है। फिर कुंवे से बाहर निकलने की गुहार लगाना भी व्यर्थ है।

❑❑❑

पुनश्च: यह कहानी अकेली शोभा की ही कहानी नहीं मध्यम परिवार में अपनी सीमित सोच में घुटती, सहती और जंजीरों को आभूषण समझ कर पहिनने वाली अनेक स्त्रियों की कहानी है।

19

हिमांचल के ध्यानी हेडमास्टर और श्मशान घाट के स्वामी एकलव्य

मेरी यह गलतफहमी थी कि मैंने दार्जलिंग, आसाम और सिक्किम को छोड़कर हिमालय के लगभग सभी हिल स्टेशन और तीर्थ देखे हैं। यह भ्रम तक टूटा जब मुझे ग्राम पोलिंग डा. स्वार बाया बरोट, तहसील बैजनाथ जिला कांगरा के राजकीय मिडिल स्कूल के हेडमास्टर श्री ध्यान सिंह खनौरिया का खत मिला। पहिला पत्र एक फक्कड़ मसीहा ओशो को पढ़कर उन्होंने अपने भावोद्‌गार व्यक्त करते हुए लिखा था। शुरू के दो-तीन पत्र इधर-उधर हो गए लेकिन उनका तीसरा पत्र मैं ज्यों का त्यों उद्धृत कर रहा हूं, जिससे आपको उनके व्यक्तित्व का थोड़ा बहुत अंदाजा अवश्य लग जाएगा।

कोहलू (हिप्र)
दि. 1.8.2003

परम आदरणीय स्वामी जी,

प्रेम प्रणाम!

ओशो जीवनी का खण्ड-9 निष्पत्ति पर है। मैं यह महसूस कर रहा हूं कि ओशो महापरिनिर्वाण 19 जनवरी, 1990 को नहीं अपितु आज मेरे सामने हुआ हो। मैं उसका द्रष्टा हूं। ज्यों-ज्यों फक्कड़ मसीहा खण्ड-9 पढ़ता जाता हूं, दोनों नेत्रों से बहती गंगा-यमुना जैसे अपने प्यारे सद्‌गुरु को अविरल श्रद्धा सुमन आंसुओं के रूप में अर्पित कर रही हो। ऐसा लग रहा है जैसे सारा परिदृश्य इसी क्षण मेरे अंतर्पटल पर सचमुच घट रहा है। शायद यह आपकी कलम का करिश्मा हो। आपके इस भगीरथ प्रयास के लिए कोटिश: नमन्।

इस महान कार्य के लिए ओशो संसार आपका आजीवन कृतज्ञ रहेगा। इसी पत्र के माध्यम से मैं विश्व को यह सन्देश देना चाहूंगा कि जिन-जिन लोगों ने, देशों ने, पत्र-पत्रिकाओं अथवा मीडिया ने सद्‌गुरु ओशो की आलोचना की है, या कुछ कटु शब्द बोले या लिखे हैं, वे सभी करूणा के पात्र हैं, क्योकि उन्होंने ओशो (सागर) की गहराई को न जाना, न समझा और न नापा है।

मेरा उन सभी से विनम्र निवेदन है कि आलोचना करने से पहिले वे ईमानदारी

से ओशो को पढ़ें, सुनें और पीएं तथा उन्हें जीएं। तभी उन्हें जीवन की सार्थकता का बोध हो सकेगा।

धन्यवाद सहित

ध्यान सिंह खनैरिया

राजकीय माध्यमिक पाठशाला कोटलू

वाया लम्बा गांव, जिला कांगड़ा

● ● ●

इसी के बाद उनका स्थानान्तरण पोलिंग हो गया। मैं उनके प्रत्येक पत्र का उत्तर तो भेजता ही था। उनका अगला पत्र पोलिंग से ही प्राप्त हुआ।

पोलिंग दि. 25.9.2003

परम आदरणीय भ्राता श्री,

सादर प्रणाम!

आपका कृपा पत्र दि. 13.8.2003 को ही प्राप्त हो गया था। पर ट्रांसफर के कारण विलम्ब हुआ। आपने एक पोस्टकार्ड में इतना कुछ भर दिया था कि इसके ऊपर ही एक लघु-पुस्तक लिखी जा सकती है।

मैंने एक फक्कड़ मसीहा के सभी नौ खण्ड पढ़ लिए हैं। लिखना तो मैं प्रत्येक खण्ड को पढ़ने के बाद चाहता था लेकिन लेखनी रुकती रही। अंतिम खण्ड को पढ़ने के बाद विवश ही हो गया। जो शायद ओशो का आशीर्वाद और आपका प्रेम था। पत्र में आपने अगली कृति का जिक्र किया है तो अतिशीघ्र मैं उसे प्राप्त करने का प्रयास करूंगा क्योंकि अज्ञात में अनजाने ही ओशो-रस-सागर में छलांग लग गई है और अब पीछे मुड़ना असम्भव है।

आपने पत्र में पूछा है कि ओशो से क्यों और कैसे जुड़ा? यह तो मात्र एक संयोग है। हिमांचल प्रदेश में चामुण्डा देवी का प्रसिद्ध मंदिर है। वहां स्वामी एकलव्य जी से अचानक एक दिन भेंट हो गई और मैं उनका शिष्य बन गया। आरम्भ में उन्होंने मुझे योग वाशिष्ठ, गीत, वेद उपनिषद, रामकृष्ण परमहंस और स्वा. विवेकानंद तथा अन्य संतों की अमृत वाणी तथा साहित्य का स्वाद चखाया और तत्काल ही मुझे ओशो साहित्य के महासागर में डुबो दिया।

ओशो से पिछले पांच वर्षों से जुड़ा हूं।

● ● ●

(आगे पत्र में ध्यान सिंह जी ने उन ओशो ग्रंथों की सूची दे दी, जो उन्होंने पढ़े थे, जिनका उल्लेख करना व्यर्थ है। जो प्रमुख प्रवचनमालाएं उन्होंने नहीं पढ़ी थीं, पत्र में मैंने उनसे उन्हें पढ़ने का भी आग्रह किया।)

अपने पत्र के प्रत्युत्तर में पोलिंग से मुझे ध्यान सिंह का दि. 16.10.2003 का लिखा पत्र प्राप्त हुआ, जिसके प्रमुख अंश मैं उद्धृत कर रहा हूं।

16.10.2003

परम आदरणीय गुरुवर,

प्रेम प्रणाम!

पत्र पाकर अपार हर्ष हुआ। ऐसा लगा जैसे आप मेरे सामने ही अपने श्री मुख से मुझे ओशो की ही तरह देशना दे रहे हों।

गुरुवर! आपने अपने पत्र में प्रकृति का जो चित्रण किया है, उसे पढ़ कर ऐसा लगा जैसे इस स्थान को आप अपने दिव्य नेत्रों से देखते हुए उसका वर्णन कर रहे हों। यह स्थान कांगड़ा वैली का एक दुर्गम क्षेत्र है। मेरी पोलिंग पाठशाला पहाड़ पर लगभग 13000 फुट की ऊंचाई पर है। यहां चारों और गगनचुम्बी देवदारू और रई के वृक्ष आकाश में अपने बाहें पसारे खड़े हैं।

आपने मुझे स्त्रैण ऊर्जा जागृत करने की जो देशना दी, मानो आपने मेरी दु:खती रग को छेड़ दिया। मुझमें इसका अभाव है और क्रोध मुझे तुरन्त घेर लेता है। सदा प्रेमपूर्ण बने रहने का उपाय है मुझे क्रोध आये ही न। कृपया इस बाबत मार्ग दर्शन दें।

लोहारडी जहां मैं कमरा किराये पर लेकर रहता हूं वह नदी किनारे स्थित है। चारों ओर देवदारू के वृक्ष हैं। प्रकृति सारा सौंदर्य लुटा रही है लेकिन मुझे आनन्द प्राप्त नहीं होता। मैं क्यों इस आनन्द से वंचित हूं, इसका कोई कारण मेरी समझ में नहीं आता। कभी-कभी मुझे महसूस होता है कि मैं कभी आनन्द का पुंज था जो अब लुप्त हो चुका है। मैं अज्ञान में घिर गया हूं। कृपया मुझे इस अंधकार से उबारिये।

सहज, सरल और निर्विकार कैसे हुआ जाए? तटस्थ द्रष्टा कैसे बना जाए? कई बार आभास होता है कि मुझमें सभी गुण विद्यमान हैं लेकिन मैं उन्हें स्थाई नहीं कर पाता, जिससे अस्थिरता उत्पन्न हो जाती है।

'ध्यान क्या है?' तथा 'सद्‌गुरु समर्पण' यह दोनों पुस्तकें मैं शीघ्र मंगा लूंगा। 'सहजयोग' तथा 'मैं कहता आंखन देखी' के लिए भी मैंने आर्डर दे दिया है।

आपने पत्र में संस्कारों तथा अतीत से मुक्त होने के लिए कहा है। मैं इसे समझ नहीं सका। कृपया विस्तार से इसकी जानकारी दें। ताकि यथानुसार मैं अनुशीलन कर सकूं।

मैं ध्यान और प्रेम से जुड़ना चाहता हूं, उसके लिए कैसी भूमिका तैयार करनी होगी? भूमि तैयार है, या उसे उर्वरा बनाना होगा।

आपने पूछा है कि मुझे भक्ति और ज्ञान, इन दो मार्गों में कौन सा मार्ग सुगम और अच्छा लगता है? मुझे प्रेम और भक्ति का मार्ग ही प्रिय है। जिसमें गीत, संगीत नृत्य और उत्सव आनन्द हो। इस मार्ग पर कैसे चलूं, कृपया मार्ग दर्शन दें।

शीघ्र उत्तर का अभिलाषी

सादर

ध्यान

● ● ●

इस व्यक्ति में अपनी अज्ञानता सहज रूप से स्वीकार करने का साहस है। यह अपनी त्रुटियों को छिपाता नहीं। इसकी जिज्ञासा, अभीप्सा बन गई है। इसमें सब कुछ करने का संकल्प है। भूमि तैयार है। इसके बीज का अंधकार में केवल मात्र खोल टूटना है। इसे सचेतन रेचन करना है। सचेतन रूप से क्रोध सृजित कर उसका द्रष्टा बनना है। मैंने उसे पत्र द्वारा त्रिनेत्र साधना के सूत्रों का स्मरण दिलाया जिससे द्रष्टा भाव जागृत हो। वह तटस्थता से अपने विचारों और भावों को देख सके। मैंने उसे 'नो माइन्ड' ध्यान तथा विपस्सना करने को कहा जिससे आती जाती श्वास को देखते हुए विचारों को भी तटस्थता से देखने की कला आ जाती है।

पोलिंग दि. 30.10.2003

अपने अगले पत्र में उन्होंने लिखा-

आपका कृपया पत्र मिला जो अपने आप में सभी शास्त्रों का सार और सद्गुरु ओशो की देशना का नवनीत है। आज ही मैं कांपते हाथों से उत्तर देने का दु:साहस कर रहा हूं। समझ नहीं आता, कहां से शुरू करूं?

प्रभु! मैं तो अध्यात्म के क्षेत्र में एक नर्सरी का बच्चा हूं। अभी तक बुद्धि विकसित नहीं हो पाई है। जो कुछ पढ़ रहा हूं उससे कौतूहल और जिज्ञासा शांत होकर अंदर की रिक्तता में गहरे से गहरे जाने का मार्ग ढूंढ़ रही है।

मुझे नहीं मालूम, कि ऐसा क्यों और कैसे हो रहा है? आपने पत्र में लिखा है कि प्यास तो है पर धैर्य नहीं और न गहरे उतरने का संकल्प। गहरे उतरने के लिए शास्त्र नहीं ध्यान काम आता है। मैंने तो पूर्व ही स्वीकार कर लिया कि मैं अभी नर्सरी का छात्र हूं। ऐसा मार्ग दर्शन दीजिए जिससे मैं गहरा उतर सकूं। शास्त्रों की गुरु गम्भीर बातें मनन, चिंतन, निदिध्यासन और ध्यान की विधियां यह सभी मेरे लिए गौरी शंकर पर्वत पर चढ़ने जैसा है। मैं ओशो को खूब पी रहा हूं पर उसके अनुसार होशपूर्वक जीना यह मुझे सर्वाधिक कठिन लग रहा है।

ओशो पढ़ने में तो बहुत अच्छे लग रहे हैं, पर मैं उन्हें पचा नहीं पा रहा हूं। खुराक जरूर पूरी मिल रही है पर मैं उस ढंग से उन्हें जी नहीं पा रहा हूं जिससे मुझे होने वाले रूपान्तरण का बोध हो।

जहां मेरी पोस्टिंग है, वहां चारों ओर प्रकृति का खजाना खुला पड़ा है। गगन चूमते वृक्ष और गीत गाते पक्षी हैं। धौलागिरी की बर्फ का मुकुट लगाए भव्य पर्वत शृंखला सामने दिखाई देती है, लेकिन मैं प्रकृति का दोहन नहीं कर पा रहा हूं। कभी-कभी तो प्रकृति वेश बहुत सुन्दर लगता है तो कभी यह सामान्य रह जाता है।

मैं यह समझ नहीं पाता कि क्या नित्य ओशो साहित्य का अध्ययन करना है या साथ में ध्यान भी। ध्यान को मैं र्निसंकल्प होना मानता हूं। अर्थात् जब एकांत में मैं संसार से परे, बिना चिंतन, संकल्प द्वंद्वरहित होता हूं तो वह ध्यान होता होगा। लेकिन यह घटना कभी-कभी ही होती है। सप्ताह में सिर्फ एक बार या दो बार।

पास में ध्यान के बहुत सारे सूत्र हैं पर उनका निष्पादन किस ढंग से करना है? विधि में चूक हो जाती है। इन्हीं शंकाओं के समाधान और मार्गदर्शन के लिए ही तो आपकी शरण में आना चाहता हूं।

मैं चैतन्य को जाग्रत करना चाहता हूं। आपकी शरण में आकर मैं ध्यान की शुरूआत करना चाहता हूं। आपने तो सीधे ही समाधि की ओर स्नातकोत्तर स्तर से आरम्भ कर दिया। भले ही मैंने ओशो को काफी कुछ पढ़ लिया हैं पर ओशो को जानना, समझना तथा उसके अनुसार चलना तथा चेतना को जागृत करना, मुश्किल लगता है। इसके लिए सूत्र पकड़ में नहीं आ रहे हैं।

एक फक्कड़ मसीहा ओशो मैं एक बार क्या, दस बार भी पढ़ूं तब भी वह नवीन लगेगा। पहिले ऐसा नहीं होता था पर अब ऐसा होने लगा है। खण्ड-9 में मैंने ओशो की कहानी के साथ ओशो का स्वप्न जो वे हमें सौंप गये, ओशो का मार्ग, उनका सन्देश प्रेम की कीमिया तथा ध्यान आदि के सभी अध्याय पढ़े लेकिन उनको हृदयंगम नहीं कर पाया, इसीलिए मैं छटपटा रहा हूं।

इसी प्यास को शांत करने की मैं कीमिया सीखना चाहता हूं। फक्कड़ मसीहा के प्रथम खण्ड में उन्होंने कंटर तथा मुंडे मास्टरों की जो खबर ली है वह तो मेरे सामने साक्षात सत्य ही है। शायद मास्टर-जगत इस सत्य को न स्वीकारें, लेकिन मैं वैसा अध्यापक नहीं हूं।

रोग की जड़ तक आप पहुंच सकें, इसलिए मैं अपना विस्तृत परिचय दे रहा हूं।

नाम – ध्यानसिंह खनैरिया।

जाति – क्षत्रिय राजपूत

जन्मतिथि – 20.2.1957

शिक्षा – एमए (हिन्दी, इतिहास) बीएड व सहकारिता में डिप्लोमा, शिक्षा विभाग में बतौर (प्रशिक्षित स्नातक अध्यापक) टीजीटी जनवरी 2001 से शिक्षा विभाग में कार्यरत।

इससे पूर्व सेना में 1977 से 1981 तक सैनिक के रूप में कार्य किया। वहां स्वेच्छा से डिस्चार्ज लेकर कुछ समय बेकार रहा। 1985 से 1986 तक हिप्र के कृषि विश्वविद्यालय में लिपिक के रूप में कार्य किया। 1987 से 2001 तक सहकारिता विभाग में निरीक्षक के पद पर रहा। वहां मन न लगने पर दोबारा शिक्षा विभाग में आया। अब राजकीय मिडिल स्कूल का हेड मास्टर हूं।

1989 में विवाह किया। पत्नी भी शिक्षा विभाग में SBT पद पर कार्यरत हैं। बेटा सातवीं तथा बेटी चौथी कक्षा में पढ़ रही है। पुत्र-पुत्री मां के साथ मंडी में रहते हैं। मैं सप्ताह में एक दिन मंडी जाता हूं। पोलिंग पहाड़ पर बसा छोटा सा गांव है। 4-5 मील पहाड़ की उतराई पर लोहारडी कस्बे में एक कमरा किराये पर लेकर रह रहा हूं।

माता पिता की मृत्यु हो चुकी है। मेरा बचपन अभावों में बीता है। जन्म से राजपूत हूं पर स्वभाव तथा आदतें ब्राह्मणों जैसी हैं। मैं शुद्ध शाकाहारी हूं। पारिवारिक जीवन 50-50 चल रहा है। मेरे और पत्नी के विचारों में मतभेद है।

जीवन में विवाह से पूर्व शिलांग में एक ईसाई युवती से प्रेम भी प्रारम्भ हुआ था। पर वह मित्रता तक ही सीमित रहा। उसका आग्रह था कि मैं ईसाई हो जाऊं, पर वह मुझे स्वीकार नहीं हुआ।

मैंने अपना पूरा अतीत और वर्तमान उघार कर रख दिया है। अब कृपया निदान करें कि बीमारी लाइलाज है या निदान हो सकता है। अध्ययन और अध्यापन दोनों चल रहे हैं और स्वयं की खोज भी।

किससे महरूमी-ए-किस्मत की शिकायत कीजै?
हमने चाहा था–मर जाएं, सो वो भी न हुआ।
वो कह गए थे कि आएंगे हम चिराग जले
तमाम रात चिरागों से अपने दाग जले।
अच्छा आज इतना ही सादर अपका ध्यानसिंह

यह होती है–सरलता, सहजता और अपने को उघार कर रख देने का साहस। यह शख्स सेना में भी रहा है। इसमें साहस और संकल्प भी है। यह विनम्र और सहज श्रद्धा से भरा है। इसमें स्वयं को अर्थात् सत्य को जानने की अभीप्सा है।

इसने कितनी सरलता से स्वीकार किया कि इसने शास्त्र भी पढ़े हैं और ओशो को भी पर उन्हें जीया नहीं है। ज्यों पढ़ा है, उसे वह पचा नहीं पाये हैं। हृदयंगम भी नहीं कर पाए हैं। इस शख्स को ज्ञान का अहंकार नहीं है। इससे संवाद हो सकता है।

विस्तृत पत्र द्वारा जो जितना संभव था, वह मैंने उसे सम्प्रेषित किया। प्रकृति के दोहन का नहीं, उसे प्रेम सद्भाव से देखते हुए उससे सम्वाद स्थापित करने को कहा। संवेदनशीलता और स्त्रैण ऊर्जा जागृत करते हुए सृजनात्मक होने को कहा। एक फक्कड़ मसीहा 'ओशो' खण्ड 9 में उल्लिखित ध्यान सूत्रों के अनुसार रेचन करने के साथ-साथ मैंने उसे भाव शुद्धि और विचार शुद्धि के सूत्रों के अनुसार जीवन शैली विकसित करने का सुझाव दिया।

ध्यान क्या है? के उसी खण्ड में प्रकाशित सूत्रों के अनुसार मैंने उसे उत्सवपूर्ण ढंग से दो अतियों से बचते हुए उन दो के बीच संतुलन साधने को कहा।

यह व्यक्ति शिक्षित और समझदार है। समझाने से ही कुछ बोध हुआ। कुहासा छंटा। इसने सूर्य के दर्शन किए। इसके दि. 26.12.2003 के पत्र से यह स्वत: स्पष्ट होता है।

26.12.2003

वन्दनीय गुरुवर!

प्रेम प्रणाम!

कृपा पत्र प्राप्त हुआ। मन बहुत प्रमुदित हुआ क्योंकि अस्तित्व दिल खोलकर अमृत वर्षा कर रहा है। लगता है अब वह दिन दूर नहीं जब मेरी शुष्क घाटी में भी बहार आयेगी।

गुरुवर! आपने अपने पत्र में जो-जो सूत्र बताएं हैं, वह अमूल्य हैं। मैं उन्हें बार-बार पढ़ रहा हूं। उनसे बड़ी राहत मिल रही है। पर यह राहत उन्हें पढ़ते समय ही मिलती है। उसके बाद फिर वही निराशा। निराशा से मैं स्थाई रूप से नहीं उबर पाता।

कर्त्ताभाव और अहंकार विसर्जन के सूत्रों ने हृदय में गहरे तक चोट की इन्हें जीवन में उतारने का प्रयास करूंगा। मन को अमन बनाने के सूत्र भी मूल्यवान हैं।

यह तभी साकार होंगे जब आप अप्रैल में यहां पधारेंगे। आप यहां प्रकृति के सान्निध्य में निश्चित रूप से आनंदित होंगे। यहां की कलकल करती नदी, गगन में बाहें पसारे योगी से खड़े देवदास, धौलागिरी भोलापन और आदिकाल का जन जीवन आपको बहुत भाएगा। शायद अस्तित्व ने मुझे इसीलिए ऐसे स्कूल की पोस्टिंग दी है।

आपकी लिखी 'बुद्धत्व खड़ा बाजार' में पुस्तक मुझे डाक से मिल गई है। इसके अध्ययन में आनंद आ रहा है।

अभी-अभी आपको जो पत्र लिख रहा है तो ऐसा लग रहा है कि केवल पत्र लिखना ही रह गया है और मैं भी विसर्जित हो गया है। भूत और भविष्य भी नहीं रह गया। क्या यही क्षण-क्षण जीना है?

कई बार घर की प्रतिकूल परिस्थितियां भी आहत करती हैं और मैं सोचने लगता हूं कि मैं तो निरा सांसारिक व्यक्ति हूं। फिर मैं बुद्धत्व को कैसे उलब्ध हो सकता हूं? क्या मैं अपने इस यों से कभी उबर पाऊंगा।

पहिली जनवरी से डेढ़ माह की छुट्टियां हैं। मेरा परिवार अब जोगिन्दरनगर ही रहता है। वहां का पता लिख रहा हूं। आप उसी पते पर पत्र लिखियेगा।

जब कल से मैंने यह पत्र लिखना शुरू किया है मैं द्वंद्वरहित और अपने को बहुत शांत होने का अनुभव कर रहा हूं।

गुरुवर मेरी ऊर्जा अधोगामी प्रवाहित हो रही है। कृपया उसे ऊर्ध्वगामी करने का उपाय बताएं।

आपके बताए ध्यान सूत्रों को व्यवहार में लाने का प्रयास कर रहा हूं। चाहता हूं कि श्रीमतीजी भी ध्यान में रुचि लेने लगें पर वह तो ओशो के नाम से चिढ़ती है। शायद उनका प्रतिकूल होना ही मेरी अंतर्यात्रा का द्वार बना है।

आपको नववर्ष की शुभ कामनाएं। पोलिंग का एक छायाचित्र प्रेषित कर रहा हूं।

कृपया पत्र का उत्तर दिए पते पर ही देने का कष्ट करें।

आपका ही

ध्यान

● ● ●

मैं अप्रेल, 2004 के मध्य में जोगिन्दर नगर गया। मेरे साथ मेरे पड़ोसी श्री सतीश सेठ भी थे जो ध्यानसिंह की ही तरह जिज्ञासु थे। हिमांचल प्रदेश में पोस्टेड अपने दामाद के द्वारा मैंने लोहारडी से 7-8 मील पहिले बरोट के डाक-बंगले में रिजर्वेशन करा लिया था क्योंकि लोहारडी के छोटे से कमरे में तीन लोगों का रहना कठिन था। कानपुर से

सुबह 10 बजे चलकर हम लोग सुबह साढ़े आठ बजे पठानकोट पहुंचे। कानपुर की मेरी शिष्या मां आनन्द दीप्ति ने पठानकोट में अपनी सहेली को जो वहां नगर निगम की पार्षद भी हैं, स्टेशन पर आने के लिए फोन कर दिया था। मेरे गले में पड़ी रजनीशी माला से उन्होंने मुझे तुरन्त पहिचान लिया। बहुत प्रेम से वे हम दोनों को अपनी कार से अपने घर ले गईं। वहां स्नान कर नाश्ता किया। रास्ते के लिये उन्होंने भोजन फल रख कर पठानकोट से सीधे जोगिन्दरनगर जाने वाली खिलौना ट्रेन में हम दोनों को बिठला कर कहा–'लौटने के समय दिए फोन नं. पर आप ट्रेन बता दीजियेगा। मैं आपको स्टेशन पर रिसीव कर लूंगी जिससे थोड़ा आराम कर आप लोग रात की ट्रेन पकड़ सकें।

मैं उनके निश्छल प्रेम से अभिभूत था। उन्होंने अपने घर पर ही फोन मिलाकर दीप्ति मां से बात भी करवाई थी। यों तो हृदय से दीप्ति भी गहरे ध्यान में डूबने के लिए प्रकृति के इस रम्य प्रांगण में आने के लिए उत्सुक थी। हालांकि उसके पति ने उसे काफी अधिक स्वतंत्रता दी है पर फिर भी सामाजिक बन्धनों और मर्यादाओं का पालन करना एक स्त्री के लिए आवश्यक है। समाज में रहते हुए समाज के नियम मानने ही होते हैं

खिलौना ट्रेन के छोटे-छोटे डिब्बों वाली मंथर गति से चलती गाड़ी से झांकते हुए मैं उजाड़ उदास पहाड़, सूखी झाड़ियां, तपते पत्थर और सूखी नदियां देखता रहा। वर्षा न होने से सभी कुछ जैसे उदास था प्रकृति में। पर ढाई घंटे की यात्रा के बाद ही जब ट्रेन कुछ ऊंचाई पर पहुंची, गर्मी से निजात मिली। अब पहाड़ों की ठंडक पहिली बार महसूस हुई। रास्ते भर मुसाफिर चढ़ते और उतरते रहे। मैं रास्ते भर पूरे पहाड़ी परिवेश को भली भांति देखता और उनकी सभ्यता और संस्कृति को महसूसता बहुत मौज में था।

रात्रि 9 बजे जोगिन्दरनगर पहुंचा। वहां मेरे दामाद के मित्र ने मुझे स्टेशन पर रिसीव कर लिया और मुझे अपने होटल ले गए। स्टेशन पर ध्यानसिंह को न पाकर मैं समझ गया कि उसे मेरे आने का पत्र मिला नहीं।

भोजन करने के बाद विश्राम किया। सुबह उठकर चाय पीने के बाद मैं ध्यानसिंह के घर का पता लगाने निकल पड़ा। दो चार लोगों से पूछने के बाद मैं उसके घर पहुंच गया। वह घर पर ही था। वह पिछले दस दिनों से पोलिंग गया ही नहीं था। इसीलिए उसे मेरा पत्र मिला नहीं। वह पोलिंग स्कूल की बिल्डिंग के लिए धनराशि स्वीकृत कराने मंडी गया हुआ था।

लोहारडी की बस सुबह 9.45 पर छूटती थी। ध्यानसिंह 9.30 बजे बस स्टेशन आ गया। हम दोनों नाश्ता कर तैयार बैठे थे। अब लोहारडी की यात्रा प्रारम्भ हुई। जोगिन्दरनगर से बस उत्तरोत्तर चढ़ाई पर चढ़ रही थी। सड़क के दोनों ओर चीड़ और देवदार के वृक्ष हमारा स्वागत कर रहे थे। मैंने एक हाफ स्वेटर पहिन रखा था। ढाई घंटे बाद हम लोग बरोट पहुंच गये। लोहारडी वहां से दस किलोमीटर दूर था। बस ने हमें डाकबंगले के गेट पर छोड़ा था। तीन दिनों का रिजर्वेशन परमिट हमारे पास था, जिसके तीन दिनों के आगे बढ़ाये जाने का आश्वासन पहिले ही मिल चुका था।

बरोट का डाकबंगला लकड़ी के स्लीपर्स से ही बना हुआ था। आगे खूबसूरत फुलवारी थी। पीछे बहती हुई नदी और उस पर बना बांध था। बांध से टनेल द्वारा पानी जोगिन्दरनगर ले जाया जा रहा था जहां बिजली का एक पावर हाउस भी लगाया गया था।

नाश्ते के बाद हम लोग घूमने निकल पड़े। चारों ओर प्रकृति का सौंदर्य मुस्कराते हुए हमारा स्वागत कर रहा था। ध्यान सिंह विस्तार से बरोट के विकास और सुंदरता की पूरी कहानी हमें पूरे उत्साह से सुना रहा था।

बवासीर और हार्निया से ग्रस्त होने के बावजूद ध्यानसिंह फूल की तरह खिला हुआ था। और हो भी क्यों न उसके ध्यान सीखने की घड़ी प्रारम्भ होने वाली थी।

नदी किनारे के पत्थरों पर बैठते हुए हम तीनों का सत्संग प्रारम्भ हुआ। जब मैंने कहा–ध्यान क्रिया नहीं अक्रिया है। कुछ न करना ही ध्यान है। ध्यान न तो सीखा जा सकता है और न सिखाया जा सकता है।

मेरे यह कहते ही ध्यानसिंह का चेहरा देखने के काबिल था। उसका हैरानी भरा चेहरा स्पष्ट रूप से जैसे मुझसे पूछ रहा था–'स्वामी जी! जब ध्यान सिखाया ही नहीं जा सकता तो फिर क्या आप केवल प्रकृति के निरीक्षण के लिए ही यहां आये हैं और जब वह सीखा ही नहीं जा सकता तो मैं क्यों यहां आया हूं?'

मैंने अपनी बात पूरी करते हुए कहा–'जैसे तैरना न सीखा जा सकता है और न सिखाया जा सकता है। अगर कोई व्यक्ति यह जिद कर ले कि वह पानी में तभी उतरेगा जब उसे तैरना सिखा दिया जाये। बिना पानी में उतरे तैरना आता ही नहीं। सिखाने वाला केवल भरोसा दिलाता है कि पानी में कूदकर तुम्हें क्या-क्या नहीं करना है। कैसे मुंह, आंखों में पानी को भरने से अपने को रोकना है। हाथ पैरों को चलाने की वह तरकीब सुझाता है जिससे पानी में आगे बढ़ा जा सके। ध्यान किया नहीं जाता, ध्यान में हुआ जा सकता है। ध्यान है एक सजग निरीक्षण। आंखें बंद कर दृष्टि उलटते हुए अंदर देखना है। अंदर यदि विचार दिखाई दें तो उससे संघर्ष नहीं करना। केवल उन्हें तटस्थ होकर बिना उनसे तादात्म्य स्थापित किए सजगता से उन्हें देखना मात्र है–ठीक उसी तरह जैसे चौराहे पर खड़ा ट्रैफिक का सिपाही अपने चारों ओर चलने वाले ट्रैफिक को देखता है। देखते-देखते विचारों की बदलियां छंटने लगती हैं और कुछ देर में शून्याकाश रह जाता है। पर ओशो कहते हैं–ध्यान की शुरुआत रेचन या नृत्य से करना चाहिए। इसीलिए ध्यान का शुभारम्भ वह सक्रिय ध्यान से कराते हैं। सक्रिय ध्यान के प्रथम चरण में सांस केवल अन्दर से बाहर उलीचनी होती है। यह कपालभाती प्राणायाम है। इससे श्वांस दोनों नथुनों से चलने लगती है। सांस की चोट से मूलाधार चक्र में सोई कुंडलिनी शक्ति जागने लगती है। फेफड़ों के आधे बंद छिद्र खुल जाते हैं। यदि किसी स्वास्थ्य संबंधी परेशानी से कोई दस मिनट श्वास न उलीच सके तो बैठकर दो से पांच मिनट तक ही श्वास उलीचना चाहिए।

दूसरा चरण है–दस मिनट के रेचन का। नो माइन्ड ध्यान का। अचेतन में दबे हिंसा, घृणा, क्रोध और वासना आदि सभी नकारात्मक भावों को चीख चिल्ला कर कूदते चीखते पूरी तरह होशपूर्ण ढंग से पागल ही हो जाना होता है।

सक्रिय ध्यान के सभी चरण बताते हुए मैंने उन दोनों मित्रों को दो मिनट श्वास उलीचने के बाद नो माइन्ड ध्यान करवाया। बैठने की विधि बतलाई। एक-एक मिनट बाएं और दाएं नितम्ब पर पूरा भार डालकर सजगता से बैठना और तीसरे मिनट में दोनों नितम्बों पर समान भार डालकर बैठना। बैठ कर भारहीनता का भाव करना। शरीर में हड्डी मांस मज्जा के पिघलने और खाली बांस की पोंगरी हो जाने का भाव करना। मैंने उन्हें विज्ञान भैरव तंत्र के तीन चार प्रयोग पांच-पांच मिनटों के करवाये।

दोनों मित्रों ने ध्यान प्रयोगों को निष्ठा और भक्तिपूर्वक किया। फिर मैंने उन दोनों से मनचाहे देवदारू का वृक्ष चुनने को कहा। उसे प्रेमपूर्वक देखते हुए मैत्री उससे साधने, उसके तने से लिपटने चूमने और उससे संवाद स्थापित करने की कला समझाई।

दो घंटे बाद लंच के समय हम लोग डाक बंगले में लौट आए। भोजन के बाद एक घंटे विश्राम कर मैंने रिकार्ड प्लेयर पर ओशो का एक कैसेट लगा दिया। उन्हें कुण्डलिनी ध्यान के सूत्र व विधि समझाई। उनके संदेहों का समाधान किया।

चाय पीने के बाद 6.30 शाम से संध्या सत्संग प्रारम्भ हुआ। गीत संगीत नृत्य के बाद हम लोग आधा घंटा मौन बैठे रहे। ओशो का एक प्रवचन सुनने के बाद श्वासन मे ले जाते हुए मैंने बारह मिनट ध्यान करवाया। भोजन के बाद टहलते हुए भी मैं उनके संदेहों का समाधान करता रहा।

रात में अच्छी खासी ठंडक थी। पूरी बांह का स्वेटर और ऊनी टोपी सर्दी से हमारी रक्षा कर रहे थे।

मैंने कहा–'मित्र! इस शरीर और मन के साथ तादात्म्य जोड़कर जन्म जन्मों से हम केवल अपने को शरीर और मन ही मानते आए हैं। यह मात्र एक सम्मोहन है। बहने-मिटने ध्यान में मैं तुम्हें सुझाव देते हुए तुम्हारा वह पुराना तादात्म्य तोड़ रहा था। चूंकि तुम्हें मुझ पर विश्वास और श्रद्धा है। इसीलिए तुम ध्यान में गहरे जा सके। आत्म सम्मोहन के नए प्रयोग से ही जड़ जमा चुका पुराना सम्मोहन तोड़ा जा सकता है। सभी ध्यान के प्रयोग मन को अमन बनाने के लिए ही हैं।

मन से संघर्ष करके जीतना बहुत कठिन है। तथाकथित साधु संन्यासी अपने शरीर को सता कर, व्रत, उपवास कर कांटों पर लेटकर, तप और तपस्या से, काम वासना का दमन कर मन की वृत्तियों को निरुद्ध ही करने का प्रयास करते रहे हैं और हारे हैं। ओशो कहते हैं मन का स्वभाव समझ कर अति पर जाना, भोग से ऊब कर सीधे त्याग में छलांग लगाने जैसा है। त्याग भी मन की दूसरी अति है। न भोग न त्याग। जो इन दो के बीच में ठहर गया तो मन का विसर्जित होना सहज स्वाभाविक है।

मन की दूसरी आदत है–शीघ्रता करना। वह बहुत चंचल है। उसकी गति हवा से भी तेज है। अभी तुम मुझसे बात कर रहे हो। तुम्हें तुरन्त चामुण्डा में बैठे एकलव्य जी याद आ सकते हैं। एकलव्य जी से पत्नी का विरोध याद आ सकता है। पत्नी के ख्याल

से विवाह पूर्व की अपनी प्रेयसी याद आ सकती है। उसकी याद से तुम शिलांग की घाटियों में पहुंच सकते हो और क्षण मात्र में सभी कुछ सपना समझते हुए तुम फिर मुझे ध्यान से सुनने लगते हो। मन के इस स्वभाव को जानकर तुम अपने सभी कृत्यों की गति धीमी गति कर लो। चलो आहिस्ता-आहिस्ता पूरी सजगता से और होशपूर्वक। भोजन करना, स्नान करना, बात करना सभी की गति धीमी कर दो। कुछ दिनों में तुम देखोगे विचार प्रक्रिया भी धीमी पड़ जायेगी। सजगता, मन की मृत्यु है। धीमी गति से कार्य करते हुए सजग और होशपूर्ण होना बहुत सरल हो जाता है। ज्यों ही किसी विचार के प्रति तुम सजग और होशपूर्ण हुए, विचार प्रक्रिया ही थक कर शांत हो जाती है।

इसीलिए ओशो कहते हैं—दो शब्दों के मध्य मौन के अंतराल के प्रति सजग रहो। कभी सुनो ओशो का प्रवचन तो शब्दों पर ध्यान न देकर उनके अंतराल पर ध्यान दो। और मैंने ओशो का कैसेट लगा दिया।

● ● ●

मैंने उसे सम्यक श्रवण और अष्टावक्र के संबंध में बतलाया। झेन की पद्धति Sit silently doing nothing, when spring comes grass grows by itself का मर्म समझाया।

उस दिन संध्या सत्संग के बाद दस बजे तक हम लोग चर्चा-परिचर्चा करते रहे।

भोजन के बाद मैंने उसे संकल्प को दृढ़ करने के लिए ओशो द्वारा बताए प्रयोग करवाये।

पर चाहते हुए भी ध्यान सिंह मेरा पूरा उपयोग न कर सका। पोलिंग में स्कूल की नई बिल्डिंग बनवाने के लिए लोहारडी से खच्चरों द्वारा ईंटें ऊपर ले जाई जा रही थीं। स्कूल के बड़े बच्चों ने भी अपने बस्तों में चार-चार ईंटें रखकर लोहारडी से पोलिंग की तीन चार मील की चढ़ाई हंसते हंसते तै की थी जिसकी प्रेरणा ध्यानसिंह ने ही बच्चों को दी थी। अब सीमेन्ट का ट्रक आ चुका था और सीमेन्ट की बोरियां लोहारडी से पोलिंग पहुंचाई जानी थीं।

ध्यानसिंह डाकबंगले में ही नाश्ता कर सुबह नौ बजे लोहारडी चल पड़ता। वहां से पैदल पोलिंग जाता। स्कूल में शिक्षण कार्य के साथ भवन बनने की अन्य औपचारिकताएं पूरी करता। इसी चक्कर में जब लोहारडी की चार बजे बारोट को आने वाली बस छूट जाती तो लोहारडी से बारोट दस पन्द्रह किलोमीटर पैदल चलकर शाम छः बजे तक आता। स्नान भोजन कर थकान मिटाता और फिर ध्यान करने बैठ जाता। रात 11-12 बजे तक सत्संग करता। हार्निया और बवासीर जैसे रोगों से भुगतते हुए यह ध्यान की ही प्यास थी जो उसे आवश्यकता से अधिक भागदौड़ करने को शक्ति दे रही थी।

मैंने उससे कहा भी—'ध्यान तो परम विश्राम है। इस भागदौड़ में ध्यान घटेगा कैसे?'

पर उसकी अपनी विवशताएं थीं। जो हुआ जितना हुआ, जैसे हुआ, अच्छा ही हुआ। अस्तित्व की यही मर्जी थी।

चलने से एक दिन पहिले मैं ध्यान सिंह के साथ बरोट से बस द्वारा लोहारडी

आया। लोहारडी 3000 हजार फिट और अधिक ऊंची पहाड़ी पर बसा छोटा सा कस्बा था। रास्ते भर बल खाती इठलाती नदी के विभिन्न रूपों, झरनों और विविध वृक्षों के झुरमुटों के नयनाभिराम दृश्यों को निहारते आधे घंटे में ही हम लोग लोहारडी पहुंच गए। वहां से लोहारडी कस्बे के बाजार के मध्य से गुज़रते हुए मैंने पहाड़ी जन जीवन का सूक्ष्मता से निरीक्षण किया।

नदी पर बने लकड़ी के जीर्ण शीर्ण हिलते पुल को पार करते हुए ध्यानसिंह हमें जिस स्थान पर ले गया वह छोटी सी समतल पहाड़ी पर बसा चार-छः घरों का एक छोटा सा पहाड़ी मुहल्ला था। उसके एक मकान की सीढ़ियां चढ़ कर छत से सटे कमरे का ताला खोलते हुए ध्यानसिंह ने कहा–

–''स्वामीजी! यही अपना आशियाना है। चारों ओर सेव के वृक्ष हैं जहां सितम्बर में मैं इसी बरामदे में खड़ा एक सेब तोड़कर रोज खाता हूं। यदि आप सितम्बर अक्टूबर में आये होते तो पेड़ से तोड़कर ताजी सेब खाने का मजा ही कुछ और होता। यहीं छत से मैं वेग से नीचे बहती नदी की कल-कल ध्वनि प्रायः सुनता रहता हूं।''

हम लोग कुछ देर पूरे प्राकृतिक परिवेश में खोये मौन खड़े रहे। यदि डाकबंगले में रिजर्वेशन न मिलता तो यही कमरा मेरा आशियाना होता। चूंकि मेरे साथ कानपुर से आए एक मित्र और भी थे। अतः तीन के लिए यह कमरा अवश्य ही कुछ छोटा पड़ता क्योंकि उसी कमरे में मेज पर गैस का चूल्हा रखा था और पूरा रसोई घर उस कमरे के कोने में सिमटा था। मेरे लोहारडी न रुकने का मुख्य कारण साझे बाथरूम का निचली मंजिल पर स्थित होना और उसमें इंडियन स्टाइल की सीट होना था। गठिया के कारण मैं घुटने मोड़कर बैठ सकने में असमर्थ था। अतः कमोड की सुविधा के लिए ही मैंने डाकबंगले का विकल्प चुना था। यदि डाकबंगला न मिलता तो बरोट में दो अन्य गेस्ट हाउस भी थे।

चाय नाश्ते के बाद लोहारडी से 5-6 किलोमीटर की चढ़ाई उतराई हम लोगों ने एक घंटे में पूरी की। चढ़ाई पर चढ़ते हुए जब सांस फूल जाती थी तो एक चट्टान पर बैठकर मैं नीचे बहती नदी, पहाड़ काटकर बनाए हुए सीढ़ीनुमा खेत, देवदारू और रई के तपस्या में रत योगियों से खड़े ऊंचे वृक्षों को विस्मय विमुग्ध बना देखता अपनी सारी थकान भूल जाता था। कहीं किसी मोड़ से बर्फ से ढकी धौलागिरी पर्वत की चोटियां नजर आ जाती थीं।

एक झरने के फिसलन मार्ग पर संभल-संभल कर एक-एक कदम रखते हुए जब हम लोग विश्राम करने एक पहाड़ी पर रूके तो ध्यानसिंह ने बतलाया–'स्वामी जी! बरसात के दिनों में इस झरने का वेग इतना तेज होता है कि घुटनों तक पानी में चलते हुए कदम संभालना मुश्किल हो जाता है। कभी-कभी कुछ लोग रास्ता पार करते हुए वेग से बहते पानी के साथ नीचे खाई में भी गिर जाते हैं। पहाड़ में इस तरह के दो चार हादसे हर साल होते ही रहते हैं। जाड़ों में कभी-कभी यह झरना जैसे बर्फ का ग्लेशियर बन जाता है।

सांस व्यस्थित होने पर मैंने कहा–'मित्र! चूंकि तुम्हें रोज लोहारडी से यह पांच

मील चढ़ाई चढ़कर स्कूल समय से पहुंचने की आतुरता होती है, इसीलिए तुम्हें यह प्रकृति अवरोध स्वरूप प्रतीत होती है। तुम इसी कारण इसका आनन्द लेने से वंचित रह जाते हो। आनन्द तो परम विश्राम के क्षणों में ही प्राप्त किया जा सकता है। तुमने कुछ भौतिक सुख सुविधाओं और अपनी पसन्द का सामाजिक परिवेश चुनने के कारण ही ऐसी परिस्थितियां स्वयं निर्मित कर ली हैं, जिनके कारण भागदौड़ तुम्हारे जीवन का अंग बन गई है। तुम पोलिंग में ही यदि कमरा किराए पर लेकर रहो और इस रोज की भागदौड़ से बच सको तभी तुम्हें यह प्रकृति मित्रस्वरूप दिखाई देगी। तुम हार्निया के मरीज हो। चढ़ाई चढ़ते हुए तुम्हें आंत उतरने का भय बना रहता है। बवासीर के मस्से भी कुछ न कुछ पीड़ित करते होंगे। सबसे पहिले जरूरी है–शरीर को स्वस्थ रखना। शरीर स्वस्थ हो और उसकी मूल आवश्यकताएं पूरी हों तभी मन और इन्द्रियां रूप, रस, स्पर्श, गंध और ध्वनि का आनन्द लेने में समर्थ हैं। हफ्ते में छः दिन पत्नी से दूर रहते हुए युवा शरीर में सेक्स की अतृप्ति भी तुम्हें प्रकृति के आनन्द से वंचित करने का दूसरा प्रमुख कारण है। छोड़ो एक पत्नी व्रत का आदर्श। यदि किसी से नजर लड़ जाए और मन मिल जाये तो उस प्रेम में फिर यही पहाड़, झरने, नदी और वृक्ष तुम्हें बहुत सुंदर और दिलकश लगने लगेंगे।

मेरी बात सुनकर ध्यानसिंह हंस पड़ा। पर वह विवश और खिसियानी हंसी थी। बोला–'स्वामी जी! आप मुझसे प्रेम करने की बात कहते हैं, वह भी पोलिंग और लोहारडी जैसे गांवों में। यहां के लोग बहुत गंदे रहते हैं और स्त्री यहां पुरुष के लिए मात्र सम्पत्ति है। उसके लिए खून खराबा भी इन लोगों में मामूली सी बात है।'

और वह विस्तार से यहां के पहाड़ी जन जीवन की रस्में और जीवन संस्कृति के बारे में बताता हुआ उठ खड़ा हुआ। पर अब रास्ता कुछ दूर समतल और फिर ढलान पर था। हम लोग बतियाते हुए आगे बढ़ रहे थे।

मैंने टूटी बात का सूत्र जोड़ते हुए कहा–'ध्यान साधना बाद की बातें हैं। पहिले अर्जित अवकाश लेकर आप हार्निया और पाइल्स का आपरेशन कराएं। जब तक शरीर पूरी तरह स्वस्थ न होगा आप थिर होकर निर्विचार बैठ ही न सकेंगे। फिर इसके बाद आप शरीर के विश्राम की ओर पूरा ध्यान दें। अपनी शारीरिक व्याधि के बाबत मेडीकल प्रमाणपत्र लगाते हुए या तो अपना ट्रांसफर ऐसी जगह करायें जहां रोज चढ़ने-उतरने की समस्या से मुक्ति मिले। यदि ऐसा न हो सके तो पोलिंग में रहने की व्यवस्था करें। लोगों को स्वच्छता से रहने को प्रेरित करें। सभी को अपना प्रेम बांटें। सर्व के प्रति प्रेम करते हुए आप नदी वृक्ष, पहाड़ और झरनों को भी प्रेम कर सकेंगे। अपने विवाह पूर्व के उस ईसाई युवती से हुए प्रेम को स्मृति में उभारते हुए उसी पुलक कम्पन और रोमांच में डूबें। किसी दूसरे से प्रेम गलत ध्यान है। पर है ध्यान ही। इससे एकाग्रता सधती है। फिर इसी प्रेम की दिशा बदल दें। स्वयं अपने आप ही से प्रेम करना शुरू करें। जो स्वयं से प्रेम नहीं कर सकता वह प्रकृति के प्रति भी प्रेमपूर्ण नहीं हो सकता।

विचार शुद्धि और भाव शुद्धि के सूत्र मैं उन्हें पहिले ही बता चुका था। बातें करते

आखिर पोलिंग आ ही गया। प्राइमरी स्कूल की बिल्डिंग में मिडिल स्कूल भी चल रहा था। नये बनने वाले भवन की नींव भर दी गई थी। लोहारडी से खच्चरों द्वारा ईंट और सीमेन्ट भी आ चुका था।

चाय पीकर ध्यान सिंह स्कूल के कार्य में व्यस्त हो गया। पर इससे पूर्व ही वह हमें अपने एक स्थानीय व्यक्ति के साथ पोलिंग गांव से गुजरते हुए 2 किलोमीटर पर्वत पर चढ़ते हुए धौलागिरी पर्वतमाला और वन को अधिक से निकट देखने के लिए रवाना कर चुका था।

● ● ●

पोलिंग ग्राम के बाहर ही स्कूल स्थित था, इसीलिए वहां स्वच्छता थी। अब हम लोग ग्राम के अंदर होकर गुजर रहे थे। जहां बाहर जाती नालियों से दुर्गंध आ रही थी। घरों के आगे कूड़े के ढेर लगे हुए थे। गंदगी का कारण घरों के चबूतरे पर ही गाय, बकरी या बैल बांधना था। कई घरों के आगे चबूतरों पर युवक ताश खेल रहे थे। ध्यानसिंह पहिले ही बता चुका था कि पहाड़ी युवक शहर जाकर मेहनत मजदूरी या अपनी कारीगरी से जो कुछ कमा कर लाते थे घर आकर तब तक मौज मस्ती करते रहते थे, जब तक कि धन समाप्त न हो जाये। स्त्रियां, प्रौढ़ और वृद्ध पशुपालन के साथ खेतों पर काम करते थे।

हम लोग ज्यों-ज्यों ऊपर चढ़ते गए, सर्दी बढ़ने के साथ-साथ धौलागिरी पर्वत के बर्फ से ढके सुंदर शिखर मन मोहने लगे। गांव समाप्त होने के बाद झाड़ियों के साथ अब गगन को चूमते वृक्षों का वन शुरू हो चुका था। ओट में होने के कारण पाठशाला से हिममंडित शिखर दृष्टिगोचर नहीं हो रहे थे।

पौन घंटे बाद हम लोग पाठशाला लौट आए। ध्यानसिंह गांव के रीतिरिवाज और पाठशाला की तैयार नींव पर बनने वाले नए भवन के संबंध में बात करने लगा। लोहारडी से बरोट छूटने वाली बस के समय का ध्यान रख हम लोग नीचे उतरने लगे। बस भागते-भागते ही पकड़ी। डाकबंगले में आकर चाय पीकर विश्राम किया। कुछ ही देर में बादल घुमड़ आये और पहाड़ी वर्षा शुरू हो गई। ध्यानसिंह लगभग साढ़े छह बजे डाकबंगले आया। लोहारडी उस दिन आखिरी बस चली ही नहीं थी। अत: उसे लोहारडी से बरोट पैदल ही आना पड़ा। गर्म पानी से स्नान कर उसने दोपहर तैयार किया भोजन ही गर्म करवा कर बड़ी रुचि से ग्रहण किया क्योंकि पैदल चलने से पहले नाश्ते में लिए पराठे कभी के हजम हो चुके थे।

सात बजे से साढ़े आठ बजे तक ओशो दर्शन हुआ। भोजन के बाद फिर ध्यानसिंह ने कई ध्यान प्रयोग सीखे। सत्संग और ध्यान प्रयोगों में बारह बज गए। सर्दी दूर करने के लिए यद्यपि हीटर लगा हुआ था पर सर्दी पूरे शबाब पर थी।

सुबह ही हम लोगों को रवाना होना था। वह मेरी भेंट अपने प्रथम गुरु स्वामी एकलव्य से कराना चाहता था, जिन्होंने उसकी अध्यात्म में रुचि जागृत करते हुए एक फक्कड़ मसीहा ओशो मंगवा कर पढ़वाई थी। उसमें छपे मेरे पते के आधार पर ही उसने मुझसे पत्र व्यवहार किया था।

उसने उनके श्मशान घाट पर रहते हुए तांत्रिक साधना करने के कई अजीबोगरीब किस्से सुनाये थे। वह उन्हें एक सिद्ध समझता था और इसीलिए उनसे मेरी मुलाकात विशेष रूप से कराना चाहता था।

सुबह बरोट से हम सीधे बैजनाथ आये और वहां से दूसरी बस पकड़ कर हम लोग दोपहर चामुण्डा आ पहुंचे।

चामुण्डा देवी के श्मशान का ओशो प्रेमी ढोंगी संन्यासी

बस स्टेशन पर सामान अपने मित्र की निगरानी में छोड़ कर मैं ध्यानसिंह के साथ स्वामी एकलव्य से मिलने पर चल पड़ा, क्योंकि बकौल उसके हम लोगों के ठहरने का उत्तम प्रबन्ध स्वामी जी के एक संकेत से सुगमता से हो सकता था।

स्वामी जी मंदिर के प्रांगण में ही मिल गये। शुद्ध सिल्क का भगवा रंग का कुर्ता और लुंगी पहिने, आंखों में सुनहरी फ्रेम का चश्मा लगाये और यत्न से संवारे गये बालों के साथ, मुझे पहिली ही दृष्टि में वह सिद्ध जैसे हरगिज न लगे। ध्यानसिंह से कुशलक्षेम पूछ कर वे हम लोगों को मंदिर की ठीक नीचे नदी तट पर बने एक द्वार रहित झोपड़े में ले आये, जहां गद्दे तकियों के ऊपर बिजली का पंखा चल रहा था, दूसरे कोने में कलर्ड टीवी रखा था और झोपड़े के ठीक सामने 10-12 हाथ की दूरी पर दो चिताएं जल रही थीं।

झोपड़े में उस समय दो साधु और बैठे हुए थे। गद्दे तकियों के बगल में देवी देवताओं के चित्र टंगे थे और अगल-बगल कई धार्मिक पुस्तकें करीने से रखी थीं। उसके दाहिने ओर बर्तन तथा अन्य सामान बिखरा हुआ था।

बकौल ध्यानसिंह, उसकी पहिली मुलाकात एकलव्य स्वामी से चामुण्डा देवी के प्रांगण में ही हुई थी, जब वह बुक स्टाल से कुछ धार्मिक पुस्तकें खरीद रहा था। उस समय बुकस्टाल का मालिक स्वामी एकलव्य के संरक्षण में बुकस्टाल छोड़कर घर खाना खाने गया हुआ था। उनकी बातों के सम्मोहन से बंधा ध्यानसिंह श्मशान किनारे स्थित उनकी कुटिया में आया जहां स्वामी, एकलव्य ने उसे पढ़ने को ओशो साहित्य दिया। उच्च कोटि की धार्मिक पुस्तकें डाक से मंगाने के लिए उनसे एक हजार रुपये भी लिए।

ओशो साहित्य के साथ स्वामी एकलव्य ने ध्यानसिंह को एक फक्कड़ मसीहा ओशो के भी सभी नौ खण्ड मंगवा कर पढ़वाये और उन्हें वापस भी ले लिया। महीने दो महीने में जब भी ध्यानसिंह उनसे भेंट करने जाता, अपनी जेब खाली करके ही वापस लौटता क्योंकि स्वामीजी कहा करते थे-'इस संसार में कोई भी चीज मुफ्त नहीं मिलती। कुछ पाने के लिए कुछ खोना ही पड़ता है। अमूल्य आध्यात्मिक सम्पदा को प्राप्त करने के लिए चंद नोटों की कीमत ही क्या? इतना कमाते हो तो धर्म के नाम पर कुछ धन खर्च भी करो। समझो सौदा बहुत सस्ता है। कूड़े कचरे रूपी धन के एवज में अमूल्य आध्यात्मिक सम्पदा पा रहे हो। और ध्यानसिंह अपनी सामर्थ्य भर उनकी आर्थिक सहायता करने लगा।

– कभी एकलव्य स्वामी को आध्यात्मिक पुस्तकों की वीपीपी छुड़ाने के लिए हजार-पांच सौ की जरूरत पड़ जाती।
– कभी उन्हें बाजार से लिया कर्ज चुकाने के लिए दो हजार की जरूरत पड़ जाती।
– कभी किसी लड़की की शादी के बहाने वह निसंकोच धनराशि मांग लेते।

वह दो हजार मांगते तो ध्यानसिंह एक हजार रुपया तो देता ही। वह गुरुदक्षिणा समझ कर उनकी मांगें यथासम्भव पूरी कर रहा था।

जब मैंने स्पष्टता से कहा–'यह स्वामी तो तुम्हें बेवकूफ बनाकर तुम्हारा शोषण कर रहा है।' तो ध्यानसिंह विस्मय से मेरा चेहरा देखने लगा। वह शायद सोच रहा था कि मैं उसके दान और समर्पण की प्रशंसा करूंगा।

मैंने कहा–'अफसोस तो इस बात का है कि तुम जैसे उच्च शिक्षित व्यक्ति भी किसी से प्रभावित होकर इतनी आसानी से बेवकूफ बन जाते हैं। वह तुम्हारा बहुत सरलता से शोषण कर रहा है और तुम उसकी मांगें पूरी कर रहे हो। किसी की लड़की की शादी के दहेज के लिए तुम्हारे द्वारा सहायता देने की तुक क्या है? जिसने लड़की को जन्म दिया उस पिता का फर्ज बनता है कि वह लड़की को स्वावलम्बी बनाकर उसे मनचाही शादी करने की छूट दे। शादी के लिए सहायता कर तुम दहेज प्रथा का अप्रत्यक्ष रूप से समर्थन ही कर रहे हो। स्वामी जी यदि बाजार का कर्ज नहीं चुका पा रहे तो पहिले तो उन्हें उधार लेना ही नहीं था। फिर तुम कहते हो कि चामुण्डा देवी के चढ़ावे में से एकलव्य स्वामी पुजारी जी को धमका कर अपना हिस्सा वसूलते हैं।

ध्यानसिंह को अपने पूर्व गुरुदेव की इतनी तीखी आलोचना कष्टप्रद लग रही थी, यह उसके चेहरे के भावों से स्पष्ट था, पर साथ ही साथ उसकी आरोपित श्रद्धा की दीवारों पर दरार पड़ना भी स्पष्ट दिखाई दे रहा था।

मैंने अपनी बात को समाप्त करते हुए कहा–'तुम्हारे गुरुदेव ने तुम्हें आध्यात्मिक साहित्य और ओशो की प्रवचन पुस्तकें पढ़ने के लिए प्रेरित करने के सिवाय तुम्हें न तो ध्यान सिखाया और न किसी विशिष्ट पथ पर आगे बढ़ने का मार्ग निर्देशन दिया। फिर भी तुम उन्हें यदि केवल इसीलिए पूज्य मानते हो कि वह घर परिवार छोड़ श्मशान घाट पर रहते हैं तो कदाचित तुम किसी भारी भ्रम में हो। पर सांच को आंच क्या? मैं चामुण्डा चल ही रहा हूं। ऐसे दिलचस्प व्यक्ति को देखने और समझने का अवसर ही मिलेगा। और चर्चा समाप्त कर मैं विश्राम करने उठ खड़ा हुआ।

स्वामी एकलव्य की कहानी ध्यानसिंह ने सात दिनों के सत्संग में टुकड़े-टुकड़े कर कई किश्तों में सुनाई थी। वह उन्हें बुद्ध पुरुष समझता था। उसके देखे बुद्ध पुरुष की यही विशेषता थी कि वह घर गृहस्थी के झंझट में न पड़कर आवारगी करते हुए साधु संगत में परिभ्रमण करता रहे। उसकी शास्त्रों की जानकारी अभूतपूर्व हो। उसका चुम्बकीय व्यक्तित्व हो और उनके वचन मर्म को बेध कर अंदर उतर जाने वाले हों।

प्रारम्भ में ध्यानसिंह फौज का एक अनुशासनप्रिय सिपाही था। वहां से स्वैच्छिक मुक्ति लेककर वह अध्यापक, कोओपरेटिव इंस्पेक्टर बना। एमएबीटी बनकर शिक्षक और हेड मास्टर बना। शादी की, पर पत्नी से हृदय न मिला। घर गृहस्थी से ऊब कर

मंदिरों और आश्रमों में भटकते हुए शांति की खोज में संतों और महात्माओं से मिला। थोड़े बहुत धार्मिक ग्रंथ भी पढ़े। इसी पृष्ठभूमि में वह अगर स्वामी एकलव्य को बुद्ध समझ बैठा तो उसकी भूल न होकर, उस पर ठूंसी गलत धार्मिक शिक्षा इसके लिए उत्तरदायी थी। सात आठ दिनों के सान्निध्य में वह मुझे भी बुद्ध मान बैठा था और अब दो बुद्धों के मुलाकात होने की बाट जो रहा था। मैंने अपने बारे में उसकी गलतफहमी तोड़ने का बहुत प्रयास किया, पर मेरे इन्कार से ही उसकी धारणा और पुष्ट होती गई।

स्वामी एकलव्य अपने दो चेलों के साथ अपनी कुटिया में ही बैठे मिल गए। कांक्रीट की छत वाली बिना दरवाजे की कुटिया में बिजली का सीलिंग फेन लगा था और एक किनारे कलर्ड टीवी लगा था। ध्यानसिंह उनके चरण स्पर्श करके भूमि पर भक्ति भाव से बैठ गया। उसने मेरा परिचय अपने मित्र के रूप में दिया क्योंकि मैं उसने अपना परिचय न देने का अनुरोध कर चुका था। मैं जानना चाहता था कि एक फक्कड़ मसीहा ओशा के सभी खण्ड भक्तिभाव से पढ़ने वाला संत, उसके पीछे छपे चित्रों को देखने के बावजूद भी मुझे पहिचान पाता है या नहीं?

वह मुझे नहीं ही पहिचान पाए। इधर-उधर की औपचारिक बातों के बाद ध्यानसिंह ने मेरी ओर संकेत करते हुए कहा–'आप इन्हें पहिचान रहे हैं या नहीं?'

स्वामी मुझे टकटकी बांध कर देखने लगे। पर मेरी न झपकती पलकों के आगे दृष्टि झुकाकर गहरे सोच में पड़ गए। तब ध्यानसिंह ने संकेत देते हुए एक फक्कड़ मसीहा ओशो का खण्ड नौ निकालने का अनुरोध किया।

यह संकेत मिलते ही उनके मुखारविंद से निकला–'क्या यही स्वामी ज्ञानभेद हैं?'

हम दोनों हंस पड़े। उन्होंने उठकर एकाएक मेरे चरण स्पर्श कर मुझे हृदय से लगाते हुए गद्दे पर बरबस बैठा दिया और भक्तिभाव से स्वयं भूमि पर बैठ गए। औपचारिक पूछताछ समाप्त होने पर ध्यानसिंह ने कहा–'स्वामीजी! अपने शिष्यों को बस स्टैण्ड भेजकर ज्ञानभेद जी का सामान तो मंगवा लीजिए। वहां इनका एक साथी सामान के साथ हम लोगों की प्रतीक्षा कर रहा है। दो दिन ठहरने के लिए बाथरूम एटैच्ड एक कमरा भी देखना है।'

स्वामी जी तुरन्त उठ खड़े हुए। संकेत पर उनके साथ उनके दो शिष्य भी चले। इनमें अपना पैर घिसट कर चलने वाला आधा अपंग युवक और एक जटाजूट धारी युवा संन्यासी था।

देवी मंदिर के निकट डेढ़ सौ प्रतिदिन पर एक गेस्ट हाउस में एटैच्ड बाथरूम का कमरा तै कर, स्वामीजी के दो शिष्यों के साथ ध्यानसिंह सामान लेने बस स्टैण्ड की ओर चल पड़ा। कमरे में बिछे फर्श पर डनलप के चार गद्दे पड़े थे। मैनेजर ने चार नई बेडशीट और तकिए भी उपलब्ध करा दिए।

गद्दे पर बैठकर मैं स्वामी एकलव्य के साथ मित्रवत बातें करने लगा।

ध्यानसिंह मुझे पहिले भी बता चुका था कि एकलव्य जी बीए पास हैं। बिहार में पिताजी का कोयले का अच्छा व्यापार था। पिताजी के गुजरने के बाद स्वामीजी ने ऐशो आराम में सारा पैसा फूंककर व्यापार चौपट कर दिया और संन्यासी बनकर हिमालय

में बने विभिन्न आश्रमों में घूमते रहे। किसी महात्मा के साथ शिष्य बनकर वर्ष के दो वर्ष रहे भी पर वहां का पाखण्ड देख घूमते घामते चामुण्डा देवी में आसन जमा लिया। श्मशान के निकट बनी कुटिया में रहने वाले दो ढोंगी साधुओं को उन्होंने मार पीट कर दूर भगा दिया और कुटी का आश्रम बना लिया। उनके भक्तों ने ही बिजली का पंखा लगवा दिया है और टीवी भी किश्तों पर उन्होंने अपने शिष्यों के लिए ही खरीदा है।

मैं स्वामी एकलव्य से उनकी अटपटी जीवन शैली पर कोई प्रश्न पूछता उससे पूर्व ही स्वामी जी स्वयं अपनी गाथा का शुभारम्भ करते हुए बोले–'स्वामी जी! मैं तो ओशो का जीता जागता जोरबा दि बुद्धा हूं। मां चामुण्डा की अनुकम्पा से मस्ती की छान रहा हूं। गैं चामुण्डा देवी पर दूर खड़ा भक्तों को चढ़ावा चढ़ाते देखता रहता हूं। नियमानुसार पुजारी को कोई धनराशि सीधे स्वीकार न कर दानपात्र में डालने का आग्रह करना चाहिए और देसी घी, दालें आदि भी स्वयं न रखकर भंडारे में जमा कराकर स्टाक रजिस्टर में उसका इन्द्राज कराना चाहिए। पुजारियों को प्रति दिन सैकड़ों और कभी-कभी हजारों की धनराशि मिलती है। भक्त लोग देवीजी को सोने की नथुनी और चांदी का छत्र भी बहुत चढ़ाते हैं। मैं मंदिर खाली होने पर पुजारी जी के पास जाकर दो चार सौ रुपये जो भी मैं मांगता हूं मिल जाते हैं। शुरू में उन्होंने बहुत ऐतराज किया पर ट्रस्टीज तक सूचना पहुंचाने की धमकी सुनकर वे मुद्रा के साथ घी, दाल, चावल में भी मुझे मेरा हिस्सा चुपचाप दे देते हैं। मैं उनसे जाकर सीधे कहता हूं–देवी का हुक्म हुआ है कि मैं तुमसे तीन सौ रुपये मांगू। मैं जो कुछ मांगू उन्हें देना ही पड़ता है।

फिर धार्मिक पुस्तकों के स्टाल पर बैठे व्यक्ति को अपनी प्रेमिका से मिलने या घर भोजन करने जाना ही पड़ता है। वह स्टाल मेरे ऊपर छोड़कर निश्चिंत हो जाता है। मैं धार्मिक पुस्तकें खरीदने वाले योग्य पात्र को देखकर उससे कहता हूं–देबी के मंदिर के नीचे जो जागृत श्मशान है। प्रतिदिन किसी न किसी लाश के रूप में मां चामुण्डा को उनका भोग मिलता है। श्मशान के किनारे कुटी में तीन चार साधु रहते हैं। पुण्य के भागीदार बनें। रोज दान करने वाले ऐसे एक दो व्यक्ति मिल ही जाते हैं।

मैं धार्मिक और आध्यात्मिक पुस्तकों के सूचीपत्र पढ़कर वीपीपी से पुस्तकें मंगाता हूं और मां चामुण्डा के आशीर्वाद से बिल्टी छुड़ाने के पैसे मां चामुण्डा, पुजारियों द्वारा आसानी से दिलवा देती है। मेरे तीन शिष्य भी भिक्षाटन में कुछ न कुछ ले ही आते हैं। मुर्दे पर लपेटे हुए शाल दुशाले और कफन को भी बाजार में बेचकर कुछ न कुछ मिल ही जाता है स्वामीजी।

इन तथ्यों का थोड़ा बहुत संकेत मुझे ध्यानसिंह ने भी दिया था, पर इतने विस्तार से नहीं। स्वामी एकलव्य को यह सब कुछ सुनाने में कोई लज्जा और भय नहीं था। वे उसे अपनी गौरव गाथा समझते हुए उसका बखान कर रहे थे।

इतने में ध्यानसिंह के साथ एकलव्य स्वामी के दोनों शिष्य हम लोगों का सामान लेकर लौटे।

स्नान करने के बाद एकलव्य स्वामी लंच के लिए हम सभी को एक होटल कम ढाबे मे ले गए। पेमेन्ट ध्यानसिंह ने किया। भोजन के बाद उनके अनुरोध पर

मैं उनकी श्मशान घाट वाली कुटी पर आया। मेरे दोनों साथी भोजन के बाद विश्राम करने लगे। स्वामी जी ने हम तीनों को कुटिया में रात भोजन करने का पहिले ही निमंत्रण दे दिया था।

स्वामीजी ने अपनी कुटिया में मुझे सफेद चांदनी बिछे गद्दे पर बिठाल कर मेरे पैर दबाने शुरू कर दिए। मैंने जैसे तैसे उनसे पैर छुड़ाये। पर वह गद्दे पर न बैठकर भूमि पर ही बैठे रहे।

इतने में उनका एक विशिष्ट सेवक शुद्ध रेशम का गेरूवा कुर्ता सिलाकर लाया। स्वमी जी कुर्ता पहिन कर उसमें नुस्ख ढूंढ़ने लगे।

कुर्ते से निबट कर स्वामी जी एक अंगड़ाई लेकर बोले–'मैं सही अर्थों में ओशो का जोरबा दि बुद्धा हूं। मरघट में रात दिन लाशें जलती देखकर मुझे मौत एक मजाक लगती है। मैं सर्व स्वीकार भाव से जीते हुए सदा आनंदित रहता हूं। मैं भूत भविष्य का विस्मरण कर क्षण-क्षण जीते हुए परमानंद में रहता हूं। परिधि पर सभी सांसारिक कार्य चलते रहते हैं पर मैं सभी से निरासक्त सभी कृत्यों का साक्षी बना तटस्थता से देखता रहता हूं। एक दिन सड़क किनारे एक दुकान के सामने मेरा पगला प्यारा शिष्य राम टीवी देख रहा था। उसे वहां से किसी ने दुत्कार कर भगा दिया। वह मेरे पास आकर रोने लगा। मैंने तुरन्त अब तक खरीदी सभी पुस्तकें जिन्हें मैं पढ़ चुका था, आधे पौने दामों में बेचकर किश्तों में टीवी खरीद लिया। मां चामुण्डा के आशीर्वाद से दो-तीन महीनों में ही पूरा कर्ज चुकता हो गया।'

वर्तमान में क्षण-क्षण जीने और साक्षी सधने की घोषणा करने वाले मैं इस अटपटे संन्यासी को बहुत बेधक दृष्टि से देखते हुए उसके अन्दर झांकने का प्रयास कर रहा था। मुझे उसके अन्दर कामनाओं का उमड़ता सागर और विचारों की भीड़ दिखाई दे रही थी। तक तक रामू ने दो प्यालो में चाय बनाकर हम लोगों को सर्व की। 20-30 फीट आगे मुर्दे के जलने की चिराइंध फैल रही थी। चिता से आता धुवां रोकने के लिए आशुतोष स्वामी ने गद्दी के आगे बरामदे में पर्दे की तरह एक चादर लटका दी थी।

चाय पीने के बाद एकलव्य स्वामी ने मुझसे निवेदन किया–'स्वामीजी! कुछ आप भी तो कहें। मैं ही मैं बोलता जा रहा हूं। उत्तर मैं नहीं दे रहा था। जैसे मेरे माध्यम से उत्तर कहीं अज्ञात से उतरा–'एक सूफी फकीर कहा करता था–जो लोग यह दावा कहते हैं कि उन्होंने सत्य को प्राप्त कर लिया है और वे उसे जानते हैं तो समझना–उन्होंने सत्य न पाया और न जाना। और जो लोग कह कहते हैं कि वे सत्य के बाबत कुछ भी नहीं जानते, तो समझना सिर्फ वही लोग सत्य को जानते हैं।

यह सुनते ही स्वामी एकलव्य के चेहरे पर जो हजार वाट का बल्ब जल रहा था व जैसे अचानक बुझ गया। और मेरे द्वारा शब्द जैसे कहीं अज्ञात से उतरते जा रहे थे-'स्वामीजी। जागो। होश में आओ। शास्त्रों और आध्यात्मिक ग्रंथों में बुद्धों, सिद्धों और संतों के सत्य के अनुभवों की अभिव्यक्तियां हैं, भले ही उन पर समय की धूल धमास लग गई हो। ऐसे ग्रंथ उसके रचने वाले शास्ता और सद्‌गुरु की खबर देते हैं। ढूंढों उन जैसा कोई शास्ता। ऐसे ग्रंथ एक बार पढ़ कर फेंक देने योग्य नहीं। हर बार पढ़ने या पाठ

करने पर उनमें नए आयाम और नए क्षितिज दृष्टिगत होते हैं। फिर आपने पढ़ लिया उन्हें, वे औरों के लिए भी उपयोगी थे। उन ग्रंथों की वीपीपी छुड़ाने के लिए आपने किसी से दान मांगा था। इस तरह प्राप्त पुस्तकों को बेच देना और वह भी रात दिन कचरा परोसने और मनोरंजन करने वाले टीवी के लिए? कोई भी समझ वाला व्यक्ति तो ऐसा करेगा ही नहीं। हीरे-मोती बेचकर यह तो कंकड़ पत्थर बटोरने जैसा काम हुआ। अंतर्यात्रा का पथ मन के रंजन का न होकर उसके भंजन का है। बाहर सांसारिक जीवन में जो कुछ मिला है, उससे सच्चा सत्य का खोजी परम संतुष्ट रहता है। यदि दूसरे लोग मूर्च्छा में कुछ गलत कर रहे हैं तो क्या आप भी गलत करेंगे? यदि मंदिर के पुरोहित नियमों के विरुद्ध देवी के चढ़ावे को जो ट्रस्ट की सम्पत्ति है, चुराकर अपने निजी प्रयोग में लाते हैं तो जनहित में उसका भंडाफोड़ कर आपको अन्याय शोषण और भ्रष्टाचार के विरुद्ध आवाज बुलन्द करनी चाहिए। अपनी जीविका के लिए कुछ भी कार्य स्वयं करना चाहिए। आप जो कुछ कर रहे हैं, उसका औचित्य स्वयं अपने विवेक से परखें। अपनी अंतरात्मा की आवाज सुनें।

जाने किस झोंक में स्वामी जी ने मेरे चरण पकड़ लिए और मौन अश्रुपात करने लगे। उनके दो शिष्य यह अघट घटना गहन आश्चर्य से देख रहे थे।

मैंने स्वामी जी को उठाकर अपने हृदय से लगाते हुए कहा-'जो हुआ उसे विस्मरण कर दें। वह सब कुछ एक मूर्च्छा में हुआ। आपके जो शिष्य भिक्षाटन करते हैं उनमें से रामू को शिक्षा देने के साथ किसी धंधे में लगाएं। वह एक ही स्टाल खोल सकता है। मूंगफली या चाट बेच सकता है। सब्जी बेच सकता है। स्वयं के श्रम से कमाई रोटी का स्वाद मोहन भोग से बढ़कर है।

स्वामी जी कुछ स्वस्थ होकर बोले-'एक वर्ष पूर्व किसी ज्योतिषी ने मेरा हाथ देखकर कहा था-साल डेढ़ साल बाद मेरी गद्दी पर कोई सतपुरुष अचानक तुझे जगाने और झकझोरने आयेगा। उससे चूक मत जाना। मैं आपमें उसी गुरु को देख रहा हूं।'

मैंने हंस कर कहा-'स्वामी जी न मैं गुरु हूं और न कोई सिद्ध। मैं ओशो का एक साधारण संन्यासी हूं। ओशो का संदेश और देशना ही उन्हीं लोगों को सम्प्रेषित कर रहा हूं जो अभीप्सा से भरे हैं। आपने तो ओशो के अतिरिक्त भी पंतजलि सूत्र और ब्रह्म सूत्र आदि सभी कुछ पढ़ा है। साक्षी का अनुभव तो व्यक्ति का आमूलचूल रूपान्तरण कर देता है। वह सभी अनुभवों का भी द्रष्टा है। सारे अनुभव मन के ही अनुभव हैं। आप चौबीस घंटे चिता पर मुर्दों को जलता देखते हैं। एक बार अपने अतीत और भविष्य के सपनों की भी होली जला दें। याद रखें आप न शरीर हैं और न मन। आप शुद्ध चैतन्य हैं। पूरे के पूरे परमात्मा हैं। यह स्मरण भर आ आए तो सर्व स्वीकार भाव का जन्म होता है। फिर न कुछ अच्छा रह जाता है और न बुरा। न पाप और न पुण्य। मुर्दे पर ओढ़ाए शाल दुशाले और कफन का कार्य भले ही आपका कोई शिष्य करे, उसे लेकर हीनभाव से ग्रस्त होना भी उसके लिए उचित नहीं।

मेरे कठोर शब्दों से आपको जो पीड़ा या चोट लगी हो मुझे उसके लिए क्षमा करें। पर सत्य तो सत्य ही हैं। वह कड़ुवा अवश्य है पर यथार्थ को यथावत देखना ही प्रज्ञा

है। हमारा ही मन अपने कार्यों को ठीक सिद्ध करने के लिए हजार तर्क जुटा लेता है पर सत्य तो तर्कातीत है।'

कुछ देर मौन रहा। फिर अचानक स्वामी जी ने प्रश्न किया–'रात्रि के भोजन में आप कौन सी दाल पसन्द करेंगे?'

मैंने निसंकोच उत्तर दिया–'आप अरहर की दाल बनवाइये और उर्द की दाल का पापड़ भी हो तो आनन्द आ जाए। आठ दिन बरोट में रहते हुए दो वस्तुएं ही उपलब्ध नहीं हुई।'

शिष्यों को आदेश देकर एकलव्य जी देवी का अद्‌भुत सरोवर दिखाने मुझे साथ लेकर चले।

सुहानी शाम घिरने लगी थी। सूरज लगभग डूबने को ही था। पूरा क्षेत्र एक अद्‌भुत सौम्य प्रकाश से जगमगा रहा था। नदी की धारा के बगल में सीढ़ियां और चबूतरे पार कर मैं सुंदर सरोवर को देखकर विस्मय विमुग्ध हो गया। राजहंस के आकार की दो नौकाएं जलविहार के लिए लोगों को आमंत्रित कर रही थीं। मां सरस्वती और हनुमानजी की सुंदर प्रतिमाएं कुछ अन्य प्रतिमाओं के साथ सरोवर के सौंदर्य में श्री वृद्धि कर रही थीं। सरोवर के किनारे विशाल चबूतरे पर बैठने के लिए बैंचे पड़ी थी। हम लोग एक खाली बैंच पर बैठकर पूरा मेला तटस्थ भाव से देख रहे थे।

उस दिन हम लोगों ने स्वामीजी की कुटी में ही भोजन किया। भोजन उसके शिष्य रामू ने बनाया था जो बहुत स्वादिष्ट था। दूसरे दिन इतवार था। उसी सुबह ध्यानसिंह अपने परिवार से मिलने जोगिन्दरनगर चल पड़ा। दूसरे दिन सुबह ही मैं धर्मशाला देखने रवाना हो गया।

वहां से लौटने पर शाम पुनः स्वामी एकलव्य से भेंट हुई। पर उस दिन रात भोजन मैंने एक होटल में किया। अगली सुबह हम लोग पठानकोट चल पड़े जहां से ट्रेन पकड़ कर बाया दिल्ली हमारी मंजिल जबलपुर थी।

उक्त घटना के चार पांच माह बाद ध्यानसिहं का पत्र मिला कि चामुण्डा के श्मशान से रातोंरात एकलव्य स्वामी सब कुछ छोड़कर कहीं हमेशा के लिए चले गए हैं।

मैं उन्हें लगभग भुला भी चुका था। पर एक दिन अकस्मात दोपहर चार बजे जिस शख्स ने मेरा दरवाजा खटखटाया वह सज्जन और कोई नहीं स्वयं स्वामी एकलव्य थे। एक बैग और एक प्लास्टिक बोरी में अपना सामान लिए वह मेरा घर पूछते-पूछते मेरे पास आकर बोले–'स्वामी जी! अब मैं आपकी शरण आ गया हूं। आप मुझसे जो चाहें काम करायें। मैं आपसे ध्यान सीखता हुआ आपके चरणों की छाया में रहना चाहता हूं।'

मैंने कहा–'स्वामी जी! पहिले आप नाश्ता पानी कर नहा धोकर विश्रामपूर्ण हो जायें, बातें बाद में होंगी।'

एक घंटे बाद मैंने उनसे स्पष्ट रूप से कहा–'आपने ढोंग फरेब और ब्लेक मेलिंग का जीवन छोड़कर सहज जीवन अपनाते हुए ध्यान करने की जो इच्छा व्यक्त की वह

अत्यंत शुभ और स्वागत योग्य है। पर मेरे पास ऐसी कोई व्यवस्था नहीं कि मैं आपको साथ रख सकूं। आप हरिद्वार में जिन मित्र के यहां रूके हैं, फिलहाल वहीं रहते हुए आप ध्यान करें और स्वावलम्बन की दिशा में कदम उठायें। आप चाय का स्टाल खोलें या योग की शिक्षा देना शुरू करें।

मैंने उन्हें 'ध्यान प्रेम की छांव में' तथा 'ध्यान क्या है', दो पुस्तकें भेंट कीं। विज्ञान भैरव तंत्र के कई ध्यान प्रयोग करवाये।

दोपहर भोजन कराने के बाद मैंने उनकी रात्रि का भोजन पैक कराकर दो सौ रुपये राह खर्च के लिए देतें हुए उन्हें संगम एक्सप्रेस द्वारा पुनः हरिद्वार वापस भेज दिया।

ओशो को पढ़ते हुए जिस व्यक्ति में जरा भी समझ और स्वाभिमान होगा वह ढोंग करते हुए अधिक दिनों तक जी नहीं सकता। उसका बदलाव निश्चित रूप से आयेगा। स्वामी एकलव्य उसके जीवन्त उदाहरण हैं।

❑❑❑

20

संन्यास न लेकर भी एक सच्चा संन्यासी शैलेन्द्र ढड्ढा

अब सत्य के एक अन्वेषी की उसके पत्रों द्वारा ही मैं कहानी प्रस्तुत करने जा रहा हूं। वह ओशो का संन्यासी नहीं है पर है संन्यासी से बढ़कर। उसका ओशो प्रेम आरोपित नहीं, स्वतः स्फूर्त, सहज और सरल है। उसकी खोज बचपन से ही एक संत के सानिध्य में प्रारम्भ हुई। खोजने वाला कभी निराश नहीं होता। उसे घर परिवार में रहते हुए ही सब कुछ अपने अंदर ही मिला है, पर फिर भी वह संतुष्ट नहीं है। संतुष्ट होना भी नहीं चाहिए। ओशो कहते हैं–संसार की ओर से जो मिले उससे पूरी तरह संतुष्ट होना चाहिए और अंतर्यात्रा में जो भी मिले उससे असंतुष्ट। क्योंकि यह यात्रा अनन्त है। यह कभी समाप्त होती ही नहीं। चरैवति–चरैवेति।

यह शख्स है जोधपुर का शैलेन्द्र ढड्ढा। एक फक्कड़ मसीहा ओशो पढ़कर यह शख्स प्रेम और अहोभाव से गद्गद् है। उसकी प्रशंसा मेरे ग्रंथ की होते हुए भी वस्तुतः ओशो के इन्द्रधनुषी जीवन की सतरंगी रहस्यमयी घटनाओं की प्रशंसा है। प्रशंसा कहना शायद गलत होगा। यह उसकी भावाभिव्यक्ति है। सहज, सरल और स्वाभाविक है। यह अभिव्यक्ति एक प्रज्ञावान और सत्य के अन्वेषी की है जो गम्भीर और विचारोत्तेजक है। जो ओशो संन्यासियों को आत्मविश्लेषण के लिए ललकार रही है। वे स्वयं का निरीक्षण करें। अपने आप को टटोलें।

– क्या वे नियमित ध्यान करते हैं?
– क्या वो संस्कारों, कुरीतियों, अंधविश्वासों और मूढ़ परम्पराओं से मुक्त हुए?
– क्या अतीत के घावों और उसके नकारात्मक पक्ष से वे मुक्त हुए?
– क्या भविष्य के सपनों में न खोकर वे वर्तमान में क्षण-क्षण जीते हैं?
– क्या ध्यान से उनका प्रेम ईर्ष्यामुक्त, मालकियत मुक्त और अपेक्षा मुक्त है?
– क्या उनका प्रेम सर्व के प्रति जागृत होकर प्रार्थना बना?
– का वे उत्सवपूर्ण हुए?
– क्या उनके मुखौटे गिरे? क्या वे अंदर बाहर से एक जैसे हैं?
– क्या मनुष्यता के प्रति उनका दायित्व-बोध जागा?

जरूरी नहीं, हर संन्यासी बुद्ध ही बने। वह होशपूर्ण, सजग, सृजनात्मक और संतुलित हो जाए, यह बहुत बड़ी क्रांति है। यदि उसमें कोई भी रूपान्तरण नहीं हुआ, तो उसने ध्यान किया ही नहीं। वह ओशो से जुड़ा ही नहीं।

वस्त्र और माला उसे संन्यास का स्मरण दिलाते हैं। मात्र मेरून वस्त्र और माला पहिन कर ही कोई संन्यासी नहीं हो जाता। संन्यास तो एक आंतरिक खिलावट है।

संन्यास लेकर भी लोग अपने पुराने नाम में सरनेम जोड़कर अभी भी जाति, सम्प्रदाय के जाल से मुक्त नहीं हो पाए। वे अपने पुत्र और पुत्रियों को भी प्रेमविवाह करने की स्वतंत्रता देते डरते हैं। दहेज के लोभ से वे अब भी ग्रस्त हैं। कुछ भी तो नहीं बदला। वही घृणा, द्वेष, अहंकार, महत्वाकांक्षा क्रोध, काम आदि सारी बीमारियां ज्यों की त्यों हैं। बल्कि उन्होंने उसे एक खूबसूरत आवरण से ढक दिया है।

यदि सौ में से दस संन्यासियों में भी रूपान्तरण हो तो संन्यास लेना सार्थक है। संन्यास कोई अलंकरण नहीं है। संन्यासी को स्वामी बनाकर ओशो ने एक बहुत बड़ा दायित्व हमें सौंपा है। हमें मन का ही स्वामी बनना है।

शैलेन्द्र ढड्ढा जैसे लोग बहुत जरूरी हैं जो संन्यासियों को दर्पण दिखाते रहें। कहा जाता है विमलकीर्ति ने बुद्ध से दीक्षा नहीं ली थी। वह गृहस्थी में रहते हुए भी भिक्षु थे। उनके सामने जाते हुए मंजूश्री के अतिरिक्त, बुद्ध के सभी निकट शिष्य भी घबड़ाते थे। उनके बेबाक और मर्मबेधी प्रश्नों के सामने किसी का उहर पाना बहुत कठिन था। वह बुद्ध द्वारा थोपे नियमों और अनुशासन की खिल्ली उड़ाते थे। बुद्ध उनका बहुत सम्मान करते थे क्योंकि उनमें बुद्धत्व का फूल खिला था। कोई संन्यासी हो या न हो, खिलावट प्रत्येक को हो सकती है।

श्री शैलेन्द्र जी के पत्रों को मैं ज्यों का त्यों प्रस्तुत कर रहा हूं। उनमें छिपी संवेदना से पिघलते हुए आप स्वयं अपना आत्मनिरीक्षण करें।

प्रिय स्वामी ज्ञानभेद,

सप्रेम अभिवादन। तीन दिन पूर्व 'एक फक्कड़ मसीहा : ओशो' भाग पांच बुक स्टॉल से लिया। तब से ही पूरी तरह ओशो में डूबा हुआ हूं। आपने आनन्द-अमृत दे दिया। धन्य-धन्य कर दिया। समझ में नहीं आता कि किन शब्दों में आभार व्यक्त करूं, आपका अभिनन्दन वारूं। ओशो-ओशो, प्यारे ओशो, प्राणों की वीणा से एक ही पुकार बार बार उठ रही है। एक ही ध्वनि बार बार इसके तारों पर नर्तन कर रही है। आपका उपन्यास ओशो रूपी परम संगीत का एक एक सुर इस वीणा पर उठाने में समर्थ है। आप धन्यभागी हैं। आप अवश्य किसी विशेष ऊर्जा को उपलब्ध हैं। ओशो के आशीष आप पर बरस रहे हैं। आपने जो किया, ओशो की इच्छा से ही किया है। आप इसे उपन्यास कहते हैं लेकिन यह तो सत्यकथा है। ओशो सत्य है तथा यह ओशो कथा है। अत: सत्य क्या है। अन्य सत्य कथायें तो नाम को सत्यकथायें हैं, वे वस्तुत: असत्य कथायें हैं, क्योंकि वे उन व्यक्तियों की होती हैं जिनका सत्य से सम्बन्ध नहीं होता है। आपके अन्य साहित्य की जानकारी नहीं है, लेकिन आपका यह साहित्य अवश्य मुक्तिदायक है। आपने सहज भाव से उस विराट का वर्णन अपनी कलम से किया है। साधु सहज समाधि भली, आप

साधु हैं, आपका लेखन सहज है और आपका उपन्यास समाधि है। वह पाठकों को समाधि की भूमिका उपलब्ध करायेगा। मित्र, बतायें तो सही कि पृथ्वी-अवतरण से पहले आप कौन से देवता थे? आप जो कह रहे हैं, वह देववाणी ही है। ओशो को शब्दों की सीमा में बांधना संभव नहीं है। किन्तु जो भी कार्य आपने किया है, वह स्तुत्व है। ओशो को पूर्णरूपेण तो कभी समझा नहीं जा सकेगा। किन्तु उन्हें अधिकतम समझने में भी 500 वर्ष लगेंगे। मेरा यह विश्वास है कि अगले सौ वर्ष में कुछ अति प्रतिभाशाली व्यक्ति प्रकट होंगे जो ओशो की प्रेरणा से मानवता के विकास में असाधारण योगदान देंगे। लामा कर्मपा के ओशो सम्बन्धी विचार पढ़ कर दंग रह गया। बहुत संभव है कि ओशो के कारण ही दलाई लामा भारत में है। यद्यपि यह निर्णय नेहरू का था, किन्तु प्रेरणा ओशो की हो सकती है। मुझे यह ख्याल भी आता है कि गांधी का प्रधानमंत्रित्व के लिए नेहरू को समर्थन देना स्वयं उनकी तरफ से इतना नहीं था जितना कि रहस्यमयी शक्तियों द्वारा दिलवाया गया। यद्यपि गांधी को इसका अनुमान भी नहीं होगा कि उन्होंने कहा नहीं है, उनसे कहलवाया गया है। प्रत्यक्ष तो केवल tip of the iceberg (समुद्र में तैरते हिम खण्ड की चोटी) है। पूरा (हिमखण्ड) iceberg तो छुपा ही रहता है। आध्यात्मिक शक्तियों का कार्य कई तलों पर चलता है, और प्रत्यक्ष उसका छोटा सा अंश ही होता है। मैं यहां किसी प्रकार के occuttism का समर्थन नहीं कर रहा हूं, लेकिन (over rationalisation) अत्यधिक तर्क से सिद्ध करने में भी मेरी रूचि नहीं है। हमारी rational intelligetia तार्किक बुद्धि ने कई सुन्दर रहस्य कथाओं का अपने rationalisation से सत्यानाश कर दिया है। वे मान नहीं सकते कि मीरा कृष्ण की मूर्ति में समा गयी होंगी। वे कहेंगे वह नदी में डूब मरीं। वे अस्तित्व को देखने के लिए अपनी खिड़की को बड़ा नहीं करते हैं (वे न ध्यान करते हैं व न ही प्रेम में डूबते हैं), न ही खिड़की से बाहर कूदने का साहस करते हैं। वे अपनी बौद्धिकता के कक्ष की सुरक्षा में पड़े रहना चाहते हैं, यद्यपि यही सुरक्षा उनकी मृत्यु है) बल्कि अस्तित्व को खींच कर अपनी खिड़की के (साइज) का कर देते हैं। बुद्ध ने भले ही कहा हो कि मैं चमत्कारों में विश्वास नहीं रखता। किन्तु जब मानसिक व आत्मिक दृष्टि से दुर्बल व्यक्ति बुद्ध की यह बात 'तोता रटन्त' दोहराते हैं, तो मुझे आश्चर्य होता है। आपने चमत्कार देखे कब हैं, और आप कब चमत्कार कर सकते हैं? मैं जानता हूं कि ये बौद्धिक भभूत प्रकट करने के चमत्मकारों के आगे भी घुटने टिका देंगे। रात इनकी छत पर पत्थर फेंक या घुंघरू की आवाज कर, इनकी नास्तिकता प्रकट की जा सकती है। ये इतने दुर्बल हैं। छोटा सा चमत्कार भी कभी देख लें, तो जीवन भर उसके गुलाम हो जायें। बुद्ध ने गहनतम चमत्कार देखे लेकिन सब गुलामी से मुक्त हो गये। ये होती है आत्म शक्ति। हमारा एक बड़ा दोष यह है कि हम आप्त पुरुषों के वचनों को बगैर पात्र हुये दोहराते रहते हैं। दरअसल मैं चमत्कारों का खोजी नहीं हूं, यह कहने का अधिकार ही उसे है, जिसके लिए पूरा जीवन, उसकी प्रत्येक घटना एक चमत्कार बन जाए हम अभी यहां हैं, यही सबसे बड़ा चमत्कार है। स्वामी ज्ञानभेद, आपकी यह पुस्तक भी चमत्कार है।

सभी धर्मों, सभी बुद्धों व सभी साधना पद्धतियों को उनके सत्य स्वरूप में पुनः प्रकट कर ओशो ने वो काम किया है, जिसकी तैयारी शायद कृष्णमूर्ति ने की थी। Rajneesh Upanishad में स्वयं ओशे ने इसे स्वीकार किया है। यही अस्तित्व की गहन रहस्यात्मकता है। आपको ध्यान होगा कि कभी ओशो ने भारत के 12 मुख्यतम (ज्ञात) रहस्यदर्शियों की लिस्ट दी थी। उसमें ओशो का नाम नहीं है, हो भी नहीं सकता था क्योंकि ओशो ही नाम गिना रहे थे। लेकिन कोई मुझसे पूछे तो मैं कहूंगा कि कृष्ण के बाद बुद्ध व बुद्ध के बाद ओशो। अस्तित्व जिस प्रखरता से उनमें प्रकट हुआ है, अन्यत्र दुर्लभ है।

परमात्मा बुद्धों-अबुद्धों में भी वैसा ही मौजूद रहता है, जैसे बुद्धों में। फिर जैसे वह सभी अबुद्धों में भिन्न-भिन्न रूपों में प्रकट होता है, वैसे ही वह प्रत्येक बुद्ध में भी भिन्न रूप से प्रकट होता है। उसकी तरफ से कोई भेद नहीं हैं। इसीलिए मैं 'परमात्मा न्याय करता है' इस धारणा को नहीं मानता, क्योंकि सिवाय परमात्मा के कुछ है ही नहीं, तो वह न्याय किसके साथ करेगा? भेद हमारा है, जो आंखें खोले हैं, वे बुद्ध हैं। जो आंखें बंद किये बैठे हैं वे बुद्ध नहीं हैं और यद्यपि प्रत्येक बुद्ध में एक ही ज्योति जलती है, लेकिन वह प्रकट भिन्न-भिन्न प्रखरता में होती है। जैसे विभिन्न बल्ब विभिन्न (वाट) wattage के होते हैं, या भिन्न भिन्न सितारें भिन्न भिन्न मात्रा में प्रकाश का उसर्जन करते हैं, वैसे ही कुछ बुद्ध अधिक प्रखर होते हैं। कृष्ण, बुद्ध व ओशो का wattage (वेटेज या महत्व) अन्यों से काफी अधिक है। जल वही है, जलधारा वही है, किन्तु किसी धारा में अधिक शक्ति है व किसी में कम। कुछ सूर्य हैं, कुछ महासूर्य हैं। ओशो महासूर्य है।

मेरी दृष्टि से साधु चार प्रकार के होते हैं- पहले वे जो न शास्त्रज्ञ हैं व न आत्मज्ञ। दुर्भाग्य से ये अधिकतम हैं। फिर वे जो शास्त्रज्ञ हैं, आत्मज्ञ नहीं। और दुर्भाग्य कि ये भी काफी हैं। फिर वे जो आत्मज्ञ है किन्तु उन्हें शास्त्रज्ञ होने में रुचि नहीं है। फिर वे जो आत्मज्ञ भी हैं व शास्त्रज्ञ भी। ये सबसे विरल हैं। ओशो ऐसे ही साधु हैं। शंकर भी इस कोटि के शास्त्रज्ञ नहीं रहे होंगे। बुद्ध, महावीर, कबीर, नानक व मीरा तो शास्त्रज्ञ नहीं ही थे, रामकृष्ण, रमण व कृष्णमूर्ति भी नहीं है। ओशो गजब के बुद्धपुरुष हैं।

कहा जाता है कि न माया मिली न राम। सुनकर यह लगता है कि या तो राम मिल सकते हैं या माया, दोनों एक साथ नहीं मिल सकते हैं। या तो ब्रह्म मिल सकता है या ब्रह्माण्ड। या तो परमात्मा मिल सकता है या संसार। किन्तु जिसे राम मिलते हैं उसे ही माया भी मिलती है। जिसे ब्रह्म मिलता है, उसे ही ब्रह्माण्ड मिलता है। जिसे परमात्मा मिलता है, उसे ही संसार भी मिलता है। परमात्मा के मिलने से पहले जगत का मिलना मात्र भ्रम है, मिथ्या है। मिथ्या का अर्थ reprieve है, जो थिर नहीं है, प्रतिपल बदल रहा है। अतः भ्रम-बन जाता है। जब तक प्रभु न मिले, जगत का मिलना भी भ्रम है, उसे सत्य न समझें, जब तक प्रभु न मिले, तब तक माता-पिता, पति-पत्नी, भ्राता-बहिन सबका मिलना भ्रम है। केवल उसके मिलन से ही सब सत्य होगा। तात्पर्य तो शंकर का भी यही था जब उन्होंने कहा कि ब्रह्म सत्य जगत मिथ्या। किन्तु थोड़ा शंकर ठीक

कह नहीं पाये और फिर अधिक पंडितों व आप्तजनों ने इसे बिल्कुल गलत समझा। अतः माया बिल्कुल (नकारात्मक) negative हो गयी। इस सूत्र का सकारात्मक प्रभाव पड़ने के बजाय नकारात्मक प्रभाव पड़ा। शंकर ने आगे कहा कि जो ब्रह्म है, वही जगत है। वस्तुतः वे यही कह रहे हैं कि जब तक ब्रह्म न मिले तब तक जगत भी मिथ्या है तथा जब ब्रह्म मिलेगा तब जगत भी सत्य हो जायेगा। जब तक (absolute reality) (पूर्ण सत्य) न मिले, reprieve भी real नहीं होगा। जब तक independent भी real नहीं होगा। पुनः साधना की दृष्टि से वे कह रहे हैं कि जगत को मिथ्या जान कर ब्रह्म की साधना करो (प्रथम चरण), जिस दिन ब्रह्म उपलब्ध हो जायेगा, जगत भी उपलब्ध हो जायेगा (अन्तिम चरण)। न उनके सूत्र को ठीक समझा गया न साधना की गयी। मुझे लगता है कि कृष्ण के तथाकथित कर्मवाद, बुद्ध के तथाकथित 'शून्यवाद' तथा शंकर के तथाकथित 'मायावाद' तीनों को ही इस देश ने गलत समझा, पण्डितों व जनसामान्य ने अपने हिसाब से इसका फायदा उठाया, लोगों ने निष्क्रिय या निकम्मा हो जाना पसंद किया। यही देश के पतन का कारण बना।

वस्तुतः माया विधायक शक्ति है। हम यहां माया के कारण ही है, वह प्रेम करने योग्य है। ओशो का नवसन्यास इसीलिए परम्परागत संन्यास से उल्टा है। इसमें जगत का त्याग नहीं है बल्कि जगत ही परमात्मा को पाने का माध्यम है। जगत से परमात्मा को पाना व परमात्मा को पाकर पुनः जगत को पाना, यही इसका ध्येय है। ओशो का महामंत्र है–'सर्वस्वीकार' (total acceptance)। ओशो पूर्णतया विधायक है। यही उनका सर्वोच्च गुण है। इस अर्थ में केवल कृष्ण ही उनके समान है। यही ओशो की सबसे बड़ी महिमा है।

आपकी पुस्तक में पृष्ठ 60 पर एक जगह 'मैं' की जगह 'तू' छपा है, आगे पुनः 'मैं' की जगह मैं है। कुछ जगह और प्रूफ की गलतियां हैं। इस तरह की पुस्तक में Technical mistakes (प्रूफ की गलतियां) बिल्कुल नहीं होनी चाहिए। आप एक बार पुनः प्रूफ रीडिंग करा कर इसे Technically sound बनायें। Spiritual perfection (आध्यात्मिक पूर्णता) के साथ ही (यांत्रिक पूर्णता) technical perfection होना अति उत्तम है।

मैं पुनः आपके इस महाकार्य को लिये आपको धन्यवाद देता हूं। आपका समय लिया इसके लिये क्षमा चाहता हूं।

आपका

शैलेन्द्र ढड्ढा

● ● ●

इस पत्र में इस व्यक्ति के बौद्धिक चिंतन के साथ उसके द्वारा इस दिशा में स्वयं खोज की प्यास भी झलकती है। ओशो के प्रवचनों और उनके जीवन ने उनके संन्यासियों के अतिरिक्त सत्य की अभीप्सा रखने वाले अन्य खोजियों को भी किस सीमा तक प्रेरित और अनुप्राणित किया है, इससे यह स्पष्ट होता है।

एक अन्य पत्र देखें-

स्वामी ज्ञानभेद,

ओशो की जीवन गाथा को आपने एक विशाल ग्रंथ के रूप में प्रस्तुत कर दिया है। मेरा आपसे अनुरोध है कि अब आप एक ऐसी पुस्तक लिखें जिसमें ओशो के लिये आपके जो भाव हैं, वे प्रकट किये गये हों। उसमें सिर्फ ओशो हों और आपकी भावांजलि हो। आप कलम के धनी है। और आप ऐसा कर सकते हैं। एक फक्कड़ मसीहा को लिखने में आपने जो ओशो के संपूर्ण जीवन का अध्ययन, चिन्तन, मनन किया है तथा जो अथक परिश्रम आपने उसमें डाला है, उससे आपके हृदय व बुद्धि में बहुत कुछ नवनीत बन कर प्रकट हुआ है। ओशो चेतना के प्रसार में आपका योगदान महत्वपूर्ण है।

यद्यपि ओशो-चेतना का प्रसार तीव्र गति से हो रहा है तब भी बहुत कुछ किया जाना बाकी है। आदमी अभी भी पुरानी भाषा में सोच रहा है। कारगिल में व युगोस्लाविया में जो हो रहा है, वह इसी का प्रमाण है। technology के विकास ने हमें उस बिन्दु पर पहुंचा दिया है, जहां तेरा-मेरा बहुत विनाशक हो गया है। हमने विनाश की इतनी शक्ति इकट्ठी कर ली है कि इस तेरा-मैरा की भाषा के रहते हम सामूहिक आत्मघात कर के रहेंगे। तब प्राचीन ऋषियों से लेकर नवीनतम बुद्धों का कार्य व्यर्थ हो जायेगा। ओशो विश्व को बचाने ही आये थे, हमें उनके कार्य को सफल करना है। आपने जो ओशो में कृष्ण व बुद्ध के समाहित होने की बात कही है वह बिल्कुल ठीक है। ओशो में ज्ञान की सारी धाराओं ने अपना उत्कर्ष पा लिया है। ओशो है? कौन है? इस पर हम क्या बोलें। ओशो अधिकारी थे पूर्व के सारे बुद्धों पर बोलने का, मेरा-आपका वह अधिकार कहां? सचिन तेंदुलकर पर बोलने के जितने अधिकारी सुनील गावस्कर हो सकते हैं, अन्य नहीं। क्योंकि आज जहां सचिन खेल रहे हैं कल वहीं सुनील भी उसी स्तर का खेल खेल रहे थे। सिर्फ TV दर्शकों की टिप्पणियों के क्या मायने हैं?

पत्र के माध्यम से आपसे बातचीत करना मुझे बहुत अच्छा लग रहा है। इसकी मेरे लिये बड़ी सार्थकता है।

आपने लिखा है कि लोग भौतिकता से ऊब चुके हैं। इसलिए धर्म की खोज में है। लेकिन सिर्फ भौतिकता से ऊब कर धर्म की खोज करना तो एक escape भी हो सकता है, यह केवल नये सुखों की तलाश हो सकता है। आध्यात्मिकता आकाश की तरह है और भौतिकता धरती की तरह। धरती आकाश का ही हिस्सा है। धरती आकाश में समायी हुयी है। हमारे आकाश को बड़ा करने के लिए धरती को सिकोड़ने की आवश्यकता नहीं है। आकाश जितना बड़ा होगा धरती भी उतनी ही विशाल होती जाएगी। जड़ हो चुके सारे धर्म भौतिकता की खिलाफत करते हैं। ऐसे में न उनके पास पंख मिलते हैं न पैर। वह शांति का स्वर है और उसकी कोई श्रवण-सीमा नहीं है। किन्तु आप उसे कानों से नहीं सुन सकेंगे। उसे सुनने को हृदय चाहिये। लेकिन आप उसे अपने हृदय से भी नहीं सुन पायेंगे। क्योंकि आपका हृदय कोलाहल युक्त है। वह अपने ही शोर में खोया है। इस हृदय को शांति दो व इसके रस को पकने दो तब कहीं उसका स्वर सुनायी देगा।

और तुम्हें अकेला होना पड़ेगा। क्योंकि प्रकृति अकेली है। यह अकेलापन दूसरे की कमी नहीं है, बल्कि इसमें दूसरे का भाव ही नहीं है। क्योंकि दूसरा कभी था ही नहीं। और जब तुम इस अकेलेपन में पनप जाओगे, तुम पाओगे इसी मैं में सब कुछ है।

बहुत गहरी उदासी से चलकर ही तुम आनन्द को पाओगे। इसमें बड़े धैर्य की जरूरत है और जल्दी का यहां काम नहीं है। तुम तब तक अस्तित्व के खिलाड़ी नहीं हो सकते जब तक कि तुम उसके सारे दर्द को अपने हृदय में ज़ज्ब न कर लो। और अस्तित्व से जुड़ना तुम्हारे लिये सबसे सहज है क्योंकि तुम अस्तित्वमान हो, अस्तित्व तुम्हारे भीतर है और कृत्रिम से जुड़ना कठिन है और तुम कठिन की आदत रखते हो, सहज की नहीं। जीवन में अपेक्षा से कुछ नहीं घटता है। अगर तुम खुले हो तो, जीवन उम्रभर तुम्हारे विश्वासों, आशाओं और धारणाओं को तोड़ता रहेगा। तुममें विशिष्टता की भावना है तो वह तुम्हारी विशिष्टता की फूंक निकाल देगा। तुम स्वयं को बहुत बुद्धिमान मानोगे तो यह तुम्हें तुम्हारी मूर्खताओं का अहसास कराएगा। तुम बहुत महत्वाकांक्षी हुए तो यह तुम्हारी महत्वकांक्षाओं को चकनाचूर कर देगा। प्रकृति किसी एक का सोचकर कभी कुछ नहीं करता...................... सहज में सबको मिल रहा है वही तुमको मिलेगा (या नहीं मिलेगा)।

परम वैशिष्ट्य से परम साधारणत्व की उपलब्धि इसी समझ का परिणाम है। तुम्हारे लिए अलग से कोई रोल नहीं लिखा गया है। नाटक के जितने पात्र हैं, तुम उनमें से एक ही हो पाओगे, सब नहीं। तुम्हारी लिये न तो राजा का पात्रत्व रचा गया है और न ही रंक का। बात इतनी सी है कि तुम राजा हो गए और जब राजा थे तब रंक नहीं थे और जब रंक थे तब राजा नहीं थे।

और जब तुम राजा नहीं थे, तब भी तुम्हीं राजा थे। और जब तुम रंक नहीं थे, तब भी तुम्हीं रंक थे। अगर यह घटना राम के जीवन में न होती तो श्याम के जीवन में होगी। और अगर यह श्याम को न मिला होता तो राम को मिला होता। कुछ भी राम या श्याम का अलग से सोच कर नहीं हुआ है। इसलिये कभी यह न सोचें कि यह मेरे साथ ही क्यूं हुआ क्योंकि तुम्हारे साथ न होता तो दूसरे के साथ होता। वह दूसरे भी तुम ही होते, बल्कि इस समय भी तुम ही हो। और जीवन का मूल स्त्रोत ऊर्जा है। अत: जीवन को पूर्ण ऊर्जा से जीओ। अपूर्ण ऊर्जा तुम्हें असफल अभिनेता बनाएगी। अपनी ऊर्जा को ऐसे बहने दो कि वह दूसरे के ऊर्जा प्रवाह को रूद्ध न करे। फिर भरपूर ऊर्जा से जिओ।

और जब तुम पूरा खेल खेलोगे तब ही तुम्हें शांति का स्वर सुनायी देगा। आपके उत्तर की मुझे प्रतीक्षा रहेगी। आपके जीवन में आनन्द बढ़ता ही जाय, इस कामना के साथ।

आपका

शैलेन्द्र ढड्ढा

• • •

प्रिय स्वमी ज्ञानभेद जी,

प्रणाम। अभी कुछ दिन पूर्व आपका ओशो ही ओशो पढ़ा। उससे पहले एक फक्कड़ मसीहा : ओशो का आठवां भाग जो पढ़ना रह गया था, पढ़ा। उसे भी पढ़ा जो भाग पहले पढ़ चुका था। जब भी भाव होता है या ओशो की कोई बात वापस पढ़ने को दिल करता है, फक्कड़ मसीहा को फिर पढ़ने लगता हूं। ओशो ही ओशो के माध्यम से फक्कड़ मसीहा के लिये किये गये आपके कार्य की कुछ झांकी मिलती है तथा यह भी समझ आता है कि आप ओशो को पूर्ण समर्पित हो चुके हैं। सरकारी सेवा से निवृत्ति का वास्तविक लाभ आपने उठाया है। मुझे सबसे अच्छी निकलंकजी व ओशो के बालसखा श्याम सोनी के साथ आपकी वार्ता लगी। एक जोरबा जो बुद्ध होने की यात्रा पर है द्वारा श्री मेहरोत्रा का परिचय पसन्द आया। आपके ग्रंथ द्वारा ही श्री धर्मवेदान्त का परिचय प्राप्त हुआ। उनके प्रति श्रद्धा जागती है। उनके द्वारा लिखी गयी भूमिका से उनकी उन्नत स्थिति का सहज परिचय होता है। कभी मिले तो उन्हें मेरा प्रणाम कहें। पहले आपने कहा था कि आप अब केवल मौन व ध्यान में डूबे रहना चाहते हैं। कृपया अपनी वर्तमान स्थिति का कुछ खुलासा करें। आपने 'ओशो ही ओशो' में बहुत अच्छी कविताओं का समावेश किया है। प्रेम निशीथ की उसी की ये शराब गाते हुए या गुनगुनाते हुए सचमुच भीतर शबाब ढलने लगती है। ओशो सिद्धार्थ और ओशो शैलेन्द्र के चरणबद्ध सम्बोधि कार्यक्रम के बारे में कुछ बतलाएं। मुझे पढ़ने का शौक है और बहुत बार सोचता हूं, अब पढ़ना छोड़ दूं पर किताबों का आकर्षण दुर्विचार है। पुनः आपको प्रणाम।

आपका

शैलेन्द्र

❑❑❑

नोटः- शैलेन्द्र जी के कई अन्य पत्र भी अंतर्यात्रा के साधकों के लिए बहुत बहुमूल्यहैं। प्रकाशक द्वारा निर्देशित पृष्ठ संख्या का स्मरण रखते हुए उन सभी को दिया जाना संभव नहीं है। इस मध्य शैलेन्द्र जी मुझसे ही मिलने की खातिर एक लंबी यात्रा कर मुझसे मिले। मिलकर हम दोनों तृप्त भी हुए और अतृप्त भी हुए। मौखिक संवाद बहुत कम, मौन संवाद ही अधिक हुआ। जो मित्र उनसे संपर्क करना चाहें तो उनका पता है- 21-821 चौपसनी हाउसिंग बोर्ड कालोनी जोधपुर (राजस्थान)

21

अरुणाचल प्रदेश के श्री विजय जी के दो विरोधाभासी पत्र

एक अंतिम पत्र और जिससे स्पष्ट होता है कि शिक्षित लोग भी ओशो के सम्बन्ध में मीडिया के दुष्प्रचार से जो भय पाले हुए हैं यदि उनका समाधान हो जाए तो उनके जीवन में भी सरलता से ध्यान और प्रेम के फूल खिल सकते हैं।

श्री विजय कुमार अरुणाचल प्रदेश में सेन्ट्रल स्कूल में अंग्रेजी के प्राध्यापक हैं, उन्होंने अपने एक मित्र का पता श्री आर सी सिंह जिला कृषि अधिकारी दापोरीजो जिला अपर सुबनसिरी अरूणाचल देते हुए दि. 12.2.2005 को जो पत्र लिखा उसका निम्न अंश उल्लेखनीय है –

मैंने "एक फक्कड़ मसीहा ओशो" के सभी नौ खण्ड मंगवाये। खण्ड–3 पढ़कर मैं अपनी प्रतिक्रिया लिख रहा हूं।

1. अच्छा होता कि आप यह उपन्यास नहीं लिखते।
2. आपने ओशो का एक ऐसा चरित्र उभार दिया कि वे अति तार्किक, महत्वाकांक्षी और कुटिल व्यक्तित्व थे। मामला चाहे आचार्य तुलसी/शंकराचार्य/प्रिंसपल का हो, मर्यादा ही समाज का मूल मंत्र है।

   पहले तो मैं ओशो के प्रवचनों को भगवत वचन मानकर पढ़ता था लेकिन आपकी पुस्तक पढ़कर संदेह पर संदेह हो रहा है। वैसे तो सत्य कहने से असत्य हो जाता है।
3. आखिर जब आचार्य श्री / पंडित नेहरू / लाल बहादुर शास्त्री से मुलाकात किए तो उसकी तिथि तो छोड़िए साल भी आपको मालूम नहीं। यह विवरण प्रामाणिक नहीं लगता है। जिस सत्य की बात ओशो जीवन भर करते रहे, उनके शिष्य मदारीगिरी करेंगे, ऐसा मुझे विश्वास नहीं।

आपने अपनी प्रस्तावना में प्रत्येक पत्र का उत्तर देने का वायदा किया है तो दीजिए उत्तर/मेरा पता निम्न है।

मैंने उत्तर एक पोस्टकार्ड पर दिया। पर बात पूरी न होने पर उसी के साथ दूसरा पोस्टकार्ड भी लिखा। मैंने लिखा केवल यही था–

फक्कड़ मसीहा, उपन्यास नहीं–ओशो की प्रामाणिक जीवनी है। ओशो ने आज के बुद्धिवादी तार्किक और विवादी मनुष्य चित्त की मूर्च्छा को दूर करने के लिए तर्क

के ही अस्त्र का प्रयोग किया। कांटे से कांटा निकाल कर फिर उन्होंने तर्क के कांटे को फेंककर श्रद्धा समर्पण का मंत्र दिया। आचार्य तुलसी और शंकराचार्य ही नहीं, सभी तथाकथित धर्म और सम्प्रदाय ईश्वर, स्वर्ग नर्क, कर्मजाल, शास्त्र और जिस कर्मकाण्ड के जाल में लोगों को भयभीत कर उनका शोषण करते हैं, ओशो ने सतर्क उस जाल को काटकर सत्य की बात की। मूर्च्छा दूर करते हुए होश सजगता और संवेदनशीलता की बात की। समग्र जीवन में क्रांति का आह्वान करते हुए पूरी मनुष्यता के कल्याण की बात की।

आप ओशो के एक खण्ड को प्रेम करते हैं जिसमें ओशो गीता, अष्टावक्र गीता या धम्मपद पर बोलते हैं। ओशो का कृष्ण की तरह बहुआयामी व्यक्तित्व है।

कृष्ण के जीवन में रास, नृत्य गीत ओर उत्सव आनन्द भी है। गीता के कृष्ण को प्रेम करने वाला कृष्ण के इस रूप की बात ही नहीं करना चाहता।

ओशो में ज्ञान भक्ति और तंत्र का संगम है। हृदय और बुद्धि का संतुलन है। वे द्वंद्व के पार हैं।

अंतिम प्रश्न का उत्तर देते हुए मैंने लिखा है कि नेहरू जी और शास्त्री जी के साथ भेंट का जिक्र ओशो ने स्वयं अपनी ग्लिमसेज और गोल्डेन चाइल्डहुड पुस्तक में किया है। जब वह पुस्तक प्रकाशित हुई तो इंदिरा जी मौजूद थीं पर तब उन्होंने इसका खण्डन नहीं किया। यह सभी को ज्ञात है कि लाल बहादुर शास्त्री जी मृत्यु से पूर्व उस रात को ओशो की The Mustard seed पुस्तक पढ़ते रहे थे।

रही प्रमाण की बात–क्या आपने नरभक्षी मनुष्य देखे हैं? क्या आपने न्यूजीलैंड देखा है? फिर भी आप उन दूसरों की बात पर विश्वास करते हैं जिन्होंने उसे देखा है। आप अपने पिता के ही पुत्र हैं यह बात भी आपकी माता ही प्रामाणिक रूप से जानती हैं। आप उनकी बात का विश्वास करते हैं या नहीं?

राम और कृष्ण के होने का क्या प्रमाण है? वे वाल्मीकि या वेदव्यास के कल्पित चरित्र भी हो सकते हैं।

उन पत्रों में और न जाने मैंने क्या क्या लिखा था, ठीक से याद नहीं, पर उनका जो उत्तर प्राप्त हुआ वह संदेही चित्त के मनुष्यों के लिए सीख लेने जैसा है।

19.3.05

परम आदरणीय स्वामी जी,

चरण स्पर्श!

कल ही आपके द्वारा लिखे जो कार्ड मिले। आंखें खुल गईं। रूपान्तरण हो गया। कहना तो अहंकार ही होगा। अभी भाग–8 पढ़ रहा हूं।

मैंने अपने पत्र में कड़े शब्दों का प्रयोग किया था लेकिन आपने उत्तेजित न होकर सहजता से उत्तर दिया। मैं वास्तव में अपनी धृष्टता के लिए खेद प्रकट करता हूं। फिर भी यह सोचता हूं कि यदि न लिखता, दमन करता तो आपके प्रेमाशीष से वंचित रह जाता। आपकी पुस्तक पढ़कर आजकल मैं विपस्सना ध्यान कर रहा हूं।

कभी कानपुर आकर आपके दर्शन अवश्य करूंगा। पुरानी सड़ी गली परम्पराओं से तो पहिले ही से लड़ रहा हूं तभी तो ओशो से प्रभावित हूं। उनके बहाने आपसे भी जुड़ने का अवसर मिला।

क्या बिना दीक्षा लिए ओशो के इशारे पर चलकर रूपान्तरण सम्भव है?

आपका शिष्य रूपी

विजय

ओशो को शिक्षित सामान्य मनुष्यों तक पहुंचाने में मेरे माध्यम से सृजित एक फक्कड़ मसीहा ओशो ग्रंथ भी एक द्वार बना और उनकी मूर्च्छा टूटकर उनके जीवन में ध्यान ओर प्रेम के फूल खिले, मेरे लिए इससे बढ़कर आनन्द और है क्या?

❑❑❑

ओशो का आलौकिक साहित्य

ओशो (अष्टावक्र महागीता)

- एक ही परिचय अपना परिचय 75.00
- आंतरिक क्रांति के सूत्र 75.00
- आनंद की तलाश 75.00
- एक अंजुरी भर रस 75.00
- जागरण : एक महामंत्र 75.00
- मेरा मुझमें कुछ नहीं 75.00
- शून्य की वीणा विराट के स्वर 75.00
- प्रभु मंदिर यह देह री 75.00
- अपनी बानी प्रेम की बानी 75.00
- मूढ़ कौन अमूढ़ कौन! 75.00
- परम ज्ञान का अर्थ है परम अज्ञान 75.00
- परमात्मा अनुमान नहीं, अनुभव है 75.00

ओशो साहित्य डीलक्स संस्करण

- संभोग से समाधि की ओर (सम्पूर्ण संस्करण) 150.00
- मैं मृत्यु सिखाता हूं 150.00
- एक ओंकार सतनाम 150.00
- ओशो ध्यान योग 75.00
- ध्यान क्या है (What is Meditation) 30.00
- भारत एक सनातन यात्रा 100.00
- साक्षी कृष्ण और रासलीला 60.00
- कृष्ण : जिज्ञासा, खोज, उपलब्धि 60.00
- कृष्ण साधना रहित सिद्धि 60.00
- कृष्ण और हंसता हुआ धर्म 60.00
- कृष्ण गुरु भी सखा भी 60.00
- शिव साधना 60.00
- शिव दर्शन 60.00
- होनी होय सो होय (कबीर वाणी) 60.00
- भगति-भजन हरिनाम (कबीर वाणी) 50.00
- बूझे बिरला कोई (कबीर वाणी) 50.00
- निरगुन का बिसराम (कबीर वाणी) 50.00
- गुरु गोविन्द दोऊ खड़े (कबीर वाणी) 60.00
- लिखा लिखी की है नहीं (कबीर वाणी) 50.00
- मन लागो यार फकीरी में (कबीर वाणी) 60.00
- बोले शेख फरीद (कबीर वाणी) 60.00
- क्या मेरा क्या तेरा (कबीर वाणी) 60.00
- हीरा पायो गांठ गठियाओ (कबीर वाणी) 50.00
- तेरा साईं तुझ में (कबीर वाणी) 60.00
- नहीं जोग नहीं जाप (कबीर वाणी) 60.00
- क्रान्ति सूत्र 60.00
- सत भाषै रैदास (रैदास वाणी) 50.00
- ऐसी भक्ति करे रैदासा (रैदास वाणी) 30.00
- मीरा के प्रभु गिरधर नागर (मीरा वाणी) 60.00
- राम नाम रस पीजे (मीरा वाणी) 60.00
- मेरे तो गिरधर गोपाल (मीरा वाणी) 50.00
- प्रभु की पगडंडिया 60.00
- हंसे खेलें न करे मन भंग (गोरख वाणी) 50.00
- जीवन संगीत (गोरख वाणी) 50.00
- साधना पथ 60.00
- शून्यता है महामुक्ति 60.00
- प्रेम है द्वार सत्य का 50.00
- भारत एक अनूठी संपदा 50.00
- एक मात्र उपाय जागो 50.00
- नव संन्यास क्या 60.00
- ध्यान की कला 60.00
- ध्यान और प्रेम 60.00
- मुक्त गगन के पंछी 50.00
- दरिया झूठ सो झूठ हैं (दरिया वाणी) 50.00
- जित देखूं तित तू (फरीद वाणी) 60.00
- दादू सहजै देखिए (दादू वाणी) 60.00
- राम नाम निज औषधि (दादू वाणी) 60.00
- सत्य की पहली किरण 50.00
- सुमिरन मेरा हरि करे (प्रश्नोत्तर) 100.00
- उड़ियो पंख पसार (प्रश्नोत्तर) 100.00
- राम दुवारे जो मरे (बाबा मलूकदास की वाणी) ... 100.00
- पाथेय (पत्र संकलन) 60.00
- अथातो भक्ति जिज्ञासा (शांडिल्य सूत्र) 100.00
- भक्ति विराट से मैत्री (शांडिल्य सूत्र) 100.00
- भक्ति परम क्रान्ति (शांडिल्य सूत्र) 100.00
- भक्ति ध्यान की मधुशाला (शांडिल्य सूत्र) 100.00
- धर्म का परम विज्ञान (महावीर वाणी) 100.00
- आत्मशुद्धि का सूत्र (महावीर वाणी) 100.00
- संकल्प साधना (महावीर वाणी) 100.00
- सत्य और साहस (महावीर वाणी) 100.00
- ज्यों की त्यों धरि दीन्हीं चदरिया (पंच महाव्रत) 150.00

ओशो साहिन्य में 250 पुस्तके प्रकाशित। सूची पत्र के लिए पत्र लिखें

पुस्तकें V.P.P. से मंगवायें। डाक व्यय प्रति पुस्तक 20/- तीन पुस्तकें एक साथ मंगवाने पर डाक व्यय फ्री।

डायमंड बुक्स

X-30, ओखला इंडस्ट्रियल एरिया, फेज-II नई दिल्ली-110020, फोन : 011-51611861-865,

फैक्स : 011-51611866, 26386124, ई-मेल : mverma@diamondpublication.com, वेबसाइट : www.diamondpocketbooks.com

ओशो का आलौकिक साहित्य

ओशो (अष्टावक्र महागीता)

- ❑ एक ही परिचय अपना परिचय 75.00
- ❑ आंतरिक क्रांति के सूत्र 75.00
- ❑ आनंद की तलाश 75.00
- ❑ एक अंजुरी भर रस 75.00
- ❑ जागरण : एक महामंत्र 75.00
- ❑ मेरा मुझमें कुछ नहीं 75.00
- ❑ शून्य की वीणा विराट के स्वर 75.00
- ❑ प्रभु मंदिर यह देह री 75.00
- ❑ अपनी बानी प्रेम की बानी 75.00
- ❑ मूढ़ कौन अमूढ़ कौन! 75.00
- ❑ परम ज्ञान का अर्थ है परम अज्ञान 75.00
- ❑ परमात्मा अनुमान नहीं, अनुभव है 75.00

ओशो साहित्य डीलक्स संस्करण

- ❑ संभोग से समाधि की ओर (सम्पूर्ण संस्करण) 150.00
- ❑ मैं मृत्यु सिखाता हूं 150.00
- ❑ एक ओंकार सतनाम 150.00
- ❑ ओशो ध्यान योग 75.00
- ❑ ध्यान क्या है (What is Meditation) 30.00
- ❑ भारत एक सनातन यात्रा 100.00
- ❑ साक्षी कृष्ण और रासलीला 60.00
- ❑ कृष्ण : जिज्ञासा, खोज, उपलब्धि 60.00
- ❑ कृष्ण साधना रहित सिद्धि 60.00
- ❑ कृष्ण और हंसता हुआ धर्म 60.00
- ❑ कृष्ण गुरु भी सखा भी 60.00
- ❑ शिव साधना 60.00
- ❑ शिव दर्शन 60.00

स्वामी अगेह भारती

- ❑ डायरी के पन्ने 60.00
- ❑ ओशो के आसपास 100.00
- ❑ ओशो के संग! कुछ अनमोल क्षण 35.00
- ❑ अनजाने ओशो 40.00
- ❑ एक ओशो शिष्य की डायरी 40.00
- ❑ ओशो गाथा 40.00
- ❑ विचारों के फूल 30.00

- ❑ ओशो की मधुशाला में बच्चन 40.00
- ❑ मेरी रजनीशपुरम यात्रा 30.00
- ❑ स्पंदन (काव्य संग्रह) (यंत्रस्थ) 30.00
- ❑ अंधकार से प्रकाश की ओर 40.00
- ❑ ओशो : एक महाप्रारम्भ 60.00
- ❑ बातें जो याद हैं 50.00

विपुल गौतम

- ❑ भावना के भोजपत्रों पर ओशो (मां के पत्र) 150.00

उर्मिला

- ❑ शांति की खोज 30.00

मा धर्म ज्योति

- ❑ दस हजार बुद्धों के लिए एक सौ गाथाएं 50.00

स्वामी राजा भारती

- ❑ ओशो प्रेम घटा बरसी 50.00

स्वामी आनंद सत्यार्थी

- ❑ मानसिक तनाव से मुक्ति के सरल उपाय..50.00

ओशो–साहित्य गुजराती

- ❑ साधना पथ 15.00
- ❑ भारत के जलते प्रश्न 15.00

ओशो–साहित्य पंजाबी

- ❑ संभोग से समाधि की ओर 25.00
- ❑ एक ओंकार सतनाम (यंत्रस्थ) 100.00

ओशो–उर्दू साहित्य

- ❑ मेरी रहगुजर कि सफेद अम्बर की रहगुजर 60.00
- ❑ सुये फना (सम्भोग से समाधि की ओर) 20.00
- ❑ सत्य की खोज 50.00

ओशो–बंगाली साहित्य

- ❑ मौलिक मानवीय अधिकार 25.00
- ❑ संभोग से समाधि की ओर 25.00
- ❑ भारत के जलते प्रश्न 25.00
- ❑ धर्म और राजनीति 25.00
- ❑ मिट्टी के दीये 25.00

ओशो साहिन्य में 250 पुस्तके प्रकाशित। सूची पत्र के लिए पत्र लिखें

पुस्तकें V.P.P. से मंगवायें। डाक व्यय प्रति पुस्तक 20/- तीन पुस्तकें एक साथ मंगवाने पर डाक व्यय फ्री।

डायमंड बुक्स

X-30, ओखला इंडस्ट्रियल एरिया, फेज-II नई दिल्ली-110020, फोन : 011-51611861-865,

फैक्स : 011-51611866, 26386124, ई-मेल : mverma@diamondpublication.com, वेबसाइट : www.diamondpocketbooks.com